Impresso no Brasil, abril de 2010

Copyright © 2000 by Transaction Publishers

Esta edição é uma tradução autorizada da edição em língua inglesa publicada pela Transaction Publishers, 35 Berrue Circle, Piscataway, New Jersey, 08854. Todos os direitos reservados.

Publicado originalmente nos Estados Unidos, em 1981, pela Louisiana State University Press. Segunda edição em 2000, pela Transaction Publishers, New Brunswick, New Jersey, sob o título *The Voegelinian Revolution: A Biographical Introduction by Ellis Sandoz, with a new preface and epilogue by the author*

Editor
Edson Manoel de Oliveira Filho
Revisão
Nelson Barbosa (*1ª revisão*)
Jessé de Almeida Primo (*2ª revisão*)
Capa e projeto gráfico
Mauricio Nisi Gonçalves / Estudio É
Diagramação
André Cavalcante Gimenez / Estudio É
Pré-impressão e impressão
RR Donnelley

Os direitos desta edição pertencem a
É Realizações Editora, Livraria e Distribuidora Ltda.
Caixa Postal: 45321 · 04010 970 · São Paulo SP
Telefax: (11) 5572 5363
e@erealizacoes.com.br · www.erealizacoes.com.br

Reservados todos os direitos desta obra.
Proibida toda e qualquer reprodução desta edição
por qualquer meio ou forma, seja ela eletrônica ou mecânica,
fotocópia, gravação ou qualquer outro meio de reprodução,
sem permissão expressa do editor.

Coleção
FILOSOFIA
ATUAL

A REVOLUÇÃO VOEGELINIANA
UMA INTRODUÇÃO BIOGRÁFICA

ELLIS SANDOZ

COM NOVO PREFÁCIO E EPÍLOGO DE
ELLIS SANDOZ

NOVA INTRODUÇÃO DE
MICHAEL HENRY

TRADUÇÃO
ELPÍDIO MÁRIO DANTAS FONSECA

REALIZAÇÕES

Para minha esposa

Uma consistência tola é o duende de mentes pequenas, adorada por pequenos estadistas e filósofos e teólogos. Com consistência uma grande alma não tem simplesmente nada que ver. Pode também preocupar-se com sua sombra no muro. Fala o que pensas agora em palavras duras e amanhã fala o que amanhã pensas em palavras duras, de novo, embora isso contradiga tudo o que disseste hoje. "Ah, então certamente serás mal compreendido." – É tão ruim então ser mal compreendido? Pitágoras foi mal compreendido, e Sócrates, e Jesus, e Lutero, e Copérnico, e Galileu, e Newton, e todo espírito puro e sábio que já se encarnou. Ser grande é ser mal compreendido.

Ralph Waldo Emerson

Sumário

Abreviações 13
Prefácio à 2ª edição americana
   por Ellis Sandoz 15
Introdução à 2ª edição americana
   por Michael Henry 19
Agradecimentos. 23
Introdução 25

1. Um ponto de partida: senso comum e a nova ciência ... 31
   I. *31*
   II. *35*
   III. *47*
   IV. *62*

2. Biografia e a trajetória do pensamento até 1938 69
   I. *69*
   II. *74*
   III. *87*
   IV. *113*

3. Americanização: a peregrinação de um erudito até 1981...117
   I. *118*
   II. *126*
   III. *137*

4. A ciência da história e da política: 1952 143
   I. *145*
   II. *149*
   III. *153*

  IV *157*
  V *161*
  VI *167*
  VII *170*

5. A história e sua ordem: 1957 175
  I *177*
  II *183*
  III *190*
  IV *194*
  V *200*
  VI *207*

6. Mito, filosofia e consciência: 1966 209
  I *210*
  II *213*
  III *225*
  IV *232*
  V *238*
  VI *251*
  VII *259*

7. *Principia noetica*: a revolução voegeliniana –
 1981 e depois 265
  I *267*
  II *275*
  III *280*
  IV *284*

8. A visão do todo 301
  I *302*
  II *316*
  III *323*
  IV *328*
  V *333*

Epílogo 345
    II.. *353*
    III... *361*
    IV... *369*

Nota bibliográfica 375
    Obras de Eric Voegelin, 1922-1981......................... *379*
    Livros *379*
    Artigos e ensaios *380*
    Obras de e sobre Eric Voegelin em português *389*
Índice remissivo 391

ABREVIAÇÕES USADAS NO TEXTO

A: Anamnese

AM (MA, em português): "Memória Autobiográfica"

ER (IR, em português): Do Iluminismo à Revolução

NSP (NCP, em português): A Nova Ciência da Política

OH: Ordem e História

SPG (CPG, em português): Ciência, Política e Gnosticismo

Prefácio à 2ª edição americana

por Ellis Sandoz

Já que A Revolução Voegeliniana estava esgotada havia alguns anos, é um prazer vê-la reeditada e publicada numa edição calculada para torná-la acessível tanto a estudantes quanto a eruditos. O texto da edição de 1980 é reproduzido aqui sem mudança textual nem de paginação. Entretanto, a fim de corrigir erros, uma lista de *Addenda e Corrigenda* se segue a este prefácio.[1] Um pequeno epílogo e uma nota bibliográfica, incluídos nesta edição, concluem o volume.

Embora a literatura secundária acerca de Eric Voegelin tenha desabrochado em quase duas décadas desde a primeira publicação deste estudo, creio ser justo dizer que ele continua sendo o único que tenta uma suma de todo o *corpus* dos escritos de Voegelin e o faz na forma de uma biografia intelectual. Originalmente contei a história até 1981; Voegelin faleceu quatro anos depois, em 19 de janeiro de 1985, com 84 anos. A espinha dorsal da narrativa biográfica é o filósofo falando para si mesmo através da narrativa gravada que tirei das gravações para usar neste livro, referido como "Reflexões Autobiográficas (RA)", e citado largamente aqui.

---

[1] Para esta edição, preferi incorporar ao texto os adendos e correções. [N.T.]

Tal documento foi em seguida corrigido e publicado como *Reflexões autobiográficas*, de Eric Voegelin (LSU Press, 1989; edição em brochura de 1997). Uma conferência das 55 citações dessa fonte mostra que a paginação da datilografia original e a do livro impresso são quase idênticas, mesmo que a correção tenha alterado ligeiramente o texto aqui e ali. Assim, o leitor pode facilmente localizar passagens citadas no volume impresso sem direção adicional.

O maior desenvolvimento desde a primeira publicação é a reunião dos escritos de Voegelin e sua publicação começada pela Louisiana State University Press e, desde 1998 exclusivamente pela University of Missouri Press, de *As obras reunidas de Eric Voegelin* numa edição de 34 volumes – dos quais dezessete estão publicados e outros cinco no prelo, enquanto escrevo.[2] Isso significa que todos os livros de Voegelin agora estão (ou em breve estarão) em inglês e disponíveis na University of Missouri Press.[3] Portanto, nota, por favor, que todos os ensaios citados aqui em lugares de publicação original estão agora reunidos e publicados (ou em vários estágios de preparação para publicação) nas *Obras reunidas*, com os volumes onze e doze contendo os artigos ocasionais mais frequentemente citados, que apareceram em vários jornais entre 1953 e 1985. Informações completas e regularmente atualizadas podem ser encontradas no site http://www.system.missouri.edu/voegelin/voegelin.htm

Resta-me agradecer ao professor Michael Henry da Universidade de St. Hohn por convidar-me gentilmente a preparar esta edição de *A Revolução Voegeliniana* como parte da série que ele está editando, e também agradecer a Irving Louis Horowitz e a Mary E. Curtis da Editora Transaction. Rutgers, por seu encorajamento e apoio. Sou grato a Cristina Kollet e a Anne Schneider pela preparação editorial minuciosa desta edição para publicação. Quero agradecer também a Monika

---

[2] A edição já está completa, 2010. [N.T.]

[3] Na "Nota bibliográfica" ao fim deste volume há indicações de obras de Eric Voegelin editadas em português. [N. E.]

Puhl, uma aluna visitante do Instituto Eric Voegelin da Universidade de Bonn, que prestou ajuda valiosa, analisando o texto, em busca de erros tipográficos e verificando as citações.

Introdução à 2ª edição americana

por Michael Henry

"Revolução" significa restauração, instauração, volta cíclica ao que existia antes, ou significa um novo começo que rompe com o passado? Como observou Hannah Arendt no primeiro capítulo de *Da revolução*, a palavra foi originalmente empregada com o primeiro sentido em contextos políticos (como na "Revolução Gloriosa"), mas no fim do século XVIII adquiriu o segundo sentido. No sentido da frase "a Revolução Copérnica", sentido em que o professor Sandoz emprega a palavra, "revolução" enfatiza novidade, como no modo radicalmente novo de Copérnico de ver o universo e o nosso lugar nele. Consequentemente, Sandoz fala da "Revolução Copérnica" de Voegelin para significar novas iluminações imaginativas do tipo que "precisa de uma mudança maior na estrutura do próprio pensamento científico". Entretanto, ao passo que o "paradigma de mudança" de Copérnico envolveu um rompimento com quase todos os pensadores anteriores, as iluminações de Voegelin eram novas, não no sentido de uma rejeição da tradição, mas no sentido de uma compreensão mais claramente articulada e "diferenciada" das iluminações do passado. A "Revolução de Voegelin" era essencialmente uma restauração intensificada que procurou superar a perda de significado tão característica da modernidade. No espírito da citação pertinente que o professor Sandoz faz dos *Quatro quartetos* de T. S. Eliot em seu Epílogo, penso que podemos também entender o que Voegelin estava procurando fazer como (parafraseando Eliot) a procura necessária e a exploração que nos permitirá retornar e finalmente conhecer o lugar de onde começamos. Voegelin não se considerava um conservador, e poderia, em vez disso, ser chamado um tradicionalista revolucionário, mas ele tinha o profundo respeito conservador pela tradição.

A mente moderna associa "revolução" com uma rejeição do passado como algo muito ultrapassado e sem solução e profundamente manchado como a serviço daqueles de nós num estágio mais avançado de desenvolvimento. Para o moderno intelectual revolucionário do mundo, originalidade significa alguma nova doutrina ou ideologia, alguma "verdade" nova e até hoje nunca acontecida ou imaginada, que varre todos os erros do passado e finalmente põe a humanidade no caminho certo. O descobridor dessa verdade revolucionária se torna, então, o mais importante pensador da história.

Voegelin, é claro, não faz nem explícita nem implicitamente essa exigência para si mesmo, pois ele e seu trabalho eram a antítese dessa *hubris*. Perseguindo o que Sandoz chama de sua "falta de originalidade" estudada, rejeita todos os rótulos que sugeriram qualquer tipo de tratamento doutrinário, pois o pensador que se confina dentro de uma doutrina filosófica ao menos se cegou parcialmente às irrupções imprevisíveis da transcendência, a compreensão mais profunda possível da qual é precisamente o ponto de pensamento. Ao contrário dos ideólogos, cuja ambição é serem os arquitetos do novo, a ciência de Voegelin tinha muito mais em comum com a do arqueólogo, aquele que procura desenterrar, preservar e restaurar o passado como um mundo vivente. Sua obra foi "radical" em seu sentido etimológico preciso, pois sua procura de toda uma vida pela verdade levou-o a procurar raízes mesmas do pensamento humano não apenas nas tradições ocidentais, mas também nas não ocidentais.

Eu próprio primeiramente encontrei o pensamento de Voegelin há cerca de trinta anos atrás quando alguém me recomendou seu livro sobre Platão, que quase terminei de ler numa sentada. Desde a primeira sentença, o livro abriu profundezas de significado na filosofia que minha leitura prévia não me revelara. Ter tido, então, análise tão clara e completa e estudo fundamentado do pensamento de Voegelin como escreveu Elllis Sandoz, e agora atualizou, teria sido sem preço. É a boa sorte dos que procuram entender o pensamento de Voegelin ver uma introdução tão luminosa de novo reeditada, e sou grato ao professor Sandoz por sugerir uma segunda edição de *A Revolução Voegeliniana* para a Biblioteca do Pensamento Conservador.

Agradecimentos

Ao tentar dizer o que me parece mais necessário acerca de Eric Voegelin, como meio de introduzir sua obra a um auditório mais amplo, fui imensuravelmente assistido pelo próprio Eric Voegelin, e usufruí muito da hospitalidade encantadora da Sra. Voegelin e da conversa estimulante durante minhas muitas visitas ao lar deles para falar e colher materiais. O tempo e a ajuda financeira para meu escrito foram providenciados por um subsídio de pesquisa de verão da Divisão de Pesquisa Organizada da Universidade do Estado do Texas do Leste e da Fundação Earhart. Esta obra foi também patrocinada por uma bolsa de pesquisa da Dotação Nacional de Humanidades. Meu colega Miroslav John Hanak leu uma parte do esboço do manuscrito e fez algumas sugestões valiosas. O Capítulo 5 é uma revisão de "Voegelin's Idea of Historical Form" [A ideia de Voegelin da Forma Histórica], publicada originalmente na *Political Science Reviewer* (v.I, p.20-73, 1971). Sou grato a esses periódicos pela permissão de republicação aqui. Também gostaria de reconhecer, agradecido, a permissão de citar uma boa parte de Eric Voegelin *From Enlightenment to Revolution* [*Do Iluminismo à Revolução*] (ed. Hohn H. Hallowell, Durham, N.C: Duke University Press, 1975), *Reason: The Classic Experience* [*Razão: A experiência clássica*] (*Southern Review*, n.X, p.237-64, 1974).

Sou muito grato a todo o apoio que recebi ao levar a termo este livro. Entretanto, nenhum de seus defeitos é atribuível a nenhum de meus benfeitores. Finalmente, o texto datilografado foi preparado por minha assistente, Susan Eckerle Wilbern, uma estudante de Zoologia, cuja ajuda estenográfica profissional, assistência à pesquisa, colaboração inteligente e senso de humor aliviaram o fardo da autoria, o que é reconhecido com prazer. Beverly Jarret, editora executiva e diretora assistente da Louisiana State University Press, corrigiu o texto e, com seu talento, destreza e paciência, não apenas eliminou muitas imperfeições, mas tornou quase agradável o processo editorial oneroso.

Introdução

Meu duplo propósito ao escrever este livro é apresentar uma introdução geral ao pensamento de Eric Voegelin e fazê-lo de tal maneira que demonstre o seu caráter revolucionário. Em anos recentes tem crescido de maneira constante o interesse acadêmico por Voegelin. Mas a obra que ele criou tem importância para além dos limites da academia, e é ao público mais amplo que me dirigi. O volume, espera-se, será de utilidade às pessoas seriamente interessadas nas questões profundas da existência humana como foram exploradas por um pensador de escol ao longo dos últimos cinquenta anos.[1] Pretende ser uma ponte para o abismo considerável que separa Voegelin de outros pensadores e do público geral para quem ele é uma figura obscura. Voegelin não pertence nem a uma escola de pensamento, nem a ortodoxias prevalecentes que compõem o clima corrente de opinião. Sua singularidade como pensador e a complexidade de sua obra justificam uma tentativa, como a presente, de oferecer um guia aos que pretendem entender-lhe e apreciar-lhe o significado.

Apresentar um corpo de escritos intelectualmente exigentes, agora empilhados em cerca de quinze livros e mais

---

[1] A primeira edição deste livro é de 1981. [N.T.]

de noventa artigos publicados, pode ser bem uma justificação suficiente para um estudo de avaliação. Mas meu conhecimento do homem e minha ocupação com sua obra há mais de três décadas, juntamente com minhas reflexões acerca da história da teoria política da Antiguidade para a frente levaram-me a concluir que as realizações de Voegelin são verdadeiramente extraordinárias. Se a precaução sem dúvida é necessária ao tratarmos do significado de longos períodos dos eventos contemporâneos, incluindo a estatura da façanha intelectual, a prova no caso de Voegelin é persuasiva e, mesmo, vinculante. Por todos os critérios pertinentes de façanha erudita, magistral técnica de materiais e análise filosófica, e amplitude de visão, a obra de Voegelin é de importância epocal.

Ao lado da apresentação biográfica e explicativa da matéria, então, é o argumento deste livro que o pensamento de Voegelin constitui uma revolução na filosofia e na ciência política, algo suficientemente notável em sua esfera a ponto de justificar o título deste livro. Naturalmente, é minha premissa que qualquer revolução ocorre com os próprios acontecimentos, não quando qualquer um lhes discerne as proporções revolucionárias em algum tempo do futuro algumas vezes distante. Ao menos uma vaga ideia do caráter e da extensão da presente revolução emerge no curso da apresentação seguinte, e os dois últimos capítulos são dedicados a seu sumário.

Este livro é uma introdução interpretativa, não um comentário definitivo nem uma avaliação crítica. Não poderia ser aquele, porque introduz uma obra ainda em progressão. Nem poderia, com toda honestidade, ser esta, porque tenho sido, por muitos anos, e permaneço, um aluno de Eric Voegelin e seu amigo. Não senti o desconforto de ter de escolher entre a verdade e a amizade, ao lhe estudar as obras, embora eu esteja preparado para fazê-lo, porque as achei iluminadoras de qualquer matéria de que tratam e cientificamente de alto calibre de vinculação e de validade. O que se segue é uma interpretação, não apenas uma apreciação. Como erudito e professor,

Voegelin evitou estrenuamente fazer de seus alunos discípulos, acreditando ser da mais alta importância que assim ele como eles sirvam a verdade como o requisito fundamental da honestidade intelectual weberiana, que é a estrela-guia de toda a inquirição científica. Portanto, embora eu tenha prestado atenção escrupulosa ao que dizem as fontes, tenha empregado por inteiro entrevistas gravadas com Voegelin, e me tenha beneficiado de seus comentários em revisar o manuscrito para publicação, ele não é culpado pelo tratamento que dei, pelas linhas de material selecionado como centrais, nem pela interpretação dada.

Ainda uma palavra acerca de meu tratamento e da organização dos materiais com que lidei será talvez útil. Voegelin sempre se identificou como um cientista político e filósofo da política. Embora esta não seja uma biografia intelectual, é organizada mais ou menos cronologicamente, com exceção da preparação do cenário do primeiro capítulo.

O segundo e o terceiro capítulos são biográficos, delineando a vida e a obra de Voegelin desde o começo até o presente, e contêm a discussão mais aprofundada dos cinco livros alemães que apareceram até agora em inglês.[2] A primeira fonte para esses capítulos é o que chamei a "Memória Autobiográfica" de Voegelin. Esse importante documento resultou de uma série de entrevistas gravadas com Voegelin num período de muitas semanas no verão de 1973. Cerca de 27 horas de respostas gravadas a perguntas que lhe fiz foram transcritas e então editadas por Voegelin para formarem uma narrativa que é, simultaneamente, autobiográfica e um comentário corrente de facetas-chave de seu próprio trabalho como ele mesmo o vê. O volume desse documento é publicado anexo como parte integral do livro, como foi originariamente pretendido.

Ao empreender este estudo do pensamento de Voegelin, atento ao seu desenvolvimento pelas décadas até o presente,

---

[2] Até o ano de 2010, a University of Missouri Press já publicou, em inglês, 34 volumes das *Obras reunidas de Eric Voegelin*. [N.E.]

dei preferência a obras recentes e ao estado atual de sua filosofia. Meu método de primeiro delinear o todo de seu trabalho até hoje (com uma ênfase inicial de publicações em 1938) e de, então, concentrar uma atenção mais pormenorizada em quatro cortes subsequentes no horizonte intelectual, a fim de mostrar os estágios de sua pesquisa, acarreta alguma repetição. Mostrar um "horizonte" em estágios sucessivos até 1938, então em 1952, 1957, 1966 e 1981, exigiu consideração sucessiva dos mesmos problemas como vistos nas perspectivas mutantes dos horizontes aumentados. Além disso, os horizontes não poderiam ser tratados seletivamente com base no que foi mudado ou assentado ou novo por comparação com o horizonte anterior, de tal modo que uma seletividade tópica fosse exigida. A seletividade tópica em si mesma, então, precisou ir para trás e mover-se para a frente, entre as obras nos diversos períodos de tempo. Uma introdução "mais arrumada" ao pensamento de Voegelin deveria ter dedicado capítulos a tópicos-chave como o Homem, a Política, a História, o Ser. Mas esse tipo de organização do material desafia, de fato, a inter-relação de cada um dos tópicos. Tal dissecação não poderia dar uma compreensão mais acurada do conteúdo, para não mencionar seu movimento e vitalidade, da pesquisa de Voegelin da realidade da existência política do homem na história e do Todo, do que a autópsia de um cadáver daria uma compreensão do homem cujo corpo ele foi.

O pensamento de Voegelin deve ser visto como uma peregrinação de um homem que filosofa em busca da verdade, não isolado das realidades da política e das exigências da vida contemporânea, mas em influência recíproca constante e receptiva com elas. A profundidade de sua imersão na realidade política e sua resistência à corrupção é de importância-chave para seu pensamento. Procurei enfatizar as dimensões pragmáticas e de bom senso de seu pensamento, mesmo quando sobe até as complexidades extraordinárias da análise teorética e da meditação. Esse tratamento da obra se origina da própria compreensão de Voegelin da razão e da racionalidade humanas como formadoras de um contínuo do senso comum como seu fundamento para iluminação filosófica e científica, e essa noção de racionalidade é mostrada em toda a sua obra, dos anos de 1920 em diante. Mas isso certamente não prepara ninguém para a complexidade que é, de fato, encontrada no estudo do pensamento de Voegelin. Um erudito inteligente e amigo observou-me que *A era ecumênica* é tão complicada quanto a *Fenomenologia do espírito*, de Hegel, um candidato muito bom em qualquer concurso para o livro mais difícil já escrito. Não concordo com essa observação: Voegelin é claro, Hegel é astuciosamente ambíguo. Ainda assim, fez-se a observação, e o último capítulo deste livro, que lida com *A era ecumênica*, sugerirá, talvez, as razões para isso.

Também eu tentei ser claro, apresentar o material gradativamente, de maneira sequencial, de tal modo que as principais características das teorias de Voegelin surjam, permitindo aos leitores atentos entendê-las e compartilhar comigo a emoção dessa iluminação. Para a peregrinação que Voegelin faz, e em que nos juntamos em nossos vários níveis, chega-se a novos horizontes para nós assim como para ele; e tentei apenas, como um guardião do compasso, mapear seus progressos de um pico a outro através de um terreno escarpado. Nesse mapeamento, mantive-me (se não exclusivamente) no mais alto grau do pensamento de Voegelin através do qual ele desenvolve uma nova análise da realidade e nos dá, por fim, uma nova ciência das coisas humanas. Omiti, pois, virtualmente, todo o seu tratamento esplendidamente pormenorizado de numerosas fontes de documentação das quais suas iluminações surgem, considerando apenas brevemente as análises dos relatos defeituosos e "deformados" da realidade (como o gnosticismo e a ideologia moderna) com os quais sua investigação interage criticamente de modo repetido e contra cujos males é uma terapia. Meu objetivo foi iluminar o âmago do pensamento de Voegelin mediante um processo de exposição que leva o leitor até o seu coração, mostrando no processo não apenas as iluminações decisivas, mas também sua conexão integral com o próprio método de pesquisa. As tensões com os relatos defeituosos da realidade vêm à luz nesse procedimento, é certo. Mas os pormenores e os argumentos em toda a escala, mostrando o porquê e o como da deficiência são deixados amplamente de lado. Fazer de outra forma teria subvertido meu propósito de apresentar um relato, conciso, mas minucioso e balanceado, da incomparabilidade de uma obra diante de nós e de seu lugar no panorama da filosofia política ocidental. Porque a *linguagem* da pesquisa é criticamente importante para todo o esforço de Voegelin, deixei-o falar por si mesmo acerca de cada ponto importante, sempre que isso foi possível praticamente.

1. Um ponto de partida:
Senso comum e a nova ciência

Para alguém se convencer da grandeza de Jascha Heifetz como violinista, tem apenas de ouvi-lo tocar; um teste similar da profundidade de Eric Voegelin como filósofo é a maneira mais convincente. Assim, uma bibliografia dos escritos de Voegelin é apresentada no final deste volume como índice de uma produção erudita que é, de todas as maneiras, o equivalente da façanha do artista, se alcance e virtuosidade forem aceitos como critérios comuns. É claro, se alguém, em princípio, não gosta de violino – ou se é exclusivamente um fã de Emerson, Lake and Palmer e responde com um "Jascha quem?" –, então ouvir Heifetz tocar oferecerá uma prova menos do que válida de seu brilhantismo. Ainda assim: a prova do pudim está em ser comido (para mudar as metáforas) e uma leitura atenta da própria obra de Voegelin é a melhor demonstração de seu significado.

I

Outra maneira de documentar o incomparável significado de Voegelin é consultar os especialistas, o júri técnico amplamente empregado na academia sempre que se quer um julgamento qualitativo. Um apanhado dessas opiniões de especialistas poderia começar com a afirmação de um distinto erudito em Antigo Testamento, Berhard W. Anderson, da Princeton:

> O grande mérito da obra de Voegelin é que ele procura reconquistar "o todo", ao penetrar na dinâmica da existência humana... O campo de estudos do Antigo Testamento, como quaisquer outras disciplinas eruditas, é hoje vítima da especialização. Portanto, é refrescante ler a obra de um "leigo" filósofo na matéria, o qual a tomou sobre si, para dominar as fontes originais e a literatura secundária até o tempo de seu escrito... Este [*Israel e a Revelação*] é um dos poucos livros sobre o Antigo Testamento que me causaram tanto interesse que sempre queria saber, ávido, o que viria na página seguinte.[1]

Comentou James L. Wiser:

> Voegelin tentou muito mais do que simplesmente uma história intelectual rigorosa. Por mais importante que seja a compreensão da ciência grega de ordem, a maior façanha deste estudo se torna clara apenas dentro do horizonte mais largo constituído pelas próprias intenções teoréticas de Voegelin... A tentativa de Voegelin de entender a filosofia como uma forma de existência na verdade é simultaneamente uma apresentação daqueles eventos históricos em que a abertura da existência para a transcendência foi vista como uma abertura da própria natureza humana em si mesma.[2]

---

[1] Bernhard W. Anderson, *Politics and the Transcendent: Eric Voegelin's Philosophical and Theological Analysis of the Old Testament in the Context of the Ancient Near East* [Política e o Transcendente: Análise Filosófica e Teológica do Antigo Testamento feita por Eric Voegelin no Contexto do Antigo Oriente Próximo], *Political Science Reviewer, I* (Outono de 1971), 3.

[2] James L. Wiser, "Philosophy and Human Order", *Political Science Reviewer*, v.II, p.158, 1972.

E escreveu John H. Hallowell: "Esta análise de Platão e Aristóteles reflete uma mente brilhante e sutil e mostra uma erudição que poucos eruditos alcançam. É uma façanha intelectual notável, mas mais importante é que, junto com seus outros escritos, é uma aventura na filosofia não diversa da empreendida pelo próprio Platão".[3]

Escreveu Dante Germino:

> Com a publicação do há tanto tempo aguardado quarto volume de seu *magnum opus*, *Ordem e história*, Eric Voegelin se estabeleceu como o principal filósofo político de nosso tempo. As virtudes presentes nos volumes prévios – enorme erudição, abertura para a prova, aonde quer que ela leve, domínio do uso de fontes, talentos interpretativos excepcionais, penetração nas questões filosóficas chaves – também abundam no presente, mas outra dimensão do argumento é apresentada de maneira mais poderosa: Voegelin já não representa principalmente o padrão do intérprete do pensamento dos filósofos do passado, mas apresenta sua própria, original e profunda filosofia da história. O que temos diante de nós, então, não é outro livro, mas uma obra-prima.[4]

O teólogo Thomas J. J. Altizer chamou Voegelin "um dos maiores pensadores de nosso tempo, um dos maiores pensadores religiosos", chegando ao ponto de dizer: "Eric Voegelin pode ter sido único historicamente, ao ter dominado os mundos assim de Atenas como de Jerusalém: *Ordem e história* é certamente única em seu projeto de desvelar a coherança [sic] da compreensão noética [racional] e fé bíblica, como o fundamento primário e indispensável da civilização ocidental".[5] Comentou o cientista político R. Bruce Douglass:

---

[3] John H. Hallowell, *Existence in Tension* (Existência em Tensão), ibid. 180.

[4] Dante Germino, *"Order and History, volume Four: The Ecumenic Age"* [Ordem e História, volume quatro: A Era Ecumênica], *Journal of Politics*, XXXVII (Agosto, 1975), 847.

[5] Thomas J. J. Altizer. *A New History and a New But Ancient God? A Review*

Ordem e história... aprofunda uma história da simbolização da ordem, da qual começa a surgir uma filosofia da história. Este desenvolvimento de uma filosofia da história fundada em um pormenorizado estudo católico da história dos simbolismos de ordem é a contribuição distintiva de Eric Voegelin para a teoria política... A lógica de sua obra parece ser que o único caminho para desafiar efetivamente uma visão defeituosa da história é apresentar uma alternativa que é filosoficamente sã.[6]

Em 1956, quando *Ordem e História* começou a ser lançada, Crane Brinton, de Harvard, disse: "Todo este trabalho parece-me claramente igualar os trabalhos de Toynbee, Spengler, Sorokin e Collingwood". E Roger Shinn chamou *Israel e a Revelação* "um dos grandes trabalhos intelectuais de nossa geração... Uma combinação magistral de erudição científica com iluminação teológica e poética". Como escreveu mais tarde Shinn: "É evidente que a generosa crítica que Voegelin obteve de muitos críticos não é excessiva. Ele é um dos monumentos de erudição de nosso tempo".[7] O eminente historiador C. A. Robinson da Universidade Brown disse da análise que Voegelin fez da Antiguidade: "A verdadeira força desses volumes, e é uma força enorme e notável, reside na análise penetrante e significativa dos antigos escritores gregos".[8] James B. Pritchard e W. F. Albright foram dois dentre muitos outros que louvaram as façanhas de Voegelin. Albright chegou mesmo a dizer que o "emprego do hebraico por Voegelin é quase impecável".[9] E Gerhard Niemeyer, de Notre Dame, dizia serem os três volumes

---

Essay [Uma Nova História e um Deus Novo, mas Antigo? Um Ensaio de recensão]. *Journal of the American Academy of Religion*, XLIII (1975), 757.

[6] R. Bruce Douglass. *The Gospel and Political Order: Eric Voegelin and the Political Role of Christianity* [O Evangelho e a Ordem Política: Eric Voegelin e o Papel Político da Cristandade], *Journal of Politics*, XXXVIII (Fevereiro, 1976), 44.

[7] Roger L. Shinn em *Saturday Reviewer*, v.XLI, p.27, 8 de março de 1958; *Christian Century*, v.LXXV, p.1053, 17 de setembro de 1958.

[8] C. A. Robinson em *American Historical Review*, v.LXIII, p.940, 1957-1958.

[9] James B. Pritchard, ibidem, p.640-41; William F. Albright, Eric Voegelin's *Order and History*, with Special Reference to v.1, em *Theological Studies*, v.XXII, p.275, 1961.

de *Ordem e história* "um grande feito do espírito, algo que ficará como um monumento deste meio do século".[10]

A nova ciência da política de Voegelin despertou tamanho interesse que a revista *Time* se apoderou dela para o artigo de estreia do trigésimo aniversário de edição, intitulado "Jornalismo e os filhos de Joaquim".[11] A recensão anônima de Michael Oakeshot para o "Suplemento Literário" da *Times* de Londres incluía a afirmação de que "este livro deve ser considerado um dos ensaios mais iluminadores do caráter da política europeia que já apareceu em meio século".[12] Arnold Brecht escreveu alhures que "a revolta do meio século contra o positivismo, o método científico, e o relativismo na ciência política está avançando. Encontrou agora o que pode facilmente vir a ser considerada a maior expressão em um livro pequeno e difícil, mas rico e importante do Professor Eric Voegelin".[13] E um cientista político de Yale, Robert A. Dahl, reconheceu o autor como "um escritor de tamanha erudição [que ele] se serve de um documento do terceiro século com mais habilidade que muitos de nós nos servimos do *New York Times*".[14]

II

Em resposta a tamanha série de comentários de autoridades – e essas observações representam apenas uma fração dos comentários publicados –, pode-se dizer razoavelmente que Voegelin não é de maneira alguma obscuro. Afinal de contas, foi a Voegelin que Newsweek recorreu para um comentário quando Toynbee morreu, em 1975. E ele conferenciou e foi

---

[10] Gerhardt Niemeyer, em *Review of Politics*, v.XXI, p.596, jul. 1959.

[11] Cf. "Journalism and Joachim's Children", *Revista Times*, p.57-60, 9 de março de 1953.

[12] Cf. "Suplemento Literário" de *Times* (Londres), p.504, 9 de agosto de 1953.

[13] Arnold Brecht em *Social Research*, v.XX, p.230, 1953.

[14] Robert A. Dahl, *The Science of Politic: Old and New* [A ciência da política, antiga e nova], *World Politics*, v.VII, p.486, 1955.

professor convidado por todo este país e no estrangeiro, em universidades importantes como Oxford, Londres, Chicago, Harvard, Johns Hopkins, Yale. Mantém uma correspondência desconcertante com eruditos em dúzias de disciplinas em todos os cantos do mundo. Foi matéria de dois painéis da Associação de Ciência Política Americana, e sua obra foi honrada pela Associação com o Prêmio Benjamin E. Lippincott. Foi designado em 1958 para ocupar a cadeira de ciência política na Universidade de Munique, deixada vaga desde a morte de Max Weber em 1930. E serviu como catedrático na Instituição Hoover de Guerra, Revolução e Paz na Universidade de Stanford, depois de se aposentar em Munique, em 1969.

Isso não é exatamente obscuridade. Ainda assim, Voegelin não é tão famoso, como, por exemplo, Herbert Marcuse ou Angela Davis, nem mesmo tão conhecido como aqueles com quem é frequentemente comparado: Spengler, Toynbee, Sorokin, ou talvez Collingwood. Por que essa ausência de valorização popular, a despeito dos elogios acima mencionados? A resposta não é simples; vai até o coração do corpo de pensamento antes de nós. Partes das respostas estão implícitas nos comentadores que citei. Para começar, a maior parte da obra de Voegelin está focada na Antiguidade, algo muito distante das preocupações cotidianas do público geral e mesmo de cientistas políticos. Além disso, Voegelin constantemente se move na fronteira do conhecimento. Portanto, uma apreciação completa de seu trabalho requer a resposta atenta de um erudito talentoso. Como um crítico de *A era ecumênica* expressou:

> O brilhante trabalho de Voegelin se assenta num domínio considerável de história antiga, filosofia e religião... Este autor tenta criar uma filosofia da história universalmente significante numa escala que supera Spengler, Toynbee, Hegel e Marx... Apenas eruditos avançados nos domínios da filosofia da história, da história intelectual e da religião farão o esforço exigido para compreender este livro.[15]

---

[15] Philip D. Jordan em *History*, v.III, p.233, 1975.

Nenhum D. C. Somervell apareceu para editar e popularizar *Ordem e história* como ocorreu com *Um estudo da história*[16] de Toynbee – nem Voegelin permitiria que tal coisa fosse feita.

Referindo-se à evidente obscuridade do homem, mesmo dentro do horizonte restrito de cientistas políticos profissionais, William C. Harvard Jr., e Gregor Sebba ponderaram a questão do que "impediu o reconhecimento apropriado do surgimento de uma nova teoria da política" como a que se oferecia no pensamento e escritos de Voegelin. Concluíram que duas coisas foram decisivas:

> "A primeira é que a promoção dessa teoria... é em grande parte obra de um pensador independente... que publicou seu primeiro livro há quatro décadas e ainda está avançando aos poucos com dificuldade num passo que deixa seus melhores leitores para trás. A segunda é a enorme demanda da façanha [voegeliniana] sobre o "novato nesses estudos". Não apenas tem o leitor de ser capaz de seguir razões abstratas em seu mais alto nível, mas tem de saber história das ideias, filosofia (em todas as suas dimensões), teologia, toda a linha de história da pré-história à modernidade, e o atual desenvolvimento de eruditos em campos tão separados como antropologia, crítica bíblica, literatura comparada, psicologia e outras... "Tudo isso está muito distante das preocupações do cientista político praticante de hoje".[17]

São certamente válidas essas explanações para a relativa obscuridade de Voegelin. Mas há uma outra explanação, talvez mais fundamental. Como filósofo e cientista político dedicado à exploração da condição humana em todas as

---

[16] Arnold J. Toynbee, *A Study of History* [Um estudo de história] resumo editado por D. C. Sommervell, New York. London: Oxford University Press, 1947-1957, 2v.

[17] William C. Harvard, *The Changing Pattern of Voegelin's Conception of History and Consciousness* [O Padrão de Mudança da Concepção de História e Consciência de Voegelin], Southern Review, n.º VII (1970), 50; citações internas de Gregor Sebba, "The Present State of Political Theory"[O Estado Atual da Teoria Política], Polity, I (1968), 259-70.

suas dimensões, a obra de Voegelin é revolucionária. Então, tem-se de aproximar dele em seus próprios termos; ele não pode ser "explicado" nem em termos da gama variegada de matérias com que lida, nem pelo tipo de materiais que emprega. A dimensão decisiva de sua façanha está na esfera de iluminação imaginativa. São sempre difíceis de apreciar as novas iluminações, ainda mais quando precisam de uma mudança maior na estrutura do próprio pensamento científico. E é justamente este tipo de revolução copérnica que está presente na obra de Voegelin.

Um efeito menor, porém mais óbvio, da originalidade revolucionária de Voegelin é que ele está (em vários graus) em luta com todas as escolas de pensamento. Não se enquadra em nenhuma classificação intelectual. Portanto, ele não conta com uma claque que o aplauda, nenhuma clientela automática, nem acadêmica, nem política. Ele é verdadeiramente um pensador independente. Seu trabalho é formidavelmente livre de polêmicas; no entanto, impõe claramente uma rejeição de todos os mais queridos ídolos da caverna dos intelectuais modernos aqui e no estrangeiro, mais especificamente do positivismo, do marxismo e do freudismo. E esses não são meramente os ídolos dos intelectuais, mas de um segmento substancial do público que foi educado nas mãos de tais intelectuais, não pouco deles sendo professores universitários e publicistas, formadores do clima da opinião de maneira mais geral. Ao enfatizar que não era partidário de nenhuma causa, certa vez Voegelin disse isto:

> Tenho em meus arquivos os documentos segundo os quais sou comunista, fascista, nacional-socialista, velho-liberal, novo-liberal, católico, protestante, platônico, neoagostiniano, tomista, e, é claro, hegeliano. Não esquecer que fui muito influenciado por Huey Long. Essa lista eu a considero de alguma importância, porque as várias caracterizações, é claro, sempre nomeiam a *bête noir* de estimação do crítico respectivo e, dá, portanto, um quadro muito bom da corrupção intelectual

e da destruição que caracteriza o mundo acadêmico contemporâneo. Compreensivelmente, nunca respondi a críticas desse jaez; críticos como esses podem tornar-se objetos de pesquisa, mas não podem ser partes numa discussão.[18]

"Ser grande é ser mal-compreendido", disse Emerson certa vez,[19] e mal-compreendido Voegelin certamente tem sido. Pois é evidente que ele não pode pertencer a todas as crenças com as quais foi identificado, mas é pouco compreensível mesmo para pessoas de considerável requinte que ele não pertença a nenhuma delas.

Isso gera tamanha fonte de incompreensões da obra de Voegelin, como também o silêncio de sua repercussão entre o público educado, que outro exemplo ilustrativo não seria em vão. Daí o pormenor bem-humorado presente no seguinte relato minucioso do sinistro drama de vida e morte de sua escapada da Áustria para a Suíça depois do *Anschluss* nazista e sua demissão imediata da faculdade de direito da Universidade de Viena em 1938. Tendo conseguido enganar de pouco a Gestapo, e fugindo de trem com duas malas, deixando a mulher na casa dos pais dela, a qual deveria partir uma semana depois, atravessou a fronteira austríaca e se apresentou num consulado americano na Suíça:

> Em Zurique, tive de esperar por um visto de imigração fora da cota, estendida a eruditos a quem tinham sido oferecidos empregos nos Estados Unidos. Meus amigos em Harvard – [Gottfried von] Haberler, [Joseph A.]

---

[18] Eric Voegelin, *Autobiographical Memoir* [Memória autobiográfica] transcrição não publicada de uma entrevista gravada com o autor (1973), p.46; doravante referida no texto como MA. Para a influência de Huey Long em Voegelin, ver a recensão acerca dos primeiros três volumes de *Ordem e história*, por Moses Hadas, no *Journal of the History of Ideas*, v.XIX, p.444, junho de 1958, e meu comentário em *Social Research*, v.XXVIIII, p.233-4, 1961. (Verão de 1961), 233-34

[19] Ralph Waldo Emerson, *Self-Reliance* [Auto-confiança], em Brooks Atkinson (ed.), *The Complete Essays and Other Writings of Ralph Waldo Emerson* [Os Ensaios Completos e Outros Escritos de Ralph Waldo Emerson] (Nova Iorque: Moderna Library, 1950), 152.

Schumpeter, e numa função muito decisiva como chefe do Departamento de Governo, Arthur Holcombe – tinham providenciado uma assistência de meio período. Mas eu ainda não recebera uma carta oficial, e tive de esperar em Zurique, a fim de obter o visto americano. Enquanto esperava pelo visto, tive contatos com o vice-cônsul americano, um rapaz de Harvard muito simpático, que tinha uma grave suspeita a meu respeito. Explicou que não sendo eu comunista, nem católico, nem judeu, não tinha, portanto, nenhuma razão para não ser a favor do nacional-socialismo e ser eu mesmo um nacional-socialista. Logo, se, como era óbvio, eu estava fugindo, a única razão devia ser algum antecedente criminal; e ele não queria dar-me o visto antes de a questão da criminalidade ser esclarecida. Por sorte, chegou a tempo a carta de Holcombe, aconselhando a minha designação como assistente em meio período, e com a assinatura de Holcombe na carta, o rapaz de Harvard no consulado se convenceu de que eu estava limpo, e me deu o visto.

Estou contando esse incidente não para ser crítico deste vice-cônsul particular, que estava tão inocente de problemas políticos, e especialmente de problemas humanos, como tais pessoas costumam estar... Que qualquer pessoa pudesse ser anti-nacional-socialista sem ser por motivo de uma contraposição ideológica, ou por ser judia, é, na verdade, até onde vai minha experiência, inconcebível para a maior parte no mundo acadêmico que conheço. (MA, p.43-4)

Por sua própria interpretação, Eric Voegelin é um filósofo e cientista cujo compromisso principal é servir à verdade, uma tarefa a que ele dedicou sem reserva toda a sua vida madura. É a devoção sincera a esse propósito que forneceu ainda uma terceira fonte para sua obscuridade e contribuiu para ele ser incompreendido: criou uma nova linguagem de discurso filosófico. Como a anedota recém-contada sugere, há algo incrível acerca da vida da razão em devoção à verdade, e menos explicações para atividades pessoais e acadêmicas podem ser suspeitas. Algumas vezes as suspeitas são sombrias, como as várias tentativas de classificar Voegelin indicam por si mesmas. Não há, em princípio, nada de único nisso. Na Antiguidade, suspeitas sombrias custaram a Sócrates sua vida. No meio do século XVIII, David Hume refletiu a angústia de sua própria devoção à "Filosofia Cética" nestas palavras:

> Toda paixão é mortificada por ela, exceto o amor da verdade; e essa paixão nunca é, nem pode ser, levada a um nível muito alto. É surpreendente, portanto, que esta filosofia... deva ser objeto de tanta repreensão e repúdio sem fundamento. Mas, talvez, a própria circunstância que a faz tão inocente é o que principalmente a expõe ao ódio público e ao ressentimento. Ao não lisonjear nenhuma paixão irregular, obtém poucos partidários: ao opor tantos vícios e tolices, chama sobre si uma abundância de inimigos, que a estigmatizam como libertina, profana, e irreligiosa.[20]

Ao passo que as listas de reclamações contra ela podem diferir, a nova filosofia de Voegelin emergiu através de um processo crítico que leva consigo a articulação de uma nova linguagem. O processo de crítica deixou acidentes ao longo do caminho, não apenas os vários "ismos" já noticiados, mas, num considerável grau, as próprias concepções recebidas de filosofia e de ciência. Nenhum interesse fixo foi deixado intocado, fato que não passou despercebido a alguns leitores. Então, a inteireza das revisões críticas presentes em seu pensamento provocou um importante cientista político, que comentou *A nova ciência da política*, em 1955, para concluir, petulante, que Voegelin "não apenas in-definiu a ciência; ele a des-cientificou".[21] Do ponto de vista da concepção

---

[20] David Hume, *Enquiries Concerning the Human Understanding*, e *Concerning the Principles of Morals*, [Inquirições acerca da Compreensão Humana e Acerca dos Princípios Morais], editado por L. A. Selby-Bigge (2.ª edição; Oxford: Clarendon Press, 1902), 41.

[21] Dahl, *The Science of Politics: Old and New* [A ciência da política: antiga e nova], 489.

comportamental-positivista da ciência, nenhuma dúvida que o fez. As coisas não estavam nem um pouco melhores do ponto de vista da filosofia acadêmica contemporânea, cuja irmandade foi confrontada no final de sua análise da filosofia clássica em 1957 pela conclusão surpreendente de Voegelin de "que a história da filosofia é, na maior parte, a história de seu descarrilamento" (OH, III, p.277). Em 1973 ele invocou o julgamento de Whitehead de que "a filosofia moderna foi arruinada".[22] Dificilmente algo com que se ganhem amigos e aplaque professores de Filosofia! Sem explorar neste ponto as minúcias, pode-se dizer que esses e outros julgamentos similares refletem o estudo 'sóbrio e aturado de volumosos materiais e fontes e estão longe de ser juvenis. A precisão linguística de Voegelin é um sinal das demandas do empreendimento de colocar a filosofia de volta nos trilhos, de repensar o caráter e os fundamentos da ciência do homem. Mas essa linguagem é, em si mesma, uma barreira substancial para a apreciação do leitor geral de Voegelin, simplesmente por ser tecnicamente precisa, como tem de ser, se é para ser adequada à sua alta tarefa. A reconquista da linguagem da ciência é uma dimensão maior de toda a obra de Voegelin de 1930 em diante. Portanto, para entendê-lo, é preciso dominar-lhe a linguagem, um requisito exigente, mas recompensador.

---

[22] Eric Voegelin, *On Classical Studies* [Dos Estudos Clássicos], Modern Age (Inverno de 1973), 3. A afirmação ocorre no livro *Science and the Modern World: Lowell Lectures*, 1925 [Ciência e Mundo Moderno: as Preleções Lowell, 1925](Nova Iorque,: Free Press Paperback Edition, 1967), 55. No contexto, diz assim: "O enorme sucesso das abstrações científicas dos séculos XVII, produzindo de um lado *matéria* com sua *simples localização* no espaço e no tempo, e de outro lado a mente, percebendo, sofrendo, raciocinando, mas não interferindo, impingiu à filosofia a tarefa de aceitá-las como a maneira mais concreta de apresentar um fato.
"Portanto, a filosofia moderna foi arruinada. Oscilou numa maneira complexa entre três extremos. Há os dualistas, que aceitam matéria e mente em bases iguais, e as duas variedades de monistas, os que colocam a mente dentro da matéria, e os que colocam a matéria dentro da mente. Mas esses malabarismos com abstrações não podem nunca superar a confusão inerente introduzida pela atribuição [falaciosa] de *concretude mal colocada* no esquema científico do século XVII."

E finalmente, assim a obscuridade como a incompreensão surgem do teor da filosofia de Voegelin, pois ela se dirige firmemente a toda a história e hierarquia da existência humana com ênfase especial nos modos da participação do homem no divino como refletido na experiência documentada. Num mundo profundamente estorvado por ideologias imanentistas e presunções secularistas, este traço distintivo de seu pensamento é tão intragável como foram traços similares, por exemplo, no pensamento tardio assim de Henri Bergson como de George Santayana. Uma história padrão da filosofia americana dispensou com escárnio as afirmações de despedida de George Santayana em *The Idler and His Works* [*O ocioso e seus trabalhos*] (publicado em 1957, cinco anos após sua morte):

> Em meus vários livros discuti coisas em espaços desiguais da função do espírito dentro de mim. Mas esse centro era verdadeiramente filosófico. Não posso identificar-me profundamente com nada em mim, senão com a flama do próprio espírito. Portanto, o quadro mais verdadeiro do meu ser mais profundo não mostraria nenhum desses traços de minha personalidade, e nada do fundo de cena de minha vida. Mostraria apenas a luz do entendimento que queimou dentro de mim e, tanto quanto pude, consumiu e purificou todo o resto.[23]

O trecho foi apresentado por Herbert Schneider com estas duas sentenças: "Quando seus sentidos e memória começaram a falhar em sua reclusão italiana, [Santayana] imaginou seu ser 'real' como do de seu espírito. Nesse humor, escreveu, perto do fim de sua carreira corporal, essas palavras, que parecem pateticamente falsas a seus amigos realistas naturalistas".[24] Mas é claro, os leitores de Schneider já

---

[23] George Santayana, *The Idler and His Works* [O Ocioso e seus Trabalhos] (Nova Iorque: Books for Libraries, 1957), 20.

[24] Herbert W. Schneider, *A History of American Philosophy* [Uma História da Filosofia Americana] (3.ª edição, Nova Iorque e Londres: Columbia University Press, 1963), 508.

tinham sido preparados algumas páginas antes para a aberração da improvável celebração que Santayana faz do espírito como a flama do divino no homem (no padrão cristão disso) quando o historiador escreveu: "Santayana nunca foi mais do que um realista indiferente e menos do que um americano indiferente".²⁵ Voegelin não é o primeiro filósofo moderno a se opor ao muro de tijolo do dogmatismo secularista.

Mas a obra de Voegelin também foi mal-compreendida entre os dogmatistas espirituais. Depois de saudar com entusiasmo o primeiro volume de *Ordem e história*, em 1959, e falar da expressão "incisiva" e mesmo "délfica" e de sua "façanha ímpar", o filósofo e teólogo católico Frederick D. Wilhelmsen escreveu com ira velada contra as fraquezas do quarto volume dessa obra, em 1975. Qual era o problema? O Cristo da cristandade dogmática estava ausente:

> A cristandade é representada pelo prisma da experiência de São Paulo e exclusivamente sob esse prisma. A figura histórica de Jesus é totalmente desviada e o único "Cristo" que aparece nas páginas de Voegelin é "O ressuscitado" da experiência de Paulo... Esta omissão provavelmente desapontará alguns dos leitores católicos "conservadores" de Voegelin... Falar, como faz [Voegelin], da "falácia... entretida por teólogos doutrinais, metafísicos, e ideólogos" indica um tipo de lavar as mãos precioso por um Pilatos moderno que é tão puro para entrar no Gólgota da história... Mas, Dr. Voegelin, "se Ele não ressuscitou" – nas palavras de São Paulo – então pouco se me dá da experiência que São Paulo teve Dele... O entendimento da estrutura da história de Voegelin é falha.²⁶

---

²⁵ Ibidem, p.503; cf. p.509, e os comentários ao título de Santayana, "Religião final".

²⁶ Frederick D. Wilhelmsen, *The Achievement of Eric Voegelin* [A Façanha de Eric Voegelin], *Modern Age* [Era Moderna] (Primavera de 1959), 182; Wilhelmsen, *The New Voegelin* [O Novo Voegelin], *Triumph* [Triunfo] (Janeiro de 1975), 32, 35.

Em suma, então, qualquer explanação da obscuridade comparativa de Voegelin é complexa, mas acima de tudo, surge de sua independência filosófica e originalidade. Seus livros não são mais difíceis de ler do que muitos outros que são comuns aos estudantes de ciência política, sociologia e filosofia. A linguagem é de alguma novidade e salpicada de palavras gregas, é verdade, mas é essencialmente clara – mesmo aforística e algumas vezes poética –, a despeito de sua compressão estilística. Explora sutilmente e ilumina matérias de interesse intrínseco aos que estão abertos para a busca perene de um melhor entendimento de sua própria humanidade. Mas por mais devedor que Voegelin tenha sido à erudição moderna (e é muito grande, de fato), ele marcou um novo território de exploração com novos meios. São pronunciadas as continuidades de sua obra com a de filósofos anteriores e com as luzes condutoras da ciência natural moderna. Procurou firmemente fazer seus estudos em reconhecimento completo das melhores e mais recentes iluminações dos problemas com que lida. Um olhar em suas obras imediatamente demonstra isso. Que críticos regularmente não consigam notá-lo dá provas para corroborar a afirmação de Voegelin da grande falta de cultura que permeia o estrato educado da sociedade. Tal falta de cultura, desfilando como seu oposto, reforça o clima inóspito da opinião e fomenta o tipo de guerra de dogmatismos contendores a que se dedicou nos parágrafos seguintes e denominados por Voegelin "dogmatomaquia" (A, p.328-33)[27] da cena contemporânea – um tumulto de "posições" e disputa dentro dos quais ele resolutamente se recusou a submergir.

Por um lado, acrescentou ele, como uma glosa da asserção de Whitehead, de que a filosofia moderna está arruinada, a afirmação: "A vida da Razão, a condição ineluctável da ordem pessoal e social, foi destruída".[28] Mas de outro, enfatizou repetidamente que isso é apenas um lado das coisas:

---

[27] Ver também Eric Voegelin, *Equivalences of Experience and Symbolization in History* [Equivalências de Experiência e Simbolização na História] (1970), 218-20.

[28] Voegelin, *On Classical Studies* [Dos Estudos Clássicos] 3.

Enquanto a modernidade, no sentido pejorativo do termo, é inegavelmente uma característica do período moderno, continua, ao mesmo tempo, a resistência à desordem, assim como os esforços para reconquistar a realidade perdida ou distorcida. Por mais que alguém queira construir o conceito de modernidade, ele terá de cobrir assim a destruição da realidade, cometida por seres humanos alienados, os pensadores ideológicos, para o propósito de seu engrandecimento, e o contramovimento dos filósofos e eruditos que, em nosso tempo, culmina com o esplêndido avanço das ciências históricas, revelando como grotescas as construções ideológicas que ainda dominam a cena. (AM, p.107)

Este último ponto foi também enfatizado em conexão com a célebre análise de Voegelin, em *A nova ciência da política*, que concluiu que "a essência da modernidade [é] o crescimento do gnosticismo" (NCP, p.126). Depois de notar que a continuidade do gnosticismo desde a Antiguidade até o período moderno era ainda uma matéria de conhecimento comum entre os eruditos dos séculos XVIII e XIX, e notando especialmente que Ferdinand Christian Baur[29] traçava em 1835 o elemento gnóstico através da história ocidental e nas obras de Jakob Boehme, F.W.J. von Schelling, F.E.D. Schleiermacher, e Hegel, acrescentou:

> Quero enfatizar que o gnosticismo, assim como sua história desde a Antiguidade até o presente, é matéria de uma ciência amplamente desenvolvida, e que a ideia de interpretar os fenômenos contemporâneos como fenômenos gnósticos não é tão original como pode parecer aos *ignoramuses* que me criticaram por isso. Gostaria de notar em geral: se eu tivesse descoberto sozinho todos os problemas filosóficos e históricos pelos quais sou criticado por intelectuais, eu seria, sem dúvida,

---

[29] O livro de Baur é intitulado *Die Christliche Gnosis oder die christliche Religions-philosophie in ihrer geschichtlichen Entwicklung* [A Gnose Cristã ou a Filosofia de Religião Cristã em seu Desenvolvimento Histórico] (Tübingen: C.F. Osiander, 1835).

o maior filósofo na história da humanidade. [Então] antes de publicar qualquer coisa acerca da aplicabilidade das categorias gnósticas às ideologias modernas, consultei nossas autoridades contemporâneas em gnosticismo, especialmente [Henri Charles] Puech em Paris e [Gilles] Quispel em Utrecht. Puech considerava natural que as modernas ideologias sejam especulações gnósticas, e Quispel chamou-me a atenção para o gnosticismo de Jung, em que ele estava especialmente interessado. (MA, p.67 ss; cf. CPG, p,3-7)

III

Nossa excursão pela lista de maneiras em que a obscuridade de Voegelin pode ser explicada também pesquisou como ele foi incompreendido. A questão, pois, é como pode ser tratado e entendido. A dificuldade de encontrar um ponto de partida aqui traz à mente as reflexões sóbrias de *Sir* Frederick Pollock e Frederic William Maitland no começo de sua majestosa *History of English Law* [*História do Direito Inglês*]:

> Tamanha é a unidade de toda a história que quem quer que se aventure a contar um pedaço dela sentirá que sua primeira sentença rasga uma teia inconsútil... A teia tem de ser contada; mas, quando a contamos, podemos ver os vaivens dos fios cortados e emaranhados que formam um padrão muito amplo para os olhos de qualquer homem.[30]

Mesmo que haja aqui o rasgar de alguma teia inconsútil, não tenho dúvidas de que o ponto de partida correto para quem quer entender Eric Voegelin é uma apreciação da

---

[30] Sir Frederick Pollock and Frederic William Maitland, *The History of English Law: Before the Time of Edward I* [A História do Direito Inglês: Antes de Eduardo I] (2 volumes; 2.ª edição; Cambridge: Cambridge University Press, 1968), I, 1.

centralidade do senso comum e da experiência comum em sua obra. A despeito de suas complexidades, não menos do que a de Whitehead, toda a filosofia de Voegelin "[é] adaptada à exigência da ciência e à experiência concreta da humanidade". Portanto, independente do que "atravessa nossa experiência cândida", contradizê-la é suspeito em princípio: "Afirmo que o apelo último é à experiência cândida e é por isso que dou tamanha ênfase na prova da poesia".[31] A matéria não é deixada à mera inferência. A reconquista do entendimento de senso comum, a exploração de suas dimensões e a continuidade com a razão teorética e a ciência, sua aplicação como ponto de partida para o alcance por qualquer um da verdade e da ordem, e sua centralidade a qualquer crítica de doutrinas recebidas, tudo é regularmente mostrado na obra de Voegelin. Essa é a chave para seu notável poder como professor e para sua escrita e pensamento, de maneira mais geral, que é responsável por seu vigor, robustez, independência e virilidade.

O senso comum tem sua representação filosófica preeminentemente na escola escocesa do século XVIII desse nome. Thomas Reid, então, a definiu como aquele "certo grau" de racionalidade "que é necessário para sermos sujeitos de direito e governo, capazes de conduzir nossos afazeres, e de ser responsáveis por nosso comportamento perante os outros. Isso é chamado senso comum, porque é comum a todos os homens com que fazemos negócios, ou dizemos serem responsáveis por sua conduta".[32] Acrescentou Voegelin: "O senso comum é um tipo comum de racionalidade". Suas iluminações não podem ser feitas diretamente em proposições que possam tornar-se princípios de ciência. Mas tem mérito concreto e garantia teorética, e é tanto a pressuposição como o ponto de partida da experiência noética (*ou* filosófica) e da razão.

---

[31] Whithehead, *Science and the Modern World*, op. cit., p.89; cf.90-4.
[32] Thomas Reid, *Essays on the Intellectual Powers of Man* (1785; repr. ed. Cambridge, Mass: M.I.T Press, 1960, p.559), citado em Eric Voegelin, *Anamnesis,* Munich: Piper, 1966, p.352.

"O *homo politicus* civilizado não precisa ser um filósofo, mas tem de ter senso comum" (A, p.352-3).[33]

Que toda a obra madura de Voegelin procede dessa perspectiva pode ser confirmado por suas afirmações. Em 1924, o jovem Voegelin obteve uma das primeiras bolsas de estudos do Laura Spellman Memorial, e foi da Áustria para os Estados Unidos para dois anos de estudos em Colúmbia, Harvard e Wisconsin.

> Esses dois anos na América trouxeram o grande rompimento de meu desenvolvimento intelectual... Na Universidade de Colúmbia tive cursos com [Franklin Henry] Giddings, o sociólogo, John Dewey e Irwin Edman, John Wesley, o economista, [John Whittier] Macmahon em administração pública, e fui esmagado por um novo mundo cuja existência até então eu mal suspeitara. A mais importante influência veio da biblioteca. Durante o ano em Nova York, comecei a trabalhar com a história da filosofia inglesa e sua expansão no pensamento americano. Meus estudos foram fortemente motivados e ajudados por Dewey e Edman. Descobri a filosofia do senso comum inglesa e americana. Mais imediatamente veio o impacto do recente livro de Dewey, *Human Nature and Conduct* [*Natureza humana e conduta*] (1922), que era baseado na tradição do senso comum inglês. Daí voltei-me para Reid e [*Sir* William] Hamilton. Essa concepção inglesa do senso comum como uma atitude humana que incorpora uma atitude do filósofo para com a vida sem o aparato técnico do filósofo, e inversamente, a compreensão da filosofia clássica e estoica como um desenvolvimento analítico e técnico da atitude de bom senso, permaneceu uma influência duradoura em minha compreensão assim do bom senso como da filosofia clássica. Tive a primeira noção do que poderia significar para o clima

---

[33] Para mais discussão do senso comum e da racionalidade, ver capítulo 6 abaixo, e páginas 214-16.

intelectual e a coesão de uma sociedade a tradição continuada da filosofia clássica no nível de bom senso, sem necessariamente o aparato técnico de um Aristóteles. A tradição do senso comum agora reconheci que é o fator que estava notavelmente ausente da cena social alemã, e não estava tão desenvolvida na França como estava na Inglaterra e na América... Nesse ano em Nova York comecei a sentir que a sociedade americana tinha um pano de fundo filosófico muito superior em extensão e substância intelectual, embora nem sempre articulados, do que qualquer coisa que encontrei representada no ambiente metodológico em que crescera.

Durante o ano em Colúmbia, quando fiz os cursos com Dewey e Giddings e li o trabalho deles, fiquei a par das categorias de substância social no mundo de fala inglesa. A categoria de John Dewey era "o pensar do mesmo modo" (*likemindedness*) e percebi que "o pensar do mesmo modo" era o termo usado pela versão do Rei James para traduzir o *homonoia* do Novo Testamento. Essa foi a primeira vez que fiquei a par do problema da *homonoia* acerca do qual sabia ainda muito pouco, porque meu conhecimento de filosofia clássica era ainda insuficiente e meu conhecimento de problemas cristãos praticamente inexistente. Apenas mais tarde, quando aprendi grego e fui capaz de ler os textos no original, fiquei a par da função fundamental de tais categorias para determinar o que a substância da sociedade realmente é. O termo de Giddings era a "consciência do tipo". Embora eu não soubesse muito acerca do pano de fundo desses problemas, lembro-me que me dei logo conta que Giddings estava-se referindo ao mesmo problema de John Dewey, mas preferia uma terminologia que não tornasse visível a conexão do problema com as tradições clássica e cristã. Foi uma tentativa de transformar a *homonoia*, no sentido de uma comunidade de espírito, em algo inócuo como uma comunidade de tipo num sentido biológico.

O primeiro ano em Colúmbia foi, então, suplementado pelo segundo ano em que a mais forte impressão foi, em Harvard, o recém-chegado Alfred North Whitehead. É claro que eu ainda podia compreender só uma pequena porção do que Whitehead dizia em suas preleções, e tive de trabalhar sozinho no pano de fundo cultural e histórico de sua obra que apareceu à época, *Science and the Modern World* [*Ciência e o mundo moderno*] (1925). Mas ela chamou-me a atenção para o fato de que havia um imenso pano de fundo em que eu tinha de trabalhar mais intensamente se quisesse entender a civilização anglo-saxônica. A ocasião para expandir meu conhecimento se ofereceu no segundo semestre dos anos 1925-1926, quando fui para Wisconsin. Ficara sabendo da obra de John R. Commons em Colúmbia, pois durante aquele ano foi publicado *Human Nature and Property* [*A natureza humana e a propriedade*]... Em Wisconsin, cheguei ao que considerava ao tempo, ainda com meus conhecimentos limitados, a América autêntica: era representada por John R. Commons, que tomou para mim a forma de uma figura lincolnesca, fortemente ligada aos problemas econômicos e políticos, assim em nível estadual como nacional, e com ênfases particulares no problema do trabalho...

O relato da experiência americana seria incompleto sem mencionar a forte influência de George Santayana. Nunca o encontrei, mas familiarizei-me com sua obra em Nova York, parcialmente através da sugestão de Irwin Edman. Estudei sua obra com cuidado e ainda tenho em minha biblioteca os exemplares que comprei naquele ano em Nova York. Santayana foi uma revelação concernente à filosofia, comparável, para mim, à revelação que recebi ao mesmo tempo por meio da filosofia do senso comum. Ali estava um homem com um vasto pano de fundo de conhecimento filosófico, sensível aos problemas do espírito, sem aceitar um dogma, e não interessado, de maneira nenhuma, na metodologia neokantiana...

Os resultados desses dois anos na América precipitaram meu livro *On the Form of the American Mind* [Da forma da mente americana]...[34]

Essa obra literária em que juntei os resultados de dois anos americanos não dá, entretanto, uma compreensão total da importância que esses dois anos tiveram em minha vida. O grande acontecimento foi o fato de ser jogado num mundo *para o qual* os grandes debates metodológicos do tipo neokantiano, que eu considerava a coisa mais importante intelectualmente, eram de nenhuma importância. Em vez disso, havia o pano de fundo de um grande fundamento político de 1776 e 1789, e do desenrolar do ato fundante através da cultura política e legal, primeiramente representada pela guilda de advogados e pela Suprema Corte. Havia um forte pano de fundo de cristandade e de cultura clássica que se estava apagando notavelmente, se não ausente, nos debates metodológicos em que cresci como estudante. Em suma, aqui estava um mundo em que este outro mundo em que cresci era irrelevante, intelectual, moral e espiritualmente. Que devesse haver tal pluralidade de mundo teve em mim um efeito devastador. A experiência quebrou de vez, ao menos assim espero, meu provincianismo de uma Europa Central ou, em geral, de um tipo europeu, sem me deixar cair no provincianismo americano. Consegui uma compreensão ao longo desses anos de pluralidade de possibilidades humanas realizadas em várias civilizações, como uma experiência imediata, uma *expérience vécue*, que desde então se tornou acessível para mim apenas em Spengler, e mais tarde em Toynbee. O efeito imediato foi que, com

---

[34] Eric Voegelin, *Über die Form des amerikanischen Geistes* (Tübingen: J.C.B. Mohr, 1928). Em inglês, *On the Form of the American Mind* [Da Forma de Mente Americana], traduzido por Ruth Hein, editado com uma introdução por Jürgen Gebhardt e Barry Cooper, vol. 1, *Collected Works of Eric Voegelin* [Obras reunidas de Eric Voegelin] (1995: disponível na University of Missouri Press, 1999). Doravante citada como OR 1, etc.

meu regresso à Europa, certos fenômenos que eram da maior importância no contexto intelectual e ideológico da Europa Central, como a obra de Heidegger, cujo famoso *Ser e tempo* li em 1928, já não tinham efeito sobre mim. Apenas passaram, porque eu tinha sido imunizado contra todo este contexto de filosofia através de minha estada na América, especialmente em Wisconsin. As prioridades e relações de importância entre as várias teorias tinham sido mudadas fundamentalmente, e, tanto quanto posso ver, para melhor. (MA, p.28-33)

Citei este longo trecho não apenas porque é adequado, mas também porque quero aqui aplicar ao pensamento de Voegelin um de seus princípios convincentes de senso comum. E é que o próprio pensador é quem sabe o que está fazendo: a autointerpretação dos seres humanos a quem as experiências acontecem (e que com isto as articula nos simbolismos da filosofia, da profecia, da poesia e nas mais coisas) é decisiva para sua compreensão. Como Voegelin expressou mais sucintamente o princípio:

> A realidade da experiência é autointerpretativa. Os homens que têm as experiências se expressam através de símbolos; e os símbolos são a chave para compreender a experiência expressa... O que é experimentado e simbolizado como realidade, num processo avançado de diferenciação, é a substância da história... [Este é o] princípio que jaz na base de toda minha obra mais recente. (MA, p.81)

Mas este princípio foi colocado muito cedo na mente de Voegelin, mesmo antes de sua temporada na América. Ele atribui sua origem a seus estudos em Berlim, em 1922-1923, com o grande historiador da Antiguidade Eduard Meyer: "Agrada-me acreditar que a técnica de Meyer de compreender uma situação histórica por meio da autocompreensão das pessoas envolvidas entrou em minha obra como um fator permanente" (MA, p.15).

Teremos ocasião de traçar muitas das implicações dessas afirmações nas páginas que se seguem. O ponto para o presente é simplesmente que, por mais alto que sua cabeça possa estar nas nuvens, os pés de Voegelin estão sempre firmemente no chão. Ele considera isso uma atitude preeminentemente americana. Significa, dito cruamente, que Voegelin geralmente quer dizer justamente aquilo que pensas que ele quer dizer. Ele procura metodicamente a busca dos problemas da existência humana lá nos pontos de sua articulação original nas experiências concretas de indivíduos concretos. O quintessencialmente humano, ou a dimensão existencial é procurada e saboreada nos lugares e tempos específicos de eventos particulares, na presunção de que o que é criticamente verdadeiro para um homem, não é menos verdadeiro para os homens. Essa é a raiz de sua própria versão do "empirismo radical" de William James.[35] Como Gregor Sebba estabeleceu o princípio:

> Para Voegelin, o primeiro pensador a ver o problema claramente e em sua inteira estrutura estabeleceu o vocabulário analítico que incorpora a nova iluminação. Esse vocabulário continua autorizado pelo tempo que valer a análise. Portanto a necessidade de voltar ao primeiro aparecimento de um simbolismo verbal: a água é claríssima na fonte, como me explicou em 1933.[36]

Seguem-se múltiplas consequências desse tratamento da exploração da condição humana. Obviamente, significa que as afirmações gerais abstratas, em princípio, são suspeitas. Nenhum positivista insistiu mais constantemente do que Voegelin que a experiência tem de guiar o pensamento, que termos gerais podem ter como referentes reais apenas objetos ou eventos concretos individuais.[37] Mas a tendência

---

[35] Ver a discussão de Voegelin do empirismo radical de James (ibidem, p.41-52).
[36] Gregor Sebba, "Prelude and Variations on the theme of Eric Voegelin", *Southern Rewiew*, v.XIII, p.658n, 1977.
[37] Cf. Leszek Kolkowski, *The Alienation of reason: A History of Positivist Thought*

antipositivista aparece de uma vez na amplificação de Voegelin da *experiência*, de tal modo que, em suas páginas, ela abarca toda a série de consciência humana e não está reduzida a mera percepção sensória.

Um termo geral como *filosofia*, por exemplo, significa o que aquelas pessoas queriam dizer quando cunharam o termo para nomear sua atividade: Voegelin se volta para os "materiais" empíricos e explora a emergência e o florescimento da filosofia de Tales até Aristóteles, vista dentro do contexto de toda a experiência e escrita helênica. A vida de Sócrates, diz ele, é então a prova empírica da verdadeira ordem da alma e a filosofia em seu clímax em Platão e Aristóteles é uma *imitatio Socratis*. Tal vida não é uma mera persecução abstrata através do progresso de proposições especulativas. Ao contrário, é, acima de tudo, existencial e combativa; surge e floresce como a resistência de um homem às forças na sociedade que buscam corrompê-lo e aliená-lo da verdadeira ordem de existência e de realidade. Pode-se notar no trecho seguinte o impulso do senso comum dessa visão, na maneira como Voegelin a apresenta:

> Platão estava supremamente consciente da luta e de sua polaridade. A filosofia não é uma doutrina da ordem certa, mas a luz da sabedoria que se lança na luta; e a ajuda [como oferecida por Sócrates e Platão àqueles em torno deles] não é uma informação acerca da verdade, mas o esforço árduo para localizar as forças do mal e identificar-lhes a natureza. Pois meia batalha está vencida quando a alma pode reconhecer a forma do inimigo e, em consequência, sabe que o caminho que tem de seguir leva à direção oposta. Portanto, Platão opera na *República* com pares de conceitos que apontam o caminho ao lançar luz tanto no bem quanto no mal. Seu filósofo não atua no vácuo, mas em oposição ao sofista.
>
> (OH, III, p.43, 62-3)

[A Alienação da Razão: Uma História do Pensamento Positivista], traduzido por Norbert Guterman (Garden City, Nova Iorque: Doubledau & Co., Inc., Anchor Books, 1969), capítulo 1 e *passim*.

Os pares de conceitos opostos desenvolvidos por Platão "têm de ser entendidos em seu agregado como a expressão da resistência de um homem a uma corrupção social que desce tão profundamente, que atinge a verdade da existência diante de Deus. A filosofia, portanto, tem sua origem na resistência da alma à sua destruição pela sociedade. A filosofia... [é] um ato de resistência iluminado pelo entendimento conceitual". Concretamente, a experiência motivadora do homem que se torna o filósofo é "oposição ao sofista" (OH, III, p.68, 70). A filosofia na Antiguidade, ou seja, a filosofia *par excellence*, é existencial no sentido de ser uma vida vivida em resistência à mentira por amor da sabedoria experimentada como divina, pois apenas Deus é sábio.

> As implicações da iluminação, no ponto onde a resistência é primeiramente iluminada por conceitos, estão sendo perdidas em nossas interpretações modernas da obra de Platão. Hoje Platão se tornou um filósofo entre outros; e nosso termo moderno até inclui os filodoxos [amadores de opinião] a quem ele se opunha. Para Platão, o filósofo é literalmente o homem que ama a sabedoria, porque a sabedoria dá substância à liberdade de sua Arete [excelência, virtude] e permite que a alma viaje pelo caminho em direção à salvação. No filósofo que resiste ao sofista vive uma alma que resiste à destruição da Arete. O filósofo é o homem na ansiedade de sua queda do ser; e a filosofia é a ascensão para a salvação de qualquer homem, como sugerem os componentes panfílicos do mito [de Er que conclui a *República*]. Portanto, a filosofia de Platão não é *uma* filosofia, mas *a* forma simbólica em que uma alma dionisíaca expressa sua ascensão até Deus. Se a evocação de Platão de um paradigma da ordem correta é interpretada como uma opinião do filósofo acerca da política, o resultado será uma tolice irremediável, não merecendo sequer uma palavra de debate (OH, III, p.70).

Assim entendido, Voegelin está de acordo com Emerson, ao reconhecer que "Platão é filosofia, e filosofia, Platão", e com Whitehead, ao concluir que "a tradição filosófica europeia é... uma série de notas de rodapé a Platão".[38] Mas o *assim entendido* tem de ser enfatizado, pois nem Emerson, nem Whitehead entenderam o âmago da filosofia de Platão, ou simplesmente da filosofia, como o fez Voegelin. Nesse sentido, é nova a concepção de Voegelin de filosofia.

Mas há o paradoxo de que uma consequência maior da aproximação de Voegelin da exploração da condição humana é sua "não originalidade"[39] estudada. O que significa isso? Já demos uma olhadela em sua interpretação altamente original da natureza da filosofia. Explica Sebba: "O pensamento não original é uma arte difícil de aprender. Não é livre para inventar, mas forçada a reconhecer. Há algo de novo sob o sol?".[40] A réplica de Voegelin bem poderia ser uma contrapergunta: Já consideraste tudo sob o sol? Seu método transmite exatamente essa empresa, e, por esta razão, sua obra está cheia de análises comparativas minuciosas de materiais retirados de quase tudo sob o sol. Então, ele pode negar que sua interpretação de Platão – e da filosofia helênica em geral – é nova. Ao contrário, ele apenas reconquistou, por uma atenção escrupulosa às fontes, o próprio autoentendimento de filosofia que tinha Platão. É novo apenas para nós. Na verdade, é a perda deste entendimento original da filosofia, através da amnésia social que fez de sua história, na maior parte, a história de seu descarrilamento durante os dois últimos milênios (OH, I, p.ix; III, p.274-9). Combater essa amnésia, não propor novidades é a tarefa do erudito e do filósofo. Essa tarefa é anunciada explicitamente na primeira página de *Ordem e história*. Voegelin está consciente, como poucos, do alcance, diversidade e extensão da história intelectual do homem. Ele é disciplinado pela

---

[38] Ralph Waldo Emerson, *Plato: Or, the Philosopher,* [Platão, ou, o Filósofo], em Atkinson (ed.), *Complete Essays* [Ensaios Completos]; Alfred North Whitehead, *Process and Reality: An Essay in Cosmology* [Processo e Realidade: um Ensaio de Cosmologia] New York: Free Press, 1969, p.53.

[39] Ver Sebba, *Prelude and Variations on the Theme of Eric Voegelin* [Prelúdio e Variações sobre o Tema de Eric Voegelin], 658-59.

[40] Ibidem.

observação de Aristóteles: "Pois as iluminações científicas não ocorrem entre os homens apenas uma vez ou duas, ou poucas vezes; mas recorrem um número de vezes infinito" (OH, III, p.289-90).[41] A modéstia quanto às próprias descobertas é não só decente, como prudente; a imodéstia é tolice, ou pior. Prostituir-se em busca da novidade, especialmente da variedade ideológica moderna, é uma patologia do pensamento, uma fonte primordial de desordens sociais e da amnésia que as fomenta. O princípio da falta de originalidade é formulado radicalmente: "O teste da verdade, para dizê-lo francamente, será a falta de originalidade das proposições".[42] Essa é uma dimensão adicional da confiança de Voegelin no senso comum, por meio do qual o teste de validade é a conformidade com as opiniões recebidas da humanidade, ou onde "a memória do homem não corre para o contrário", ou onde o amante do mito (*philomythos*) e o amante da sabedoria (*philosophos*) podem ser vistos como pretendentes da mesma realidade numa escala de penetração teórica que vai do compacto para o mais diferenciado (OH, I, p.60).

Ao enfatizar a falta de originalidade, Voegelin tem como fundamento, entre outras coisas, o problema não menor da imitação de erudição entre os acadêmicos profissionais que, com muita frequência, são alegremente ignorantes das matérias de que falam com suposta especialização. Então ele nota que foi forçado a aprender grego no meado de 1930 ao reconhecer que, como cientista político empenhado na oposição e crítica à ideologia nazista e seu racismo, era obrigatório um conhecimento de Platão e de Aristóteles.

> A aquisição desse conhecimento foi, é claro, fundamental para meu trabalho posterior, não apenas quanto a meu conhecimento de filosofia grega, mas para eu perceber fundamentalmente que não se pode lidar com os materiais, a não ser que se saiba lê-los. Isso parece trivial, mas, como percebi depois, é uma verdade não

---

[41] Aristóteles, *Meteorologica* I, 3.
[42] Voegelin, *Equivalências de Experiência*, op. cit., p.222; cf. p.226.

> apenas negligenciada, mas ardorosamente contestada por um grande número de pessoas que são empregadas por nossas escolas e que, com a maior facilidade, falam de Platão e Aristóteles, ou de Tomás e de Agostinho, ou de Dante e Cervantes, ou de Rabelais e Goethe, sem serem capazes de ler uma linha sequer dos autores acerca dos quais pontificam. (MA, p.39)

Mais enfaticamente, Voegelin sugere que as novidades mais conhecidas do pensamento ideológico moderno foram conseguidas a expensas da ciência e da honestidade, num grau de detrimento humano que, na prática, se torna monotonamente assassino. O tratamento dado a Karl Marx é o melhor exemplo, por causa da enorme influência e popularidade de Marx.

> Quando Marx diz que sua dialética racional [do materialismo] representa a dialética hegeliana em seus fundamentos, não descreve corretamente o que está fazendo. Antes de a inversão verdadeira começar, ele fez algo muito mais fatal: aboliu o problema da realidade, de Hegel... Por esse ato [ele] aboliu, em princípio, o tratamento filosófico do problema da realidade. A posição marxista não é anti-hegeliana, é antifilosófica; Marx não coloca a dialética de Hegel em seus fundamentos, ele se recusa a teorizar...

> Sabia Marx o que estava fazendo?... Se nos voltamos para suas obras mais antigas, vemos que Marx tivera uma excelente compreensão do problema da realidade, de Hegel, mas preferiu desprezá-lo. Marx compreendeu Hegel perfeitamente bem... Estava Marx sendo desonesto intelectualmente?

> Como o editor das primeiras obras de Marx disse: "Marx – se podemos expressar-nos desse modo – mal compreendeu Hegel como se fosse de maneira deliberada". Eles não ousam chamar Marx, sem rodeios, de fraudador intelectual... Afinal de contas, Marx não foi um trapaceiro comum... A não ser que queiramos

desistir neste ponto, temos de transferir o problema para o nível da pneumopatologia. Marx era doente espiritualmente e temos de localizar o sintoma mais evidente de sua doença, ou seja, seu medo de conceitos críticos e da filosofia em geral... Temos de cunhar o termo "logophobia" para este sintoma... consiste na autodivinização e na autossalvação do homem; um *logos* intramundano da consciência humana é substituto para o *logos* transcendental. O que apareceu no nível dos sintomas como antifilosofismo e *logophobia* tem de ser etiologicamente compreendido como a revolta da consciência imanente contra a ordem espiritual do mundo. Este é o âmago da ideia marxista.

•

Na raiz da ideia marxista encontramos a doença espiritual, a revolta gnóstica... Marx é demoniacamente fechado à realidade transcendental... Sua impotência espiritual não deixa nenhum caminho aberto, senão o descarrilamento no ativismo gnóstico. De novo vemos a combinação característica de impotência espiritual com luxúria mundana pelo poder, resultando num misticismo grandioso de existência paraclética. E de novo vemos o conflito com a razão, quase literalmente a mesma forma que a de [Auguste] Comte, na proibição ditatorial de questões metafísicas acerca do fundamento do ser, questões que poderiam perturbar a criação mágica de um novo mundo por trás das paredes da prisão da revolta. Marx, como Comte, não permite uma discussão racional de seus princípios – tens de ser marxista ou calares a boca. Vemos de novo confirmada a correlação entre a impotência espiritual e o antirracionalismo; não se pode negar Deus e reter a razão.

A impotência espiritual destrói a ordem da alma. O homem é trancado na prisão de sua existência particular.

Não destrói, entretanto, a vitalidade das operações intelectuais dentro da prisão. As *Teses de Feuerbach*... são um obra-prima incomparável de especulação mística no nível de uma existência harmonicamente fechada. Marx sabia que ele era um deus criando um mundo. Ele não queria ser uma criatura. Não queria ver o mundo na perspectiva da existência criatural – embora reconhecesse que o homem tem dificuldades de sair da rotina... Pelos padrões de especulação mística, a construção [das *Teses*] é impecável. É provavelmente o melhor fetiche mundial já construído por um homem que queria ser Deus. (IR, p.257-9, 276, 298-9).[43]

Palavras duras? De fato, são duras o bastante, mesmo para um Emerson que advogava palavras duras. A verdade algumas vezes requer palavras duras, como todo o homem de senso comum sabe, e é tarefa de um filósofo servir a verdade e fazê-lo numa linguagem inequívoca. O sentido da filosofia como um amor da sabedoria, surgindo em oposição à mentira, reside exatamente por baixo da superfície de tais palavras duras. Voegelin afirma que as "motivações de minha obra são simples; surgem da situação política" (MA, p.96). A situação política do começo da vida adulta de Voegelin era a do pós-Primeira Guerra com o colapso do Império Austro-Húngaro, o triunfo do bolchevismo na Rússia, o aburguesamento da política ideológica na Europa Central e Ocidental lutando contra as facções socialista e comunista, o fascismo emergente, o nacional-socialismo, e a consolidação com as resoluções assassinas de Stalin e Hitler. Fez seu aprendizado político e intelectual na mais dura das escolas. Ele martelou sua aparência intelectual, tomando os caminhos minados de posições intelectuais conflitantes e estando em oposição constante aos ideólogos da esquerda e da direita, no final com risco pessoal substancial. Em suma, as palavras duras de Voegelin surgem

---

[43] Reeditada de *From Enlightenment to Revolution* [Do Iluminismo à Revolução], por Eric Voegelin (editada por John H. Hallowelll), com permissão da Duke University Press. Copyright 1975, Duke University Press (Durham, N.C.), doravante citada textualmente como IR.

da experiência pessoal, assim como da análise textual meticulosa, e não devem surpreender-nos mais do que as de Platão ou de Alexandre Soljenítsin. Os casos são análogos em assinalar uma sabedoria esquiliana, nascida do sofrimento.

IV

O senso comum e o pensamento vigoroso andam de mãos dadas. Nossos exemplos do significado do senso comum como o melhor ponto de partida para o entendimento de Voegelin nos levaram a enfatizar os princípios da autointerpretação – de entender um pensador como ele se entendia a si mesmo – e da falta de originalidade estudada na explicação dos textos pelos quais os filósofos e os profetas articulam suas experiência de realidade. No curso dessas reflexões, o caráter da filosofia foi esclarecido em sua dimensão oposicional como um reflexo do amor da sabedoria, que é seu âmago. Esse exemplo, e o exemplo da crítica ao pensamento de Marx, mostraram em termos específicos a maneira em que a oposição à desordem no mundo contemporâneo serve à verdade filosófica. Pelo caminho, a matéria da linguagem mostrou sua importância como termos técnicos flutuando à superfície da discussão e palavras duras foram encontradas na asserção de Voegelin da validade científica do estudo de Platão dos paradigmas de ordem e em sua análise da rebelião de Marx como um trapaceiro deliberado. Esses fios emaranhados apenas dão uma vaga ideia das matérias consideradas mais profundamente nos capítulos subsequentes.

Isso, entretanto, não é senão para oferecer um ponto de partida. Mesmo se concordamos com Aristóteles que "um bom começo parece ser mais do que metade do todo, e muitas perguntas que fazemos são explicadas por ele",[44] para completar o começo devemos dar um esboço do resto do estudo.

---

[44] Aristóteles, *Ética a Nicômaco*, Livro I, cap.7, 1098b7-8, trad. W. D. Ross.

Voegelin não é um construtor de sistemas, e diz sempre que pensadores que são sistematizadores são representantes do descarrilamento da filosofia. Portanto, embora não tenhamos nenhum sistema para explorar, temos continuidades de reflexão acerca de problemas importantes da experiência humana. O impulso deste grande *corpus* de escritos é insinuado na epígrafe de *Ordem e história*, tomada da *De Vera Religione*, de Santo Agostinho: "No estudo da criatura, não se deve exercer uma curiosidade vã e perecedora, mas ascender para o que é imortal e eterno". Nessa busca do imortal e da eternidade como experimentados pelos homens na história, Voegelin não se assusta com a consistência tola que é um duende das mentes pequenas. Ao contrário, sua obra mostra um processo de revisão constante, retorno e reformulação à medida que o estudo dos materiais precisa de novas perspectivas e iluminações. O princípio subjacente dessas operações é que a verdade da existência só pode ser validada pela prova empírica no sentido de William James. É obrigação do cientista-filósofo seguir a prova onde quer que ela o leve e qualquer que seja o preço.

A verdade que vai ser entregue desse processo meditativo não é a verdade última, a verdade que põe fim à busca por toda a verdade, um sistema para pôr fim a todos os sistemas. Ao contrário, é a iluminação do *processo* de realidade, trazendo à luz a consciência reflexiva de um homem numa comunidade com outros homens, no passado e no presente, que se devotam à busca reflexiva da realidade como uma parte indispensável da busca de sua verdadeira humanidade. A verdade por entregar, então, é a verdade representativa. Sua reivindicação de validade científica se funda na "crença na premissa de que uma verdade concernente à realidade do homem encontrada por um homem concretamente aplica-se, na verdade, a todos os homens".[45] Portanto, é representativa em dois sentidos: no sentido de ser representativa da própria verdade divina, e no sentido

---

[45] Voegelin, *Equivalences of Experience* [Equivalências de Experiências], 234.

de ser uma verdade experimentada e simbolizada por uma pessoa concreta que, por isso, se torna representante de todos os homens. As consequências epistemológicas e ontológicas desse ponto de vista serão objeto de estudo mais tarde. Em princípio, é necessário assegurar essa perspectiva como informando a busca de Voegelin pelo rastro dos simbolismos na história como o meio principal de recobrar as experiências formadoras que lhes deram origem. Pois aí parece jazer a única "constante" da história. A verdade está no nível da experiência, não dos símbolos. Portanto, "as constantes de formação de experiência são o verdadeiro objeto de nossos estudos".[46]

O estudo comparativo dos simbolismos e das experiências formadoras compreende a base do procedimento de Voegelin. Toma forma no discernimento de equivalência de ambos por "um filósofo que se tornou consciente da dimensão do tempo de sua própria busca da verdade e que quer ligá-la à de seus predecessores na história". Como resultado, "o estudo comparativo dos símbolos chega a uma compreensão de si mesmo como uma busca da busca". A exploração dos símbolos e suas experiências subjacentes produz a iluminação de que a mesma procura em que está o filósofo hoje é, na verdade, a mesma procura de em que seus predecessores estavam em seus dias.[47]

Mas a percepção das experiências e símbolos como equivalentes dissolve a aparente constante da história: equivalência não é identidade; a percepção de equivalência ocorre no processo da busca quando ativamente conduzida por um filósofo, e a verdade da realidade é simultaneamente diferenciada numa iluminação reconhecidamente superior, que emerge da profundeza da consciência. A constante que permanece, então, é apenas "o processo no modo de presença"; ou seja, a constante – se há alguma – é empurrada de volta para a profundeza para além da experiência e simbolização

---

[46] Ibidem, p.216.
[47] Ibidem, p.216, 223.

como o processo de reflexão, a estrutura da busca em si mesma. Então, diz Voegelin:

> Não há nenhuma constante encontrável na história porque o campo histórico de equivalentes não é dado como uma coleção de fenômenos que poderiam ser submetidos aos procedimentos de abstração e de generalização. A história se origina na presença do processo quando uma verdade de realidade que emerge da profundeza se reconhece a si mesma como equivalente, mas superior a uma verdade previamente experimentada. Se algo que apareceu no curso de nossa busca merece o nome de uma constante é o processo no modo de presença. A busca, então, não foi fútil, mas o resultado subverte a pergunta inicial. Pois não encontramos uma constante na história, mas a constância de um processo que deixa um rastro de símbolos equivalentes no tempo e no espaço. A esse rastro podemos, então, ligar o nome convencional de "história". A história não é um dado... mas um símbolo pelo qual expressamos nossa experiência do coletivo como um rastro deixado pela presença movente do processo.
>
> Para além da constância e equivalência permanece o problema do processo em si mesmo. Temos conhecimento imediato do processo apenas em sua presença. Um homem a quem podemos nomear concretamente – um Heráclito, Platão, Plotino, ou Santo Agostinho – experimenta o processo em seu modo de presença. O campo histórico que é deixado pelo processo, entretanto, não é deixado pela confrontação da verdade na psique de um homem concreto, mas resulta da presença do processo enquanto ele se move pela multidão de seres concretos que são membros da humanidade. O processo como um todo que deixa rastro não é experimentado por ninguém concretamente. Em nosso tempo, este problema raramente é enfrentado com pleno conhecimento crítico, embora seja um problema

fundamental de filosofia. Quando um filósofo explora a natureza do homem e chega à afirmação impetuosa: "Todos os homens, por natureza, desejam conhecer", podem-se fazer exceções a esta forma geral. Pois a afirmação pode aplicar-se ao filósofo cuja experiência de sua própria psique, a engendrou, mas não há nenhuma justificação empírica para a extensão da iluminação a "todos os homens". No entanto, não descartamos a afirmação como extravagante, porque compartilhamos com Aristóteles a crença na premissa de que uma verdade concernente à realidade do homem, encontrada por um homem concretamente, aplica-se, na verdade, a qualquer homem. A fé nesta premissa, entretanto, não é engendrada por uma experiência adicional da natureza do homem, mas pela experiência primordial da realidade como dotada da constância e da permanência de uma estrutura que simbolizamos como o Cosmos. A confiança no Cosmos e em sua profundeza é a fonte das premissas – seja a generalidade da natureza humana, ou, em nosso caso, a realidade do processo como uma presença movente – que aceitamos como o contexto de significado para nossa dedicação concreta à busca da verdade. A busca da verdade só faz sentido sob a condição de que a verdade nascida da profundeza de sua psique pelo homem, embora não seja a verdade última da realidade, seja representativa da verdade na profundeza divina do Cosmos. Por trás de todo símbolo equivalente no campo histórico está o homem que o engendrou no curso de sua busca como representante de uma verdade que é mais do que equivalente. A busca que apresenta não mais do que uma verdade equivalente se funda, em última análise, no drama divino da verdade que se torna luminosa.[48]

Esses trechos anunciam os problemas principais que serão tratados neste volume. Sua sutileza e complexidade são

---

[48] Ibidem, p.233-4.

evidentes mesmo numa leitura rápida. Nossa preocupação é com o âmago do pensamento de Voegelin. Nesse âmago está a tarefa de apresentar menos opaca a existência humana, mais significativa, através do processo de inquirição filosófica. i.e., através da busca da verdade.

2. Biografia e a trajetória do pensamento até 1938

I

Nascido em Colônia, Alemanha, em 3 de janeiro de 1901, filho de Otto Stefan Voegelin, um engenheiro civil, e de Elisabeth Ruehl Voegelin, Erich Hermann Wilhelm Voegelin viveu em Colônia e em Königswinter, no Reno, até 1910, quando se mudou com a família para Viena, Áustria. Residiu em Viena até sua fuga para a Suíça e, depois, para os Estados Unidos, no verão de 1938. Ficou nos Estados Unidos por vinte anos e se tornou cidadão americano em 1944. Viveu por um semestre em Cambridge, Massachusetts, por alguns meses em Bennington, Vermont, dois anos e meio em Tuscaloosa, Alabama, e se estabeleceu por dezesseis anos em Baton Rouge, Louisiana. Em 1958 Voegelin voltou para a Europa, agora para Munique, Alemanha Ocidental, onde permaneceu até 1969, quando voltou para os Estados Unidos. Desde 1969 reside em Stanford, Califórnia. Ele e Lissy Onken se casaram em 30 de julho de 1932; não têm filhos.

Por trás do pano de fundo dessa cronologia básica, podem-se esboçar alguns traços de sua educação e carreira como professor e erudito. Depois da mudança da Alemanha para a Áustria em 1910, Voegelin terminou o último ano do primário e entrou num ginásio clássico modificado (ou *Realgymnasium*) que exigia oito anos de Latim, seis de Inglês, dois de Italiano, e também enfatizava a Matemática e a Física. Durante esse período estudou Francês com um professor particular. Ele se lembra como importante nesse período o estudo de *Hamlet*, durante um semestre, interpretado segundo a psicologia de superioridade (*Geltung*) de Alfred Adler. Depois de aparecer a "Teoria da Relatividade" em 1917, Voegelin e um colega de classe a estudaram durante o último ano do colegial com seu professor de Matemática e Física, Philip Freud. "Nós a estudamos, e, no começo, não conseguíamos compreendê-la, mas então descobrimos que nossa dificuldade era causada pela simplicidade da teoria. Nós a compreendíamos perfeitamente bem, mas não podíamos acreditar que algo tão simples pudesse causar tal furor como uma nova teoria difícil. O aparato matemático, é claro, estava inteiramente à nossa disposição" (MA, p.8), já que estudos nessa área eram exigidos através do cálculo diferencial, e Voegelin prosseguiu até uma introdução da teoria das matrizes e dos grupos.

Depois de completar a graduação colegial e obter nota no exame, Voegelin entrou na Universidade de Viena em 1919 e completou seu doutorado em 1922. Durante as férias de verão após o término do colegial, no entanto, e esporeado pela emoção que seguiu à revolução na Rússia, ele leu *O capital* de Marx e se tornou um marxista convicto por um tempo – de agosto de 1919 até dezembro! "No Natal a coisa desapareceu, porque, nesse entretempo, eu frequentara cursos tanto de teoria econômica como de história de teoria econômica, e percebi o que estava errado com Marx. Depois disso, o marxismo nunca mais foi um problema para mim".

A política de Voegelin tem sido constantemente anti-ideológica. Quando jovem, talvez sob a influência de um dos membros proeminentes da faculdade e partidário, Carl Gruenberg, ele, como a maior parte de seus jovens amigos, votou no Partido Social-Democrata na eleição de 1920 – a primeira de que participou –, embora nunca tenha sido formalmente afiliado a esse partido. Temos aqui de novo de descrever Voegelin como "um jovem magro e loiro e olhos penetrantes por trás dos óculos, com um nariz pascalino sobressaindo-se numa curva metafísica" e já possuindo uma reputação entre seus colegas de erudição diabólica e a habilidade de decolar verticalmente de qualquer questão, para desaparecer dentro de minutos numa ionosfera teorética, deixando um rastro de referências obscuras e já possuindo uma reputação entre seus colegas.[1]

Voegelin hesitou entre programas de doutorado em matemática e física, em direito, e em um novo programa de ciência política oferecido na Faculdade de Direito, escolhendo, por fim, a última, mas continuando seu interesse por aquelas matérias. Sua decisão mudou por causa de uma falta de entusiasmo real pela matemática, uma má vontade em tornar-se funcionário público (a que o levaria provavelmente o programa de direito) e considerações econômicas: ele era muito pobre, e o grau em ciência política era obtido em três anos, mas o grau de direito teria exigido quatro. Além disso, estava fortemente atraído pelo estudo de política e pela notável faculdade nessa área, em Viena. Era ampla a gama de estudos de Voegelin; completou seu doutorado com Hans Kelsen, o autor da Constituição Austríaca de 1920 e famoso por sua "Teoria Pura do Direito", e com Othmar Spann, como "padrinhos" conjuntos de doutorado. Isso foi algo considerável, já que as posições filosóficas de Kelsen e de Spann eram tidas por incompatíveis. Os seminários de Spann introduziram Voegelin ao estudo sério da filosofia clássica de Platão e de Aristóteles e aos sistemas idealistas alemães de Johann Gottlieb Fichte,

---

[1] A caracterização é feita por seu amigo e colega dessa época, Gregor Sebba, num artigo *Prelude and Variations on the Theme of Eric Voegelin* [Prelúdio e Variações sobre o Tema de Eric Voegelin], Southern Review, XIII, (outono, 1977), 649. Uma versão maior deste ensaio foi publicada em *Eric Voegelin's Thought: A Critical Appraisal* [O Pensamento de Eric Voegelin: Uma Apreciação Crítica], editado e com introdução de Ellis Sandoz (Durham: Duke University Press, 1982); está reeditada em *The Collected Essays of Gregor Sebba: Truth, History, and the Imagination* [Os Ensaios coligidos de Gregor Sebba; Verdade, História e a Imaginação], eds. Helen Sebba, Aníbal A. Bueno, e Hendrikkus Boers (Baton Rouge: Louisiana State University Press, 1991).

Hegel e Schelling. De igual, senão maior importância foram os seminários econômicos com Ludwig von Mises, e as amizades de toda a vida ali formadas com F. A. von Hayek, Oscar Morgenstern, Fritz Machlup, e Gottfried von Haberler.

O horizonte intelectual da Universidade de Viena ao tempo, e até a ascensão do nacional-socialismo no começo dos anos de 1930, era enorme. Era ainda a universidade da capital do Império e um centro de excelência de ciência em diversos campos. Além de Kelsen, houve alguns jovens eruditos nos campos do direito e políticos treinados por ele, especialmente Alfred von Verdross em direito internacional e Adolf Merkl, que se especializou em direito administrativo. A escola austríaca de utilidade marginal no campo da economia fora construída por Eugen Boehm-Bawerk, já falecido quando Voegelin se matriculou, continuando a ser representada por Friedrich Weiser, o grande velho que apresentava as principais conferências de teoria econômica ao tempo, assim como por um Mises mais jovem, que já era famoso por causa de sua teoria do dinheiro. Joseph Schumpeter estava em Graz, mas sua obra era estudada. Física teórica, que também interessava a Voegelin, ia até Ernst Mach em Viena, e era, à época, representada por Moritz Schlick. Ludwig Wittgenstein era uma força nesse círculo, mais por seus escritos do que pela presença pessoal. Historiadores distintos incluíam Alfons Dopsch, que era conhecido internacionalmente por seu estudo da economia carolíngia, e Otto Brunner era uma estrela ascendente. A história da arte estava bem estabelecida na universidade através da obra de Max Dvorak, que falecera quando Voegelin se matriculou; mas Josef Strzygowski ainda estava ativo, e Voegelin frequentou suas conferências acerca da arte da Renascença e foi atraído por sua grande obra acerca da história da arte do Oriente Próximo. O Instituto de Música Bizantina, comandado por Egon Wellesz, estava mais distante do interesse de Voegelin, mas ele ficou a par de Wellesz antes da ida deste para Oxford depois da tomada do poder pelos nazistas. A grande influência dos psicólogos estava, é claro, presente, e o jovem Voegelin estudou com o amigo de Sigmund Freud, Hermann Swoboda, e, portanto, se familiarizou com as obras assim de Freud como de Otto Weininger. Ele não conheceu Freud pessoalmente, mas teve como amigos muitos dos alunos de Freud, como Heinz Hartmann, Robert Waelder e Ernst Kries.

A Faculdade de Direito era o centro de interesse e trabalho de Voegelin após 1922 e até sua fuga da Áustria em 1938. Através dos anos, ele frequentou regularmente os seminários, especialmente os particulares, de Spann, Kelsen e Mises. Seus jovens colegas no seminário de Spann saíram de sua vida após o nacional-socialismo ficar virulento, porque muitos deles se tornaram nazistas ou se juntaram a outros movimentos radicais, tendo sido atraídos a Spann particularmente por sua devoção ao romantismo e ao idealismo alemão. O seminário privado de Kelsen juntou homens com quem Voegelin formou amizades duradouras, especialmente Alfred Schutz, Felix Kaufmann e Fritz Schreier. Muitos desses amigos se mudaram para a América depois da ascensão de Hitler.

Um círculo separado e duradouro se desenvolveu dessas amizades. Apelidado o *Geistkreis* – ou Círculo Intelectual – um tanto ironicamente, reuniu-se uma vez por mês num período de uma década e meia, e se uniu pelos interesses intelectuais variados dos participantes e pesquisas desta ou daquela ciência. Além das muitas pessoas já mencionadas, o *Geistkreis* também incluía Herbert Fuerth, Johannes Wilde e o historiador de arte Georg Schiff, e Friedrich Engel-Janosi, o historiador, embora a participação flutuasse no período. Os encontros mensais eram mantidos na casa de um dos participantes e ali se liam e se criticavam artigos. A regra do círculo era que o anfitrião não devia ler um artigo, já que sua esposa tinha o direito de frequentar a reunião em casa dela (de outro modo, as mulheres eram excluídas), e pensava-se que seria grosseria para uma esposa ver o marido feito em picadinhos. Alguns dos membros do Geistkreis foram atingidos pela mudança da política quanto aos judeus, depois de o governo imperial ser suplantado pela República. Quando Voegelin se matriculou em 1919, muitos dos professores de dedicação exclusiva na universidade eram judeus, mas estabeleceu-se uma regra contra a promoção de jovens judeus a tais posições. Já que desde então os judeus não poderiam ascender acima do nível de lentes não pagos, homens excelentes como, por exemplo, Alfred Schutz e Felix Kaufmann tiveram de procurar ocupações de caráter privado.

II

Que influências são decisivas para a compreensão do desenvolvimento intelectual de Voegelin? Uma questão plausível, mas não que possa ser respondida com alguma precisão. Voegelin simplesmente não pode ser remontado a esta ou àquela fonte, em busca dos afluentes, como se fossem, de seu desenvolvimento intelectual. Certamente não pode ser reduzido a fontes anteriores das quais ele deriva. Dito isso, entretanto, certas influências importantes podem ser identificadas durante o período entre 1922 e 1938. Como já notado, a experiência americana de 1924 a 1926 foi, segundo sua própria estimativa, um ponto de mudança nesse desenvolvimento. Da confusão da atividade intelectual de Viena nos anos 1920 e 1930, três outros acontecimentos e/ou personalidades se destacam: o descobrimento precoce de Max Weber, a influência do círculo de Stefan George e seu acréscimo com Karl Kraus, e a associação com Hans Kelsen (MA, p.1-10). Uma discussão mais pormenorizada dos vários "círculos" vienenses e o papel de Voegelin neles é dado por Friedrich Engel-Janosi. Por exemplo, Voegelin deu dúzias de artigos para o Geistkreis (seu membro mais industrioso) nos anos de 1921 a 1938, variando seus tópicos extensa e amplamente: "Métodos nas Ciências Sociais", "Filosofia do Judaísmo", "Significado da História da Arte", "Inglaterra", "Shakespeare", "Paul Valéry", "Época de Agostinho", "Conceito do Estado" e "Cartas mongóis", entre eles. J. Herbert Fuerth (um fundador do círculo e membro ao longo de seus dezessete anos), escrevendo de Washington, D.C., em 1972, chegou à seguinte conclusão: "Voegelin talvez seja o maior cientista político vivo, e acredito que o único de nós que pode quase ser chamado de um verdadeiro gênio".[2]

A dissertação de doutorado de Voegelin, intitulada *Wechselwirklung und Gezweiung* [*Influência recíproca e duplicação*] (1922), era um estudo comparativo das categorias-chave da sociologia de Georg Simmel e de Othmar Spann. Lidava com o problema ontológico da diferença entre elaborar uma teoria social na presunção das relações recíprocas entre indivíduos autônomos ou na presunção de uma ligação espiritual preexistente entre os seres humanos que seria percebida em suas relações interpessoais, i.e., a diferença entre as teorias individualistas de Simmel e as universalistas de Spann acerca da comunidade.

Em 1925 Voegelin estudara Max Weber tão bem a ponto de publicar um ensaio sobre sua obra.[3] Weber teve grande importância na consolidação do comportamento de Voegelin para com a ciência e em aguçar-lhe a resistência às ideologias de todos os matizes. Seu estudo da *Sociologia da religião* e *Economia e sociedade* reforçou-lhe a rejeição do marxismo como cientificamente insustentável. Uma obra anterior de economia e a história da teoria já tinham estabelecido isso em sua mente. Conferências posteriores de Weber (publicadas como *Ciência e política*) esclareceram o ponto que as ideologias fornecem os valores estabelecidos pela ação, mas não são elas mesmas proposições científicas. A matéria se torna problemática através da distinção de Weber entre a ética da intenção e a ética da responsabilidade, o problema de assumir a responsabilidade pelas ações quaisquer que sejam as intenções na ação.

---

[2] Cf. Friedrich Engel-Janosi, *...aber ein stolzer Bettler: Erinnerungen aus einer verlorenen Generation...* [Mas um Mendigo orgulhoso: Lembranças de uma Geração Perdida] (Graz, Viena, Colônia: Verlag Styrua, 1974), págs 108-128 e *passim*.

[3] Eric Voegelin, "Ueber Max Weber" [Acerca de Max Weber], *Deutsche Vierteljahrrschrift für Literaturwissenschaft und Geistesgeschichte*, III, págs. 177-93.

> Weber estava do lado da ética da responsabilidade... de tal modo que se, por exemplo, estabelecesses um governo que expropria os expropriadores, serias responsável pela miséria que causarias às pessoas expropriadas. Nenhuma desculpa para as consequências más poderia ser encontrada na moralidade ou nobreza de tuas intenções. O fim moral não justifica a imoralidade da ação... As ideologias não são ciências e ideais não são substitutos para a ética. (MA, p.11)

Voegelin adotou firmemente esses princípios. Mais tarde descobriu a conexão entre os pontos de vista de Weber e os ensinamentos da metodologia neokantiana das ciências históricas desenvolvidos pela assim chamada Escola Alemã do Sudoeste, de Heinrich Rickert e Wilheml Windelband. Da perspectiva de Weber, se a ciência social quer ser uma ciência, então deve ela ser livre de valores. Isso, a seu turno, restringiu a ciência social à exploração de causas e efeitos dentro dos processos sociais, deixando de lado os valores, a não ser para um conhecimento do uso deles na seleção dos materiais. Os julgamentos de valor foram excluídos da ciência, o que significou que as premissas básicas não poderiam ser criticamente examinadas, seja no campo da ação, seja no campo da ciência.

> As áreas não puderam ser analisadas por Max Weber. O sintoma externo dessa brecha na teoria de Max Weber é o fato de que em sua sociologia da religião, sendo tão ampla, não há nenhum estudo da cristandade primitiva nem da filosofia clássica. Ou seja, a análise da experiência que teria fornecido os critérios de ordem existencial e de ação responsável permaneceu fora de seu campo de consideração. Se Weber, no entanto, não descarrilou em algum tipo de relativismo ou anarquismo, mesmo sem o funcionamento de tal análise, ele era um caráter firmemente ético e, de fato, como a biografia de seu sobrinho, Eduard Baumgarten, mostrou, um místico. Então ele sabia o que era certo sem saber a razão disso. Mas é claro, quanto à ciência, isso é uma posição precária,

> porque os estudantes, afinal de contas, querem saber as razões pelas quais eles devem comportar-se de uma certa maneira; e quando as razões e a ordem racional de existência são excluídos de consideração, emoções são responsáveis por levar-te para toda a sorte de aventuras ideológicas e idealistas em que os fins se tornam mais fascinantes do que os meios. Aqui está a brecha na obra de Weber, constituindo o grande problema com o qual lidei durante os cinquenta anos desde que me familiarizei com Max Weber. (MA, p.12)

Finalmente, Weber estabeleceu de uma vez por todas para Voegelin a indispensabilidade de uma vasta gama de conhecimento comparativo para quem quer que queira ser um erudito no campo da ciência social e política: "E isso significa o conhecimento civilizacional comparativo, não apenas da civilização moderna, mas também do Oriente Próximo e das civilizações do Oriente, e manter esse conhecimento atualizado com as ciências especializadas nos vários campos". Fazer de outro modo, a seu ver, é ser privado de dizer que é um empírico e ser falto de erudição (MA, p.13). Essa mesma visão foi enfatizada por suas relações com *A decadência do Ocidente* de Oswald Spengler e com a pessoa e a obra de Eduard Meyer. E foi reforçada pelo exemplo de outros eruditos importantes como Alfred Weber, com quem ele estudou em Heidelberg por um semestre em 1929. Mesmo citando o bom exemplo de Auguste Comte a esse respeito, Voegelin enfatiza: "O necessário alcance empírico de conhecimento é ainda a base de toda a ciência séria nesses assuntos", *i.e.*, nos campos da filosofia, política, sociologia e história" (MA, p.14).

A aquisição desse alcance de conhecimento comparativo foi buscada de muitas maneiras por Voegelin, e, como se pode ver facilmente, ao se lhe observar a bibliografia, manteve-se um fator constante em toda a sua obra. Foi favorecida por um verão passado em Oxford, em 1922, onde ele frequentou as conferências do classicista distinto Gilbert Murray, e recebeu um ímpeto maior da anterior experiência americana.

Sua bolsa de estudos Rockefeller foi ampliada para um terceiro ano (1925/1927), durante o qual Voegelin estudou em Paris, na Sorbonne. Ali, aperfeiçoou seu domínio do francês e leu muito literatura, filosofia, economia e direito franceses. Frequentou as conferências de Léon Brunschvicg acerca de Pascal e estudou literatura, adquirindo para sua biblioteca pessoal quase todo o conjunto dos maiores prosadores franceses, desde *A princesa de Clèves*, de Madame de La Fayette, até a obra de Marcel Proust, cujo *Em busca do tempo perdido* estava em voga. Descobriu a história francesa da consciência como um fenômeno paralelo à teoria inglesa e americana da consciência que vinha do século XVIII até o presente. A obra de Albert Thibaudet e de René Lalou dirigiu de maneira especial sua atenção para Stéphane Mallarmé e Paul Valéry.

Colecionou as obras de Valéry, incluindo muitas primeiras edições, para sua biblioteca e ouviu em certa ocasião falar o famoso poeta. A filosofia do poeta lucreciano o fez lembrar-se do lucrecianismo de George Santayana, e ele se apaixonou tanto pelo poema "Cemitério marinho", que visitou nostalgicamente o lugar de sua composição numa viagem posterior à França. Leu fascinado a literatura francesa de memórias; e as memórias do cardeal de Retz, especialmente, ofereceram-lhe uma introdução à política do século XVII. A grande conspiração aí recontada levou Voegelin a um estudo comparativo da conspiração Wallenstein, da conspiração de Fiesco em Gênova, e da conspiração dos espanhóis no México. As memórias do duque de la Rochefoucauld ofereceram uma transição para a filosofia dos *moralistes*, e ao ler o marquês de Vauvenargues, aprendeu acerca da linha de influência que vai dos *moralistes* até Nietzsche. Contra o pano de fundo de seu estudo da teoria legal, especialmente de *Léon Duguit*, Voegelin se familiarizou com a teoria francesa da *solidarité* como a substância da sociedade.

Voegelin viajou para o interior da França, para Chartres, e no verão aos remanescentes dos mosteiros na Normandia. Além disso, descobriu a comunidade de exilados russos residindo em Paris e se aproveitou da ocasião, interessando-se por aprender o russo, tendo Konstantin V. Mochulsky e G. Lozinky como professores pela maior parte do ano. Ao tempo em que voltou para Viena, era capaz de ler Dostoiévski.

Embora estivesse familiarizado com *Matéria e memória* de Henri Bergson e com o *Ensaio sobre os dados imediatos da consciência*, em 1927, não foi senão até a publicação de *As duas fontes da moral e da religião*, em 1932, que Voegelin ficou seriamente interessado por esse pensador. No mesmo ano, Voegelin fez outra viagem à França e à Inglaterra. Estava interessado, à época, na política do século XVI, especialmente na obra de Jean Bodin, e colecionou materiais para um amplo ensaio sobre Bodin, que ele escreveu subsequentemente para sua *História das ideias políticas*, mas que ainda não foi publicado. "Trabalhei no catálogo da Bibliothèque Nationale acerca de publicações francesas sobre história e política do século XVI. Tanto quanto me lembro, tive em mãos, pelo menos uma vez, cada um dos itens do catálogo" (MA, 36). Foi durante este tempo que ficou a par da tremenda influência que as invasões mongóis do século XV, e especialmente a vitória temporária de Tamerlão sobre Bayazid, tiveram como modelo do processo político como refletido nos escritores do século seguinte. Virtualmente todo autor importante tratou desses acontecimentos como estando fora da experiência normal da política ocidental e como introdutores do fenômeno da uma ascensão inexplicável ao poder, que afeta a própria existência da civilização ocidental, como um novo fator na história mundial. O retrato humanista da ameaça otomana, e sua breve interrupção por Tamerlão, foi visto por Voegelin como a entrada na concepção do homem que pode subir ao poder por sua virtude, como refletida no *Príncipe* de Maquiavel e em sua biografia fictícia de Castruccio Castracani. Voegelin subsequentemente publicou com os materiais de pesquisa reunidos à época um ensaio sobre o quadro humanista acerca de Tamerlão (1937), e outro com o pano de fundo de Maquiavel (1951).[4]

---

[4] Eric Voegelin, *Das Timurbild der Humanisten: Eine Studie zur politischen Mythenbildung* [O quadro de Timur pelos Humanistas: Um estudo de formação mítica política], Zeitschrift fuer Oeffentliche Recht, XVII, 5, págs.

O estudo de Bodin foi de importância cardeal para a subsequente teoria política de Voegelin. Ali ele encontrou Bodin, um grande filósofo político, vivendo e escrevendo contra um fundo de revolução política irrompendo de uma guerra de posições doutrinárias contendentes que disparou, só na França, oito guerras civis religiosas no século XVI. Essa "dogmatomaquia", como Voegelin mais tarde a chamaria, surgiu, ao menos parcialmente, por causa da divisão entre a experiência e o simbolismo, o que permitiu que doutrinas levassem uma vida incontrolada por si mesmas, e, portanto, se tornassem uma fonte de ruptura nas coisas humanas. Quatro séculos antes, o filósofo francês tinha compreendido claramente a natureza herdada e a importância secundária da doutrina (ideias) em relação às suas experiência formadoras:

> Jean Bodin reconheceu que a luta entre as várias verdades teológicas na batalha poderia ser acalmada apenas pela compreensão da importância secundária da verdade doutrinária em relação à iluminação mística. Ele queria que seu soberano, o rei da França, fosse, se não um místico, ao menos alguém aconselhado por um místico como ele próprio, a fim de estar acima da dogmatomaquia. Meu estudo cuidadoso da obra de Bodin, quando tinha meus trinta anos, me deu a primeira compreensão inteira da função do misticismo numa época de desordem social. Ainda me lembro da *Lettre à Jan Bautru* [*ca.* 1562] de Bodin, como um dos documentos mais importantes que atingiram meu próprio pensamento. No século XX, quando a dogmatomaquia já não é de seitas teológicas, mas de seitas ideológicas, uma compreensão similar do problema de novo foi alcançada por Henri Bergson em seu *As duas fontes da moral e da religião*. Duvido que Bergson tenha a mesma estatura de místico que Bodin. Ainda assim, esses dois espiritualistas franceses são para mim as figuras

---

545-82. Voegelin, *Machiavelli´s Prince: Background and Formation* [O Príncipe de Maquiavel: Pano de Fundo e Formação], Review of Politics, XIII, (1951), págs. 142-68.

representativas da compreensão da ordem nas épocas de desordem espiritual. (MA, p.118-19)[5]

As poucas semanas de Voegelin em Londres em 1934 foram empregadas explorando as fontes do Instituto Warburg, o que o introduziu na proeminência da alquimia, da astrologia e dos símbolos gnósticos no pensamento renascentista. Posteriormente, discerniu as continuidades dessas matérias desde a Idade Média, pelo Renascimento, até o período moderno, e escreveu um capítulo sobre política astrológica para a sua não publicada *História das ideias políticas*. Esses descobrimentos o sensibilizaram a dimensões da política moderna amplamente representadas em seus futuros estudos da modernidade, os *philosophes*, Marx, Hegel, o papel da mágica na profecia do Velho Testamento (assim como a fé metastática de Isaías), e tema para a conferência de 1977 acerca do *Senso de imperfeição*, no Simpósio Eranos, na Suíça.

A investida comparativa e interdisciplinar da erudição de Voegelin, como mencionado antes, foi ampliada pelo assim chamado círculo de Stefan George e pela influência de Karl Kraus dos anos de 1920 em diante. George foi um grande poeta simbolista alemão cuja obra Voegelin absorveu e através do qual ele ficou a par da lírica simbolista e começou a estudar Mallarmé e Valéry. Mas a influência de George reside principalmente na proeminência de muitos de seus adeptos, amigos e alunos que determinaram o clima das universidades alemãs para os estudantes mais ativos ali. Voegelin absorveu intensamente Friedrich Gundolf e seus livros sobre Goethe, sobre *A história da fama de César*, e sobre *Shakespeare und der Deutsche Geist* [*Shakespeare e o espírito alemão*]; Max Kommerell e seu *Jean-Paul* e seu volume acerca da literatura alemã clássica

---

[5] Ver Jean Bodin, *Colloquium of the Seven about Secrets of the Sublime* [Colóquio dos Sete acerca dos Segredos do Sublime] traduzido e com uma indrodução de Marion Leathers Daniels Kuntz (Princeton, N. J: Princeton University Press, 1975), xxi n. O estudo de Voegelin acerca de Jean Bodin está publicado em Voegelin, *History of Political Ideas* [História das Idéias Políticas], vol. V, *Religion and the Rise of Modernity* [Religião e a Ascensão da Modernidade], ed. com uma introdução de James L. Wiser, OC 23 (Columbia: University od Missouri Press), capítulo 6.

e romântica, *Der Dichter als Fuehrer* [*O poeta como comandante*]; o estudo de Ernst Bertram sobre Nietzsche; o estudo de Wilhelm Stein sobre Rafael; e o estudo Ernst Kantorowicz, *Kaiser Friedrich II*. De particular influência foram as obras de eruditos clássicos, começando com a de Heinrich Friedemann (que foi morto na Primeira Guerra Mundial) acerca de Platão, e continuada pelas obras de Paul Friedlaender e de Kurt Hildebrant sobre Platão, que se tornaram fundamentais para Voegelin, cujos próprios estudos foram levados a efeito naquele espírito (OH, III, p.6n).

Porque a corrupção da língua alemã era um fenômeno importante no período que levou a Hitler, a influência de Stefan George foi completada pela do famoso publicista Karl Kraus cuja importância "de primeira grandeza" para Voegelin, começando no início dos anos de 1920, e especialmente depois de seu retorno da América e da França em 1927 (MA, p.17). A revista de Kraus, *Die Fackel* [*A Tocha*], foi lida por todos os contemporâneos de Voegelin. Ela juntamente com outra obra literária de Kraus ofereceram uma compreensão crítica da política do tempo, muito especialmente do papel da imprensa no processo de desintegração social na Alemanha e na Áustria, o que preparou o caminho para o nacional-socialismo. Assim George como Kraus foram artistas que defenderam os padrões da língua contra a sua destruição, posta em prática no período imperial após 1870. Nada comparável ocorrera na Inglaterra, França ou América. A tarefa de "reconquistar a língua" se tornou uma matéria de esforço deliberado da parte da geração mais jovem do tempo. O estudo deliberado de Voegelin desse ponto pode ser visto na sua adoção do estilo do Círculo de Stefan George em seus primeiros livros, *Ueber die Form des amerikanischen Geistes* (1928) e mais especialmente *Die Rasseidee in der Geistesgeschichte* (1933).

> Reconquistar a língua significava recuperar a matéria que deveria ser expressa pela língua e isso significava sair do que se chamaria hoje a falsa consciência da pequena burguesia (incluindo sob esse título positivistas

e marxistas) cujos representantes literários dominavam a cena. Portanto, a preocupação com a língua era parte da resistência a ideologias que destroem a língua à medida que o pensador ideológico perdeu contato com a realidade e desenvolve símbolos para expressar não a realidade, mas o estado de alienação que dela resulta. Penetrar essa língua falsa e restaurar a realidade através da restauração da linguagem foi o trabalho de Karl Kraus assim como o de Stefan George e seus amigos a essa época. Particularmente influente no trabalho de Karl Kraus foi seu grande drama da Primeira Guerra Mundial *Die Letzten Tage der Menschheit* [*Os últimos dias da humanidade*], com sua sensibilidade soberba à melodia e ao vocabulário da falsidade na política, patriotismo de guerra, denegrimento dos inimigos, xingamentos oclocráticos, etc. A obra de Karl Kraus, com seu primeiro clímax em *Die Letzten Tage der Menschheit*, foi continuada por toda a década de 1920 em sua crítica de literatura e linguagem jornalística da República de Weimar na Áustria e na Alemanha. Cresceu em importância com a emergência gradual do nacional-socialismo dominando a cena. Sua segunda grande obra, lidando com as maiores catástrofes do século XX, foi sua *Dritte Walpurgisnacht*, tratando do fenômeno de Hitler e do nacional-socialismo... Diria que um estudo sério do nacional-socialismo é ainda impossível sem recorrer ao *Dritte Walpurgisnacht* e aos anos de crítica em *Fackel*, porque aqui o pântano intelectual que deve ser entendido como o pano de fundo contra o qual um Hitler pôde subir ao poder se torna visível. O fenômeno de Hitler não é exaurido por sua pessoa. Seu sucesso tem de ser compreendido no contexto de uma sociedade intelectual ou moralmente arruinada em que personalidades que, de outro modo, seriam figuras marginais grotescas podem ascender ao poder, porque elas representam soberbamente as pessoas que as admiram... O estudo desse período por

> Karl Kraus, e especialmente sua análise astuta das minúcias sórdidas (a parte dela que Hannah Arendt chamou a banalidade do mal), é ainda da maior importância, porque fenômenos paralelos vão ser encontrados em nossa sociedade ocidental, embora por sorte ainda não com os efeitos destrutivos que levaram à catástrofe alemã. (MA, p.17-19)[6]

O relacionamento de Voegelin com Hans Kelsen, seu principal professor e em seguida colega na Faculdade de Direito de Viena, foi igualmente importante. Advogado notável, autor técnico da Constituição austríaca de 1920, e o fundador da importante "Teoria Pura do Direito", Kelsen foi também um jurista proeminente e membro da Suprema Corte Austríaca. Seu comentário à Constituição austríaca mostra sua acuidade jurídica em sua melhor fase. Em Viena, durante o tempo aqui considerado, o clima intelectual era dominado por Immanuel Kant e o neokantianismo. No círculo da "Teoria Pura do Direito" a que Voegelin pertenceu, filósofo era quem baseava sua metodologia em Kant. Se lê livros escritos antes de Kant, então ele é um historiador. "Portanto", diz Voegelin, "meu interesse pela filosofia clássica, que já era marcante a esse tempo, foi interpretado por meus colegas como um interesse histórico e uma tentativa de escapar da verdadeira filosofia representada pelos pensadores neokantianos" (MA, p.99-100).

A obra de Kelsen era inseparável da "Teoria Pura do Direito".

> Foi a façanha esplêndida de um analista brilhante, e era tão boa que dificilmente poderia ser melhorada. O que Kelsen fez a esse respeito ainda representa o cerne de qualquer teoria analítica do direito. Mais tarde empreguei esse cerne, com algumas melhorias que fiz, nos cursos de direito que dei [na Escola de

---

[6] Cf. Hannah Arendt, *The Origins of Totalitarism,* New York: Harcourt, Brace, 1951 (ed. bras. *As origens do totalitarismo,* São Paulo: Cia. das Letras, 1989); Hanna Arendt, *Eichmann in Jerusalem: A Report on the Banality of Evil,* New York: Vilking Press, 1965 (ed. bras. *Eichmann em Jerusalém: um relato sobre a banalidade do mal,* São Paulo: Cia das Letras, 1999).

Direito da Universidade do Estado de Lousiana, nos anos de 1950]. Gostaria de enfatizar que nunca houve uma diferença de opinião entre Kelsen e mim quanto à validade fundamental da "Teoria Pura do Direito". (MA, p.20-1)[7]

O que Voegelin especialmente aprendeu dessa sua longa associação com Kelsen, de suas numerosas obras e das discussões de seminários foi a técnica de consciente e responsavelmente ler e analisar textos. Mas as diferenças com Kelsen estavam desenvolvendo-se mesmo antes de Voegelin completar seu doutorado. Que ele não era simplesmente um devoto foi sugerido pelo fato de que tanto Kelsen quanto Othmar Spann foram seus "padrinhos de doutorado em 1922". As diferenças surgiram principalmente da má vontade de Voegelin em aceitar os componentes ideológicos impostos no cerne da "Teoria Pura do Direito" e dela separáveis. A ideologia em questão era, é claro, a metodologia neokantiana, que estava superimposta no campo da ciência – nesse caso, a lógica do sistema legal. Através desta restrição, a ciência política (Staatslehre) tinha a mesma terminologia da teoria legal (Rechtslehre), e essa redução era inaceitável para Voegelin. Ele sentiu que, mesmo se não via imediatamente por quê, era impossível lidar com os problemas do Estado, e com os problemas políticos de maneira ampla, omitindo considerações acerca do que quer que não fosse a lógica das normas legais.

Sinais de divergência apareceram em 1924 quando Voegelin publicou um ensaio que confrontava a "Teoria Pura do

---

[7] Ver Hans Kelsen, *Reine Rechtslehre: Einleitung in die rechtswissenschaftliche Problematik* [Teoria pura do direito: introdução à problemática do direito] (Leipzig e Viena, 1934); *Teoria Pura do Direito* [Berkeley: University of California Press, 1967], *General Theory of Law and the State* [Teoria Geral do Direito e do Estado], trad. por Anders Wedberg (1945; reedição, Nova Iorque: Russel & Russel, 1961). Ver também os seguintes artigos de Voegelin, para os quais os dados bibliográficos completos são apresentados a páginas 254-55; *Reine Rechtslehre und Staatslehre* (1924); *Kelsen's Pure Theory of Law* [A Teoria Pura do Direito, de Kelsen], 1927; *Die Souveraenitaetstheorie Dickinsons und die Reine Rechtslehre* [A teoria do Estado soberano de Dickinson e a teoria pura do direito] (1928). *Die Einheit des Rechts und das soziale Sinngebilde Staat* [A unidade do direito e o Estado de fim social] (1930).

Direito" com os materiais trabalhados no começo do século XIX do *Staatslehre* alemão. Voegelin já estava projetando para a ciência política (e como a tarefa do cientista político do futuro) a reconstrução da ordem política inteira para além de sua restrição arbitrária à *Normlogik* da "Teoria Pura do Direito".[8]

A versão de Kelsen da metodologia neokantiana foi a da assim chamada Escola de Hermann Cohen, de Marburg. A interpretação de Cohen da *Crítica da razão pura* de Kant concentrava-se na constituição da ciência nas categorias de tempo, espaço e substância, sendo a *ciência*, portanto, entendida como a física newtoniana tal como entendida por Kant. Kelsen empregou esse modelo ao construir a "Teoria Pura do Direito", ou seja, ele constituiu uma ciência aplicando essas categorias a um corpo de materiais. O que quer que não se encaixasse nas categorias da *Normlogik* não poderia ser considerado ciência.

Houve outras escolas neokantianas, entretanto; acima de tudo, a Escola Alemã do Sudoeste, representada por Windelband e Rickert. Essa escola chegou à constituição da ciência no sentido das ciências históricas e sociais através de "valores". Esse traço da metodologia neokantiana se originou nos anos de 1870, quando o teólogo protestante Albrecht Ritschl primeiro fez uma distinção entre ciências de fatos e ciências de valores. A origem dessa distinção reside no domínio inicial das ciências naturais como simplesmente o modelo da ciência. Diante do prestígio das ciências naturais, os teólogos, os historiadores, e as ciências sociais tiveram de mostrar que as deles também eram ciências, e, assim, foram inventados os "valores". Pela concepção de Rickert, os valores eram forças culturais variadas de realidade indisputável – assim como o Estado, a arte, a religião, e assim por diante – cada um dos quais designava uma área de realidade por explorar pela ciência apropriada da política, da estética e da teologia. Isso foi chamado a constituição da ciência pela "referência a um valor" (o *wertbeziehende*

---

[8] Voegelin, *Reine Rechtslehre und Staatslehre* [Teoria pura do direito e teoria do Estado] (1924).

Methode) e as ciências assim constituídas poderiam, então, dizer que eram "livres de valores" (MA, p.22-3).⁹

> Essa técnica de reconstruir as ciências históricas e sociais pelo assim chamado *wertbeziehende Methode*, entretanto, sofreu de um defeito de serem os valores símbolos complexos, dependentes de seu significado na "cultura" estabelecida da sociedade liberal ocidental. Estava muito bem presumir que o *Staat* era um valor que determinava a seleção dos materiais, mas essa seleção incidiria em toda a sorte de dificuldades, porque o modelo do *Staat* era o *Nationalstaat* ocidental, e seria difícil submeter o império egípcio a ele. Além disso, os valores tinham de ser aceitos: e o que se faria se alguém não os aceitasse, como certos ideólogos que queriam estabelecer uma ciência, relacionando materiais não ao valor do Estado, mas ao valor de sua decadência? Os sonhos apocalípticos, metastáticos da ideologia marxista, por exemplo, remontando à concepção joanina de Fichte da decadência do Estado, simplesmente não se encaixavam na constituição de uma ciência política, sob o valor do "Estado". (MA, p.23)

III

A primeira insinuação dos problemas como esses esboçados precipitaram um rompimento com Kelsen, mas isso não ocorreu durante muitos anos. E a magnitude dos próprios problemas se mostrou a Voegelin apenas quando seu horizonte se expandiu através das várias maneiras já sugeridas, e a assimilação dessas influências, e através da proeminência crescente da política ideológica como estímulo para seu pensamento.

---

⁹ Cf. Eric Voegelin, *The New Science of Politics* (doravante citada textualmente como NCP). Cf. Alfred Weber, *History of Philosophy*, trad. Frank Thilly, com "Philosophy Since 1860", por Ralph Barton Perry, ed. rev., New York: Charles Scribner's Sons, 1925 (seção 79, p.552-62).

Quando de seu retorno para Viena em 1927, Voegelin escreveu *On the Form of the American Mind* [*Da forma da mente americana*] (1928), e, assim, satisfez a exigência da *Habilitation* para tornar-se lente de ciência política e sociologia (*Privatdozent*) na Faculdade de Direito, começando em 1929. A fim de estabelecer convincentemente suas credenciais na ciência política, publicou *The Authoritarian State* [*O Estado autoritário*] em 1936 e foi promovido a professor associado. Foi uma seção desse livro (que examinaremos mais minuciosamente em breve) que finalmente precipitou o racha com seu velho professor. Na terceira parte, ele rejeitou não apenas a "Teoria Pura do Direito" como tal, mas a reivindicação de Kelsen de ter oferecido uma descrição adequada da realidade política. "Tive de enfatizar a inadequação de uma teoria de direito para compreender problemas políticos e as consequências destrutivas da reivindicação de que se deveria, ou se poderia lidar cientificamente com os problemas políticos. Minha relação com Kelsen nunca mais foi a mesma depois disso." (MA, p.54).[10]

A carreira de professor de Voegelin começou no colegial, quando trabalhou como professor particular de colegas cujos pais eram mais ricos do que o dele, como meio de ganhar uma algum dinheiro. Depois de entrar na universidade, foi empregado como assistente voluntário na Handelsvereinigungs-Ost, uma companhia austro-ucraniana de comércio que começou depois da ocupação da Ucrânia durante a Primeira Guerra Mundial pelos poderes centro-europeus. Obteve um trabalho, que permitia a ele pagar as despesas na

---

[10] Para uma crítica minuciosa da teoria de Kelsen, ver Voegelin, *Der Autoritaere Staat* (1936), capítulo 6, especialmente páginas 143-50. Em inglês, *The Authoritarian State: An Essay on the Problem of the Austrian State* [O Estado Autoritário: Um Ensaio acerca do Problema do Estado Austríaco] traduzido por Ruth Hein, editado com um introdução por Gilbert Wiss, comentário histórico de Erika Weinzierl, Obras reunidas, vol. 4 (Columbia: University of Missouri Press, 1999). A edição alemã inalterada, de 1936, foi reeditada como *Erich Voegelin, Der autoritäre Staat: Ein Versuch über das österreichische Staatsproblem* [O Estado autoritário: Uma pesquisa do problema de Estado austríaco], ed. com introdução de Günther Winkler, Forshungen aus Staat und Recht 119 (Vienna & New York; Springer, 1997).

universidade, através do pai de um de seus alunos, que também era secretário geral da Câmara de Comércio de Viena. Mediante contatos com professores na universidade, mais tarde ele assegurou um lugar de professor de baixo salário na Volkshochschule Wien-Volksheim.

Foi nessa atmosfera desordeira que Voegelin aprendeu a discutir e debater. A escola era uma instituição para educação de adultos patrocinada pelo governo socialista da cidade de Viena. Seus alunos eram os mais intelectualmente vivos e industriosos dentre os jovens trabalhadores radicais. Ao tempo em que Voegelin enfrentava, em suas aulas, esses socialistas muito radicais, muitos deles comunistas sem rodeios, sua fase marxista de três meses de 1919 já estava para trás. Seus assuntos na Volkshochschule eram ciência política e história das ideias. Ele ensinou aí antes de ir para a América, depois de seu retorno em 1927, e até o *Anchluss*, em 1938, quando os nazistas o removeram. Frequentemente havia debates acalorados nos quais o jovem professor não ousava render-se, para não perder a autoridade. Com o passar do tempo surgiram relações pessoais calorosas e cresceu a amizade; a despeito, contudo, dos conflitos ideológicos, e a despeito da firme resolução de Voegelin de ser um professor consciencioso e um erudito orientado cientificamente.

> Após a conferência e as horas de seminários da noite, depois das 21 horas, continuávamos a discussão em um dos muitos cafés das redondezas. Lembro-me ainda de uma cena na década de 1930, quando, depois de um debate selvagem que originou uma dissensão, um dos jovens, não muito mais novo do que eu, com os olhos rasos d'água, disse-me: "E quando chegarmos ao poder teremos de matar-te!" As boas relações com esses jovens radicais duraram até o período nazista; tornaram-se ainda mais intensas durante os anos de 1930 porque todo o mundo sabia que, se eu não era comunista, menos ainda era nacional-socialista. Quando o golpe da ocupação aconteceu, consegui ajudar alguns deles com

cartas de recomendação em sua fuga para áreas mais seguras, como a Suécia. (MA, p.88)

A situação de Voegelin na universidade era muito diferente. Por volta de 1929, quando Voegelin se tornou um lente, as classes da universidade já estavam cheias de tensão. Os estudantes ali vinham de lares de classe média, e os de inteligência mais viva foram atingidos fundamentalmente pelo nacionalismo alemão e antisemitismo.

> Não havia conflitos abertos, mas as relações não eram cordiais. Em 1938, quando veio a ocupação nacional-socialista, tive de assistir a um grande número de alunos que eu tinha em meus seminários vestirem o uniforme negro da SS em procedimentos administrativos. (MA, p.89)

Nem a nomeação como lente, nem a de professor associado ofereciam um salário. Nesses anos, Voegelin era também assistente de direito constitucional e administrativo na Faculdade de Direito. Trabalhando primeiro com Kelsen e mais tarde com Adolf Merkl, ele assegurava um salário bem modesto. Seu salário começou com $ 100 e alcançou $ 250, por volta de 1938, ou $ 50 por mês, dos quais se descontavam os impostos. Para manter-se e à sua mulher, Voegelin completava o orçamento escrevendo, ensinando etc., de modo autônomo. As publicações de Voegelin até 1938 refletem sua resposta ao clima político do tempo. Sua busca de entendimento da ascensão das políticas totalitárias comunista, fascista e nazista ofereceu um fundamento comum para quatro dos cinco livros que escreveu antes da emigração para a América. A exceção foi o primeiro, *On the Form of the American Mind*, que já foi comentado anteriormente.[11]

---

[11] Ao tempo em que escreveu *On the Form of the American Mind* [Da Forma de Mente Americana], o jovem industrioso Voegelin já tinha publicado nove artigos acerca de uma grande variedade de matérias e seis outros foram publicados durante o mesmo ano. Sua primeira publicação em língua inglesa foi *Kelsen's Pure Theory of Law* [A Teoria Pura do Direito de Kelsen], *Political Science Quarteerly*, em 1927.

Com a Áustria espremida entre a Alemanha ao Norte e a Itália ao Sul, a ascensão de Hitler e Mussolini e o impacto desses acontecimentos na política austríaca levaram-no a estudar as principais questões apresentadas pela política rapidamente mutável da Alemanha e da Áustria quando de seu retorno dos três anos no exterior. Seus dois volumes de 1933, *Rasse und Staat* [*Race and the State* – Raça e o Estado] e *Die Rassenideee in der Geistesgeschichte* [*The Race Idea in Intellectual History* – A ideia de raça na história intelectual], mostram o resultado de seu estudo do nacional-socialismo, entre outras coisas, particularmente da teoria biológica subjacente na doutrina nazista de raça. O interesse de Voegelin pelas ciências naturais persistiu desde os tempos de colegial. Continuou os estudos de matemática em Viena (incluindo a teoria das funções, com Philipp Furtwaengler), e fez um curso intensivo de biologia durante seu ano em Nova York (1924-1925). Vários de seus amigos eram biólogos, incluindo Kurt Stern, que estava trabalhando com a genética da *Drosophila*, no laboratório de Thomas Hunt Morgan, na Universidade de Colúmbia. Visitas frequentes ao laboratório Morgan e numerosas noites despendidas na companhia de jovens biólogos americanos deram uma base inestimável para a crítica de Voegelin aos complicados problemas biológicos apresentados pela questão racial na ideologia nazista. Os resultados analíticos não confirmaram as reivindicações nazistas, é claro, e o segundo desses livros (que traçou a ideia desde o começo no século XVIII) foi retirado de circulação pelo editor berlinense (Junker e Duennhaupt); o remanescente da edição foi destruído. No final de 1933, ambos os livros estavam "indisponíveis".[12] Portanto, são virtualmente desconhecidos.

Esses dois livros devem ser vistos à luz das turbulências de seu tempo. Em 30 de janeiro de 1933 Hitler se tornou chanceler do Reich Alemão, um governo parlamentarista; e em 23 de março, com a aprovação da "Lei Plenipotenciária" pelo Reichstag e Reichsrat, ele se proclamou senhor da

---

[12] Sebba, *Prelude and Variations on the Theme of Eric Voegelin* (p.653).

Alemanha, estabelecendo firmemente, com isso, a ditadura nazista. O prefácio de *A ideia de raça na história de rei Acarus* foi datado de "Viena, outubro de 1933". *Raça e Estado* tinha aparecido no verão daquele ano através do editor de Voegelin do livro sobre o pensamento americano, uma casa científica importante, J. C. B. Mohr – Paul Siebeck de Tübingen. O argumento de *Rasse und Staat* foi apresentado com um pano de fundo da análise histórica oferecida no outro volume. Tanto a teoria quanto a ideia de raça foram analisadas com atenção minuciosa ao significado político contemporâneo imposto por sua propagação pelos movimento e ideologia nazistas. A despeito desse pano de fundo, entretanto, nenhum dos livros é apenas um tratado para a época; ambos são trabalhos cientificamente sólidos, de uma ordem elevada de erudição e de grande poder analítico. O próprio Voegelin observou em 1973: "Considero que *Die Rassenidee in der Geistesgeschichte* é um de meus melhores esforços". E Sebba fala de sua calma "magistral..., comportamento inflexível" (MA, p.25).

As sentenças de abertura deste livro dão o tom de todo o volume: "O conhecimento do homem sofreu reveses... A teoria de raça de nosso tempo é caracterizada por uma incerteza de perspectiva para o essencial e pelo declínio da arte técnica de apanhar isso através de um processo de pensamento". Mais tarde, na introdução, acrescenta Voegelin: "A presente situação da teoria de raça, em contraste com sua forma clássica, está num estado de decadência... Com poucas exceções, a teoria de raça de hoje se move dentro de um pensamento inautêntico (*unechten*) acerca do homem".[13] O livro continua dizendo que os biólogos "teóricos" e os antropólogos que são os proponentes principais da assim chamada teoria de raça mostram uma ignorância estúpida acerca do pensamento decisivo para a compreensão dos problemas com que lidam, particularmente do pensamento científico alemão. Porque as investigações deles acerca da hereditariedade são um fiasco não é claro para

---

[13] Eric Voegelin, *Die Rassenidee in der Geistergeschichte von Ray bis Carus*, Berlin: Junker & Duennhaupt, 1933, v.I, p.17.

pessoas incultas, que se prendem às palavras deles e que – por causa de sua própria ignorância da exploração histórica da questão da raça, da perspectiva dos filósofos cristãos e gregos, através de Leibniz, Wolff, Herder, Kant e Schiller – abraçam prontamente a redução totalmente destrutiva da essência humana aos fatores materiais de "sangue" e genética. Tal reducionismo é falacioso, concluiu Voegelin. A dimensão física do homem não pode ser tratada como a totalidade do homem, não levando em conta a sua mente e espírito. Acima de tudo, o ser humano individual deve ser literal e historicamente entendido como um todo indivisível, cada um em sua essência uma unidade vivente e "não as peças de quebra-cabeças de fatores hereditários que aparenta ser na genética".[14]

O livro lembra a seus leitores que os principais cientistas e pensadores de tempos antigos sempre consideraram a forma humana uma unidade, uma entidade física e espiritual; nunca ousaram mutilar essa unidade, ao localizar a essência do homem no corpo divorciado do espírito. No entanto, exatamente esse espetáculo deplorável é apresentado na "teoria" contemporânea. Como Platão estabeleceu para sempre, só se encontra uma grande história onde a reciprocidade exata do valor físico e da nobreza intelectual é mantida em equilíbrio. A teoria contemporânea de raça, escreveu Voegelin, é uma quadro de destruição em que nada permanece de sua visão original do homem; isso é um resultado das ideias liberais e marxistas que emergiram na virada do século e que deram origem às doutrinas nazistas. Continua Voegelin, com ênfase,

> *O que liga a teoria da raça, que é fundada nesse período de tempo, com o liberalismo e o marxismo, é a vontade de fazer o Estado a-histórico (geschichtslos), para apresentá-lo às massas, para destruir a substância histórica da história, e para destruir primordialmente o homem em sua capacidade de gerar a sociedade.*[15]

---

[14] Ibidem, p.19.
[15] Ibidem, p.22.

A teoria de raça distorce a doutrina liberal de igualdade de tal modo que passa a significar que são iguais todos os que possuem certo complexo de características físicas. Ela adapta o materialismo marxista, ao substituir relações econômicas por relações biológicas como chaves para a superestrutura espiritual da sociedade. E estabelece uma "teoria" do homem para "explicar" sua natureza através da biologia – reduzindo, assim, o fenômeno do homem ao animal e ao material inorgânico. "O homem como uma substância espiritual-corporal (corpórea) e histórica não pode ser 'explicado' por isso".[16]

No parágrafo final da Introdução, Voegelin observa que seus propósitos são não apenas ampliar o horizonte histórico, mas também restaurar e reintroduzir as questões originais e filosoficamente fundamentais que desapareceram da ciência contemporânea e explorá-las como uma matéria científica prática. É claro, rende-se ele, que tal tarefa não é fácil. Para penetrar os processos de pensamento de um Leibniz, de um Kant e de um Schiller requer-se indústria, conhecimento de fatos, e certa amplitude espiritual e disposição a que nem todos condescenderão – "acima de tudo, tanto quanto vejo, nem todo teórico da raça de nosso tempo". Portanto, tais pessoas devem restringir-se a fazer bem aquelas pequenas tarefas para as quais estão equipadas – e permanecer silenciosas acerca de questões maiores dos homens e do Estado. "Quem quer que torne isso fácil para si mesmo em questões do espírito, não deve participar da discussão."[17]

A linguagem de Voegelin é cáustica, e patente o seu desprezo. Sebba em 1977 comentou suas próprias primeiras leituras desses dois primeiro livros:

> Quando li esses dois livros, sabia que Voegelin estaria na lista dos nazistas quando a Áustria caísse. Ainda me admiro de como teve coragem para publicar ambos os

---

[16] Ibidem.

[17] Ibidem, p.23. "Wer es sich in geistigen Dingen leicht macht, der hat nicht mitzureden."

livros na Alemanha de Hitler, e como dois editores alemães poderiam ser cegos a ponto de aceitá-los.

Rasse und Staat mantém sua posição de objetividade teorética apenas com uma extrema dificuldade. Voegelin é devastador com o principal biólogo da raça alemão [Fritz Lenz], não emprega a palavra "nacional-socialismo" mesmo quando se refere a ela, mas tenta escrever à sua maneira, driblando a censura, sem arredar pé da verdade. Para mim o livro ainda evoca o pesadelo desses anos críticos quando primeiro nos ocorreu que a liberdade de expressão estava tornando-se letal para os seus praticantes.[18]

Em *Rasse und Staat* Voegelin mediu as inadequações da doutrina de raça contemporânea em comparação com o melhor das ciências biológicas e em comparação com as ciências clássica e cristã do homem. Adotou especialmente o então recente *A posição do homem no cosmos* de Max Scheler como a base de sua antropologia filosófica: o rastro do Estado deve ser procurado na natureza do homem.[19] Uma antropologia filosófica adequada tem de ser fundada nas experiências fundamentais (*Grunderfahrung*) dos homens. Essas experiências formam a base da ciência do homem como foi desenvolvida, especialmente por Platão, Aristóteles, Descartes, Kant e o jovem Fichte. Voegelin primeiro explorou a validade da análise do homem feita pelos filósofos, restabelecendo-a como a fundação da crítica que se seguiu.

De acordo com essa fundação filosófica, a essência do homem possui uma estrutura estratificada em virtude da qual os homens participam, e, por isso, epitomizam, todos

---

[18] Sebba, *Prelude and Variations on the Theme of Eric Voegelin* (p.652).

[19] Eric Voegelin, *Rasse und Staat* [Raça e Estado](Tuebingen: J.C.B. Mohr, 1933), 2, 10, 19, 35, 64, 71. Ver Max Scheler, *Man's Place in Nature* [O lugar do homem na natureza] traduzido por Hans Meyerhoff (1928; Nova Iorque: Noonday Press, 1962) e o breve relato deste pensamento dado em I.M. Bochenski, *Contemporary European Philosophy* [Filosofia Europeia Contemporânea], traduzido por Donald Nicholl e Karl Aschenbrenner (1947; 2.ª edição; 1951; Berkely: University of California Press, 1969), 140-51.

os campos do ser. Mas o homem é positivamente uma unidade ontológica, uma essência inteira. Porque sua estrutura ôntica pertence a vários campos do ser, a realidade humana pode ser explorada através de muitas ciências apropriadas para cada dimensão particular de realidade, como a física, a química, a biologia, e as ciências espirituais. Então, embora seja possível (e legítimo) explorar os seres humanos como animais através da biologia, uma dificuldade da doutrina de raça nazista era que ela agia presunçosamente, imaginando que esse tratamento parcial do homem fosse suficiente para fazer assertivas acerca do homem inteiro. Tal procedimento era empírica e teoreticamente injustificado e, portanto, falacioso: imaginava presunçosamente que a parte era o todo do homem, quando, de fato, não era nem mesmo a parte decisiva. Tal ciência natural da raça, arguia Voegelin, não podia dizer nada a respeito do todo do ser do homem e do complexo de corpo, alma e espírito do qual ele é ontologicamente composto: "A essência coletiva do ser humano como uma entidade simples é a realidade experimentada desse compósito todos os dias por cada homem".[20]

Ainda uma dificuldade relacionada com a teoria de raça nazista foi que ela não surgiu das experiências fundamentais, mas se baseou em um conjunto de dogmas que Voegelin chamou "o sistema dogmático da superstição da ciência natural".[21] Os dois dogmas fundamentais desse sistema eram: (1) O único método verdadeiramente "científico" é o das ciências naturais, e apenas ele deve ser aplicado para resolver todos os problemas encontrados no horizonte humano; todos os outros métodos, especialmente o da ciência do espírito, são apenas vestígios de um período "metafísico" pretérito do desenvolvimento intelectual humano, agora sobrepujado; quaisquer problemas que não possam ser dominados através da aplicação do método científico são problemas ilusórios que podem ser desconsiderados. (2) A ciência avança numa linha

---

[20] Voegelin, *Rasse und Staat*, p.11.
[21] Ibidem, p.9-10, 13-14.

de progresso contínuo. Então, o investigador está adequadamente preparado para a tarefa científica quando sabe o conteúdo contemporâneo e as fronteiras de sua ciência particular, e vai adiante em suas investigações daquele ponto para frente; assertivas de problemas e ideias de tempos anteriores estão fora de moda e são irrelevantes para a ciência de hoje; não precisam ser conhecidas nem consideradas. Para o cientista da raça esses dois dogmas significavam que qualquer coisa dita antes de Darwin, ou, na melhor das hipóteses, antes de Jean Baptiste Lamarck, poderia ser desprezado sem medo. Isso, é claro, deixou os filósofos completamente atados, com o resultado que as categorias de ciência natural foram mal aplicadas ao campo do espírito humano.[22]

Rasse und Staat é dividido em duas partes principais, a primeira lidando com a teoria de raça e a segunda, com a ideia de raça. A distinção que Voegelin estabelece é entre a ciência de raça como apresentada na literatura biológica e antropológica, que propõe doutrinas como cientificamente verdadeiras, e a ideia de raça como um "mito" ou um símbolo político da comunidade social, especialmente como proposto desde o meado do século XIX por Gustav Klemm e o conde Joseph Arthur de Gobineau até Alfred Rosenberg e o surgimento contemporâneo do "nacionalismo ditatorial". Depois de demolir metodicamente a suposta ciência dos doutrinários de raça da época, Voegelin se volta para a ideia de raça. Mas antes de chegar a Klemm e Gobineau no século XIX, ele primeiro traça

---

[22] *Ibid.*, 9-10, 64. Cf. Eric Voegelin, *Der Autoritaere Staat* [O Estado autoritário] (Viena: Bermann-Fischer, 1938), 102-50; *Die politischen Religionen* [As Religiões Políticas] (Viena: Bermnann-Fischer, 1939), 50-54; *The New Science of Politics* [A Nova Ciência da Política], 3-13; e *The Origins of Scientism* [As Origens do Cientismo], Social Research, XV, 4, páginas 462-94. Cf. a reação de Arendt em *The Origins of Totalitarianism* [As Origens do totalitarismo], 337-38. *Die politischen Religionen* foi primeiro publicado em Viena em 1938 por Bermann-Fischer Verlag, confiscado e suprimido pelos nazistas assim que saiu do prelo, então a reedição no ano seguinte com um novo prefácio em Estocolmo pelo mesmo editor. Em inglês: *Modernity Without Restraint: The Political Religions. The New Science of Politics* [Modernidade sem Restrição: As Religiões Políticas, a Nova Ciência da Política], e *Science, Politics and Gnosticism* [Ciência, Política e Gnosticismo], edição com um introdução de Manfred Henningsen, OC 5 (Columbia: University of Missouri Press, 1999).

cuidadosamente as origens da ideia de raça desde o cristianismo na ideia universal do *corpus mysticum* e sua subsequente particularização como um ingrediente decisivo na ascensão do nacionalismo moderno, especialmente como mostrado no caso alemão por Fichte. O "conglomerado muito banal" de impulsos de pensamentos encontrados nas obras de Klemm intensificou à medida que Voegelin se movimentava através das fontes até as banalidades de Rosenberg.[23]

Um ingrediente-chave da ideia de raça é o milenarismo. A doutrina escatológica do cristianismo, prometendo a perfeição no além eterno do Juízo Final através da expiação de Cristo, o fruto da fé para as pessoas e o resultado transcendental do processo histórico, tinha sido a temática em Kant. A análise cuidadosa que Voegelin fez da *Crítica da razão prática* demonstrou que Kant tinha, de um lado, rejeitado como "impossível" a noção de uma perfeição imanente das pessoas individuais dentro da história.[24] Nisso Kant e Santo Agostinho estavam de acordo. A natureza sensível do homem é o sintoma de sua mortalidade, não o seu componente. A essência do homem é sua natureza racional, e é nisso que o mistério da desintegração do ser no tempo é representado, o que é feito inteiramente de novo na eternidade de Deus. Por outro lado, entretanto, Kant reconhecera o progresso sem fim da razão

---

[23] Voegelin, *Rasse und Staat*, 127-42, 142-56, 158, 182, 212, 220-25. Cf. Otto Ammon, *Die Gesellschaftsordnung und ihre natuerlichen Grundlagen. Entwurf einer Sozialanthropologie zum Gebrauch fuer alle Gebildeten, die sich mit sozialen Fragen befassen* [A ordem da sociedade e seus fundamentos naturais. Projeto de uma antropologia social para ser usada para todas as criações que dizem respeito a perguntas sociais](3. Aufl, 1900). Hans F. K. Guenther, *Rassekunde des deutschen Volkes* [Etnografia do povo alemão](15. Aufl. 1930); *Der nordischen Gedanke unter den Deutschen* [O pensamento nórdico entre os alemães] (1925); *Platon als Hueter des Lebens. Platons Zucht – und Erziehungsgedanken und deren Bedeutung fuer die Gegenwart* [Platão como pastor da vida. A cultura de Platão e seu significado para o passado] (1928); Alfred Rosenberg, *Mythus des 20. Jarhunderts. Eine Wertung der seelisch-geistigen Gestaltenkarmpfe unserer Zeit* [Mito do século XX. Uma valoração das lutas de forma de alma e de espírito em nosso tempo](2. Aufl. 1931); e outra literatura relacionada, citada por Voegelin em *Rasse und Staat* [Raça e Estado] esp. 181-225.

[24] Voegelin, *Die Rassenidee in der Geistesgeschichte*, p.130-32, citando Immanuel Kant, *Kritik der praktischen Vernunuft*, da Philosophischen Bibliothek edition, Meiner, paginação de acordo com a Akademienausgabe, p.115-24.

da espécie na história do mundo como apontando para uma perfeição do homem genericamente, mesmo se essa perfeição está além do alcance das gerações dos homens individuais até a época final de sua realização. O processo desalentou e assombrou Kant. A "natureza dupla" do homem é tal que ele genericamente (se não individualmente) se desenvolve através do tempo para a perfeição, e esta perfeição de virtude e alegria é o escopo do esforço humano através da história. A vida individual é muito curta para obter tal perfeição, pois é necessariamente pressuposto um progresso sem fim dentro de uma existência sem fim: apenas o homem genericamente pode preencher essas condições, e então, apenas através da direção de sua razão ele pode obter a perfeição que é o plano de seu ser. O assombro de Kant reside no reconhecimento de que as gerações anteriores não poderiam nunca fazer mais do que preparar o caminho para a harmonia final do futuro; eles não são nada mais do que o adubo da harmonia futura, como Dostoiévski mais tarde disse. O sistema de Kant não resolve o problema do preenchimento individual provável no além eterno, mas a perfeição da raça numa época histórica final, a despeito da mesma estrutura racional nos indivíduos e no homem genericamente como a essência humana.[25]

Tanto Klemm quanto Gobineau apresentaram o espetáculo da humanidade, desenvolvendo-se historicamente, como uma revelação cósmica – aquele para um destino feliz, este para um destino infeliz. Fichte desenvolveu a ideia kantiana de uma situação histórica final de uma humanidade perfeitamente racional na teoria da obliteração e morte do Estado, e a mesma ideia foi incorporada na noção comunista da morte do Estado. O livramento do Estado, como uma marca da era final abençoada, também é estampado na proclamação nacional-socialista do Terceiro Reich. Em Kant, Klemm e Gobineau, a ideia inclui a totalidade da humanidade, mas em Fichte o

---

[25] *Ibid.*, 135, (cf. 146-47), citando Immanuel Kant, *Idee zu einer allgemeinen Geschichte in weltbuergerlicher Absicht* [Ideias de algumas histórias no propósito cosmopolita] no final da terceira sentença. Para maiores implicações, ver Voegelin, *Die politischen Religionen* [As religiões políticas], 51-56.

agente de livramento é a nação alemã, e no comunismo é o proletariado que é a classe ungida. Com o nacional-socialismo o campo de livramento é contraído de tal maneira que seu agente é uma sociedade de elite dentro da nação. "Paralelamente a esse estreitamento ocorre a decomposição da estrutura social tradicional e o 'poder' crescente ('Macht') se faz sentir" para oferecer "a ligação visível da nova comunidade" emergente de "uma variedade de sociedades particulares". Por essa doutrina, a realização do poder negativamente significa o desaparecimento da história das ideias básicas tradicionais controladoras da velha ordem social.[26]

A versão fichteana da luta final entre o Reino de Deus e o reino do diabo se torna, no caso nazista, a luta entre a ideia nórdica e a ideia judaica como expressões da contradição última que deve ser resolvida através do poder no processo histórico. Na visão de Voegelin, era simplesmente "estarrecedor" que os judeus, que compunham apenas um por cento da população do Reich alemão, pudessem ser identificados como a ideia-oposta (*Gegenidee*). Como poderia uma minoria tão minúscula provocar tal ódio e medo como foi refletido na literatura antissemita? Que ameaça poderiam tão poucos representar para os alemães (na verdade, para a "raça nórdica") a quem eles supostamente procuravam dominar e escravizar economicamente através de uma destreza diabólica".[27]

A direção da análise de Voegelin da extensa literatura em que o ódio aos judeus foi expresso deixa a questão do porquê amplamente irrespondida em termos fundamentais. Ele é forçado a concluir que o fato nu de identificar os judeus *como* a ideia contraditória da "idéia nórdica" é, em si mesmo, a razão para o antissemitismo nazista. Em um grau considerável, foi um "*happening* da mídia", como poderíamos dizer hoje, conseguido por publicidade maciça numa campanha inteiramente organizada de propaganda antissemita, tão volumosa,

---

[26] Voegelin, *Rassse und Staat*, p.181.
[27] Ibidem, p.182, 184.

a ponto de vencer qualquer exame minucioso. Quanto ao mérito da descrição dos judeus e do judaísmo "pouco do que é correto se diz acerca da essência do judaísmo". Mas a verdade não foi de maneira nenhuma o propósito dos escritores antissemitas. A ideia judaica apenas contribuiu para a ideia diabólica necessariamente contraditória da "concepção positiva" da ideia nórdica e a futura grandeza da nova sociedade que os ideólogos nazistas estavam ocupados em propagar. Os judeus eram uma negação, um "nada" absoluto contra o qual a aspiração positiva do povo alemão deveria lutar para alcançar seu destino e libertação. Eram por definição a antítese do ideal nórdico. A degradação dos judeus era, então, o meio de afirmar a superioridade dos alemães. Mas, observa Voegelin, as implicações dessa convergência (*Zusammenfallen*) da filosofia da pessoa e da filosofia do homem político para os Estados-nação do Ocidente podia apenas ser insinuada.[28]

Finalmente, havia a própria "ideia nórdica". Seu propósito central, diz ele, era fortalecer a autoconsciência do povo, construindo a imagem do alemão em continuidade com a grandeza mítica dos antigos heróis teutônicos das sagas islandesas, os *Eddas*, e o *Nibelungenlied* como representativos do melhor da humanidade. Essa raça melhor de todas é a raça nórdica. O conceito foi tirado de muitas fontes, entre elas: o *Homo europaeus* de Lineu, o caucasiano de Johann Blumenbach, a distinção de Klemm dentro da raça ativa entre uma mais clara e uma mais escura; a raça branca de Gobineau para a qual o protótipo é o gigante loiro, de cabeça longa e olhos azuis; a raça indo-germânica de Schlegel; o ariano de Joseph Renan que está em oposição ao semita; o alemão de Chamberlain e Woltmann, a revivescência de Vacher de Lapouge do *Homo europaeus* de Lineu como sinônimo do ariano; e finalmente a criação do termo raça nórdica por Joseph Deniker. Há evidente embaraço, alegra-se Voegelin ao notar, quando Lapouge observa: o tipo loiro dolicocefálico da "mais alta classe" de algum modo está no mesmo nível da "mais baixa classe" de

---

[28] Ibidem, p.185-99, 207, 208.

negro que também é de cabeça longa. Mas à parte tais problemas, a raça nórdica é essencialmente contradistinta de todas as outras "naturezas ferozes, grosseiras e estúpidas" como o tipo seleto que pode, sozinho, salvar a civilização da maioria corrupta que a tem ameaçado crescentemente desde a Idade Média até o ponto de crise do século XX".[29]

"A ideia nórdica alemã é revolucionária." É também pura propaganda política, Voegelin consegue dizer circunspecto. Para começar, há apenas uma "pequena porcentagem" da "boa" raça na Alemanha. A ideia nórdica é, portanto, uma imagem com a qual se cria a humanidade desejável do futuro. Não surge como expressão da autoimagem de um número significativo ou de uma classe de pessoas vivendo ativamente na Alemanha. Não é uma ideia nacional, pois a classe média alemã (a quem se dirige seu apelo) não tem estabelecida tal consciência histórica de si mesma. Sua função, então, é a de servir como o símbolo evocativo para a criação de uma nova nação que reinará num mundo novo. Isso só pode ser feito se as massas da sociedade forem mobilizadas através do trabalho de um partido de massas, a seu turno, manipulado de cima pela autoproclamada "elite" ideológico-racial. Como o vaso de salvação da civilização, tal elite (que na época está num perigo terrível de extinção, pelo seu próprio cenário) deve perseguir vigorosamente o poder e a purificação da elite da raça nórdica. O movimento é internacional, pois a raça nórdica é a elite não apenas do mundo alemão, mas de toda a cultura europeia. O que Lenz chamou "internacionalismo loiro" já tinha sido traduzido em 1900 por Ammon como *"Deutschland, Deutschland ueber Alles!"* [Alemanha, Alemanha, acima de tudo!]. Mas a militância só deveria tornar uma guerra sem rodeios como último recurso, pois os elementos liderantes em todos os países europeus – incluindo os que se tornaram oficiais ao tempo da guerra – eram eles mesmos membros da raça nórdica. A guerra na escala de uma guerra

---

[29] Ibid., 208n, 215, 222, 215-16. A última citação é de Francis Galton, *Hereditary Genius* [Gênio Hereditário] (segunda edição, 1892), edição reimpressa, Nova Iorque: Horizon Press, 1952), 344.

mundial apenas aceleraria sua aniquilação, deixando, assim, o mundo para a escória não loira, não nórdica e judeus. Uma campanha concertada de "propaganda do pensamento nórdico universal" deve residir no fundo da política externa de tal modo que influencie as outras nações a abraçar a ideia nórdica e a subordinar a ela suas próprias ideias nacionais inferiores – como seria feito na Alemanha.[30]

Os dois livros de Voegelin acerca da questão racial surgiram de outro projeto que ele tinha começado. Logo após a publicação do livro sobre o pensamento americano, Voegelin empreendera um sistema de ciência política e escrevera na verdade a teoria do direito e a teoria do poder. A terceira parte deveria ser acerca das ideias políticas, mas ele descobriu, para seu dissabor, que "não sabia nada acerca das ideias políticas e tinha de abandonar o projeto de um *Staatslehrer*" (MA, p.38). Já que as matérias eram de grande importância àquele tempo, o estudo da ideia de raça foi seu ponto de partida para adquirir o conhecimento de ideias específicas com base nos materiais históricos concretos. Em retrospectiva, isso pode ser visto como começo da grande "História das Ideias Políticas" em que ele trabalhou até a década de 1940, e que, por fim, foi suplantada por *Ordem e história*. A obra acerca da questão racial o convenceu de que um conhecimento da filosofia clássica e cristã era vital para que as ideologias fossem combatidas inteligentemente e a existência política fosse entendida através de uma ciência política sã. Então Voegelin começou seu estudo de grego por volta de 1930 com um membro menos importante do Círculo de Stefan George, Hermann Bodek, como professor. Dentro de seis meses era capaz de traduzir poemas de Parmênides, e o efeito de seu estudo já pode ser visto nos livros de 1933 em que é empregado o grego do Novo Testamento (MA).[31]

---

[30] Voegelin, *Rasse und Staat* [Raça e Estado], 221, 217, 218, 224, 213, citando Ammon, *Die Gesellschaftsordnung und ihre natuerlichen Grundlagen* [A ordem da sociedade e seus fundamentos naturais], 284,; e 225, citando Guenther, Rassenkunde des deutschen Volkes [Etnografia do povo alemão], 472.

[31] Cf. Voegelin, *Rasse und Staat* [Raça e Estado], 133-34.

Os acontecimentos políticos alemães de 1933 avivaram um fermento na Áustria, levando à guerra civil de 1934, ao assassínio do político Engelbert Dollfuss, e à adoção de uma nova constituição autoritária. Depois de seu retorno do exterior, em 1927, Voegelin se voltara para a direção do partido democrata-cristão, tendo primeiro favorecido os social-democratas. Os democrata-cristãos controlaram o governo nos anos 1930, e resistiram aos nacional-socialistas. Mas o governo ficou numa situação desvantajosa nesses esforços pela oposição dos social-democratas que não interpretavam a política conciliatória do governo para com a Itália, ao tempo do fascismo como uma política de sobrevivência de um país independente:

> o partido social-democrata, em razão de sua ideologia marxista, não quis admitir que um pequeno país, como a República Austríaca, tinha de acomodar-se às pressões políticas do tempo. A guinada austríaca para Mussolini como uma proteção contra o mal maior de Hitler aparentemente estava para além da compreensão dos marxistas ardentes, que não faziam nada, senão berrar contra o fascismo. (MA, p.40)

Para Voegelin havia muitas razões para apoiar os democrata-cristãos durante esse período crítico. Primeiro, os democrata-cristãos representavam as tradições da cultura europeia, ao passo que os marxistas, ao menos abertamente, não o faziam – embora a tradição austríaca fosse eminentemente democrática e formadora de hábito, mesmo para marxistas ardentes. Ainda assim, havia dificuldades, pois o programa de partido estatuía explicitamente que o partido social-democrata aderiria aos procedimentos democráticos até que conquistasse o poder. Então, no entanto, a revolução socialista começaria: "Nenhum retorno à hediondez de uma democracia capitalista seria permitido; [isso] deveria ser evitado pela força" (MA, p.41). Em segundo lugar, havia o que Voegelin poderia apenas chamar a "estupidez de ideólogos" que foram os líderes do partido social-democrata. Embora ele concordasse com suas políticas econômica e social, "a tolice de seu sonho apocalíptico diante de um iminente apocalipse hitleriano era muito para o estômago". O ponto de vista de Voegelin era substancialmente o de Karl Kraus, e similar àquele expresso pelo ministro da Suprema Corte Americana, Robert H. Jackson, no caso *Terminiello*: o Bill of Rights não é um pacto suicida – nem a democracia. Em ambas as instâncias, uma resposta racional foi bloqueada pela lógica doutrinal de libertários dogmáticos. "Intelectuais ideológicos que sobreviveram ao desastre não perdoaram Kraus por ser muito inteligente para simpatizar com a tolice deles. É claro que eles também não me perdoaram" (MA, p.41).[32]

Esse comportamento é refletido no quarto livro de Voegelin, *The Authoritarian State* (O Estado Autoritário), que foi publicado em 1936 tendo como tela de fundo os acontecimentos austríacos do tempo. "Foi minha primeira grande tentativa de penetrar no papel das ideologias, de esquerda e de direita, na situação contemporânea, e de compreender um Estado autoritário que manteria ideólogos radicais em xeque como a melhor defesa possível da democracia" (MA, p.41). No todo, diz ele, foi "um pouco de trabalho forçado" (MA, p.52). Dividido em três parte, o livro trata primeiro dos problemas teóricos relacionados às palavras *total* e *autoritário*. Já que não havia nenhuma literatura existente que lidasse com tais temas, Voegelin se valeu da ocasião para desenvolver a distinção entre símbolos políticos e conceitos teóricos, matéria que ele desenvolveu muito mais tarde, em *A nova ciência da política*, na distinção entre *tópoi* e conceitos: *total* e *autoritário* eram, na verdade, não conceitos teóricos, mas símbolos políticos ou *tópoi*.

> A distinção é básica para um tratamento adequado do problema da linguagem na política. Convencionalmente o que quer que surja súbita e inesperadamente como

---

[32] Cf. Terminiello v. *City of Chicago*, 337 U.S. I (1940) 25-26, voto dissidente do ministro Jackson. A Corte em breve adotou a posição de Jackson, em Feiner v. New York, 340, U.S., 315 (1951).

símbolo de linguagem na política é simplesmente aceito como tal e entra no vago reino das ideias políticas. O primeiro passo para se conseguir alguma ordem racional nessa massa vaga é ser claro acerca do que constitui uma teoria (essa questão já motivou meu estudo de filosofia política clássica) e de que maneira os conceitos da teoria diferem dos outros símbolos de linguagem, que não expressam a ordem de existência, mas as várias desordens, mal entendidas pelos iletrados de nível vulgar. (MA, p.52-3)[33]

Os acelerados estudos de Voegelin sobre a história da filosofia o fizeram reconhecer que as doutrinas totalitárias fascista e nazista da subordinação total da população à entidade coletiva do Estado ou do partido ou da raça eram correspondentes à concepção averroísta do *intellectus unus*. Por essa concepção, as mentes dos seres humanos são apenas centelhas de uma mente suprema única. Embora pudesse não estar totalmente certo quanto ao exato significado dessa descoberta àquela época, Voegelin viu claramente que a transferência da concepção transcendental para tais entidades imanentes no mundo, como o Estado ou a raça e seus representantes, era "letal para a humanidade do homem. E eu estava certamente a par da séria divisão na interpretação da psicologia de Aristóteles e de Tomás, sendo minha preferência por Tomás". Também concluiu que assim os ideólogos nacional-socialistas como os fascistas estavam numa "concordância estarrecedora", ao adotarem a concepção averroísta como a base de sua doutrina da ideia totalitária, e que as ideologias eram, de fato, doutrinas "religiosas" (como Mussolini disse explicitamente), o que transformava o Estado num "poder espiritual" – temas que ele futuramente exploraria, modificaria e refinaria em trabalhos subsequentes. Relacionou a doutrina de Rousseau da vontade geral com o ensinamento coletivista das ideologias numa breve

---

[33] Ver Voegelin, *Der Autoritaere Staat*, p.7-54, e *The New Science of Politics*, p.27-34.

passagem que aponta para um desenvolvimento importante posterior dessa relação por J. L. Talmon.³⁴

A identificação que Voegelin fez da raiz averroísta da ideia totalitária "teve um efeito colateral engraçado. Já que Averróis era árabe, e os árabes são semitas, e semitas, afinal, são judeus, certos pensadores próximos do regime nacional-socialista, como Carl Schmidt, duvidavam seriamente que o coletivismo nacional-socialista tinha algo que ver com tais origens semitas imundas" (MA, p.53-4). A venda de *O Estado Autoritário* foi, é claro, interrompida pelos nazistas quando ocuparam a Áustria, em 11 de março de 1938. E, durante a conquista russa de Viena, uma bomba caiu na editora Springer, onde estavam armazenadas cópias contrabandeadas, destruindo toda a edição.

Por causa da força do ataque que Voegelin fez aos nazistas, foi considerado não apenas inconfiável politicamente, mas, na verdade, judeu. Seu nome aparecia com a marca *judeu!* em parênteses após ele. Um volume assim foi publicado logo após a ocupação da Áustria; seu autor era um colega de Voegelin na Faculdade de Direito, Helfried Pfeifer.³⁵ Quando Voegelin lhe perguntou de onde viera a informação de que ele, Voegelin, era judeu, Pfeifer nomeou com relutância outro colega como fonte, Ernst Schwind, professor de direito alemão. Voegelin fez uma visita a Schwind:

> Depois de uma fala evasiva, ele disse não ter nenhuma fonte especial – mas havia a suposição geral de que eu era judeu. O motivo? Estou citando suas palavras: "Nosso povo não é tão inteligente como o Senhor" ("*Unsere*

---

[34] Ver, Voegelin, "Siger de Brabant", *Philosophy and Phenomenological Research*, IV, 4. páginas 507-26; Voegelin, *Der Autoritaere Staat* [O Estado autoritário], 23-24, 35-37, 177n. Cf. J.L. Talmon, *The Origins of Totalitariam Democracy* [As Origens da Democracia Totalitária] (Nova Iorque e Washington: Frederick A. Praeger, 1960), 38-49, e *passim*; *Political Messianism: The Romantic Phase* [Messianismo Romântico: a Fase Romântica] (Nova Iorque & Washington: Frederick A. Praeger, 1960).

[35] Ver Helfried Pfeifer, *Die Staatsfuehrung nach deutschem, italianischem und bisherigem oesterreichischem Recht* [O governo do Estado pelo direito alemão, italiano e austríaco, até agora] (Viena e Leipzig: Verlag Holzhausens Nachfolger, 1938), 17 e 47.

Leute sind nicht so intelligent wie Sie!"). Depois dessa explicação, saí apressado, porque tinha dificuldade de segurar um ataque de riso.[36]

Já que a concepção de Estado corporativo austríaco estava tão intimamente ligada a ideias da encíclica papal *Quadragesimo Anno* (lançada em 15 de maio de 1931), assim como a encíclicas anteriores acerca de questões sociais de Leão XIII e Pio XI, a obra de Voegelin durante o período de 1933 a 1935 levou-o ao estudo de Santo Tomás de Aquino. Ele, então, começou um estudo sério da filosofia medieval, lendo, entre outras, obras de A. D. Sertillanges, Jacques Maritain, Étienne Gilson, os escritos dos jesuítas agostinianos Hans von Balthasar e Henri de Lubac, e continuando a trabalhar na área ao longo dos anos daí para frente (MA).[37] Ainda um resultado desses estudos e a deterioração da situação política europeia até a catástrofe de 1938 podem ser vistos no livro publicado como *As religiões políticas* em abril de 1938, e relançado por Bermann-Fischer Verlag no ano seguinte em Estocolmo, depois de a Gestapo ter confiscado toda a primeira edição em Viena assim que saiu à luz.

"O aparato intelectual para lidar com os fenômenos altamente complexos da deformação intelectual, perversão, desonestidade, vulgaridade etc. ainda não existia. Eram necessários estudos para criar esse aparato" (MA, p.51). É a esse contexto que pertence o pequeno livro acerca das religiões. Ao adotar essa terminologia, Voegelin se conformou ao emprego de um corpo cada vez maior de literatura, como *Les mystiques politiques* [*Os místicos políticos*] de Louis Rougier, que tratou os movimentos ideológicos como uma variedade de religião. Do ponto de vista de sua filosofia como ela amadureceu nas décadas subsequentes, Voegelin achou o volume deficiente, não porque estivesse todo errado, mas porque o termo *religião* era muito vago e deformava o problema real (que reside em experiências) ao confundi-lo com os problemas adicionais de

---

[36] Voegelin ao autor, em 11 de setembro de 1978.
[37] Voegelin, *Der Autoritaere Staat* [O Estado autoritário] esp. 206-14.

dogma e doutrina. Além disso, nesse estudo ele ainda punha juntos problemas disparatados como o espiritualismo cosmológico de Aquenáton (rei egípcio Amen-ho-tep IV, *ca.* 1375-1358 a.C), as teorias teológicas medievais do poder espiritual e temporal, o apocalipse judeu, paulino e gnóstico, o *Leviatã* de Hobbes, e os simbolismos do nacional-socialismo. Da perspectiva de Voegelin nos anos 1970, "um tratamento mais adequado teria requerido uma diferenciação muito maior entre os vários fenômenos" (MA, p.51-2).[38]

Com essas reservas técnicas, no entanto, continua verdadeiro que *As religiões políticas* é uma análise crítica informal do nazismo e do fascismo, e o livro marca uma nova mudança no desenvolvimento do pensamento de Voegelin. É mais do que uma afirmação sumária e um discurso de despedida do jovem Voegelin que, agora, voltará sua atenção para novas coisas num novo ambiente (o prefácio da edição de 1939 foi escrito em Cambridge, Massachusetts). Pois Voegelin nesses ensaios brilhantes resume o problema das ideologias em termos da doença do espírito, cuja cura reside no redescobrimento da ordem da alma como uma empresa maior dessa nova ciência da política. Esse fundamento central de toda a sua obra posterior está claramente na raiz de seu argumento em *As religiões políticas*. A doença do espírito produtora de tais monstruosidades do mal, como o nacional-socialismo alemão e o fascismo italiano, se origina na secularização radical da existência que finalmente devastou o mundo intelectual durante o Iluminismo e cuja marca é a "decapitação de Deus", a rejeição do *realissimum* transcendental como a fonte de ordem na história e

---

[38] O gênero continua no presente em obras muito aclamadas como as de George L. Mosse, *The Crisis of German Ideology: Intellectual Origins of the Third Reich* [A Crise da Ideologia Alemã: Origens Intelectual do Terceiro Reich] (Nova Iorque: Grosset & Dunlap, 1964); *The Nationalizations of the Masses: Political Symbolism and Mass Movements in Germany from the Napoleonic Wars Through the Third Reich* [As Nacionalizações das Massas: O Simbolismo Político e os Movimentos de Massa na Alemanha das Guerras Napoleônicas até o Terceiro Reich] (Nova Iorque: Howard Fertig, 1977); e J.P. Stern, *Hitler: The Fuehrer and the People* [Hitler: o Fuehrer e o Povo] (Berkeley: University of California Press, 1975).

o Fundamento do ser.³⁹ Com isso, as fúrias demoníacas foram soltas no mundo na forma de religiões políticas imanentistas cujos líderes proclamam a si mesmos como representativos da humanidade, os deuses mortais (no sentido de Hobbes) nos quais o homem verdadeiro e perfeito é realizado e através dos quais apenas, seus seguidores podem conseguir atingir sua própria humanidade. Como na primeira religião política que apareceu com Aquenáton, as pessoas tocam por fim a realidade apenas pela mediação do uno perfeito, o Fuehrer. Ele é tanto o dispensador da verdade e a fonte da salvação da humanidade através da ascensão da história a seu clímax num "Terceiro Reich"⁴⁰ final ou idade da perfeição traçável no anunciado por São Paulo e com formulações apocalípticas autorizadas na idade moderna, por Joaquim de Flora e Dante nos séculos XII e XIII, por Hobbes no século XVII, e por Kant no final do século XVIII. Ao passo que não há nenhuma menção aqui do gnosticismo, muito do que provocou um furor quinze anos mais tarde quando *A nova ciência da política* foi publicada já estava claramente dito em *As religiões políticas*.⁴¹

Esses livrinhos enfatizam a visão de que as ideologias, particularmente o nacional-socialismo e o fascismo, têm suas raízes na "religiosidade" e constituem "movimentos religiosos anticristãos" secularistas. A crítica radical das ideologias, segundo Voegelin, não tinha ainda sido feita com o grau necessário de profundidade pelos pesquisadores de ciências humanistas e sociais, porque as questões espirituais eram tabu, proibidas pelos dogmas prevalecentes tanto de Comte como de Marx. Portanto, qualquer tentativa de levantá-las, mesmo como matérias críticas em trazer o foco de análise para os movimentos nazistas e fascistas era considerada não apenas de validade duvidosa, mas também sintoma de "barbarismo e reversão à Idade das Trevas".⁴²

---

³⁹ Voegelin, *Die politischen Religionen*, p.32, 56.
⁴⁰ Ver adiante para uma discussão mais pormenorizada do Terceiro Reich.
⁴¹ Ibidem, p.19-29, 39-42, 49-65. Cf. Voegelin, *The New Science of Politics*, cap.4-6.
⁴² Voegelin, *Die politischen Religionen* [As religiões políticas], p.8-9.

Tal dogmatismo e obtusidade teorética, argúi Voegelin, torna os intelectuais modernos cúmplices inadvertidos na sua própria destruição e da civilização sob ataque concertado de tipos como Hitler, Mussolini e seus asseclas. Quando os métodos das ciências naturais se tornaram as únicas formas aceitáveis de inquirição, o termo *metafísico* se tornou um termo de xingamento, religião se tornou o "ópio do povo", e, mais recentemente, uma "ilusão", descrevendo um estado futuro questionável da humanidade. Doutrinas contraditórias, portanto, surgiram para tomar o lugar da velha religião espiritual, algumas autorizadas pelas ciências do mundo cujas iluminações exigem legitimidade como substitutas das velhas verdades revelada e mítica: os pontos de vista científicos, o socialismo científico, a teoria científica de raça, e o enigma do mundo são substituídos. Simultaneamente, as ciências das questões fundamentais do ser e do conhecimento da linguagem da inquirição filosófica desapareceram, de tal modo que a formação da existência humana em sua orientação tensional para o Fundamento do Ser divino foi suplantada pelas atitudes características de indiferentismo, laicismo, e ateísmo implicados pelos novos quadros ideológicos socialmente obrigatórios de realidade secularizada.[43]

Mas, continua Voegelin, se os homens podem deixar o conteúdo do mundo expandir-se tanto até obscurecer a criação e o Deus Que está por trás dela, ainda não conseguem vencer a estrutura da própria existência, pois ela ainda vive em cada alma individual. Quando o Deus transcendente é obscurecido, o conteúdo do mundo oferece novos deuses. Quando os símbolos de religiosidade transcendental são banidos, novos símbolos aparecem em seu lugar, os desenvolvidos da linguagem científica imanente no mundo. Apocalipse e revelação não são menos característicos do imanente do que a religiosidade transcendental, como pode ser visto de uma sucessão de exemplos de Joaquim a Gobineau. E todo apocalipsista também tem seus simbolismos diabólicos: para Hobbes, do

---

[43] Ibidem, p.49-50, 65.

Leviatã, era a Igreja católica; para Fichte, o Napoleão satânico; para o positivismo comteano, o mal estava concentrado na religião e na metafísica; para o proletariado, a burguesia; para a raça eleita, as raças menos valiosas, particularmente os judeus, como contrarraça.

O traço geral desses novos simbolismos, diz Voegelin, é seu caráter "científico". Da época de Marx em diante, o novo pensamento apocalíptico como "ciência" executa uma crítica radical crescente das "ideologias" prevalecentes – especialmente a filosofia e o cristianismo. Mas esse processo de crítica radical não é tal que sirva para a ciência expor as falácias dos próprios apocalipsistas. Mas ocorre algo inteiramente diverso e digno de nota: o poder da religiosidade imanente é tão forte que, em vez disso, o conceito de verdade é em si mesmo transformado! Na primeira fase desse desenvolvimento, é reconhecido o caráter não científico dos simbolismos apocalípticos do mundo imanente, mas a despeito disso, eles não são abandonados porque os apocalipsistas lhes prezam o valor político-religioso em unificar a massa da população numa comunidade, mesmo quando as doutrinas são reconhecidas como cientificamente indefensáveis. A visão cândida apocalíptica como um estado de consciência, expressa por sistemas de teoria racional ou de economia política ou sociologia, é, no entanto, substituída em seguida pelo mito. O mito é propositadamente manipulado para gerar nas massas as condições afetivas necessárias para erguer e sustentar sua antecipação unificada de livramento das insatisfações da presente existência. Uma segunda fase se desenvolve porque o mito nem é a expressão da revelação transcendental, nem é capaz de resistir à crítica científica racional. Com isso aparece o novo conceito de verdade, expresso por Alfred Rosenberg, na "assim chamada verdade orgânica". Essa noção já havia aparecido no *Leviatã* (1651) de Hobbes, quando ele insistia que qualquer teoria que perturbasse a paz e a concórdia da nação não poderia ser verdadeira. O ideólogo nazista desenvolveu esta doutrina, ao acrescentar o postulado de que verdade é o que quer que requeira a existência da sociedade fechada organicamente dentro do mundo. Conhecimento e arte, mito e costume são verdadeiros sempre que servem a comunidade unificada racialmente. Esse é o critério decisivo. O resultado é que o mito abole a discussão racional de tal modo que alimenta o simbolismo preeminente de um Reinado, constituído pelas formas sensíveis do povo. Em consequência, todas as vontades individuais são submersas no Reich. A experiência de mundo dos homens e as expectativas transcendentais são misturadas e postas juntas resolutamente na unidade de um corpo místico[44] projetado imanente do mundo.

IV

Quando se considera o conteúdo dos quatro livros de Voegelin acerca da política ideológica moderna publicados em 1938, não é de admirar que a Gestapo fosse impetuosa em seu encalço depois que Hitler anexou a Áustria. Vimos que ele escapou por pouco. Ele descreve o último dia desta forma:

> O plano de emigração quase malogrou. Embora eu fosse uma figura política e inteiramente sem importância, e os importantes tivessem sido apanhados em primeiro lugar, finalmente chegou minha vez. Exatamente quando estávamos quase terminando nossos preparativos, e meu passaporte já estava na polícia, a fim de eu conseguir um visto de saída, a Gestapo apareceu em meu apartamento para confiscar o passaporte. Por sorte, eu não estava em casa, e minha esposa teve o máximo prazer em dizer-lhes que meu passaporte estava com a polícia com o propósito de obter um visto de saída, o que satisfez a Gestapo. Conseguimos, através de amigos, apanhar na polícia o passaporte, e o visto de saída, antes de a Gestapo pegá-lo – tudo isso num dia. E no mesmo dia, à noite, com duas bolsas, tomei um trem para Zurique, tremendo

---

[44] Ibidem, p.52-4.

pelo caminho se a Gestapo descobrisse tudo a meu respeito e me prendesse na fronteira. Mas aparentemente até a Gestapo não era tão eficiente quanto minha mulher e eu nesses matérias, e passei sem ser preso.

Mas houvera momentos de humor durante os acontecimentos que levaram às horas desvairadas finais antes da fuga para a Suíça.

Por exemplo, na inspeção geral das pessoas da universidade, um homem da Gestapo veio a nossa casa e deu uma busca – em minha mesa, gavetas, estantes etc., para ver o que eu fazia. Era um jovem de seus vinte anos, e quando nos tornamos cordiais, ele me disse que fora antes advogado de Hamburgo. Primeiro ele inspecionou minha mesa, procurando material incriminador. À época, como eu fora despedido e não havia nada para fazer, senão preparar minha emigração, tinha o tempo inteiramente livre para a exploração de problemas complicados. Estava trabalhando, à época, em questões de império e minha mesa estava empilhada até o alto com tratados sobre Bizâncio, muitos deles em francês e inglês. Então ele passou a mexer nesta literatura do império bizantino; depois de um tempo, observou que ele era responsável por inspecionar todos esses professores da Faculdade de Direito e que minha mesa era a primeira que tinha visto que se parecia a mesa de um erudito. A atmosfera ficou mais leve. Ele tinha de levar consigo algum indício incriminador acerca de meus interesses políticos. Eu tinha, é claro, em minhas estantes as principais fontes de natureza política: *Minha luta*, de Hitler; *Dreimal Oesterreich, Dokumente der deutschen Politik und Geschichte* [*Três vezes Áustria, Documentos da política e história alemãs*], de Kurt von Schuschnigg (seis volumes), editado por Paul Meier-Bennekeenstein; *Dottrina del Fascismo* [*Doutrina do Fascismo*], de Mussolini, *O manifesto comunista*, de Marx etc. Então ele levou Schuschinigg e Marx. Protestei que isso daria uma impressão injusta de meus interesses políticos, que eram estritamente imparciais, e sugeri que levasse *Minha luta*, de Hitler. Mas ele se recusou, e é por isso que mantenho uma edição bem antiga. Mas aí já estávamos amigos. Como ele também tinha de levar consigo alguns dos livros escritos por mim, *On the Form of the American Mind*, acerca da questão de raça etc., sugeri que não seria bom levar as boas cópias em capa dura; mas ele poderia levar também os volumes de provas de páginas. Então pude ficar com as edições de capa dura que ainda tenho.

Minha esposa, que é uma senhora muito ordeira, quis levar o casaco, ele tinha jogado numa cadeira, e colocá-lo num armário. Ao que ele gritou: "Não toques nisso! Meu revólver está aí!".

Mas o que tinha de ser considerado o devido processo legal sob os válidos estatutos de agora era observado no todo, e enquanto eu estava aparentemente marcado com algum interesse, minha esposa não estava. Além disso, quando saí, ela pôde ficar com seus pais, que eram nacional-socialista e tinham um grande quadro de Hitler em sua sala de estar. É claro, tão logo eu saí na noite do dia em que a Gestapo quisera confiscar meu passaporte, na manhã seguinte, no outro dia veio saber onde estávamos, meu passaporte e eu. Então um guarda foi colocado em frente da casa onde minha esposa estava. Mas depois que cheguei a Zurique e mandei um telegrama, primeiro o guarda desapareceu, e vinte minutos depois, meu telegrama chegou. Ele soubera obviamente que eu tinha ido embora para sempre. Uma semana depois, minha mulher se juntou a mim em Zurique. É claro que tivemos de deixar tudo para trás, mas foi possível levar alguns móveis, e, o mais importante, a biblioteca. Certos itens, entretanto, tiveram de ser abandonados. De novo, os pormenores são mais ou menos engraçados. Por exemplo, tive de abandonar minha coleção de selos, que eu acumulara em criança, sendo isso um objeto de valor. Os livros aparentemente não eram. Soube de outras pessoas que a despeito de leis extremamente rigorosas, podiam-se levar muitas coisas. Sei, por exemplo, de uma jovem que era artista e tinha adquirido algumas poucas estampas originais de Dürer. Para exportar objetos de arte, tinha-se de ter permissão, e ela colocou as estampas de Dürer entre os trabalhos dela. O oficial, que examinou as pastas, examinou uma a uma essas estampas, e quando chegou à de Dürer, disse: "Ora, ora! A senhora fez uma grande progresso como artista", e deixou-a com isso. (MA, p.55-7)

3. AMERICANIZAÇÃO: A PEREGRINAÇÃO DE UM ERUDITO ATÉ 1981

O primeiro lar americano de Voegelin foi em Cambridge, Massachusetts, onde manteve uma nomeação de um ano como professor particular e auxiliar de assistente, em Harvard. O lugar fora assegurado por intermédio de seus amigos ali, William Y. Elliott, Gottfried von Haberler, Joseph Schumpeter, com o presidente do Departamento do Governo, Arthur Holcombe, anuindo na nomeação. "Ainda me lembro de minha primeira conversa com Holcombe. Quando me apresentei a ele em Harvard, ele me disse, com precisão seca, que Harvard tinha a satisfação de dar-me esta oportunidade por um ano, e que com o fim do ano, estava terminada a oportunidade" (MA, p.58). Voegelin começou imediatamente a procurar um novo emprego, escrevendo cerca de quarenta cartas para universidades de todo o país. O resultado imediato foi sua nomeação no Bennington College, para o período da primavera de 1939. Foi-lhe oferecida renomeação como professor assistente para o ano seguinte, pelo salário tentador de US$ 5 mil, mas ele declinou, mudando-se para a Universidade do Alabama, em Tuscaloosa. Eram dois seus motivos. Percebeu que a faculdade e os alunos em Bennington estavam fortemente influenciados pelo marxismo, e este não era mais a seu gosto do que fora o nacional-socialismo. Em segundo lugar, ele queria pôr alguma distância entre si mesmo e a onda de refugiados da Europa Central, recolocando-se nas instituições. Voegelin decidiu que não queria submergir nessa subcultura refugiada, mas fazer uma ruptura radical com a Europa: queria tornar-se um americano e um cientista político não estigmatizado como membro de um grupo de refugiados. Isso significava que ele tinha de familiarizar-se com a política e o governo americanos ensinando-os, uma oportunidade que dificilmente ocorreria no ambiente universitário da costa Leste.

O Alabama estava definitivamente livre da cultura refugiada, e ali através do chefe de departamento de ciência política, Roscoe Martin, Voegelin teve sua primeira oportunidade de ensinar, como disciplina, Governo Americano. O pagamento eram reles US$ 2.400 por um ano, mas ele permaneceu lá até 1942 e gradualmente se ajustou ao novo cenário através da "recepção verdadeiramente afável dada pelos sulistas, que gostavam de proteger de maneira algo condescendente um inocente da Europa", um processo grandemente facilitado pela afinidade e amizade que se desenvolveu entre a esposa de Martin, Mildred, e Lissy Voegelin (MA, p.59).

Com a energia costumeira, Voegelin fez seu caminho pelos mistérios do governo americano, a Constituição e mesmo certo número de administração pública, além de dar um curso de História de Teoria Política. Enquanto em Harvard, ele conhecera Fritz Morstein-Marx, então editor de uma série de livros para a McGraw-Hill, que o encorajou a fazer um livro de teoria política introdutória.

I

Isso pode ser considerado o começo formal do projeto de publicação da *A história das ideias políticas*. Ele trabalhou no projeto antes e depois de se mudar para o Alabama, usando como modelo, no começo, o livro padrão de George H. Sabine, *A History of Political Theory* [*Uma história da Teoria Política*] (primeira edição de 1937). Cavando os materiais, Voegelin logo concluiu não apenas que o tratamento até então oferecido era deficiente, mas que seu próprio conhecimento era insuficiente para dar uma narração mais adequada. Começou pelas fontes dos antigos gregos para frente. No Alabama, descobriu que não podia escrever sobre a teoria medieval sem um conhecimento maior do cristianismo, nem acerca das origens cristãs sem remontar ao fundamento judaico. Para conseguir este último, teve de aprender hebraico. Começou o estudo dessa língua com um rabino de Tuscaloosa que ensinava hebraico na universidade. "Os rudimentos foram difíceis, mas gradualmente consegui um conhecimento suficiente de gramática e de vocabulário, e finalmente consegui fazer minhas próprias traduções com base nos textos."

O tamanho do manuscrito aumentava, ultrapassando os limites do projeto do livro, mas Voegelin não podia mesmo entregar o manuscrito a tempo de coincidir com o termo final estabelecido pelo editor. A concepção de uma história da teoria política ocidental começando com os gregos e seguindo progressivamente um padrão unilinear de ideias em desenvolvimento "de um suposto constitucionalismo de Platão e Aristóteles, através do constitucionalismo dúbio da Idade Média, até o colapso do esplêndido constitucionalismo do período moderno" (MA, p.63-4). O estudo que Voegelin fez do fundamento israelita do pensamento cristão já tinha destruído a noção de que bastava começar-se pelos gregos antigos. Pior que isso, ele continuou a informar-se sobre as explorações do Oriente Próximo antigo, conduzidas pelos membros da Universidade de Chicago, no Instituto Oriental. O fundamento, portanto, se expandiu, pois os impérios do Oriente Próximo foram o fundamento de onde emergiu Israel, os israelitas, o fundamento dos cristãos, e os cristãos, o fundamento das ideias da Idade Média.

O trabalho no projeto continuou depois de Voegelin sair do Alabama, aceitando uma nomeação como professor associado no Departamento de Governo da Universidade do Estado da Louisiana em janeiro de 1942. Tendo-se tornado ativo na Associação de Ciência Política do Sul, atraiu a atenção de Robert J. Harris, então chefe de departamento em Louisiana. Harris se tornou amigo íntimo e obsequiou Voegelin, ao permitir que ensinasse duas seções de Governo Americano, a cada termo, indicação que continuou de maneira geral por dezesseis anos de seu professorado em Baton Rouge, como parte de uma carga horária normal de vinte horas de ensino que frequentemente exigia quatro preparações diferentes. Conhecedor das decisões da Suprema Corte, Harris aprofundou o conhecimento de Voegelin do direito constitucional, explicando, entre outras coisas, o papel-chave do procedimento nas decisões da Corte. Voegelin também ensinava regularmente Governo Comparado, na ocasião História Diplomática, assim como no curso de direito lecionava Jurisprudência.[1] Mas seu curso principal foi sempre a História da Teoria Política e os seminários de estágio em Teoria, os quais formaram a maior parte dos melhores alunos da universidade. Com a proeminência crescente da China nos anos 1940, Voegelin foi eleito, por causa de sua facilidade linguística, para dar um curso sobre Política Chinesa; e aprendeu chinês suficiente para ler os materiais de fontes clássicas no processo de desenvolvimento do curso, que ele lecionou por uma década.

Na sua chegada a Baton Rouge, Voegelin estava com 41 anos. Era algo como uma curiosidade para a população estudantil não graduada e não muito requintada. Hoje, um renomado cientista político que era então um calouro de dezoito anos relembra sua primeira impressão de Voegelin em 1942:

> Minha impressão de sua primeira aparição na classe permanece vívida em minha memória, embora tenha sido indubitavelmente colorida pela imaginação.

---

[1] Voegelin escreveu um ensaio de cem páginas intitulado "The Nature of the Law" ["A natureza do direito"] (1957) para uso como livro em seu curso de Jurisprudência. Foi publicado depois em Eric Voegelin, *The Nature of Law and Related Legal Writings*, ed. e com introd. de Robert Anthony Pascal, James Lee Babib, e John William Corrington, CW 27, Columbia: University of Missouri Press, 1999.

> Ele era, para dizer o mínimo, uma figura notável a meus olhos provincianos. Trajava (o que eu considerava uma moda formalíssima) um casaco preto retesado, calças de listas e calçava sapatos pretos meio toscos que faziam notar sua presença antes de sua chegada, porque guinchavam alto quando ele descia ao *hall*. Voegelin era, e é, um homem robusto, de torso largo e de figura proeminente, com uma compleição corada e cabelos ruivos que deviam ter sido muito vermelhos em sua juventude. Suas mãos, que ele empregava com uma graça expressiva em suas conferências (e ocasionalmente na conversação), formam algo como um complemento por contraste com suas feições e compleição porque seus dedos são longos e afilados, com apenas um indício de delicadeza neles. Andava bem ereto e invariavelmente caminhava num passo vigoroso com a cabeça lançada bem para trás, como ainda faz [em 1971]. A esse tempo ele usava óculos apertados com aro de metal; e então, como hoje, raramente era visto sem um charuto.[2]

E como era o recém-chegado Voegelin como professor de Introdução ao Governo Americano? Nosso calouro na época, William C. Havard Jr., continua:

> Não demorou muito para notar o Professor Voegelin como sendo tão notável em sua capacidade como professor como em sua aparência. Ele levou para a disciplina de Governo Americano uma perspectiva que era totalmente inimaginável para nós que tínhamos sido criados numa descrição institucional ortodoxa. Embora eu esteja certo de que a maior parte da classe era tão simples como eu, quase todos nós notamos muito rapidamente que Voegelin era um homem de poder intelectual extraordinário e possuía uma rara qualidade de

---

[2] William C. Harvard, *The Changing Pattern of Voegelin's Conception of History and Consciousness* [O Padrão mutável da concepção de Voegelin da História e da Consciência], *Southern Review*, VII (Janeiro de 1971), 58. Professor Havard se tornou presidente do Departamento de Ciência Política na Universidade de Vanderbit em 1977 e foi editor do *Journal of Politics* até 1980

ser capaz de olhar para as coisas com uma visão especial não aberta aos outros até que eles fossem expostos a ela através de seu guiamento. Sob sua instrução, pode-se apreciar a enorme complexidade da influência recíproca entre as ideias e as instituições, e o modo sutil em que a experiência histórica se manifestava bem depois dos acontecimentos originais que produziam respostas sociais específicas na forma de ideias, modelos de ação habitual, ou um conjunto de instituições que tinha sido perdido para a consciência imediata. As fontes clássicas das quais os pais fundadores tanto extraíram eram esclarecidas tanto em seu significado original como no impacto que tinham tido na estrutura legal e institucional da Constituição; um arranjo comum como a separação de poderes foi colocado na perspectiva de sua origem histórica no longo prolongamento de guerras na Idade Média entre a plenitude do poder do cabeça do estado e a emergência de freios consultivos desses poderes; e as tensões que permanecem na esfera religiosa na América mesmo depois de uma aparente resolução do problema ter sido conseguida através da separação entre a igreja e o estado foram elaboradas dentro do contexto da busca onipresente da verdade religiosa nas formas assim teológica como secular em todos os cenários humanos.

Como professor, Voegelin nunca se envolveu em pirotecnias; sua eficácia se funda unicamente na impressionante espessura e profundidade de seu aprendizado e nos poderes analíticos de sua mente. Para além dos limites do ponto em que suas verdadeiras palavras deviam ser entendidas, suas conferências poderiam soar provavelmente muito monótonas por causa da corrente de sentenças, e a falta de inflexão poderia ser mortal em alguém cujas ideias fossem menos interessantes do que as de Voegelin. Tendo tido aulas dele como não graduado, graduado, e mais tarde como um colega mais jovem, sempre me surpreendia ao ouvir colegas de profissão falar depreciativamente de sua

> "arrogância" ou de sua "rigidez." Sempre o achei excepcionalmente atencioso para com os alunos, paciente com seus problemas de compreensão, e de algum modo muito brando em questão de notas. Na supervisão de pesquisas, ele é um crítico rigoroso, como se pode esperar; mas também é generoso com seu tempo e com suas ideias. Tem um senso de humor de elfo que, à luz de seu sotaque alemão, chega a algo inesperadamente, até que alguém se lembra que os austríacos são muito mais europeus do sul do que germânicos nos aspectos mais sutis de sua cultura.[3]

Voegelin foi promovido a professor de Governo em tempo integral na Universidade do Estado da Louisiana em 1946, e em 1952 foi nomeado o primeiro Boyd Professor[4] de Governo, uma cátedra que ele manteve até sua partida para Munique em 1958. Quando chegou em 1942, a faculdade de inglês incluía os fundadores da *Southern Review*, Cleanth Brooks e Robert Penn Warren, assim como Robert B. Heilman. Heilman assistiu Voegelin no desenvolvimento de um estilo de inglês idiomático, e tanto ele como Brooks chamaram a atenção de Voegelin para o problema da estratificação social do uso do inglês:

> A natureza de meu problema pode ser vista por uma conversa com Cleanth Brooks. Uma vez, quando atravessava o campus, encontrei-o profundamente aborrecido e pensativo, e perguntei-lhe o que o preocupava. Ele me disse que tinha de preparar um capítulo de erros típicos para um livro acerca de estilo inglês que ele tinha de reeditar juntamente com Robert Penn Warren, e que era muito difícil encontrar erros típicos. Fiquei

---

[3] Ibidem, p.58-9.
[4] "A Boyd Professorship é o mais alto grau de distinção concedido pela Universidade Estadual da Louisiana a membros de seu corpo docente, em reconhecimento à excelência de contribuições no campo do ensino e da pesquisa. A nomeação ocorre após um rigorosíssimo processo de seleção. Desde a instituição do título, em 1953, apenas 65 professores, incluindo todos os *campi* da LSU, chegaram a recebê-lo" Nota da tradutora Maria Inês in *Reflexões Autobiográficas*, de Eric Voegelin, que traduziu para a É Realizações, 2008.

um pouco surpreso e lhe disse inocentemente, "Bem, é muito simples encontrar erros típicos. Pega um livro de ensino e encontrarás meia dúzia em cada página". Ele então me explicou que não poderia empregar esse método, porque os educadores estavam muito abaixo do nível médio de instrução; seus erros não poderiam ser considerados típicos para um falante médio de inglês. Em vez disso, ele estava empregando textos de sociologia e algumas vezes tinha de ler vinte páginas daquilo antes de encontrar um exemplo muito bom. Mas mesmo assim, ele tinha de preocupar-se porque não se poderia considerar que os cientistas sociais escrevessem um inglês típico, mas estavam muito abaixo da média, embora não tanto quanto os educadores.

Este é o tipo de estratificação de que passei gradualmente a me dar conta, a fim de conseguir um estilo de inglês moderadamente tolerável, livre de jargão ideológico e livre de idiossincrasias dos níveis vulgares na comunidade acadêmica. (MA, p.62)

Voegelin continuou a escrever e publicar em seus novos ambientes americanos, trazendo à luz muitos ensaios importantes acerca do nacional-socialismo, como "Extended strategy: a new technique of dynamic relations" ["Estratégia estendida: uma nova técnica de relações dinâmicas"] e "The growth of the race idea" ["O desenvolvimento da ideia de raça"], em 1940, "Some problems of German hegemony" ["Alguns problemas de hegemonia alemã"], em 1941, e "Nietzsche, the crisis and the war" ["Nietzsche, a crise e a guerra"], em 1944. Todos foram publicados em jornais importantes e, juntamente com novos materiais, comunicaram ao leitor inglês algo da crítica do nazismo que ele publicara antes na Alemanha. Mas seus maiores esforços até 1945 foram devotados a escrever *A história das ideias políticas*, de que ele tratou desde a Antiguidade até o final do século XIX.

A produtividade de Voegelin como erudito surge da combinação de uma facilidade notável e de longas horas: ele se levanta às 7h30 e raramente vai para a cama antes das 2h da madrugada, tendo apenas um pouco de tempo livre para uma soneca depois do almoço. Este dia de dezoito horas de trabalho é um regime que ele segue há décadas. Em Baton Rouge escreveu centenas e centenas de análises pormenorizadas para a *magnum opus*, cujos resultados ainda estão para ser vistos em sua estante de estudo em cerca de quinze amarrados de manuscritos contendo mais de quatro mil páginas datilografadas. Um fragmento dessa obra apareceu em 1975 como livro intitulado *From Enlightenment to Revolution* [*Do Iluminismo à Revolução*], editado por John H. Hallowell.

Por que Voegelin veio a abandonar o grande projeto? O que estava errado com ele? Sua concepção geral. As dificuldades já notadas enquanto ele estava no Alabama foram resgatadas no tempo e a autocrítica de Voegelin se tornou cada vez mais severa.

> O padrão [de minha obra], então, se quebrou em outras linhas. Escrevera minha *A história das ideias políticas* quase até o século XIX. Longos capítulos sobre Schelling, Bakunin, Marx, Nietzsche estavam prontos. Por ocasião do capítulo sobre Schelling, comecei a ver que a concepção de uma história de ideias era uma deformação ideológica da realidade. Não havia ideias a não ser que tivesse havido [antes] símbolos de experiências imediatas. Além disso, não se poderia ter sob o título de ideias um ritual de coroação egípcia, ou a recitação suméria do *Enuma elish* por ocasião dos festivais de Ano Novo Sumério. Eu ainda não estava em situação de compreender realmente de onde tinham vindo e o que significavam os conceitos de ideias. Somente muito mais tarde descobri que a origem deveria ser encontrada provavelmente no *koinai ennoiai* estoico. Essas opiniões comuns ou autoevidentes eram ainda o ponto de partida de capítulo primeiro do *Ensaio acerca do entendimento humano*, de Locke: ele protestava contra eles a fim de retornar às experiências que engendraram ideias. (MA, p.64)

II

O pensamento, estudo e escrito continuaram, mas o período de 1945 a 1950 foi de indecisão, se não de paralisia teorética, na tentativa de penetrar, para sua própria satisfação, os problemas que se avolumavam.

Uma ruptura ocorreu na ocasião das Conferências de Walgreen que dei em Chicago em 1951 [e que foram publicadas no ano seguinte como *A nova ciência da política*.] Ali fui forçado, numa forma comparativamente breve, a formular algumas das ideias que tinham começado a cristalizar-se. Concentrei-me no problema da representação e na relação da representação com a existência social e pessoal na verdade. Era óbvio que um governo soviético, por exemplo, não estava no poder em virtude de eleições representativas no sentido ocidental e, no entanto, era o representante do povo russo. Em virtude de quê? Esta pergunta eu chamei, à época, o problema da representação existencial. Esta representação existencial percebi que era sempre o cerne do governo eficaz, independente dos procedimentos formais pelos quais o governo existencialmente representativo conseguia sua posição. Em uma sociedade comparativamente primitiva, onde a massa das pessoas é incapaz de um debate racional e de formar partidos políticos que selecionam temas, um governo se fundamentará nas forças tradicionais ou revolucionárias sem o benefício de eleições. Que o governo seja tolerado é o resultado do seu preencher mais ou menos adequado dos propósitos fundamentais para os quais um governo é estabelecido, i.e., o assegurar da paz doméstica, a defesa do reino, a administração de justiça, e o bem estar das pessoas. Se essas funções são preenchidas moderadamente bem, o procedimento pelo qual o governo chega ao poder é de importância secundária. Esta representação existencial, então, encontrei-a empiricamente suplementada nas sociedades historicamente existentes por uma reivindicação de representação transcendental, como a chamei na época. Por representação transcendental quero dizer o simbolismo da função governamental como representativo da ordem divina no cosmo. Este é o simbolismo fundamental, de volta aos antigos impérios do Oriente Próximo, onde o rei é o representante do povo perante o deus e do deus perante o povo. Nada mudou nesta estrutura fundamental da ordem governamental, nem mesmo nos modernos impérios ideológicos. A única diferença é que o deus a quem o governo representa foi substituído por uma ideologia da história que agora o governo representa em sua capacidade revolucionária.

A diferença que acabei de mencionar tinha de ser expressa em categorias teoréticas. Por muitos anos já estava a par, através de meus estudos da história do cristianismo na Idade Média, de vários movimentos de seitas não descritos claramente com relação a sua atitude e crenças. Nos anos de 1940 e de 1950, tornei-me aos poucos ciente de que além da filosofia clássica e do cristianismo revelado, como representados pela Igreja principal, existiam simbolismos de credos fundamentais que, pelos entendidos no assunto, eram classificados como gnósticos. Tanto quanto lembro, fiquei a par, pela primeira vez, do problema do gnosticismo e de sua aplicação aos fenômenos ideológicos modernos, através da *Introdução ao Prometeu* de Hans Urs Balthasar, publicada em 1937. Desde os anos de 1930, uma literatura considerável acerca do gnosticismo vem crescendo e observações incidentais acerca do paralelismo moderno eram encontradas aqui e ali. Descobri que a continuidade do gnosticismo desde a Antiguidade até o período moderno era ainda uma questão de conhecimento comum entre os eruditos dos séculos XVIII e XIX.

Desde minhas primeiras aplicações do gnosticismo aos fenômenos modernos – em *A nova ciência da política* e em 1959 em meu estudo *Science, Politics, and Gnosticism* [*Ciência, política e gnosticismo*] – tive de rever minha posição. A aplicação da categoria de gnosticismo às ideologias modernas, é claro, ainda se mantém. Numa análise mais completa, entretanto, há outros fatores que considerar, além dele. Um desses fatores é o apocalipse metastático que deriva diretamente dos profetas israelitas, via Paulo, e que forma uma linha permanente nos movimentos cristãos sectários até a Renascença. Uma excelente exposição dessa continuidade pode ser agora encontrada no livro de Norman Cohn *The Pursuit of the Millennium* [*A Busca do Milênio*] [segunda edição, 1961]. Descobri, além disso, que nem a linha apocalíptica nem a gnóstica dão a razão do processo de imanentização. Este fator tem origens independentes na revivescência do neoplatonismo na Florença do final do século XV. A tentativa de reconquistar uma compreensão da ordem cósmica através da revivescência do neoplatonismo falhou; uma revivescência da ordem divina no cosmo no sentido antigo teria exigido uma revivescência de deuses pagãos; e isso não funcionava. O que foi deixado da ordem divina intracósmica que os neoplatônicos tentaram reavivar era uma ordem imanente de realidade – um imanentismo que tinha de tornar-se secularista quando, seguindo os deuses pagãos, o Deus Cristão tinha também sido jogado fora.

Portanto, as experiências que levaram a análises imanentistas tinham de ser exploradas. Como fenômenos históricos, não são desconhecidas. Talvez a mais importante seja a remoção do *amor Dei* da estrutura agostiniana da alma por Hobbes, e a redução de sua força ordenante para o *amor sui*. Esta redução ao *amor sui* tornou-se então dominante no século XVIII, através da psicologia do *amour-de-soi* desenvolvida pelos moralistes franceses. Ao passo que não há dúvida acerca do fenômeno como tal, sua interpretação é difícil porque a terminologia filosófica convencional aceitou as premissas da nova posição reducionista; não se percebeu nem analítica nem criticamente que a posição é reducionista. Apenas em anos recentes desenvolvi o conceito da "revolta egofânica", a fim de designar a concentração na epifania do ego como a experiência fundamental que eclipsa a epifania de Deus na estrutura da consciência clássica e cristã. Já empreguei o termo "apocalipse do homem" para tratar esse problema em *A nova ciência da política*. Naquela ocasião quis enfatizar o descobrimento das possibilidade humanas, o qual caracteriza o período moderno. Certamente que o descobrimento foi feito, mas enfatizar apenas o descobrimento não leva em consideração seu contexto reducionista. O descobrimento do homem tinha de pagar pela morte de Deus, como este fenômeno foi chamado por Hegel e Nietzsche. O termo revolta egofânica, distinguindo esta experiência do ego exuberante da experiência da constituição teofânica da humanidade, é o melhor que posso hoje fazer terminologicamente. (MA, p.65-9)

Voegelin explica em minúcias a deficiência da *História das ideias políticas* e a transição para *Ordem e história* nesse passo importante de sua "Memória Autobiográfica".

A *História das ideias políticas* tinha começado com umas suposições de que há ideias, que elas têm uma história, e que uma "História das ideias políticas" teria conquistado seu caminho desde a política clássica até o presente. Com essas suposições, eu trabalhara humildemente com os materiais, e existia um manuscrito de alguns milhares de páginas.

As várias dúvidas que surgiram no curso do trabalho, no entanto, agora se cristalizaram na compreensão de que uma "História das ideias políticas" era um empreendimento sem sentido, incompatível com o estado presente da ciência. Ideias são um desenvolvimento conceitual secundário, começando com os estoicos, intensificadas na Alta Idade Média, e desenvolvendo-se radicalmente em conceitos que parecem referir-se a uma realidade outra que não a realidade experimentada. E não existe essa realidade outra que a realidade experimentada. Portanto, ideias são propensas a deformar a verdade das experiências e de seu simbolismo.

São óbvios os pontos em que surgiram as dúvidas. Em primeiro lugar, não há nenhuma continuidade entre as assim chamadas ideias dos filósofos gregos do sétimo ao quarto séculos antes de Cristo e os conteúdos dos escritos proféticos israelitas e da revelação do Novo Testamento. Esses dois simbolismos tocam diferentes áreas de experiência e não estão ligados historicamente. Além disso, quanto mais longe se vai em busca das origens das ideias, tanto mais se torna claro que tais simbolismos como mitos e revelação não podem, por nenhuma elasticidade da imaginação, ser classificados como "ideias". Tem-se de reconhecer uma pluralidade de simbolismos. Uma teogonia hesiódica, por exemplo, simplesmente não é filosofia no sentido aristotélico, mesmo que seja a mesma a estrutura da realidade expressa pelo mito e pela filosofia – uma igualdade de estrutura já reconhecida por Aristóteles. Os problemas foram crescendo, o que tentei expressar por conceitos como "compacto" ou "primeira experiência do cosmo" e as "diferenciações" que levam à verdade da existência no sentido clássico, israelita e do cristianismo primitivo. A fim de caracterizar a transição decisiva da verdade compacta para a diferenciada na história da consciência usei, ao tempo, o termo salto no ser, tomando o termo salto do *Sprung* de Kierkegaard.

O interesse, então, se moveu de ideias para as experiências de realidade que engendraram uma variedade de símbolos para sua articulação. Isso não quer dizer que o problema das ideias agora simplesmente tivesse desaparecido. É claro que estava muito presente, mas apenas gradualmente descobri o que era. Um ponto importante, por exemplo, que cresceu em clareza para mim, através dos anos, foi a compreensão de que a transformação de experiências originais e simbolismos em doutrinas acarretava uma deformação de existência, se o contato com a realidade como experimentada se perdesse e o emprego dos símbolos de linguagem engendrados pelas experiências originais se degenerassem num jogo mais ou menos vazio. Algumas das coisas mais óbvias acerca desta deformação descobri muito tarde, apenas nos anos de 1950 e de 1960. Não me estava totalmente claro, por exemplo, que o termo *metafísica* não é um termo grego, mas uma deformação árabe do título grego da *meta ta physica* de Aristóteles; que ele tinha sido tirado dos árabes por Tomás e pela primeira vez empregado numa língua ocidental na introdução de seu comentário da *Metafísica* de Aristóteles; e que desde então existiu uma ciência estranha que foi chamada metafísica. Portanto, a crítica não injustificada de tais metafísicas doutrinais pelos pensadores do Iluminismo e do positivismo primitivo não tocava de maneira alguma os problemas da filosofia clássica. A filosofia clássica não era muito conhecida na época; e ainda é pouco conhecida hoje, porque o lugar-comum "metafísica" se tornou a palavra mágica pela qual se pode lançar uma sombra sobre todas as análises filosóficas no sentido clássico.

Tive de desistir das "ideias" como objetos de uma história e estabelecer as experiências como a realidade que explorar historicamente. Essas experiências, entretanto, alguém só pode explorá-las se lhes explorar a articulação através dos símbolos. A identificação da matéria e, com a matéria, do método que usar em sua exploração levou ao princípio que está na base de todo o meu trabalho posterior: i.e., a realidade de experiência é autointerpretativa. Os homens que têm as experiências as expressam através de símbolos; e os símbolos são a chave para compreensão da experiência expressa. Não há nenhum sentido em fingir que os sacerdotes egípcios, por exemplo, que escreveram *A teologia de Mênfis*, ou os sacerdotes mesopotâmios, que desenvolveram a *Lista dos reis sumérios*, não eram capazes de articular as experiências claramente, porque tinham outros problemas que um Voltaire, ou um Comte, ou um Hegel. O que é experimentado e simbolizado como realidade, num processo de diferenciação que avança, é a substância da história. A obra sobre a "História das ideias políticas" não fora feita em vão, porque ela me familiarizara com as fontes históricas. Mas a reorganização dos materiais sob o aspecto da experiência e do simbolismo se tornou necessária. Portanto, desisti do projeto de uma "História das ideias políticas" e comecei minha própria obra acerca da *Ordem e história*.

Na época, *Ordem e história* tinha de começar com os impérios egípcio e mesopotâmio e seu simbolismo cosmológico da ordem social e pessoal. Nesse pano de fundo do simbolismo imperial e cosmológico há o irrompimento da revelação israelita. Não em continuidade com os profetas pneumáticos, mas independentemente, ocorreu o surgimento do pensamento noético nos filósofos gregos. O estudo do Oriente Próximo e das experiências israelitas até a diferenciação noética preencheu os volumes dois e três. De acordo com o plano original, esses volumes deveriam ser seguidos por estudos sobre o império, o imperialismo medieval e o espiritualismo, e sobre os desenvolvimentos modernos.

Esse plano, entretanto, se mostrou irrealizável. Partes consideráveis dele foram de fato escritas, mas a obra sucumbiu quanto à questão do volume. Sempre caio no problema que, a fim de chegar a formulações teoréticas, tenho primeiro de apresentar os materiais em que as formulações teoréticas se basearam, como um resultado analítico. Se prosseguisse com o programa, a sequência dos primeiros três volumes não teriam sido outros três volumes, como planejado, mas talvez seis ou sete volumes a mais. Porque o público em geral não estava familiarizado com os materiais que levavam a certas iluminações teoréticas, as iluminações teoréticas não poderiam ser apresentadas sem os materiais.

Decidi, portanto, fazer alguns estudos especiais acerca de certos problemas do cristianismo primitivo, da forma mítico-especulativa da historiogênese, da transição da especulação historiogenética para a historiografia, do problema da ecumene como desenvolvido por Heródoto, Políbio e pelos historiadores chineses, de certos problemas teoréticos modernos como a feitiçaria envolvida na construção que Hegel fez de seu Sistema, e assim por diante. Parecia fazer mais sentido publicar dois volumes com esses estudos especiais, chegando mais concisamente aos resultados teoréticos, do que encher numerosos volumes com materiais, especialmente porque nos anos afora, o que eu vira como problema nos anos 1940 e 1950 também tinha sido visto por outros e a exploração histórica de problemas como o gnosticismo, os manuscritos do Mar Morto, os descobrimentos em Nag Hammadi, a pré-história do pseudo-Dionísio, a revivescência do neoplatonismo na Renascença e sua influência nos desenvolvimentos intelectuais subsequentes do Ocidente até Hegel tinham tido imenso progresso, de tal modo que podia reportar-me aos estudos dos materiais conduzidos por um grande número de eruditos – materiais que não tinham sido acessíveis ao público nos anos 1940 e 1950 quando desenvolvi a concepção de *Ordem e história*. Quero enfatizar o desenvolvimento há pouco mencionado, porque ele não podia ser antevisto ao tempo em que comecei minha obra. Estamos vivendo hoje num período de progresso nas ciências filosófica e histórica que dificilmente tem paralelo na história da humanidade.

De fato, uma série de suposições teoréticas de que parti quando comecei a escrever *Ordem e história* se tornaram obsoletas por esse rápido desenvolvimento das ciências históricas, especialmente nos campos da pré-história e da arqueologia. Quando escrevi o primeiro volume de *Ordem e história*, meu horizonte ainda estava limitado pelos impérios do Oriente Próximo. Identificava o simbolismo cosmológico que encontrei aí com o simbolismo imperial da Mesopotâmia e do Egito. Com base na nova expansão de nosso conhecimento arqueológico e pré-histórico, posso agora dizer que praticamente todos os símbolos que apareceram no antigo Oriente Próximo tinham uma pré-história que ia do Neolítico ao Paleolítico, por um período de vinte mil anos antes dos impérios do Oriente Próximo. Surgiu o novo problema de liberar o problema geral do simbolismo cosmológico de sua variação imperial, específica. Os simbolismos cosmológicos no nível da tribo, até a Idade da Pedra, têm de ser analisados; e então a *diferentia specifica*, introduzida pela fundação dos impérios, como o Egito, por exemplo, tem de ser distinguida. Colecionei materiais para esse propósito; e espero publicar meus achados algum dia no futuro.

Outro grande avanço da ciência, que estava sendo feito ao longo de décadas, encontrou recentemente seu fundamento decisivo pela recalibração de dados radiocarbônicos, começando em 1966. A concepção de uma história unilinear, que já tinha sido chacoalhada à vista dos desenvolvimentos cronologicamente paralelos no Oriente Próximo, na China, e na Hélade, agora se rompe definitivamente quando as culturas de templo em Malta, por exemplo, podem ser datadas em períodos de tempo substanciais antes da Era das Pirâmides, no Egito. Civilizações neolíticas independentes precedem no tempo as civilizações imperiais nas áreas egípcia e mesopotâmia. Descobrimentos dessa natureza estão se acumulando em número tamanho que se pode dizer, já agora, que a antiga concepção de uma história unilinear, que ainda domina o nível vulgar na forma de teorias epígonas à maneira de Condorcet, Comte, Hegel e Marx, está definitivamente obsoleta. A história da humanidade se tornou diversificada. Os diferentes desenvolvimentos estão dispersos amplamente. Pode-se caracterizar o campo como pluralista. O progresso, ou o avanço geral, de uma "humanidade" abstrata imaginária se dissolveu nos muitos atos diferenciadores, ocorrendo em vários pontos no tempo e independentemente dos seres humanos concretos e das sociedades.

Ainda assim, a possibilidade de avanço civilizacional através de difusão cultural não foi excluído por esses novos aspectos da história, mas o problema tem de ser levado para um período muito mais primitivo, como me disse certa vez, numa conversa, Carl Hentze. Se a história de expressão articulada de experiências vai até cinquenta mil anos atrás, qualquer coisa pode ter acontecido nesse período: o que pode ser descoberto por meio de paralelos de cultura no assim chamado período histórico depois de três mil anos antes de Cristo tem de ser visto sob o vasto pano de fundo de contatos humanos em tais períodos de tempo. Para dar um exemplo: temos agora uma excelente literatura acerca das culturas polinésias, sua arte e seus mitos. O que às vezes não é percebido é o fato de que os polinésios não nasceram da terra nas ilhas polinésias, mas migraram para lá, partindo da principal terra asiática. Esta migração da Ásia dificilmente começou antes do oitavo século antes de Cristo. Portanto, antes desse tempo, os desenvolvimentos tribais que hoje chamamos polinésios e os outros desenvolvimentos tribais que levaram à ascensão da civilização chinesa ainda pertencem à mesma área de cultura. Não é surpreendente, portanto, como de novo observa Hentze, quando há interessantíssimos paralelos entre ornamentos de origem polinésia e ornamentos em vasos da dinastia Shang.

O esplêndido avanço da ciência em nosso tempo não deve induzir a expectativas precipitadas quanto à morte das ideologias e de sua efetividade social. As discrepâncias entre ciência e ideologia são de longa duração. De fato, certos dogmas ideológicos foram desenvolvidos em franca contradição com os fatos históricos comuns bem conhecidos na época, e especialmente pelos pensadores ideológicos. Quando Marx e Engels, por exemplo, começam seu *Manifesto comunista* com a proposição de que toda a história social até então fora a história da luta de classes, eles estão falando bobagem impertinente, porque houve, afinal de contas, lutas na história, muito conhecidas por Marx e Engels de seus dias de colégio, como as Guerras Persas, ou a conquista de Alexandre, ou a Guerra do Peloponeso, ou as Guerras Púnicas, e a expansão do Império Romano, que não tinham absolutamente nada que ver com lutas de classes. Se os ideólogos podem fazer tais afirmações propagandistas sem sentido, e continuar com elas por mais de um século, não se pode esperar que a expansão de nosso conhecimento histórico faça uma mossa na existência corrupta do epígono ideológico de nosso próprio tempo. (MA, p.79-86)

A análise que Voegelin faz de sua obra, dos problemas com a velha história das ideias, da nova concepção que informa *Ordem e história*, e da mudança de organização e de descrição dessa obra serve para chamar a atenção do leitor para o fato de que o filósofo tem procurado continuamente as chaves para as matérias de que trata – descartando, remodelando, e revisando, para compreendê-lo. Continua seu mais severo crítico – heroicamente tal, quando se considera sua decisão de não publicar a *História das ideias políticas*. O sumário seguinte desses desenvolvimentos pode ser tomado como uma introdução a capítulos subsequentes, que lidam, com alguma minúcia, com os aspectos salientes de *Ordem e história* e outros escritos principais publicados desde 1952.

III

O primeiro volume de *Ordem e história* apareceu em 1956, sendo seguido, no ano seguinte, pela publicação de mais dois volumes. Não se materializou depois a então projetada obra de seis volumes. Voegelin saiu de Baton Rouge, em janeiro de 1958, para aceitar uma nomeação em Munique como professor e diretor do novo Instituto de Ciência Política, e permaneceu na Universidade de Munique até 1969. A despeito de rumores e de expectativas, passou-se mais de uma década sem a publicação posterior da *magnum opus*. Na verdade, apareceram obras importantes, especialmente *Anamnese*, em 1966, e aqueles dias de dezoito horas de trabalho continuaram ininterruptamente. Mas deveriam passar dezessete anos antes de aparecer o quarto volume de *Ordem e história*, em 1974, e um quinto e último ser prometido. A decisão de mudar-se para Munique foi estimulada pela oportunidade que deu de organizar um novo programa de ciência política, os benefícios financeiros aumentados, e a oportunidade de reunir-se a velhos amigos como Alois Dempf, o historiador e filósofo, num ambiente espiritual e intelectualmente congenial. "Além disso, tinha alguma ideia de que talvez um centro de ciência política, levado a efeito no espírito da democracia americana, seria algo bom de se ter na Alemanha" (MA, p.93).

Que o trabalho continuou durante os onze anos de Munique é atestado pela publicação de cerca de 25 ensaios durante o período, além do volume de *Anamnese*. Voegelin cumpria com energia as atividades do instituto, recrutando assistentes, desenvolvendo uma biblioteca de primeira linha e um programa variado de instrução. Quando foi embora em 1969, a biblioteca do Instituto era a melhor coleção na Universidade para o estudo das ciências contemporâneas do homem e da sociedade. Deu atenção especial, como se podia esperar, às várias áreas essenciais para a compreensão da civilização ocidental (filosofia clássica e cristianismo); deu-se prioridade à história moderna e às fontes de pensamento político moderno; e foram enfatizados os mais recentes desenvolvimentos eruditos em pré-história, em civilizações antigas do Oriente Próximo, da China e da Índia, e no campo da arqueologia. Foi apenas no período comparativamente breve que esteve em Munique que Voegelin ocupou o cargo de supervisão de doutorandos, pois a Universidade do Estado da Louisiana não tinha nenhum programa de doutorado em Ciência Política durante os dezesseis anos em que ele esteve por lá. Não mais do que cinco estudantes americanos completaram seus doutorados com Voegelin. Em Munique, entretanto, o resultado cumulativo foi a criação de uma nova força na cena intelectual alemã, pouco amada por ideólogos da esquerda ou da direita.

Além de seus escritos e das obrigações administrativas, Voegelin lecionava regularmente, dando duas conferências e um seminário doutoral a cada termo do período. E encontrava tempo para dar conferências como convidado em universidades no continente, na Inglaterra e nos Estados Unidos. Participou de um simpósio de História com Toynbee no Grinnel College, em 1963; ensinou por um semestre, como professor convidado em Harvard, em 1965; em Notre Dame, a cada quatro anos durante alguns anos; e apresentou as preleções de Canler no "Drama do Homem" na Universidade Emory, em 1967. Muitas de suas preleções foram lançadas posteriormente como artigos. Sua preleção inaugural em Munique, publicada como *Science, Politics, and Gnosticism* (1959; em inglês, 1968), causou furor por causa de sua análise inflexível da "trapaça" marxista. Como nota mais tarde:

> Afirmo categoricamente que Marx era conscientemente um trapaceiro intelectual, com o propósito de manter uma ideologia que lhe permitiria apoiar ação violenta contra os seres humanos, com uma aparência de indignação moral. Afirmei o problema explicitamente em minha conferência inaugural, em Munique, em 1958, e explorei, naquela ocasião, o distúrbio mental que subjaz em tal ação. Entretanto, Marx conduz sua argumentação

num nível intelectual muito alto e a surpresa causada por minha afirmação categórica de que ele estava envolvido numa trapaça intelectual, com repercussões na imprensa diária, pode facilmente ser explicada na mesma linha que a obscuridade que cerca as premissas de Hegel [*i.e.*, poucas pessoas têm conhecimento filosófico igual ao de Marx de tal modo que identifiquem suas premissas e detectem sua falsidade; alternadamente, a insistência dos marxistas (e de outros) que alguém só pode entender Marx se aceitar suas premissas e não as submeter à crítica – portanto desprezando o fato de que se as premissas estão erradas, então tudo o mais está errado também.] A trapaça marxista diz respeito à recusa categórica de entrar no argumento etiológico de Aristóteles, *i.e*, no problema de que o homem não existe por si mesmo, mas por causa do fundamento divino de toda a realidade. De novo, contrariamente aos contemporâneos que pontificam em Marx, o próprio Marx tinham uma formação filosófica muito boa. Ele sabia que o problema da etiologia na existência humana era o problema central de uma filosofia do homem, e se ele queria destruir a humanidade do homem, ao torná-lo um "homem socialista" ele tinha de recusar-se a entrar no problema etiológico. Neste ponto, tem-se de reconhecer, ele era consideravelmente mais honesto do que Hegel, que nunca citava os argumentos de que não queria tratar. Mas o efeito é o mesmo que o do caso de Hegel, porque os críticos contemporâneos, é claro, sabiam de Aristóteles e do argumento etiológico tanto quanto o fundamento neoplatônico de Hegel, *i.e.*, exatamente nada. A incultura geral do mundo intelectual e acadêmico na civilização ocidental providenciou o pano de fundo para o domínio social de opiniões que teriam sido escarnecidas na corte da Alta Idade Média ou da Renascença. (MA, p.49)

Mais sensação causou o curso de duas horas diárias dado por Voegelin em Munique, sobre "Hitler e os alemães" em

1964, num auditório cheio, durante um semestre. Por exemplo, quando chegou a vez do papel das igrejas ser discutido na ascensão de Hitler ao poder e os eventos subsequentes, a maioria dos estudantes (que eram católicos bávaros) festejaram o delineamento devastador que Voegelin fez da imensa cumplicidade da igreja Evangélica nos acontecimentos que levaram à ascensão nazista e às consequentes atrocidades. Mas ele advertiu o auditório para restringir o júbilo: a vez dos católicos viria na semana seguinte. A vez da Igreja católica veio, e ela não se saiu melhor do que a protestante nas mãos do professor. O auditório estava subjugado e atordoado quando Voegelin martelou, um a um, com narrativa fática e análise, os pregos de condenação da incúria espiritual e moral. Embora a preleção tenha sido gravada e transcrita num grande manuscrito, não foi publicada (hoje está publicada como *Hitler and the Germans* [no Brasil, *Hitler e os alemães*], traduzido, editado e com introdução de Detlev Clemens e Brendan Purcell, CW 31, Columbia: University of Missouri Press, 1999). Voegelin as reputava muito imprecisas tecnicamente.

> É extremamente difícil envolver-se numa discussão crítica das ideias do nacional-socialismo, como descobri quando dei meu curso semestral de "Hitler e os alemães" em 1964, em Munique, porque nos documentos nacional-socialistas... estamos ainda muito abaixo do nível em que o argumento racional é possível do que no caso de Hegel ou Marx. A fim de lidar com documentos deste tipo de linguagem, tem-se de desenvolver primeiro uma filosofia da linguagem, indo até os problemas do simbolismo com base na experiência do filósofo da humanidade e da perversão de tais símbolos no nível vulgar, de novo, não é admissível na posição de participante numa discussão, mas pode apenas ser objeto de pesquisa científica. Os problemas oclocráticos e vulgares não podem ser tomados futilmente; não se pode simplesmente deixar de notá-los. São problemas sérios de vida e de morte porque o vulgo cria e domina o clima intelectual em que a ascensão de figuras como Hitler ao

poder é possível... Eles [e as atrocidades do nacional-socialismo] são possíveis apenas quando o ambiente social [especialmente a linguagem] foi tão destruído pelo vulgo que uma pessoa que é verdadeiramente representativa deste espírito vulgar pode subir ao poder. (MA, p.50-1)

Chegando à idade de aposentar-se, em Munique, Voegelin valeu-se, em 1969, da oportunidade oferecida pelo Instituto Hoover de Guerra, Revolução e Paz da Universidade de Stanford, para retornar aos Estados Unidos como catedrático pela Henry Salvatori, um título que manteve até 1974. A posição oferecia tempo para continuar seu trabalho, incluindo escrita, preleções, e ensino em Stanford, e como professor visitante em Notre Dame, Harvard, Universidade de Dallas, Universidade do Texas, Austin, e em outros lugares. "A era ecumênica" (o quarto volume de *Ordem e história*) apareceu em 1974, como notado anteriormente; assim como ensaios importantes; particularmente notável entre os ensaios foram "Equivalências de experiência e simbolismo na história" (1970), "O evangelho e a cultura" e "Hegel: um estudo de feitiçaria" (1971), e "Razão: a experiência clássica" (1974).

Aposentadoria dificilmente seria a palavra exata para a situação de Voegelin após deixar Munique ou, até, depois de sair formalmente do instituto Hoover. Aos oitenta anos e residindo em Stanford, com boa saúde e forças não diminuídas, permanece constantemente solicitado como palestrante, em 1981. Não relaxou nem seu passo de trabalho nem suas longas horas. Apenas o consumo de café e charuto diminuiu um pouco, para talvez apenas doze charutos por dia, em comparação à velha marca de três caixas por semana. Grandes obras estão em vários estágios de fatura: o final, quinto volume de *Ordem e história*, a preleção sobre Tomás de Aquino, de 1975, na Marquette University, intitulado *O começo e o além*, um livro dedicado ao estudo dos simbolismos da pré-história, grandes ensaios como "Sabedoria e mágica do Extremo: uma meditação" (1981) e a revisão da preleção da antropologia filosófica dada em Chicago no simpósio da natureza humana da Conferência de Estudo de Pensamento Político, em abril de 1978. O trabalho continua, é marcado regularmente pela acuidade e por horizontes estimulantes.

Voegelin se mostra neste esboço biográfico como um homem de vasto conhecimento, grande intelecto, coragem, energia e vigor, alguém cujos humor sutil e iluminação imaginativa vivificam o domínio enciclopédico de sua obra com a vitalidade da verdade presente e a emoção da nova visão. Pensador valente, devastador assim no debate oral como na crítica escrita, inflexível em expor falácias, charlatanismo, e intenção assassina de ideólogos de todas as bandeiras, Voegelin é, no entanto, tão ferozmente não sentimental e supremamente sensível ao movimento do espírito em todas as suas roupagens, à força positiva da realidade através de cuja beneficência a existência humana é gentilmente agraciada com esperança, bondade, e um módico de ordem. Dominou a vida como a prática de morrer, e a velhice o encontra sereno. Isto é simplesmente para dizer que Voegelin é um filósofo e continuamos seus devedores porque ele tanto amou a sabedoria divina. Alguns dos temas da busca amorosa da sabedoria que informa o pensamento de Voegelin serão vistos nos capítulos seguintes, que se dedicam, em minúcia sistemática, às grandes estruturas de seu pensamento. Tomadas em conjunto, constituem o que chamamos aqui a Revolução Voegeliniana.

4. A CIÊNCIA DA HISTÓRIA E DA POLÍTICA: 1952

Por volta de 1930 em diante Voegelin mostrou sua intenção de desenvolver uma nova ciência da política, e vimos que ele, na verdade, começou tal projeto naquela época, abandonando-o porque seu conhecimento de teoria política – "ideias" – era ainda imperfeito. O desenvolvimento de seu pensamento nos vinte anos seguintes levou-o, então, à "ruptura" de *A nova ciência da política* (1952), que estabeleceu o tema de muito trabalho subsequente nestas sentenças de abertura.

> A existência do homem na sociedade política é histórica, e uma teoria da política, se penetrar até os princípios, tem de, ao mesmo tempo, ser uma teoria da história... A análise procederá... a uma exploração dos símbolos pelos quais as sociedades políticas [representativamente formam a si mesmas como entidades organizadas para ação na existência histórica e, também] interpretam a si mesmas como representativas de uma verdade transcendental... A variedade desses símbolos... não formará um catálogo categórico, mas se mostrará amena à teorização como uma sucessão inteligível de fases num processo histórico. Uma pesquisa concernente à representação

[assim concebida], se suas implicações teoréticas forem desenvolvidas de maneira consistente, se tornará, de fato, uma filosofia da história.

Perseguir um problema teorético até o ponto onde os princípios da política se encontrem com os princípios de uma filosofia da história não é costume hoje. No entanto, o procedimento não pode ser considerado uma inovação na ciência da política; aparecerá, ao contrário, como uma restauração, se se lembrar que os dois campos que hoje são cultivados separadamente eram inseparavelmente unidos quando a ciência política foi fundada por Platão. (NCP, 1, passagens em parênteses nas p.36 e 47)

O esplêndido desenho sugerido por essas linhas foi dado em sua primeira encarnação em *A nova ciência da política* e nos três primeiros volumes de *Ordem e história,* à qual aquele livro serve como um prolegômeno. A filosofia da história, então, apareceu neste ponto no desenvolvimento de Voegelin para ser o nível de controle de sua pesquisa. E será a preocupação deste capítulo mostrar os principais contornos de sua ciência política e da história como formuladas primeiramente em 1952. A tela de fundo do empreendimento de Voegelin é iluminada por estas observações dos anos de 1970:

Filosofia da história como um tópico não vai além do século XVIII. Desde seu começo, no século XVIII, associou-se com as teorias de uma história imaginária feita com o propósito de interpretar o teórico e seu estado pessoal de alienação como o clímax de toda a história precedente. Até bem recentemente a filosofia da história foi explicitamente associada à desconstrução da história de uma posição de alienação, seja isso no caso de Condorcet, ou de Comte, ou de Hegel, ou de Marx. Esta teoria rígida da história, como uma grande falsificação da realidade da posição de uma existência alienada, está-se dissolvendo no século XX.. Uma vez que a deformação da existência, que leva à construção de sistemas ideológicos, é reconhecida como tal, as categorias de existências e sistemas indeformados têm de ser julgados. Portanto, os próprios sistemas ideológicos se tornam fenômenos históricos num processo que reflete, entre outras coisas, a tensão humana entre a ordem e a desordem de existência. Há períodos de ordem, seguidos por períodos de desintegração, seguidos de má construção da realidade por seres humanos desorientados. Contra tal desintegração, desorientação e má construção surgem os contramovimentos em que a inteireza da realidade é restaurada à consciência. (MA, p.106)

Como este trecho e o citado do começo de *A nova ciência da política* sugerem, a restauração da ciência política pelas linhas clássicas está no centro do esforço de Voegelin. Este foi o característico de seu pensamento anteriormente identificado como sua "falta de originalidade" estudada".[1] Algumas das minúcias da tentativa como primeiramente apresentadas serão agora consideradas mais a fundo.

I

A nova ciência da política é o livro mais lido de Voegelin. Permaneceu na lista dos editores por três décadas e teve cerca de doze reimpressões. Seu "título alarmante" bem pode ser uma razão de seu sucesso. E é certamente mais uma razão para dúvidas acerca da teoria política de Voegelin. Como disse Sebba: "Chamar *A nova ciência política* um livro de preleções acerca da Verdade e da Representação foi um desafio para o touro acadêmico que pronta e desnecessariamente baixou os chifres.

---

[1] Voegelin escreveu um ensaio de cem páginas intitulado *The Nature of the Law* [A Natureza do Direito](1957) para uso como livro em seu curso de jurisprudência. Não publicado. Publicado em Voegelin, *The Nature of Law and Related Legal Writings* [A Natureza do Direito e Escritos Legais Corretlatos], editado e com introdução de Robert Anthony Pascal, James Lee Babib, e John William Corrington, CW 27 (1991, disponível em Columbia: University of Missouri Press, 1999).

Pois a *Nova Ciência* é a velha ciência de Aristóteles, antepassado de todas as novas ciências. Não é simplesmente uma ciência da política, mas ciência *per se*: teoria que lida com realidade".²

Embora essas afirmações sejam bem acuradas, também é verdade que o touro acadêmico conhecia um inimigo quando via outro. Pois a velha ciência de Aristóteles não é a nova ciência dos novos cientistas sociais dessa ou da geração passada. Nem a teoria desenvolvida por Voegelin em continuidade enfática com os filósofos clássicos, nem a realidade com que lida são proporcionadas com a compreensão convencional desses termos e de seus referentes na fala corrente. E para piorar as coisas, por toda a ênfase na falta de originalidade estudada, e a conduta da análise de acordo com "o procedimento aristotélico" (NCP, p.28-31, 34, 52, 80), a ciência política de Voegelin não é vindima do século IV antes de Cristo. É helênica, mas eclética do século XX da era cristã. Na verdade, ser de outro modo faria de sua obra uma contribuição elegante para a erudição clássica (o que é), mas não a ciência moderna das coisas humanas reconstituída que ele pretende que seja. Essa matéria, no entanto, é melhor ser posta de lado no momento, e reservada para futuras discussões (ver mais adiante).

A nova ciência da política é dividida em três partes: uma introdução, que agita o pano vermelho diante do touro acadêmico de Sebba através de um exercício de demolição notável, ao rejeitar explicitamente a ciência social positivista e afirmar os fundamentos da ciência clássica; três capítulos que desenvolvem a teoria da representação peculiar numa base ampla de fontes medievais e antigas; e três capítulos finais que relacionam a teoria da representação com os padrões da política moderna desde a Reforma até o presente, com particular atenção às variantes do gnosticismo e aos "descarrilamentos antiteoréticos" que acontecem em tais *más* representações como a ascensão do totalitarismo e os vários movimentos ativistas em casa (NCP, p.79-80, 132,163-76 passim).

---

² Gregor Sebba, "Prelude and variations on the Theme of Eric Voegelin", *Southern Review*, n.s., v.XIII, p.656, 1977.

Segundo sua própria descrição, o propósito de Voegelin é introduzir os leitores na "restauração da ciência política" que começou na virada do século e procedeu aceleradamente desde então. Para fazê-lo, ele dedica a análise ao "problema da representação" cuja exploração dá a ele a oportunidade de sintetizar facetas maiores de um movimento de restauração e, também, de mostrar a promessa que tem para uma ciência política revitalizada. A tarefa última enfrentada, uma vez que o terreno foi limpo e obtidos os materiais empíricos pertinentes, foi encontrar "uma ordem da história inteligível teoreticamente em que os variegados fenômenos pudessem ser organizados" (NCP, p.24-6). Essa ordem inteligível é vista aqui através do prisma da representação considerada como um simbolismo complexo.

O que deve ser estudado e *como* deve ser tratado? A resposta à primeira pergunta é "realidade social". Mas essa resposta requer esclarecimento. Pois a realidade social não é um objeto na natureza para ser estudado pelo teórico meramente pelo lado externo. Ao contrário, vê-se que a realidade social é organizada numa grande multiplicidade de sociedades humanas concretas numa variedade de contextos históricos dispersados geograficamente em todo o globo. Cada sociedade, sugere Voegelin, possui não apenas externalidade, mas também uma dimensão interna de significado através do qual os seres humanos que a habitam interpretam a existência a si mesmos. Cada sociedade é um "*cosmion*" iluminado ou, pequeno mundo, para si mesma; e a autointerpretação da existência através de simbolismos elaborados que aí surgem compreende a substância do *cosmion* como realidade social. Além disso, esta estrutura integral da realidade social não é experimentada apenas como um acidente ou uma conveniência pelos membros da sociedade, mas é expressiva de "sua essência humana. E, inversamente, os símbolos expressam a experiência que o homem é inteiramente homem em virtude de sua participação num todo que transcende sua existência particular" (NCP, p.27). Tomados em conjunto esses simbolismos, continua Voegelin, representam a verdade da existência comumente mantida pelos membros da sociedade – o *xynon* heraclitiano, ou a *homonoia* aristotélico-paulina (o comum, a mente comum) que forma a base da associação humana. Finalmente, já que a existência histórica humana exibe numerosos desses *cosmions*, o teórico (como alguém que busca a verdade universal) é confrontado com o problema de explorar não apenas esses, em seu isolamento monádico um do outro, mas também de peneirar as relações entre as "verdades" algumas vezes rivais emitidas por cada um na busca de uma verdade representativa da própria humanidade (NCP, p.59-60).

O "que" do estudo há pouco descrito implica também o seu "como". Pois o desejo de conhecer a verdade da existência humana confronta o teórico com um campo de pesquisa que, longe de ser uma *tabula rasa,* aguardando ser suntuosamente servida como o esplêndido prato da arte culinária do filósofo, já está preenchida pelos simbolismos desenvolvidos do rito, mito, religião, e mesmo da própria teoria. O agregado tende a formar um amálgama sólido de significado autointerpretativo, a ortodoxia de crença da sociedade, que toca nos maiores temas da existência, incluindo os últimos. Os homens não esperaram pelos filósofos e cientistas para explicar-lhes a existência deles! O mais sensato nessas circunstâncias, então, pode ser fazer o que Aristóteles fez. Começar com as opiniões comumente aceitas acerca de cada tópico da pesquisa política e, através de um processo de "elucidação crítica", tentar determinar a verdade da matéria. Isto é o curso que Voegelin recomenda e segue. Então escreve:

> Quando Aristóteles escreveu sua *Ética* e *Política*, quando criou seus conceitos da polis, da constituição, do cidadão, das várias formas de governo, de justiça, de felicidade etc., não inventou esses termos e lhes deu significados arbitrários; ao contrário, ele tomou os símbolos que encontrou em seu ambiente social, pesquisou com atenção a variedade de significados que eles tinham na fala comum, e ordenou e classificou esses significados pelo critério de sua teoria. (NCP, p.28)[3]

---

[3] Citando Aristóteles, *Política 1280 A 7ff.* Para o *methodos* em Aristóteles, ver também o excelente exemplo na *Ética a Nicômaco* 1145B3-1146B8.

II

Explorado o reino da realidade social, então vêm as autointerpretações das sociedades como aquelas que são expressas na fala comum. O método de investigação geralmente será o procedimento aristotélico de elucidar criticamente o sentido dos vários tópicos de interesse, começando com as opiniões comumente tidas ou discutidas com alguma irrefutabilidade, seja popular, seja filosófica. Embora as autointerpretações das sociedades da existência do homem não sejam a última palavra, compõem, no entanto, a base *empírica* da ciência crítica das coisas humanas, diz Voegelin. As iluminações da realidade que eles contêm são da mais alta importância. Como escreveu Aristóteles perto do começo da *Ética* a respeito do significado da símbolo chave *felicidade*:

> Algumas pessoas pensam que a felicidade é uma virtude, outras que é uma sabedoria prática, outras que é algum tipo de sabedoria teorética; outras, ainda, acreditam que ela é tudo isso ou algo disso, acompanhada por, ou não destituída de prazer; e algumas pessoas também incluem a prosperidade externa na definição. Alguns desses pontos de vista são expressos por muitas pessoas e vieram da Antiguidade, alguns, por poucos homens de alto prestígio; e não é razoável sugerir que ambos os grupos estejam totalmente errados; a presunção é, ao contrário, que eles estão certos em ao menos um ou, mesmo, em todos os respeitos.[4]

Para os propósitos de Voegelin (e para os nossos aqui), a atitude refletida neste passo é de significância por mais de uma razão. Em primeiro lugar e acima de tudo, mostra deferência a materiais históricos como a base empírica das tentativas filosóficas dos cientistas. Em segundo, sugere que

---

[4] Aristóteles, *Ética a Nicômaco*, 1098B23-29, traduzido por Martin Ostwald (Indianapolis & New York: Bobbs-MErrill, Library od Liberal Arts, 1962, p.19-20).

o movimento de elucidação crítica saia da incerteza das opiniões (*doxai*) tidas por uma variedade de pessoas e vá para a maior certeza do conhecimento científico (*episteme*) a que chegou o filósofo que pesa criticamente a verdade e a falsidade, de acordo com os padrões da própria reta razão do filósofo. Em terceiro, essa atitude implica uma abertura para todo o horizonte de simbolização da experiência, qualquer que seja a fonte: toda a evidência pertinente merece consideração para chegar a um julgamento imparcial. Em quarto lugar, sugere uma complicação, pois a clara dicotomia de "dois grupos de símbolos" enfrentada pelo teórico, "os símbolos linguísticos que são produzidos como uma parte integral do *cosmion* social no processo de sua autoiluminação e os símbolos linguísticos da ciência política" (NCP, p. 28), afinal de contas não são tão claros. Além das opiniões tradicionais e populares aludidas no passo da *Ética*, por exemplo, Aristóteles também identificou os pontos de vista de vários cientistas-filósofos, entre eles, Antístenes, os cínicos (e mais tarde, os estoicos), Sócrates, Anaxágoras, Platão (*Filebo* 27D, 60 D-E, 63 E), e o aluno de Platão, Xenócrates.[5]

A complicação notada não nega a distinção que Voegelin faz entre os dois grupos de símbolos, mas requer dele que a qualifique: "teóricos e santos", também, contribuem para a autointerpretação (NCP, p.80). Ao mesmo tempo, a distinção embaçada sublinha e esclarece algo fundamental ao caráter da própria nova ciência. Para a realidade social explorada pelo teórico há a *realidade participativa* do homem comum. Portanto, a "objetividade" ou validade cognitiva da ciência do homem *não* surge de alguma habilidade misteriosa do investigador para abstrair-se da realidade, para vê-la imparcialmente de "um ponto arquimédico" para além dele ou fora dele como um objeto desapaixonado de conhecimento. Ao contrário, surge através do trabalho de esclarecimento crítico do tipo anteriormente ilustrado pelo *methodos* de Aristóteles: num movimento da opinião para o conhecimento, conduzido

---

[5] Cf. ibidem, p.20 n.

da perspectiva de um participante que explora autorreflexivamente a ordem e a desordem da realidade comum da qual ele e todos os homens são conscientemente partes. Se o método é adequado, segue-se um caminho que leva "à claridade essencial o visto obscuramente" para produzir conhecimento objetivo (NCP, p.5).

Como Voegelin enfatiza ainda mais em fases posteriores de seu trabalho, a existência do homem é enfaticamente participativa, e seu conhecimento da realidade humana é inelutavelmente ligado àquela perspectiva. A autointerpretação da realidade é um princípio básico da ciência, como ele a busca, como notado anteriormente. Isto não é apenas porque as sociedades fornecem tais simbolismos como a matéria de sua realidade e, portanto, como o material cru investigado pelo cientista. É também por isso que as autointerpretações da realidade feitas pelo filósofos, pelos santos e pelos profetas que simbolizaram-experienciaram a si mesmos fornecem os únicos critérios disponíveis pelos quais a verdade e a falsidade, a ciência e a opinião podem ser discriminados.

Então, encontramos os dois grupos de símbolos, distinguíveis mas misturando-se, não apenas na *Ética*, mas também em *A nova ciência da política*. Por um lado, por exemplo, a "verdade imperial" pode ser desafiada pela "verdade teorética" (NCP, p.60) quando um homem que filosofa opõe sua própria interpretação da verdade da realidade contra a verdade convencional de um império. Os resultados disto são momentosos, pois como nota Voegelin, "com nosso questionamento *nós nos* colocamos como os representantes da verdade em cujo nome estamos questionando" (NCP, p.59-60, grifo nosso). Uma relação adversária tende a estar entre a sociedade e o filósofo como crítica dela. Essa relação tensional é produtora de dois grupos de simbolismos que Voegelin identifica. São eles, em princípio, familiares aos leitores de Platão e Aristóteles, do debate acerca da verdade em termos de *physis* e *nomos*, natureza e convenção,[6] e em termos das asserções rivais de

---

[6] Ver, por exemplo, Platão, *República*, livro II; Aristóteles, *Ética a Nicômaco*,

autoridade da opinião socialmente dominante dos sofistas e a verdade dos filósofos com sua asserção de autoridade superior como ciência.[7] A base da asserção do filósofo, de importância crucial, deve preocupar-nos em páginas posteriores. Por enquanto, é suficiente enfatizar a relação adversária que, especialmente em tempos de desintegração social, compele o filósofo a "pôr sua autoridade contra a autoridade da sociedade" (NCP, p.66).

Por outro lado, entretanto, a verdade do filósofo, mesmo nos exemplos de Platão e Aristóteles, é tão devedora da experiência comum de sua sociedade que eles "dificilmente poderiam ter conseguido sua generalização teórica sem a prática concreta precedente da política ateniense" (NCP, p.70-1). Seu trabalho marcou o fim de uma longa história, não apenas no desenvolvimento da especulação grega, mas daqueles eventos sociais e políticos de um tipo mais pragmático, atingindo o clímax na hora de ouro da história, marcada pela vitória de Maratona (490 a.C.) e o estabelecimento da tragédia esquiliana. Por que esses acontecimentos foram de tal importância? Porque então ocorreu na verdade "o milagre de uma geração que individualmente experimentou a responsabilidade de representar a verdade da alma e expressou esta experiência através da tragédia como um culto público" (NCP, p.71). Em outras palavras, a verdade do filósofo foi então prefigurada compactamente na verdade da sociedade. A culminação helênica da filosofia no trabalho de Sócrates, Platão e Aristóteles parece ser, pois: (1) a elaboração teórica da verdade da realidade concretamente aproximada e exemplificada na práxis na primeira metade do V século a.C pelos atenienses; e (2) um esforço pragmaticamente calculado como um apelo cogente para restaurar a ordem subsequentemente perdida da esfera

---

livro I, capítulo 3. Uma discussão útil dos pontos é dada na introdução a *Constituição de Atenas e Textos Correlatos de Aristóteles*, traduzido e com introdução de Kurt von Fritz e Ernst Kapp (Nova Iorque:Hafner Publishing Co, 1950), 32-54. "É verdade que [Aristóteles] emprega 'natureza' quase do mesmo modo que Platão usou a ideia [*idea, eidos*] do justo e do bom", Fritz e Kapp, *A Constituição de Aristóteles,* 40. Ênfase como no original.

[7] Por exemplo, Platão, *República* 476 A – 480 A.

pública e sua vida institucional. O intento palpavelmente reformista de Sócrates e Platão teve sua base persuasiva e empírica num apelo à memória histórica de seus companheiros atenienses. Mesmo depois de serem despendidos seus esforços pragmáticos, e a filosofia recolher-se na Academia tardia e no Liceu de Aristóteles, para então tornar-se uma preocupação de escolas, as iluminações de filósofos e santos penetraram os simbolismos autointerpretativos de impérios de Alexandre em diante, e, por fim, das nações, com graus variados de efetividade. Portanto, os mensageiros da verdade da realidade não devem ser numerados exclusivamente entre os filósofos e seus seguidores. Eles incluem também vasos políticos e configurações institucionais, que vão da Igreja Medieval e Império até as "democracias modernas inglesa e americana que representam muito solidamente em suas instituições a verdade da alma [e que] são, ao mesmo tempo, existencialmente os poderes mais fortes" (NCP, p.189).

III

Várias características da teoria da representação desenvolvida por Voegelin foram entrevistas nas páginas anteriores. Para os propósitos presentes, a teoria pode ser sumariada como se segue. Está principalmente preocupada em identificar e analisar os modos de verdade ordenadora que emergiram na roupagem histórica no manto de autoridade, ou de uma sociedade ou de uma figura paradigmática como um profeta ou filósofo. Vimos que tal verdade ordenadora surge vacilante numa sociedade como a autointerpretação da realidade. Encontra expressão em simbolismos elaborados, comunicando o consenso fundamental da sociedade e moldando o tecido de sua vida institucional e as vidas pública e privada de seus povos. Forma a estrutura de crença que é a fundação distintiva de associação em sociedade; e também molda a humanidade essencial em sua existência como participantes de uma realidade que eles experimentam como transcendendo a mera existência privada. Tal verdade ordenadora, então, tem o *status* de representação *existencial*, no que se articula numa maneira autorizada o significado da existência humana na sociedade e da história. Vimos também que o aparecimento de tais personalidades que comandam, como os profetas de Israel e os filósofos da Hélade, traz consequências importantes. A iluminação diferenciada na ordem de realidade obtida com isso cria uma tensão de nova verdade em confronto com as autointerpretações das sociedades. Tal verdade teoreticamente superior pode, em vários graus, ser assimilada nas autointerpretações das sociedades como dimensões dela, ou pode ser rejeitada e seus portadores, destruídos. Em qualquer caso, surgem os agora conhecidos dois grupos de simbolismos através dos quais a existência humana é representada. Eles coexistem e se sobrepõem por causa das existências comuns participativas de profetas e filósofos como seres humanos que também acontece de compartilharem a associação com outros homens que povoam suas respectivas sociedades. A coexistência de verdades rivais dentro da sociedade tende a produzir um diálogo crítico – que é às vezes amigável, algumas vezes hostil ao ponto de se tornar assassino – entre verdades convencionais e diferenciadas. Um resultado desta tensão perene como sua forma singular no horizonte da Grécia Antiga é a emergência da filosofia, com a ciência política como uma divisão.

O próprio Voegelin, é claro, não chega à postura de análise há pouco sumariada, pela mesma via que seguimos. Ao contrário, ele busca o tópico da representação, de seu emprego na conversa comum até seus significados técnicos. Começa com o significado comum de representação no discurso público, no sentido dos sistemas representativos do Ocidente como um complemento dos governos democráticos modernos com sua máquina eleitoral e todo o resto. Isso ele chama representação *convencional*. Considera, então, o significado mais genérico de representação, a fim de notar o fato de que o governo soviético, por exemplo, embora não democrático, apesar de tudo, age por ou representa o povo russo. Esta é uma categoria mais inclusiva, que Voegelin chama representação *elemental*. Em outras palavras, independentemente de *como* a regra legítima é estabelecida e mantida na história, os que como "as minorias reinantes intelectual e política de uma sociedade" agem externamente pela sociedade e sua população como suas elites regentes servem como seus representantes no sentido "teoreticamente *elemental*" (NCP, p.31, 32, 50, grifo nosso).[8] A representação elemental como um termo descritivo é amplo o bastante para incluir (quaisquer que sejam suas diferenças) tanto os *exteriores* de democracias ocidentais e seus sistemas representativos quanto a União Soviética, cujo governo "representa a sociedade soviética como uma sociedade política em forma para ação na história". Isso traz à baila "as unidades de poder claramente distinguíveis na história" (NCP, p.36). E já que seu significado inclui a habilidade de governadores organizar a sociedade para a ação na história, a representação elemental também abrange o requisito de que as sociedades políticas possuam uma estrutura *interna* que permita que alguns de seus membros sirvam como governantes. Tais soberanos e magistrados se qualificam como representantes, ao encontrarem pronta-obediência a seus atos de comando, até o ponto de garantirem a segurança da sociedade contra perigos externos e da manutenção da paz e da justiça para o cidadão. O critério de tal representação, então, é "imputação efetiva" (NCP, p.37).

Uma exploração mais profunda da representação é exigida nessa conjuntura, algo que leve às iluminações teóricas previamente notadas na discussão da representação *existencial*. Por trás do equipamento de representação elemental está a compreensão de que a própria existência está em jogo em termos da segurança da sociedade, da preservação da paz, e da administração da justiça. Não apenas procedimentos, mas a substância de representação estão em debate. A matéria da substância levanta a questão existencial de simplesmente

---

[8] Cf. a discussão em Hanna F. Pitkin, *The Concept of Representation* [O Conceito de Representação](Berkeley: University of California Press, 1967), 44-59.

o que está sendo representado? O povo? A revolução permanente do proletariado? Tais respostas breves apontam para o fato de que as sociedades organizadas para ação como unidades de poder não existem como fenômenos fixos da natureza, mas emergem na história mediante um processo complexo de *articulação* política e social, sendo o resultado rudimentar disso a constituição do poder governante da sociedade. Na história anglo-americana, por exemplo, o processo de articulação ocorre nos três séculos que se seguem à *Magna Carta* (1215 A.D.) numa sucessão de fases, começando com a representação do povo no "concílio comum de nosso reino", com o próprio reinado representado serenamente pelo rei, passando por uma segunda fase de representação compósita quando os condados, os burgos, as cidades, e a nobreza principal organizada como o *baronagium* formam comunas para representarem a si mesmos para ação; até a ascensão do Parlamento onde as comunidades menores se organizam numa maior como as duas casas representativas do reino como um todo, na competição com o rei como representante do reinado; até "a mistura dessa hierarquia representativa num único representante, o rei no Parlamento" do século XVI. Um "corpo político" agora emerge no período Tudor, simbolizado como tendo sua cabeça no rei, seus membros no Parlamento, "sendo o Estado realçado pela sua participação na representação parlamentar, o Parlamento, por sua participação na majestade da representação real" (NCP, p.38-40).

A direção do processo de articulação há pouco sumariado e ilustrado aponta para seu limite dialético. Esse é alcançado quando o membro da sociedade (e do povo) se torna politicamente articulado até o último indivíduo, embaixo, como a unidade representável. É o simbolismo ótimo dessa iluminação, sugere Voegelin, que é o segredo da efetividade maravilhosa da famosa fórmula de Lincoln "Governo do povo, pelo povo, para o povo". O que deve ser representado na ordem institucional articulada da sociedade anglo-americana é a substância da própria existência humana que está politicamente investida em cada homem. Para dizê-lo mais genericamente: a ordem pública de uma sociedade como institucionalizada, *se* é para ser otimamente satisfatória como um hábito para os homens, tem de verdadeiramente representar a ordem da existência humana como participada no ser de cada homem. E é o argumento de Voegelin de que isso é a tendência histórica concreta apresentada nas civilizações ocidentais e greco-romanas – e apenas aí – como ilustrado há pouco da evolução dos simbolismos americano e inglês até aquele limite teórico (NCP, p.50).

IV

Identificar assim a incorporação da realidade da verdade da alma na existência política como a substância de processo histórico ecoa claramente Platão e Aristóteles. A compreensão de que a representação existencial como encontrada no desenvolvimento histórico concreto das civilizações ocidentais, romana e grega, consegue, de algum modo, tal incorporação compõe o fio central da filosofia de história de Voegelin e a política como aqui desenvolvida. Algumas questões agora surgem que exigem breve esclarecimento, se se deve examinar a cogência do argumento.

Para começar, podemos ser lembrados de que a verdade da existência representada na realidade política assimila, de várias maneiras, mesmo imperfeitamente, a verdade da existência obtida pelos profetas, santos e filósofos. A verdade da sociedade, portanto, não é estritamente paroquial, mas representa um cerne de verdade universalmente válida. Essa dimensão universal de verdade da sociedade é, em si mesma, no entanto, não uma peculiaridade ocidental, como foi atestado de maneira comovente, por exemplo, pela colisão da verdade do império cristão ocidental, como afirmada pelo papa Inocêncio IV com a expansão da verdade do império mongol da Ordem de Deus, como afirmada pelo Kuyuk Khan no século XIII (NCP, p.56-59). Além disso, pela exigência feita à validade universal, é claro que em sua autointerpretação a "própria sociedade se torna a representação de algo para além de si mesma de uma realidade transcendente" (NCP, p.54). Então, além dos tipos previamente identificados de representação (convencional, elemental e existencial), deve ser agora acrescentada uma outra dimensão de representação, ou seja, "um conceito de representação *transcendental*" (NCP, p.76, grifo nosso). Voegelin explica assim esses pontos:

> Na verdade, essa relação vai ser encontrada lá longe para onde vai a história anotada das maiores sociedades políticas para além do nível tribal. Todos os impérios antigos, do Oriente Próximo e do Extremo Oriente, entendiam a si mesmos como representantes de uma ordem transcendental, de uma ordem do cosmos; e alguns deles até entendiam esta ordem como uma "verdade". (NCP, p.54)

O descobrimento da verdade transcendental é a façanha dos homens espiritualmente talentosos que através da história ligaram a existência humana ao último grau de realidade. Como sacerdotes, profetas, filósofos e santos, suas iluminações formaram pluralisticamente a substância da existência humana quando ela se desenvolveu historicamente. Essas façanhas individuais influenciam as ortodoxias das sociedades, ao dotarem a realidade social de significado que é representativo de todos os membros de uma sociedade concreta. A dimensão transcendental de significado, então, relaciona uma verdade da sociedade com a verdade da humanidade universal. Iluminações na realidade dessa classe surgem de uma variedade particular de experiências como simbolizadas nas formas de mito, filosofia e história. As experiências e os símbolos desenvolvem-se historicamente de tal modo que diferentes tipos de verdade podem ser identificadas, e as próprias verdades mostram um movimento direcional da verdade mais compacta dos primeiros impérios até a verdade diferenciada, preeminentemente obtida na revelação cristã e na filosofia medieval. Voegelin sumaria, esquematizando uma tipologia de verdade:

> Terminologicamente, será necessário distinguir entre três tipos de verdade. O primeiro desses tipos é a verdade representada pelos primeiros impérios; deve ser designada como "verdade cosmológica". O segundo tipo de verdade aparece na cultura política de Atenas e especificamente na tragédia; deve ser chamada "verdade antropológica" – entendendo-se que o termo abrange toda a variedade de problemas conexos à psique como o *sensorium* da transcendência. O terceiro tipo de verdade que aparece com o cristianismo pode ser chamado "verdade soterológica". (NCP, p.76)

Na fase cosmológica, a ordem humana, em sociedade imperiais como Egito, ou Pérsia, é interpretada como um análogo da ordem abobadada cósmica que representa e reflete; o reinado é preeminentemente a tarefa de assegurar a ordem social em harmonia com a ordem cósmica. "O termo '*cosmion*', então, ganha um novo componente de significado como o representante do cosmos" (NCP, p.54).

O rompimento com o estilo cosmológico de verdade constitui uma época na história humana, como sugerido dramaticamente pelo termo de Karl Jaspers "o eixo do tempo da história humana" e pelo contraste de Henri Bergson, sociedades "fechadas" e "abertas". Pois num período entre 800 e 200 a.C, para seguir Jaspers, ocorre simultaneamente, como um fenômeno mundial, o "surgimento da verdade de filósofos místicos e profetas", especialmente concentrados por volta de 500 a.C. "quando Heráclito, o Buda, e Confúcio eram contemporâneos" (NCP, p.60).

Ao concentrar-se nos filósofos, Voegelin mostra como a ascensão da filosofia clássica por causa da experiência noética de pensadores helênicos criou a nova interpretação de realidade em termos da alma bem-ordenada. O credo da nova época é o "princípio antropológico" de Platão, apresentado sumariamente na *República* (368 C-D) na frase que "uma cidade é o homem escrito em letra maiúscula". A sociedade política já não é meramente um microcosmo, embora permaneça isso; é reinterpretada também como um macroântropos. Por esta interpretação, a verdadeira ordem da sociedade depende da verdadeira ordem do homem; a verdadeira ordem do homem, a seu turno, depende da constituição da alma, e a constituição da alma, sua ordem e desordem, vêm à luz através das experiências simbolizadas no curso de uma busca amorosa sensível do homem pela realidade pela Sabedoria divina – através da filosofia no sentido literal.[9] Já que, então, o que é decisivo é que "Deus é a medida" (em oposição ao dito de Protágoras "O homem é a medida"), o princípio antropológico foi substituído pelo "princípio teológico" de Platão. Ele cunhou o termo *teologia* para classificar os "tipos de teologia" como uma profilaxia contra a verdade mal compreendida, ou ser ignorante, acerca da realidade mais alta – uma doença da alma que ele chamava *alethes pseudos*, a "mentira essencial" (NCP, p.66-70).[10]

A verdade soterológica, finalmente, emerge pela ampliação da série de experiências platônico-aristotélicas num aspecto central. Essa ampliação é ilustrada pelo contraste entre a *philia* de Aristóteles e a *amicitia* de Tomás. Aquela é possível apenas entre iguais e isso impede a amizade entre os homens e Deus, de tal modo que o amor do filósofo pelo divino é um esforço que não é retribuído; e essa falta de mutualidade é característica de toda a verdade antropológica.

> A inclinação cristã de Deus na graça para com a alma não vem dentro da série dessas experiências – embora, é verdade, ao ler Platão, se sinta um movimento contínuo à beira de uma invasão nessa nova dimensão. A experiência de mutualidade na relação com Deus, de *amicitia* no sentido tomista, da graça que impõe uma forma sobrenatural na natureza do homem,

---

[9] E.g., *Banquete* 204 A
[10] Platão, *Leis* 716 C; Platão, *República* 379 A – 382 B.

é a diferença específica da verdade cristã. A revelação dessa graça na história, por meio da encarnação do *Logos* em Cristo, preenche inteligentemente o movimento adventício do espírito nos filósofos místicos. A autoridade crítica sobre a velha verdade da sociedade que a alma ganhara através de sua abertura e de sua orientação para a medida invisível [*i.e.*, em Platão] agora era confirmada pela revelação da própria medida. (NCP, p.78)[11]

V

A discussão seguinte leva a um esclarecimento da suposição fundamental acerca da história e das consequências para a teoria da existência humana. O preenchimento das experiências dos filósofos helênicos da realidade no cristianismo implica que a "substância da história consiste nas experiências em que o homem ganha a compreensão de sua humanidade e, juntamente com isso, a compreensão de seus limites". O homem, o contemplador racional e mestre de uma natureza agora purgada de seus terrores demoníacos, magnífico como é, tem um limite colocado em sua grandeza. Esse limite é concentrado pelo cristianismo no perigo de uma queda a partir do espírito, dado pela graça divina, num nada demoníaco da mera humanidade do homem e a autonomia do eu – simbolizada por Agostinho como o lapso desde o *amor Dei* até o *amor sui*. O princípio básico na teoria da existência humana na

---

[11] Aristóteles, *Ética a Nicômaco* 1158-1178; Tomás de Aquino, *Contra Gentiles* [Contra os gentios], iii, 91. Este contraste entre a verdade cristã e a clássica e a terminologia presente foi subsequentemente descartado por Voegelin, deve-se notar. Cf. *Ordem e História*, III, 254-55; ver também seu *The Gospel and Culture* [O Evangelho e a Cultura], em D. Miller e D. G. Hadidian (eds), *Jesus and Man's Hope* [Jesus e a Esperança do Homem] (2 vol., Pittsburgh: Pittsburgh Theological Seminary Press, 1971), esp. II, 71-75: "Platão estava tão consciente do componente revelatório na verdade de seu *logos* como os profetas de Israel ou os autores dos escritos do Novo Testamento. As diferenças entre profecia, filosofia clássica e o Evangelho têm de ser procuradas nos graus de diferenciação da verdade existencial" (p. 75).

sociedade que se segue dessa suposição é este: "Uma teoria... tem de operar dentro do meio de experiências que se diferenciaram historicamente". Isso significa que há uma correlação estrita entre a teoria e a autocompreensão obtida por meio dessa diferenciação histórica de experiências. O teórico não pode nem desprezar uma parte das experiências históricas, nem colocar-se em algum ponto imaginário fora delas. Nesse sentido, a teoria está "ligada" pela história considerada como essencialmente composta de experiências diferenciadoras.

> Já que o máximo de diferenciação foi obtido através da filosofia grega e o cristianismo, isso significa concretamente que a teoria está prestes a mover-se dentro do horizonte histórico das experiências cristã e clássica. Retroceder do máximo de diferenciação é uma retrogressão teorética; causará os vários tipos de descarrilamentos que Platão caracterizou como *doxa*. Sempre que na história intelectual moderna uma revolta contra o máximo de diferenciação foi tomada sistematicamente, o resultado foi a queda no niilismo anticristão, ou na ideia do super-homem em uma ou outra de suas variantes – seja o progressivo super-homem de Condorcet, o super-homem positivista de Comte, o super-homem materialista de Marx, ou o super-homem dionisíaco de Nietzsche (NCP, p.78-80).

Essas formulações centrais oferecem o fundamento de tudo o que se segue na ciência da política, de Voegelin. Por um lado, permitem a aplicação analítica do simbolismo de Platão de tipo de teologia, como aumentado pelo conceito de Varro de teologia civil, à guerra pela verdade no Império Romano e à renovação dessa luta no império medieval até o triunfo da solução agostiniana. Por outro lado, abrem caminho para a análise do rompimento com a verdade cristã e à ascensão do gnosticismo moderno que primeiro se cristalizou na especulação trinitária do século XII por Joaquim de Flora e alcança a política atual de ideologias que contendem entre si. Os pormenores desse estudo aprofundado de dois milênios de história ocidental não podem ser recontados aqui. É a principal investida do argumento a que devemos ficar atentos. E essa investida é a de mostrar que uma grande consequência do triunfo da verdade cristã no Ocidente foi a de fazer uma revolução. No presente contexto, a substância revolucionária do cristianismo consistia em "sua categórica e radical desdivinação do mundo". Isso não apenas significou o fim do paganismo, significou que o destino espiritual do homem já não podia de maneira nenhuma ser representado na terra pela esfera de poder da sociedade política (como fora na *polis* paradigmática dos filósofos) mas podia apenas ser representada pela Igreja. A vida no mundo se tornou temporal, a esfera de poder desdivinizada, e a representação dual do Império e da Igreja como formulados na doutrina de Gelásio das Duas Espadas durou até o fim da Idade Média (NCP, p.100, 159).

Num mundo livre de deuses, o destino do homem reside enfaticamente no para além transcendental do tempo e do mundo. A exposição autorizada da fé, em Agostinho, retratou a ascensão e a queda dos poderes terrenos como essencialmente sem sentido, sendo a época final do mundo uma espera pelo fim de uma era que envelhece, um *saeculum senescens*. Os simbolismos escatológicos conferindo significado à existência humana aplicados ao destino espiritual e a ele apenas, de tal modo que a vida do homem fosse interpretada como uma peregrinação cujo preenchimento viesse apenas no para além eterno de salvação por intermédio de Cristo. A crença literal no milênio foi descartada como uma fábula ridícula: o reinado de mil anos no sentido de Apocalipse 20:2 foi compreendido como o presente reino terrestre de Cristo em sua Igreja, que duraria até o "Último Julgamento e o advento do reino eterno no para além" (NCP, p,109, 118). Nessa espera pelo fim, a sociedade ocidental estava existencial e transcendentemente representada pelas ordens espiritual e temporal, pelo imperador e pelo papa, Império e Igreja.

Os problemas especificamente modernos de representação surgiram nesse horizonte e fizeram isso por meio da ressurgência da especulação apocalíptica e escatológica que ficara submissa, se não inteiramente dormente, pelo tempo em que a institucionalização da *Christianitas* medieval e a interpretação agostiniana prevaleceram. E exatamente aqui é importante enfatizar o intricado da teoria da política e da história desenvolvida por Voegelin por meio da análise da "modernidade". O rompimento da *Christianitas* medieval, como manifestado na ascensão de uma multiplicidade de nações das ruínas do império ocidental e de uma multiplicidade de igrejas no período da Reforma, resultou de mudanças experimentais e institucionais que assinalaram uma rearticulação indiscriminada da existência política do Ocidente. A investida autointerpretativa dessas mudanças foi a de elevar o significado da existência mundana, ao dotá-la de um sentido de finalidade última que contradizia a falta de sentido e a trivialidade concedida às coisas temporais na interpretação de Agostinho. O conteúdo experiencial da mudança foi uma reversão da desdivinização da existência por uma *re*-divinização do reinado de poder como um modo preeminente de ação humana. A desintegração da síntese medieval de espírito e poder foi, ao mesmo tempo, uma onda de expansão civilizacional e de vigor em todos os setores da vida secular. E a própria vida de fé foi afligida pelos conteúdos lacerantes do fiel nas ondas de perseguição incansável e nas guerras religiosas quando a fé transformou o peão num redemoinho de políticas de poder ubíquas (NCP, p.107-89).

Os simbolismos para a interpretação moderna da existência ocidental sob essas pressões já tinham aparecido no século XII na obra de um importante homem da Igreja, o abade Joaquim de Flora (d. 1202). Numa reinterpretação especulativa da história que rompia com o padrão agostiniano, Joaquim dividia a existência da humanidade na terra em três idades: do Pai, do Filho e do Espírito Santo, cada uma expressando um progresso no desenvolvimento espiritual e chegando ao clímax na terceira idade, que veria a perfeição final mediante um jorro de graça divina em todos os homens com a descida do Espírito Santo. A especulação trinitária surgiu da meditação de Joaquim da Revelação e no significado do apocalipse de João do fim da história. A própria história, por essa maneira de ver, se tornou uma arena de preenchimento humano; cada uma das três idades foi articulada pela aparição de uma trindade de dois precursores ou profetas seguidas de um líder. Abraão e Cristo como líderes das primeiras duas eras deveriam agora ser superados no ano de 1260 (cf. Apocalipse, 11:3) pela aparição do *Dux e Babylone* da era final, da qual o próprio Joaquim era o profeta, a irmandade de pessoas autônomas, no clímax da história. A era final perfeita como concebida originalmente era concretamente uma ordem de monges, mas "a ideia de uma comunidade dos perfeitos espiritualmente que podem viver juntos sem autoridade institucional foi formulada em princípio" (NCP, p.113). O agregado de quatro simbolismos – a própria História como uma sequência de três eras, movendo-se para uma realização inteligível, o Líder que introduz cada era; o Profeta (em versões seculares posteriores, o Intelectual); e o Terceiro Reinado de perfeição – governa "a autointerpretação da sociedade política moderna até hoje" (NCP, p.111).

Na perspectiva da explicação crítica do teórico dos simbolismos joaquinistas e suas mutações nas ideologias dos séculos subsequentes, a autointerpretação é analisada como uma revivescência do gnosticismo na forma peculiarmente moderna de uma especulação sobre a história. A gnose como um movimento amplamente "de subterrâneo" acompanhou a cristandade desde seu começo, e a longa pré-história da especulação joaquinista alcança lá atrás o pensador do século IX, Scot Erígena, que traduziu os escritos de Dionísio Areopagita, e até a especulação trinitária de Montano, no século II (NCP, p.118-28, 139-40).[12] Ao considerar a Santa Trindade da fé cristã como um tipo de criptograma secretamente abrindo a

---

[12] Cf. Ellis Sandoz, *Political Apocalypse: A Study of Dostoievsky's Grand Inquisitor* [Apocalipse Político: Um Estudo de O Grande Inquisidor, de Dostoiévski] (Baton Rouge: Louisiana University Press, 1971), 141-43. Uma segunda edição de Sandoz, *Political Apocalypse* (Wilmington, DE: Intercollegiate Studies Institute Books, 200).

estrutura e o significado da história, Joaquim proclama o conhecimento de milênio vindouro imanente ao processo histórico. A gnose especulativa, então, tem o resultado decisivo de re-divinização do mundo do homem, ao arrancar a essência divina em seu significado não completamente desenvolvido. O destino transcendental do homem da escatologia tradicional é eclipsado por meio da imanentização dos simbolismos da fé cristã, os quais viram a existência mundana do homem como uma peregrinação até a beatitude, união com Deus no para além da eternidade. Nessa imanentização do eschaton cristão, são possíveis três variantes. Se a ênfase recai no componente teleológico da peregrinação como um movimento para algum estado futuro indefinido de perfeição, então surge o progressismo – como em Denis Diderot e Jean Le Rond d'Alembert. Se a ênfase recai no componente axiológico da própria perfeição, sem clareza acerca dos meios de obter esse estado mais alto, então surge o utopismo – como em Thomas More e nos idealismos sociais recentes. Se tanto o movimento para a realização e o próprio fim em si são claramente conhecidos ou antevistos, então surge o ativismo revolucionário – como em Marx e no comunismo. Em qualquer caso, a proclamação do gnosticismo do significado da história é comprada ao preço de duas falácias teoréticas. De um lado, comete o erro de imanentizar o eschaton cristão, *i.e.*, de tratar os símbolos de fé como se representassem a realidade imanente em vez de representarem a realidade transcendental do destino sobrenatural do homem. De outro lado, supõe que a história possua uma essência conhecível e lhe proclama o significado; mas isso é uma impossibilidade, já que o curso da história não se estende apenas do passado para o presente, mas também para um futuro desconhecido. Portanto, não pode ser experimentada como um todo e é essencialmente irreconhecível. Já que essas são considerações elementares, por que então o diagnóstico cogente de que "a essência da modernidade [é] o crescimento do gnosticismo" (NCP, p.119-21, 126)? Uma parte da resposta é que com a queda da fé, que caracteriza amplamente a era moderna, procurou-se uma alternativa de experiência que se aproximasse o bastante da fé, para substituí-la. O gnosticismo moderno como há pouco esboçado preenchia essa necessidade. Prometia o que o cristianismo não prometia: assegurava o livrar-se da miséria do mundo por meio da perfeição de existência no tempo, *i.e.*, pela transfiguração do mundo e do homem através do apocalipse do super-homem.

> A especulação gnóstica sobrepujou a incerteza da fé, ao distanciar-se da transcendência e oferecer ao homem e à sua série intramundana de ações um significado de realização escatológica. Na medida em que a imanentização progrediu experiencialmente, a atividade civilizacional da alma que na cristandade era dedicada à santificação da vida poderia agora ser dirigida a uma criação mais interessante, mais tangível e, acima de tudo, mais fácil do paraíso terrestre (NCP, p.124, 129).

VI

A escatologia gnóstica do Terceiro Reinado e a transfiguração do homem no super-homem afeta decisivamente a política moderna tanto pragmática como teoreticamente – na luta por poder e na luta por representação existencial contra o erro gnóstico. A imanentização dos simbolismos clássico e cristão por Joaquim e seus sucessores dá ensejo, no século XIX, à radical secularização da verdade de Feuerbach, Marx, Comte e Nietzsche. O fio especificamente "moderno" da política contemporânea é identificado com as variedades gnósticas de crença dogmática que formam um espectro de doutrinas inter-relacionadas dinamicamente, desde progressismo e idealismo na direita até o ativismo revolucionário na esquerda. Expressão da teologia civil dominante da sociedade moderna, a forma final gnóstica é o Estado totalitário do século XX como exemplificado na banalidade patente e brutalidade da Alemanha nacional-socialista e na Rússia comunista (NCP, p.132, 163, 175, 178).

Além disso, a confrontação pragmática dos poderes liberais do Ocidente e os Estados totalitários desde os anos de 1930 não deve obscurecer o parentesco. Voegelin enfatiza o ponto, por exemplo, ao discutir a posição de Harold Laski, que ele ridiculariza como "um surfista na onda do futuro".

> [Mas] não se pode negar a consistência imanente e a honestidade da [percepção simpática de Laski] da transição do liberalismo para o comunismo; se o liberalismo é entendido como a salvação imanente do homem e da sociedade, o comunismo certamente é sua expressão mais radical; é uma evolução que já foi antecipada pela fé de John Stuart Mill no advento final do comunismo para a humanidade. (NCP, p.175)

A teoria celebrada de que o gnosticismo é a essência da modernidade é um traço cardeal da filosofia da política e da história de Voegelin. Mas não é toda ela. Isso está claro, como vimos, do contexto da análise, que é uma teoria geral da representação. Nem é o gnosticismo o todo da modernidade. Como Voegelin escreve vigorosamente, "não se deve nunca esquecer que a Sociedade Ocidental não é toda moderna, mas que a modernidade é um tumor nela, em oposição à tradição clássica e cristã" (NCP, p.176, 165, 187-8). Na verdade, se não fosse assim, então, a tendência para a esquerda, implícita na lógica da imanentização, teria de há muito levado ao triunfo da revolução radical e ao estabelecimento dos mundos gnósticos sonhados, por meio dos Estados totalitários. Mas isso não aconteceu. E, afora o sucesso efêmero do nacional socialismo ao estabelecer por doze anos o *Dritte Reich* de mil anos, a revolução radical teve sucesso primordialmente em sociedades não ocidentais que não gozam da influência restritiva de uma tradição clássica e cristã, a consequência da ocidentalização. Por sua vez, enquanto o gnosticismo permanece um componente central na teoria da modernidade, e Voegelin repetidamente retornou à sua elucidação, outros fatores relevantes foram enfatizados em estudos subsequentes enquanto continuava sua pesquisa. Assim, em 1958, sua conferência inaugural na Universidade de Munique foi dedicada ao gnosticismo de Hegel, Marx, Nietzsche e Heidegger como extensão do argumento apresentado em *A nova ciência da política*. Em 1968 ele não tinha "nada que retratar ou corrigir [a esse respeito], embora muito pudesse ser adicionado depois de uma década, especialmente com relação ao problema da alienação".[13] Ao refletir sobre essas questões em 1975, com referência particular ao ponto central de Hegel na deformação da consciência moderna, Voegelin ofereceu este sumário, listando os fatores relevantes:

> A desordem contemporânea aparecerá a uma luz muito nova quando deixarmos o "clima de opinião", e, adotando a perspectiva das ciências históricas, reconhecermos que os problemas da "modernidade" foram causados pelos conceitos alquímicos, herméticos e gnósticos, assim como pela Mágica da violência como meio de transformar a realidade.[14]

---

[13] A conferência de Munique apareceu como Voegelin, *Wissenschaft, Politik, und Gnosis* [Ciência, política e gnose](Munique: Koesel-Verlag, 1959); a citação é do prefácio da edição americana, *Science, Politics, and Gnosticism* [Ciência, Política e Gnosticismo](Chicago: Henry Regnery, 1968), vii.

[14] Eric Voegelin, *Response to Professor Altizer's 'A New History and a New but Ancient God?* [Resposta a 'Uma Nova História e um novo, mas antigo Deus?'] de Professor Altizer(1975), 769. De valor para um estudo mais profundo da modernidade em Voegelin são, especialmente: *On Hegel: A Study in Sorcery* [Acerca de Hegel: Um Estudo de Feitiçaria](1971); *Ordem e História*, IV, 18-27 e passim; *Wisdom and the Magic of the Extreme: A Meditation* [Sabedoria e a Mágica do Extremo: Uma Meditação], Southern Review, n.s, XVII, 2, p 235-87. Ver também a discussão de mágica em *A Nova Ciência da Política*, 169-73. Os capítulos dedicados a Marx em Eric Voegelin, *Do Iluminismo à Revolução*, editado por John H. Hallowell (Durham, N.C.: Duke University Press, 1975), 240-302, podem ser consultados utilmente; este volume é citado textualmente daqui em diante como RE. Finalmente, uma exploração completa dos problemas da modernidade nas linhas apresentadas na obra de Voegelin é feita por David J. Walsh, *The Esoteric Origins of Ideological Thought: Boehme and Hegel* [As Origens Esotéricas do Pensamento Ideológico: Boehme e Hegel] (dissertação de doutorado, University of Virginia, 1978). A dissertação de Walsh foi publicada como Walsh, *The Mysticism of Interworldly Fulfillment: A Study of Jacob Boehme* [O Misticismo do Preenchimento Intramundano: um Estudo sobre Jacob Boehme] (Gainesville: University Presses of Florida, 1983).

VII

Em conclusão, pois, o que dizer da filosofia da história de Voegelin, a "ordem teoreticamente inteligível da história em que [os] variegados fenômenos [podem] ser organizados"? Para começar, embora o significado *na* história possa ser discernido em linhas finitas de desenvolvimento, o significado *da* história em sua inteireza continua escondida em mistério. Dizer o contrário seria cometer as duas falácias das especulações gnósticas do fim da história. Ou, alternativamente, seria repetir o erro exemplificado na resistência valente, mas defeituosa, de Thomas Hobbes ao gnosticismo, ao tentar assegurar a existência pelo "congelamento da história" (NCP, p.161). Numa ordem fechada como a do Leviatã, a psicologia agostiniana de orientação é trocada por uma nova psicologia mecanicista de motivações. O *libido dominandi*, então, é colocado como raiz da ação humana normal, a comunidade é alcançada por meio do medo da morte violenta, a pneumopatologia do entusiasmo gnóstico é restringida pela repressão cruel da vida do espírito em princípio, incluindo sua busca na filosofia e no cristianismo (NCP, p.169, 179-82). Mas nem o dogma gnóstico de transfiguração imanente, nem a contraposição hobbesiana a ele é sustentável teoreticamente, se a iluminação for levada a sério de que a teoria da existência humana "é ligada pela história no sentido de experiências diferenciadoras" (NCP, p.79). De acordo com esse princípio, como vimos, a substância da história é compreendida como um movimento da verdade compacta de tipo cosmológico para a verdade diferenciada dos tipos soterológico e antropológico. E vimos também que o escopo do ativismo gnóstico é a transfiguração do homem em super-homem. Mas o dar-se conta diferenciado da humanidade do homem e de sua comunhão com Deus numa reciprocidade amorosa leva consigo, também, um alto senso de limites humanos. Sob os termos do mistério de existência participativa no "Entremeio" do tempo e da eternidade, o homem é homem para sempre, Deus é Deus. A força dirigente da revolução gnóstica para quebrar esse limite ontológico da condição humana, ao efetuar uma mudança na natureza humana enfrenta uma impossibilidade; "a natureza humana não muda" – nem na pessoa autônoma de Joaquim, nem no homem endeusado dos Puritanos, nem no *Uebermensch* de Nietzsche, nem na raça de senhores do nazismo (NCP, p.152, 165).

Com a evolução do gnosticismo nas ideologias radicalmente secularistas dos séculos XIX e XX na esteira da proclamação de Hegel de que "Deus está morto", a contraposição de Hobbes aos zelotes puritanos de seu tempo pelo Leviatã e o congelamento da história fundiram-se na escatologia do Terceiro Reinado, para misturar-se com o Joaquinismo. Do primeiro, é claro, a solução palpável de Hobbes rompeu com a interpretação cristã e clássica da realidade para compartilhar da mesma gnose que deveria combater ao declarar um fim da história. Em certos aspectos-chave, então, o Leviatã foi uma prefiguração adaptável, do fim do gnosticismo, o Estado totalitário. Os simbolismos hobbesianos expressavam a imanência radical da existência e foram entrelaçados na teologia civil da política moderna: a nova psicologia do Estado penumopatológico para o qual o *amor Dei* é loucura; o novo homem cuja orientação doentia pelo *amor sui* é tomada como motivação normal; e Leviatã como o Estado onipotente cujo soberano é o deus mortal que reina pelo terror e pela supressão do debate existencial (NCP, p.179-87). Por fim, o sonho gnóstico de perfeição se revela uma brutalidade sistematizada, a banalidade do mal.

Dessa perspectiva, então, Voegelin descobre que a história mostra a configuração de um "ciclo gigante", aberto a um futuro incerto. No seu ápice está a diferença epocal da alma ou do espírito como o *sensorium* da transcendência que alcançou expressão ótima na Encarnação do *Logos* em Cristo. Transcendendo os ciclos de civilizações únicas, esse ciclo civilizacional de proporções de história humana é estruturado pelas altas civilizações pré-cristãs como o ramo ascendente, movendo-se adventiciamente para o ápice do Advento numa dinâmica que parte do compacto, para experiências diferenciadas de ser. A civilização gnóstica, moderna, seguindo uma dinâmica recessiva que reverte o processo de diferenciação, forma o ramo descendente do ciclo na crise do presente. "Enquanto a sociedade ocidental tem seu próprio ciclo de crescimento, florescimento, e declínio, deve ser considerada – por causa do crescimento do gnosticismo em seu curso – como o ramo decadente do ciclo do mais amplo advento-recessão" (NCP, p.164).

E quanto ao futuro? A resposta de Voegelin é cautelosa, mas esperançosa. Escrevendo em meio às ânsias da guerra fria, ele se esforça em rejeitar a proposição de que "a sociedade ocidental está pronta para cair no comunismo" como "uma peça impertinente de propaganda gnóstica das mais tolas e viciosas [que] certamente não tem nada que ver com o estudo crítico da política" (NCP, p.176; cf. p.177-9, 187-9). Esperança no futuro paradoxalmente surge por causa do caráter dos dois maiores perigos postos pelo gnosticismo como a teologia civil da sociedade moderna: (1) suplanta mais do que suplementa a verdade da alma e (2) representa erradamente a realidade mais do que a representa verdadeiramente. Pelo primeiro perigo, a diferenciação da alma e sua ordem na filosofia e cristianismo são arruinados e sistematicamente reprimidos em favor dos dogmas gnósticos. Mas por mais energético que possa ser um regime totalitário ou outro regime gnóstico em sua repressão dos seres humanos individuais, não pode remover a alma e sua transcendência da estrutura ontológica da própria realidade. Uma "explosão" de resistência à repressão, a seu tempo, é, pois, assegurada. Pelo segundo perigo, o erro sistemático do gnosticismo ao representar a realidade não é meramente uma falácia teorética; também leva consigo um fato autoperdedor ao forçar o pensamento e a ação por linhas perversamente erradas com consequências desastrosas para a política racional e a política. Opera com uma "falsa pintura da realidade", especificamente uma que se perverte em seu oposto os dois grandes princípios que governam, a existência: "O que vem à luz terá um fim, e o mistério desta corrente de ser é impenetrável". O gnosticismo põe no lugar da verdade "um mundo sonhado contraexistencial" (NCP, p.164-7).

Esse erro sistemático insiste que a sociedade do Terceiro Reinado não terá fim, e que o mistério da corrente de ser é resolvido porque seu fim é conhecido da elite gnóstica. O sonho e a realidade são identificados com uma matéria de princípio, e quem quer que desafie a verdade oficial em nome da razão e da verdade encontra o vitupério ou pior. É impossível o debate racional. Perigos práticos não são combatidos com meios apropriados racionalmente calculados para resolvê-los.

> Serão, ao contrário, combatidos por operações mágicas no mundo de sonho, como a desaprovação, a condenação moral, declarações de intenção, resoluções, apelos à opinião da humanidade, rotular os inimigos como agressores, tornar fora da lei a guerra, propaganda pela paz mundial e governo mundial etc. A corrupção moral e intelectual que se expressa no agregado de tais operações mágicas pode permear uma sociedade com o peso e atmosfera fantasmagórica de um hospício, como experimentamos em nosso tempo de crise ocidental. (NCP, p.170)

O resultado é a estranheza da corrente de guerra contínua, quente e fria, em que todos os partidos bradam resolutamente que se dedicam à paz. A estrutura da realidade não pode ser tomada racionalmente em conta. "Não pode haver paz, porque o sonho não pode ser traduzido em realidade e a realidade ainda não destruiu o sonho" (NCP, p.173). Como tudo isso terminará, não se pode ter certeza; mas a realidade de uma maneira ou de outra certamente se imporá – ou numa conflagração horrível, ou pelo curso de gerações que mudam, no abandono do sonho gnóstico "antes que o pior tenha acontecido". Um bruxulear de esperança para este último resultado surge porque, como notamos antes, Voegelin acha que as democracias americana e inglesa são ambas os poderes mais fortes e as nações com a verdade representativa mais eficazmente preservada em suas ordens institucionais. "Mas isso exigirá todas as nossas forças para fazer desse bruxuleio uma flama, ao reprimirmos a corrupção gnóstica e restaurarmos as forças da civilização. No momento a luta está empatada" (NCP, p.189).

Os temas ressoados em *A nova ciência da política* aparecem em toda a obra de Voegelin publicada nas décadas subsequentes, e seu desenvolvimento é a preocupação do próximos capítulos. Voltamos agora para o fio do argumento nos primeiros três volumes de *Ordem e história*.

5. A HISTÓRIA E SUA ORDEM: 1957

Ao aspirar em sua obra *A nova ciência política* à resistência do filósofo à desordem social como fomentada pelos sistematizadores gnósticos de mundos de sonhos políticos, Voegelin escolheu como epígrafe as palavras de Richard Hooker: "A posteridade pode ver que não permitimos, frouxamente por meio do silêncio, que as coisas se passassem como num sonho". Para o quadro mais amplo de *Ordem e história*, ele retirou de Santo Agostinho: "No estudo da criatura não se deve exercer uma curiosidade perecível e vã, mas ascender-se ao que é imortal e eterno". A majestade arquitetônica da linha ascendente de inquirição da história e de sua ordem, então, faz eco nas lembranças da última obra de Platão. Pois a primeira palavra de Voegelin, também, é *Deus*, mas a diferenciação do horizonte de realidade em relação àquela do pai de todos os filósofos é assinalada na última palavra de *Israel e a Revelação* que é *Jesus* (OH, vI, p.515).[1]

Experiências revelatórias, não menos do que filosóficas, e suas simbolizações formam a base empírica da exploração de Voegelin. A perspectiva está de acordo com a de Aristóteles

---

[1] Cf. Richard Hooker, Prefácio, ad init., *Of the Laws of Eccesiastical Polity* [Das Leis da Política Eclesiástica], Santo Agostinho, *De Vera Religione* XXIX, 52; Platão, Leis 625 A.

quando escreveu: "O estudante de política tem de estudar a alma, mas tem de fazer isso com seu próprio fim em vista, e apenas à medida que os objetos dessa inquirição o exijam". Portanto, juntamente com as intenções anunciadas em *A nova ciência da política*, o objeto de Voegelin na obra subsequente é a realidade abrangente que diz respeito à humanidade do homem, que restaura criticamente o estudo *peri ta anthropina*, ou filosofia das coisas humanas, em toda a sua majestade. Ao encontrar seu ponto focal no estudo da ordem e da desordem de existência, a obra explora as dimensões verticais da realidade humana simbolizada por Aristóteles em termos de natureza política, específica, sintética do homem. Ao fazer isso, o horizonte empírico expandido do presente compele a expansão das categorias clássicas de tal modo que se dirijam a todo o espectro da existência humana, da pessoal à social até a histórica e ontológica.[2]

No presente capítulo seguirei o fio especulativo central que vai pelos três volumes iniciais de *Ordem e história* – ou seja, a tentativa de Voegelin de traçar a emergência da consciência humana através da análise das experiência da ordem do ser e de suas formas simbólicas concomitantes. O acontecimento crucial nesse *continuum* histórico de experiência e articulação é representado no que Voegelin chama o *salto no ser* (ou descobrimento da realidade transcendente) pelos profetas em Israel e os filósofos na Hélade, acontecimentos que criam a forma histórica da existência humana. Para o presente, concentrar-me-ei neste nexo como o que domina a filosofia de ordem e história de Voegelin em sua primeira formulação completa. A forma simbólica do mito, de importância básica para a análise de Voegelin (OH, v.III, p.183-99), e a forma de filosofia serão mais profundamente discutidas nos capítulos seguintes.

---

[2] Aristóteles, *Ética a Nicômaco* 1.13 em 1102a23-25 e 10.9 em 1181b15, trad. Martin Ostwald, Indianapolis, New York: Bobbs-Merril, 1962, p.29 e 302. Cf. Veogelin, "Reason: The Classic Experience", *Southerne Review*, n.s, v.X, p.260-64, citado na íntegra no cap.7.

I

A experiência que faz nascer a história como uma forma simbólica de existência para a humanidade é tão momentosa que demanda o termo dramático *salto no ser*: "O salto no ser, a experiência do ser divino como transcendente ao mundo, é inseparável da compreensão do homem como homem" (OH, v.1, p.235).³ Em sua completa clareza, o Israel dos profetas é a primeira instância que domina o acontecimento, pois ali o salto no ser ocorre na revelação de Deus a Moisés no Monte Sinai (OH, v.I, p.402). No salto no ser helênico paralelo, a experiência desenvolve a forma de filosofia e alcança profundeza e apanha do tempo da experiência de Xenófanes que "O Um é o Deus" (OH, v.II, p.181) até a descida dionisíaco-esquiliana na profundeza da alma para alcançar a decisão pela *Dike*, Justiça, (OH, v.II, p.262) e a visão platônica do *Agathon*, Bem (OH, v.I, p.496, v.III, p.113). Esses saltos paralelos no ser foram absorvidos pelo cristianismo (OH, v.II, p.8) depois do clímax da revelação em Jesus, a "entrada de Deus na história pela assunção sacrifical da forma humana" (OH, v.II, p.11). O caráter específico das experiências helênicas de transcendência, quando contrastadas com o salto israelita-cristão no ser, requer uma maior explanação, e devemos retornar a ela. Outros saltos "múltiplos e paralelos" no ser ocorreram "contemporaneamente na Índia do Buda e na China de Confúcio e Lao-tsé, mas seu caráter e conteúdo são tão diversos que uma distinção negativa preliminar é mais bem enfatizada: em cada caso romperam com o mito (OH, v.II, p.1).⁴

---

³ O termo salto no ser, embora não inventado por Voegelin, teve uma nova amplitude. É tirado de Kierkgaard, e ele devia a Hegel a expressão: *Der Begriff Angst* [A ideia medo], tradução de E. Hirsch (Duesseldorf: Eugen Diederichs Verlag, 1958), 27, 114, 246, citando Hegel, *Vorrede zur Phaenomenologie des Geistes* [Prefácio à fenomenologia do espírito], Werke (Jubilee Edition) 2:18-19; Logik, Werke (Jubilee Edition) 4: 457-62.

⁴ Os primeiro três volumes de *Ordem e história* fazem apenas menção passageira das experiências chinesa e indiana. Ver v.IV, p.272-99. Todos os quatros volumes de *Ordem e história* são citados textualmente, com volume e número de páginas como OH.

O problema de alinhar e classificar essas experiências paralelas e múltiplas provém de uma tentativa principal de *Ordem e história*; mas o caráter genérico da experiência e suas consequências ontológicas devem preocupar-nos aqui. Se quisermos entender o que Voegelin quer dizer, devemos ter firmemente em mente um ponto que é bem ilustrado pela visão platônica do *Agathon*.

> Quanto ao Agathon nada pode ser dito. Essa é a iluminação fundamental da ética platônica. A transcendência do Agathon torna impossíveis proposições imanentes referentes a seu conteúdo. A visão do Agathon não apresenta uma regra material de conduta, mas forma a alma através de uma experiência de transcendência. (OH, v.III, p.112)

Ou, trocando em miúdos, a experiência da transcendência, ou do salto no ser, não produz uma verdade que alguém possa possuir como uma coisa. É o "raio de eternidade no tempo" (OH, v.III, p.363). Revoluciona a existência humana, mas, longe de aliviar o homem de sua ignorância essencial, a experiência apenas aprofunda essa ignorância, ao permitir a ele um lampejo do mistério abismal do Ser transcendente.

> O salto no ser, enquanto ganha uma nova verdade acerca da ordem, nem ganha toda a verdade, nem estabelece uma ordem última da humanidade. A luta pela verdade da ordem continua no novo nível histórico. Repetições do salto no ser corrigirão a iluminação inicial e a suplementarão com novos descobrimentos; e a ordem da existência humana, por mais profundamente afetada pela nova verdade, permanece a ordem de uma pluralidade de sociedades concretas. Com o descobrimento de seu passado, a humanidade não chegou ao fim de sua história, mas se tornou consciente do horizonte aberto de seu futuro. (OH, v.II, p.3)

Para elucidarmos o problema, devemos voltar às primeiras palavras de *Ordem e história*. "Deus e homem, mundo e sociedade formam um comunidade primordial de ser" (OH,v.I, p.1). O papel do homem no ser é o de um participante. É atirado numa existência sem saber nem mesmo o porquê e o como disso. Apenas conhece a si mesmo como um participante na existência passageira e duradoura, na durabilidade e transitoriedade que caracteriza sua própria existência e a dos outros ao seu redor. "Participação é a essência da existência" (OH, v.I, p.1). Nessa posição de ignorância essencial acerca tanto de si mesmo e do ser, o homem se fixa no conhecimento que sua experiência lhe dá ao procurar compreender a ordem inconhecível essencialmente do ser e seu lugar nela.

Esses esforços para compreender o essencialmente inconhecível encontram expressão nos símbolos, e a primeira grande categoria de símbolos é a da forma cosmológica. A primeira iluminação de existência, que prefigura o jorro comparativo de luz gerada pelo salto no ser, vem do reconhecimento do homem de que a verdadeira participação na existência significa harmonia espiritual com o que é mais durável na escala das existências passageiras e duradouras. O desenvolvimento espiritual da humanidade segue da descoberta do homem de que a existência exige harmonia com a verdade do ser.[5] Harmonia nesse sentido pleno é "o estado de existência [que] presta atenção no que é duradouro no ser... mantém uma tensão de consciência de suas revelações parciais na ordem da sociedade e do mundo... ouve atentamente as vozes silentes de consciência e graça na própria existência humana" (OH, v.I, p.4-5). Essa harmonia, simbolizada variamente no mito e no ritual da forma cosmológica, edifica na experiência fundamental da natureza divina do cosmos, da expansão sem fim da terra e do céu como a ordem abarcadora à qual o homem deve adaptar-se se quiser sobreviver; e, então, esse "parceiro visível irresistivelmente

---

[5] Essa sentença não deve ser tomada no significado convencional de um clima de opinião forjada sob a influência do evolucionismo e progressismo a que poderia levar. A linguagem depende das noções de Voegelin de *compactação* e *diferenciação*, como discutidas aqui e nos capítulos anteriores. Ver *Ordem e história*, v.I, p.ix, 60.

poderoso na comunidade do ser inevitavelmente sugere sua ordem como o modelo de toda a ordem, incluindo a do homem e da sociedade" (OH, v.I, p.5). A força dessa forma "compacta" está em sua fundação na realidade prontamente experimentada dos ritmos vegetativos palpáveis e visíveis e nas revoluções celestiais que permeiam o mundo natural e o cosmos – e, ao que parece, o homem e a sociedade com eles. O fator de sentido na experiência primordial da verdade do ser como cósmico-divino é a raiz de um problema persistente do qual observa Voegelin: "Muitos precisam de deuses com 'formas.' Quando as 'formas' dos deuses são destruídas com a efetividade social, esses muitos não se tornarão místicos, mas agnósticos" (OH, v.II, p.239).

É precisamente o problema de "deuses sem formas", do Deus invisível, que emerge com o salto no ser e a experiência do Ser transcendente como a fonte da verdade última de ordem e de ser. A forma cosmológica é quebrada, e começa a existência na forma histórica. A experiência de *participação* afia e aprofunda para se tornar uma parceria enfática com Deus. Uma relação nova radical entre o homem e a forma da ordem do ser é descoberta, e este descobrimento precisa de uma reorientação igualmente radical simbolizada na *periagoge*, a reviravolta de toda a alma (OH, v.III, p.68); no cristianismo, é a conversão.

> A existência é participação na comunidade do ser, e o descobrimento [através do salto no ser] da participação imperfeita, de uma má administração da existência através da falta de uma harmonia apropriada com a ordem do ser, do perigo de uma queda do ser, é, na verdade, um horror, compelindo a uma reorientação radical da existência. Não apenas os [velhos] símbolos [cosmológicos] perdem a mágica de sua transparência para a ordem invisível e se tornam opacos, mas uma palidez cairá sobre a ordem parcial da existência mundana que até então providenciara as analogias para a ordem do ser compreensiva. Não apenas serão rejeitados os

símbolos improváveis, mas o homem se desviará do mundo e da sociedade como as fontes de analogias erradas. Experimentará uma reviravolta... uma inversão ou conversão para a fonte verdadeira de ordem. E essa reviravolta, essa conversão, produz mais do que um crescimento do conhecimento quanto à ordem do ser; é uma mudança na própria ordem. Pois a participação no ser muda sua estrutura, quando se torna enfaticamente uma parceria com Deus, enquanto a participação no ser mundano se volta para um segundo plano. A harmonia mais perfeita com o ser por meio da conversão não é um crescimento na mesma escala, mas um salto qualitativo. E quando essa conversão acontece a uma sociedade, a comunidade convertida experimentará a si mesma como qualitativamente diferente de todas as outras sociedades que não deram o salto. Além disso, a conversão é experimentada não como o resultado da ação humana, mas como uma paixão, como uma resposta à revelação do ser divino, a um ato de graça, a uma seleção para a parceria enfática com Deus... A parceria enfática com Deus remove uma sociedade das fileiras da existência profana e a constitui como a representante da *civitas Dei* na existência histórica. Então, na verdade, ocorreu uma mudança no ser, com consequências para a ordem de existência. (OH, v.I, p.10-11)[6]

---

[6] Na afirmação digna de nota de que "na verdade, ocorreu uma mudança no ser", parece que Voegelin está seguindo sua análise dos materiais historiográficos mesmo diante de uma dificuldade muito mais séria em que se pensa que é sua posição metafísica, algo para o qual nenhuma solução é indicada nos três primeiros volumes de *Ordem e História*. Bergson, também, seguiu sua análise de experiência substancialmente idêntica à que Voegelin denomina o "salto no ser" e percebeu uma mudança radical na estrutura do ser: do homem estático para o homem dinâmico, da sociedade fechada para a sociedade aberta, como um resultado da abertura da alma através da experiência mística. (Cf. Henri Bergson, *The Two Sources of Morality and Religion* [As duas Fontes de Moralidade e de Religião], tradução de R.A. Audra e C. Brereton (Nova Iorque: Henry Holt, 1935), 209, 246 e seguintes. Mas para Bergson, o ser não era o ser, mas um eterno devir através da ação do *élan vital*. (Cf. de Bergson *Creative Evolution*, Evolução Criativa), tradução Arthur Mitchell [Nova Iorque: Henry Holt, 1924], 205; também Bergson, *The Creative Mind*, tradução de Mabelle L. Andison [Nova Iorque: Philosophical Library, 1946], 17, 21, 37.)

O salto no ser foi feito representativamente por Moisés para Israel, e por Israel, como O Povo Eleito de Deus, para toda a humanidade (OH, v.I, p.115).[7] As complicadas consequências desse acontecimento nos ocuparão ao longo desta exposição.

> Por meio da escolha divina, permitiu-se a Israel dar o salto para uma harmonia mais perfeita com o ser transcendente. A consequência histórica foi um rompimento no padrão de cursos civilizacionais. Com Israel aparece um novo agente da história que não é nem uma civilização, nem um povo dentro de uma civilização como as outras. Portanto, podemos falar de uma civilização egípcia ou *mesopotâmica*, mas não de uma civilização israelita... Somente Israel constituiu a si mesmo, ao recordar sua própria gênese de povo como um acontecimento de significado especial na história, enquanto as outras sociedades do Oriente Próximo constituíram a si mesmas como análogos da ordem cósmica. Somente Israel teve história como uma forma interna, ao passo que as outras sociedades existiram na forma de mito cosmológico. A História, concluímos, portanto, é uma forma simbólica de existência, da mesma classe que a forma cosmológica; e a narrativa paradigmática[8] é, na forma histórica, o equivalente do mito na forma cosmológica. Portanto, será necessário distinguir entre sociedades políticas

---

A despeito disso, os problemas de Bergson são agudos, embora procedam de uma fonte diferente da de Voegelin. No primeiro estágio da publicação de *Ordem e História*, dois pontos parecem claros: primeiro, a despeito da "mudança no ser", Voegelin afirma seriamente que ser é ser: a natureza do ser não muda; *segundo*, sua afirmação corajosa do problema torna evidente que está agudamente a par de sua existência assim como de suas ramificações. Para a resolução que Voegelin fez desse problema em OH, IV, ver o Capítulo 8 deste livro.

[7] As implicações universalistas do *salto no ser* não são necessariamente entendidas de uma vez, e na história israelita o desenvolvimento dos componentes universais, do javeísmo foi obra dos profetas. Ver *Ordem e história*, v.I, p.144, para isso, e p.164, para o problema relacionado da "a hipoteca do imanente mundano... na verdade transcendente."

[8] Ou seja, no exemplo de Israel, o Antigo Testamento.

de acordo com sua forma de existência: a sociedade egípcia existiu na forma cosmológica, a israelita, na histórica. (OH, v.I, p.116, 124)[9]

II

Voegelin deve ser entendido muito literalmente quando escreve: "Sem Israel não haveria história, mas apenas a recorrência eterna de sociedades em forma cosmológica" (OH, v.I, p.126). Há uma distinção crucial que deve ser esboçada entre a existência em civilizações cosmológicas e a existência histórica. Isso significa, por exemplo, que o Egito não teve história? A resposta a essa questão apoia-se no princípio da compactação e da diferenciação (OH, v.I, p.60).[10] Porque a natureza humana é uma constante e porque a variedade de experiências humanas está sempre presente em suas dimensões inteiras, as civilizações cosmológicas são faltas de história. A alma, que é ontologicamente o *"sensorium* da transcendência" (OH, v.I, p.235), está em toda a parte e, em todos os tempos, é capaz de experimentar a ordem do ser. O misterioso jorro de experiências transcendentais na consciência ocorreu também nas civilizações cosmológicas. Mas isso só pôde ser conhecido claramente em retrospecto, apenas depois de a experiência ter ocorrido e ter-se diferenciado totalmente na "claridade da revelação" (OH, v.I, p.407), apenas depois de ter criado um "presente histórico". Como disse Voegelin,

---

[9] No curso de suas discussão do Antigo Testamento como história paradigmática e pragmática, Voegelin observa deturpadamente que, embora a história do Gênesis até o Livro II dos Reis seja escrita como uma narrativa da relação de Israel para com Deus, mais do que como acontecimentos críticos ou pragmáticos, isso "não significa que a narrativa não tenha um fundo pragmático; pois já não temos motivo para duvidar da existência de algum tipo de Moisés pragmático por trás da história do Êxodo do que algum tipo de mundo por trás da história da criação no Gênesis." *Ordem e História*, I, 21.

[10] Voegelin formula esse princípio interpretativo chave nas seguintes proposições: "(1) A natureza do homem é constante. (2) A extensão da experiência humana está sempre presente na inteireza de suas dimensões. (3) A estrutura da extensão varia da compactação à diferenciação".

> Quando a ordem da alma e da sociedade é orientada para a vontade de Deus, e consequentemente as ações da sociedade e de seus membros são experimentadas como realização ou malogro, um presente histórico é criado, radiando sua forma sobre um passado que não foi conscientemente histórico em seu próprio presente.
> (OH, v.I, p.128)

A verdade do ser é uma realidade que pressiona os homens mesmo se não é experimentada com intensidade suficiente para tornar-se totalmente articulada. Do centro luminoso do presente histórico, o passado, então, será visto em retrospecto: *negativamente*, como o *Sheol* (Morte) da alma e como existência em mentira substantiva; e *positivamente*, como a *praeparatio evangelica* em que uma atenção crescente ebulindo no fundamento da alma alarga a apreensão do mito e torna possível uma compreensão mais profunda do ser.

A História é a revelação da comunicação de Deus com o homem. Como uma forma em que a sociedade existe tem a tendência de incluir toda a humanidade – como fez na primeira ocasião no Antigo Testamento, e como inevitavelmente tem de fazer se o movimento da história for o traço do dedo da divina Providência. A tendência da forma histórica de expandir seu reino de significado para além de seu presente no passado levanta três problemas.

Primeiro, há o problema da realidade ontológica da *humanidade*. "A história cria a humanidade como a comunidade de homens que, ao longo dos tempos, se aproximam da ordem verdadeira do ser que tem sua origem em Deus; mas, ao mesmo tempo, a humanidade cria esta história através de sua aproximação real da existência sob Deus" (OH, v.I, p.128). Os começos desse processo recíproco jazem na profundeza dos estratos das civilizações cosmológicas, e mesmo mais profundamente, no mais remoto passado humano. A luta da humanidade para a harmonia com a ordem verdadeira do ser assume, no nível mais compacto (em sociedades primitivas e civilizações cosmológicas), a forma de jogo (OH, v.III, p.257

ss), ritual e mito. No lado oposto do espectro de experiência, assume a forma do salto no ser. O processo de história é real, embora uma ambiguidade se ligue a ele como um processo significativo desde que ela é criada pelos homens que não sabem o que estão criando.

O significado da história agora se torna tópico. Voegelin emprega esta frase, mas deve-se ser cauteloso para não compreendê-lo erradamente. Por um lado, a história não é uma unidade finita de observação suscetível de tratamento pelos métodos das ciências naturais (OH, v.I, p.2; v.III, p.335). Por outro lado, não pode haver nenhuma cogitação de construir um "sistema" depois da moda de Hegel, Marx ou Comte. Ambos esses tratamentos são eliminados quando Voegelin escreve "A história não tem nenhum significado (*eidos*, ou essência) conhecível" (OH, v.II, p.2).[11] A história tem de ser entendida da perspectiva da participação, da base da experiência do homem como um parceiro no ser, porque esse é o lugar do homem na estrutura do ser; não há nenhum ponto de vantagem alternativo, nenhum outro papel para exercer: "A participação do homem no ser é a essência de sua existência" (OH, v.I, p.2).

O significado da história, então, descoberto pelo salto no ser,

> revela uma humanidade lutando por sua ordem de existência dentro do mundo, enquanto em harmonia com a verdade do ser para além do mundo, e ganhando no processo não uma ordem substancialmente melhor dentro do mundo, mas uma compreensão aumentada do abismo que está entre a existência imanente e a verdade transcendente do ser. (OH, v.I, p.129)

O estar a par pungente deste golfo aumenta a tensão dramática do presente histórico. Voegelin encontra nessa tensão terrível uma cura efetiva para o orgulho espiritual tão característico da humanidade moderna.

---

[11] Cf. Voegelin, *The New Science of Politics* [A nova ciência da política], p.110-17, e OH, v.II, p.18-19

> Quem quer que já sentiu este aumento de tensão dramática no presente histórico será curado de complacência, pois a luz que cai sobre o passado aprofunda a escuridão que circunda o futuro. Ele tremerá ante o mistério abismal da história com o instrumento de revelação divina para os propósitos últimos que são igualmente desconhecidos dos homens de todas as eras. (OH, v.I, p.129)

Segundo, há o problema de uma multiplicidade de presentes históricos, já que a história se origina num presente historicamente movente. O discernimento de presentes históricos envolve o incidente que mostra que a experiência de transcendência é um evento objetivo na realidade, que não deve ser descontado como ilusório ou subjetivo. Voegelin baseia seu argumento na aceitação crítica de documentos historiográficos. A forma histórica, compreendida como a experiência do presente sob Deus, será desenvolvida como subjetiva apenas se a *fé* for

> mal-compreendida como uma experiência "subjetiva". Se, entretanto, é compreendida como o salto no ser, se a *fé* for "como a entrada da alma na realidade divina através da entrada da realidade divina na alma", a forma histórica, longe de ser um ponto de vista subjetivo, é um evento ontologicamente real na história. (OH, v.I, p.130)

Na verdade, essa é a própria fonte de qualquer objetividade que se pode dizer que a história tem. À medida que a história tem uma verdade objetiva, ela a tem como um resultado de experiências de transcendência e a explanação dessas experiências no discurso racional pelos homens a quem elas acontecem. Essas explanações "lançam um raio ordenador de verdade objetiva sobre o campo da história em que o evento objetivamente" ocorre. Os símbolos criados para uso explicativo nessas ocasiões se conformam com um tipo geral. O conteúdo específico de cada evento oferece um princípio para classificar os homens e as sociedades do passado, do presente e do futuro, ao relacionar a existência humana a seus graus de aproximação da forma histórica (OH, v.I, p.130).[12] O "modelo" de tratamento do passado, do ponto de vista de um presente histórico, foi estabelecido por São Paulo na Epístola aos Romanos (OH, v.I, p.131, v.II, p.10 ss). Em cada instância de um novo presente histórico, a grande morte divide o tempo no Antes e Depois, e divide a humanidade em Novos homens e Velhos homens, de acordo com sua aceitação ou rejeição da "infusão do Ser divino" (OH, v.II, p.5).

Mas não importa qual possa ser a resposta, a aceitação ou a rejeição da autoridade representativa dos executores "da verdade para a humanidade" (OH, v.I, p.144) deve ser respeitada como um mistério da história. Assim como da perspectiva de Platão esse mistério e a obrigação de tolerância poderiam ser formulados como "todo mito tem sua verdade" (OH, v.I, p.11), também um presente histórico mais diferenciado não abole a verdade de um presente histórico de um nível mais compacto. Há uma humanidade e um ser. Verdades diferenciadas podem tornar-se mentiras; mas, no entanto, permanecem essencialmente verdadeiras (OH, v.I, p.198 ss).[13] O judaísmo ilustra esse ponto:

> O judaísmo tem sua própria teologia de pecado e de salvação que corre paralela, no nível de compactação étnica, com a teologia universalista do cristianismo. Esse reconhecimento do paralelismo, é verdade, não nega as diferenças nos níveis de verdade entre o judaísmo e o cristianismo. No entanto, cada ordem tem seu próprio presente sob Deus, como formulamos o princípio; e esse presente não é abolido quando se torna um passado em retrospecto de uma experiência diferenciada de ordem. Portanto, a resistência a avanços representativos de verdade acerca da ordem, e a

---

[12] Comparar com OH, v.III, p.95 ss.
[13] Cf. OH, v.III, p.198, para a teoria do mito, e v.III, p.362 ss, para o problema da historicidade da Verdade.

existência continuada de sociedades mais compactamente ordenadas ao lado de ordens mais diferenciadas, é intimamente uma parte do mistério da humanidade que se desenvolve na história. Esse mistério não deve ser destruído por lemas progressistas acerca de povos "atrasados", ou por apodar a sobrevivência do judaísmo com o epíteto pseudocientífico de "fossilizações". Deve ser tratado com a maior cautela e respeito numa filosofia da história crítica.[14]

Já que a história se origina num presente historicamente movente e que as formulações simbólicas são necessariamente restringidas pelos horizontes empíricos daqueles que os fazem, o presente histórico paulino, depois de ser eminentemente verdadeiro por dois mil anos, tornou-se insuficiente. A filosofia moderna tem de relacionar o passado ainda mais compreensivo da humanidade com o horizonte histórico ocidental que se tornou mundial.[15] Isso pode ser feito apenas pela articulação de um novo presente histórico em "nossa própria forma histórica de máxima clareza, que é a cristã" (OH, v.I, p.132).[16] Vislumbra-se aqui a grandeza do escopo filosófico que Voegelin impôs a si mesmo.

Terceiro, há o problema da perda de substância histórica. Aqui, a confusão acerca da *história* mostra sua gravidade.

> Uma sociedade que existe sob Deus está numa forma histórica. Do seu presente cai um raio de significado sobre o passado da humanidade do qual ele emergiu;

---

[14] Ver Arnold J. Toynbee, *A Study of History* [Um Estudo de História] (12 vols.; Londres: Oxford University Press, 1935-61), I, 90 e seguintes, II 54 e seguintes, 234 e seguintes; OH 2, 12 e seguinte.

[15] Toynbee faz a maior parte dessa expansão da sociedade ocidental. Aponta como "o fato singular da história ocidental" que, em cinco séculos, de 1450 a 1950, a sociedade e cultura ocidental em expansão penetrou "todas as outras civilizações existentes e todas as sociedades primitivas existentes" num grau tal que elas se tornaram partes da província da "Grande Sociedade" Ocidental (ibidem, v.IX, p.14).

[16] Comparar a visão similar já no prefácio de *Die politischen Religionen* (p.8), de Voegelin.

> e a *história* escrita nesse espírito é parte do simbolismo
> pelo qual a sociedade se constitui. (OH, v.I, p.132)

O argumento se desenvolve assim: a história é um símbolo; os símbolos podem perder sua substância; o símbolo vazio pode ainda ser usado com propósitos amplamente diferentes de sua função essencial e original como o meio indispensável de constituir a existência na forma histórica. Os gigantescos empreendimentos historiográficos de Spengler-Toynbee são a ilustração principal. Aqui está uma expressão de uma tensão entre a forma histórica judaico-cristã (em que a civilização ocidental ainda existe) e a perda de substância que sofreu. Voegelin considera a motivação para os empreendimentos de Spengler-Toynbee uma percepção cega do verdadeiro perigo do Ocidente de uma queda da harmonia com a verdade do ser. A entusiástica atenção deles pela história reflete a ansiedade de que a "forma histórica, assim como foi conseguida, poderia também ser perdida quando o homem e a sociedade revertem o salto no ser e rejeitam a existência sob Deus" (OH, v.I, p.133). Essa é, na verdade, a causa real de uma "crise" contemporânea, que é mais sentida do que compreendida. Os resultados concretos de Spengler e Toynbee não devem ser tomados inteiramente por si mesmos. Devem, ao contrário, ser considerados como manifestações sintomáticas. O grau de sua confusão oferece um índice de seriedade de uma situação que revela a história prestes a ser re-engolida pelas civilizações.

> A mudança nos acentos [*i.e.*, a preocupação com a mera mecânica do processo civilizacional como oposto a qualquer preocupação com um presente histórico que se origina] é tão radical que praticamente faz da história uma tolice, pois a história é o êxodo das civilizações. As grandes formas históricas criadas por Israel, pelos filósofos helênicos e pelo cristianismo não constituíram sociedades de tipo civilizacional – mesmo se as comunidades então estabelecidas, que ainda são portadoras de história, têm de dirigir-se para a ascensão e queda de civilizações. (OH, v.I, p.133)

III

A tensão entre as civilizações e a história é mais do que de importância passageira, já que a história "é o êxodo das civilizações". Um retorno às civilizações é um reverso do salto no ser. Ao reduzir a história a civilizações, os "historiadores" contemporâneos estão jogando um jogo de malabarismo político, apenas a alguns passos de um abismo insondável de almas mortas. De novo falando de Spengler e de Toynbee, diz Voegelin:

> Nenhum dos dois pensadores aceitou o princípio de que as experiências de ordem, assim como suas expressões simbólicas, não são produtos de uma civilização, mas suas formas constitutivas. Eles ainda vivem no clima intelectual em que "fundadores religiosos" estavam ocupados em criar "religiões", ao passo que de fato eles estavam preocupados com a ordem de almas humanas e, se exitosos, fundaram comunidades de homens que viveram sob a ordem descoberta como verdadeira.
>
> Se, entretanto, o descobrimento israelita da história como uma forma de existência for desconsiderado, então a forma na qual a sociedade existe sob Deus é rejeitada. A concepção de história como uma sequência de ciclos civilizacionais sofre do Eclipse de Deus, como um pensador judeu recentemente chamou esse defeito espiritual.[17] Spengler e Toynbee retornam, na verdade, ao Sheol da civilização, da qual Moisés tinha libertado seu povo para a liberdade da história. (OH, v.I, p.126)

Antes de considerar as consequências dessa redução deletéria da história a ciclos de civilizações, faltou esclarecer a relação entre forma histórica e forma civilizacional. Como o resultado da "interpenetração de instituições e experiências de ordem", uma *forma* de sociedade é uma articulação autorizada e única da verdade do ser (OH, v.I, p.60). Essa articulação

---

[17] Martin Buber, *Gottesfinsternis* (O eclipse de Deus)(Zurique, 1953).

em constelações de símbolos constitui literalmente uma sociedade e a ordena de uma maneira distinta. Uma forma simbólica de existência cria uma sociedade. No curso de ser preservada e reafirmada por meio da observância ritual[18] e da experiência repetidas na tradição da experiência fundante,[19] a forma simbólica sustenta a sociedade ao assegurar harmoniosamente a sintonia da sociedade e de seus membros com a verdade do ser. Esse é o meio pelo qual uma sociedade obtém e retém sua identidade na existência. Uma forma civilizacional de sociedade é, portanto, seu modo e medida dada de participação no processo histórico de experiência e simbolização de ordem que se estende *ad infinitum* para o futuro (OH, v.I, p.61).[20] Vista assim, uma forma civilizacional tem singularidade histórica que não pode nunca ser absorvida pelas regularidades fenomênicas, porque a própria fórmula é um ato no drama da humanidade lutando pela verdade do ser. É essa mesma luta, classificada como a "dinâmica da natureza humana", que *é* a história (OH, v.I, p.63).

Por que, então, uma tensão entre história e civilização? Especificamente, como pode a forma histórica ser a forma constitutiva da civilização ocidental e, simultaneamente, dizer-se que não constituiu uma sociedade do tipo civilizacional?

A tensão aumenta, em parte, por causa de uma falha em distinguir entre (1) uma civilização como uma concatenação

---

[18] Ver, por exemplo, "O festival de Ano Novo" nos índices de *Ordem e história*.

[19] Para o *"continuum* de revelação" e o *"continuum* de resposta do povo" de Moisés até os profetas, ver OH, v.I, p.428 ss. A revelação do Sinai é analisada no v.I, p.406 ss, p.417. As experiências fundantes da forma helênica apresentam um problema similar, como é sugerido na seguinte formulação: "O que a filosofia é não precisa ser afirmado, falando-se *acerca* da filosofia discursivamente; pode, e deve ser determinado pela entrada *no* processo especulativo em que o pensador explica sua experiência de ordem" (OH, v.II, p.170). Essa sentença, deve-se observar, também articula o princípio cardeal do método de Voegelin; o procedimento que ela indica é rigorosamente seguido ao longo de *Ordem e história*. A experiência helênica é talvez mais agudamente analisada em conexão com o *zetema* de Sócrates na *República* III, 82 ss; ver também III, p.112 ss.

[20] Comparar o tratamento desse mesmo problema em termos de representação transcendental e existencial em *A nova ciência política*, de Voegelin (NCP, p.52-75).

mecânica de fases institucionais, divisível em períodos de gênese, crescimento e decadência, que se sucedem *ad infinitum*,[21] e (2) uma civilização como um modo de participação no processo histórico mundial de sintonização com a verdade do ser. A teoria civilizacional fenomenológica tende a antecipar-se no campo da história com o efeito de que a existência humana é reduzida aos ciclos civilizacionais perenemente recorrentes. O significado essencial da história como um modo de Deus no tempo para com o homem é perdido. Sociedades constituídas pela forma histórica não são "civilizacionais" no tipo, porque a história, como uma forma interna de existência, é a fonte de ordem espiritual para a humanidade universal. Uma civilização está sujeita a uma existência que passa e que dura. Deve manter sua harmonia com a ordem mundana de existência assim como com a ordem transcendente do Ser. E deve ser cautelosa para não confundir uma com a outra, nem perder o equilíbrio essencial entre ordens rivais.

A civilização ocidental articulou seu modo de participação no processo mundial na forma da história – ou seja, numa forma não civilizacional, universalista. Isso é um fato de consequências de longo alcance. A forma histórica ocidental, estabelecida pelas experiências judaico-cristãs e helênicas de ordem, é a forma constitutiva de sociedade mundial ou *ecumênica*. A verdade da existência articulada na forma histórica ocidental não é meramente a verdade paroquial de uma civilização, nem a igualmente paroquial verdade da "mais alta religião"[22] entre outras. Comunica, ao contrário, as experiências mais profundas da verdade do ser obtidas pela humanidade e suas implicações são universais no escopo. "A revelação chega a um homem para todos os homens" (OH, v.II, p.6).

---

[21] Toynbee calcula uns 1.743 milhões de civilizações, com base na expectativa de vida da Terra. Ver Toynbee, *A Study of History*, I, p.463 ss (citado por Voegelin, OH, v.I, p.125), e IV, p.9 ss.

[22] Cf. Toynbee, *A Study of History*, IV, 222 e seguintes, V, 58-194, e passim. Para o credo de Toynbee *in nuce*, ver: *A Study of History: What I Am Trying to Do* [Um Estudo de História: O que estou tentando fazer], International Affairs, XXXI (1955), reeditado em *Toynbee and History* [Toynbee e a História], ed. M. F. Ashley Montagu (Boston: Porter Sargent, 1956), esp. os. 6-7).

E é o caráter representativo dos portadores da verdade do ser para a humanidade (OH, vI, p.144) que é o ponto essencial, não para o paroquialismo ostensivo de sua localização neste ou naquele horizonte étnico, geográfico ou civilizacional. "A revelação de Deus para o homem na história vem onde Deus quer" (OH, v.II, p.264), e é a obrigação de todos os homens serem atentos à verdade da existência como ela é revelada e descoberta na resposta de almas sensíveis que agem através das eras como a ligação entre a humanidade universal e o Deus transcendente.

A criação da história pelo salto mosaico no ser mudou para sempre a estrutura do próprio ser (OH, v.I, p.11, 464 ss). A humanidade foi libertada representativamente da existência na forma de mito cosmológico.[23] A história, diferenciando-se por meio da fé como uma estrutura pneumática de experiência e simbolismo na alma, adicionou dimensões novas e essencialmente humanas no campo da realidade. A fonte experiencial dessa expansão da esfera humana foi a revelação do Ser transcendente divino.

A existência na forma histórica pressupõe a existência do Deus transcendente do mundo, assim como o fato

---

[23] Como indicado, tais formulações como a presente têm de ser entendidas como qualificadas pelo fato de que o salto no ser reordena radicalmente a existência centrada ao redor da área de experiência, mas deixa outros aspectos da existência, já ordenada por meio de experiências menos diferenciadas, relativamente intocadas. O ponto é discutido por Voegelin em OH, v.I, p.298 ss: "Uma vez que a expressão adequada para uma experiência de ordem tenha sido desenvolvida dentro da forma cosmológica, ela não desaparece da história quando a revelação divina se torna o centro organizador da forma simbólica". Os novos símbolos pertencem primeiramente à relação entre Deus e o homem, e entre os homens entre si; os velhos símbolos ordenam validamente a existência para o mundo. Um problema que "é insolúvel em princípio" (OH, v.I, p.183) emerge nesse ponto: o de alcançar um equilíbrio entre "a vida do espírito e a vida no mundo". A completa harmonia com a ordem imanente ou com a ordem transcendente envolveria um suicídio espiritual ou um suicídio físico. A acomodação extremamente difícil de ordens rivais de existência só é possível porque são "ligadas pela identidade da ordem do ser e a existência que o homem experimenta" (OH, v.I, p.299). Cf. para o problema do *equilíbrio* nos albores das experiências helênicas de transcendência, OH, v.II, p.255. Para o problema no cristianismo, ver a discussão do Sermão da Montanha, em v.III, p.225 ss. Para o "postulado de equilíbrio", ver v.IV, p.228.

histórico de sua revelação... A história, uma vez tornada ontologicamente real pela revelação, carrega consigo a direção irreversível de uma existência compacta na forma cosmológica em direção ao Reino de Deus. Israel não são os seres humanos empíricos, que podem ou não manter a aliança, mas a expansão da criação divina na ordem do homem e da sociedade. (OH, v.I, p.464)

Nesse movimento da "existência compacta na forma cosmológica até o Reino de Deus" descrevendo a linha implícita da forma histórica da expansão espiritual que, no plano pragmático, é refletido na expansão contemporânea da civilização ocidental de tornar-se mundial,[24] empiricamente observável. Isso levanta tacitamente a questão do "destino" do Ocidente, no sentido do "significado que a ordem de uma existência tem em relação à sua duração e passamento, assim como em relação à ordem da humanidade na existência histórica" (OH, v.I, p.315). Voegelin se expressa acerca dessa matéria da seguinte maneira:

> O programa de história universal válida para todos os homens, quando é bem refletido, pode apenas significar uma de duas coisas: a destruição da forma histórica ocidental, e a redução das sociedades ocidentais a uma forma compacta de ordem em que as diferenciações de verdade pela filosofia e a revelação são esquecidas; ou, uma assimilação das sociedades, em que o salto no ser não rompeu a ordem cosmológica tão completamente como no Ocidente, das existências na forma histórica ocidental. (OH, v.II, p.22)

IV

A redução da história à existência em civilizações constitui uma rebelião espiritual. A presente deformação da forma histórica acarreta uma queda do ser, a catástrofe existencial

---

[24] Ver OH, v.I, p.1. Cf. Toynbee, *A Study of History*, IX, p.406-644.

suprema e o somatório dos males espirituais. À medida que há ordem durante a rebelião, é a ordem residual da forma cosmológica compacta.[25] Pertinente nessa conexão é a análise que Voegelin faz dos movimentos políticos modernos (NCP, p.107-89), que mostra quão precário é o apoio contemporâneo no ser.[26] A queda do ser, como a consequência cardeal de reduzir a história a civilizações, é mais bem elucidada ao se mostrar a relação do gnosticismo moderno (o componente essencial das modernas ideologias políticas) com o mito cosmológico. Essa conexão emerge numa breve crítica da filosofia de história, de Hegel (OH, v.II, p.16-19; v.IV, p.66-78 *passim*).

Depois de observar a ambiguidade de Hegel e a controvérsia acerca de se ele queria ou não dizer que a história e a humanidade chegaram ao fim em sua obra em Berlim, em 1830, Voegelin continua para descontar a importância da controvérsia para seus propósitos, para além do testemunho dessa obra, de que a ambiguidade de fato não existe. Ele nota que o que deu ensejo à ambiguidade foi "a experiência, de Hegel, da consciência, do sujeito, como a substância do ser". Isso é decisivo.

> Pois sob o aspecto dessa experiência, a gnose hegeliana está intimamente relacionada com a especulação do Upanishades acerca da identidade do *atman*, o eu (consciência, sujeito) com o *brahma*, a realidade supramundana e suprapessoal. A operação com o *Geist* [nas Identidades hegelianas] que é ontologicamente Deus e homem assim como a identidade de ambos pertence a um tipo de especulação dentro do meio do mito cosmológico que pode aparecer pré-filosoficamente na Índia

---

[25] Para o fenômeno de rebelião espiritual, ver, por exemplo: *The Wrath of Achilles* [A Ira de Aquiles] (OH, II, 83); para a discussão de Hesíodo (OH, II, 133); os "grandes" problemas de teodicéia" (OH, II, 255); a solução de Hobbes e a análise de Platão (OH, III, 76-80).

[26] Acerca do Gnosticismo, além dos escritos de Veogelin, ver Hans Jonas, *The Gnostic Religion: The Message of the Alien God and the Beginnings of Christianity* [A Religião Gnóstica: a Mensagem do Deus alienígena e os começos do Cristianismo] (2.ª edição, Boston: Beacon Press, 1963), espc. capítulos 2 e 12.

e pós-filosoficamente na gnose hegeliana... Além disso, as experiências similares, com sua articulação especulativa correspondente, têm curiosamente sequelas históricas similares: do Upanishades tardio o caminho leva à salvação ateia do Buda; de Hegel leva, via Bruno Bauer e Feuerbach, à salvação ateia de Marx... Essas sequelas ateias trazem mais claramente à vista o caráter a-histórico da especulação gnóstica... A gnose é um movimento especulativo dentro da forma do mito; e a gnose moderna, como mostra a identificação hegeliana, é um retrocesso da diferenciação para a compactação pré-histórica do mito... Nem os próprios protestos de Hegel, nem os dos hegelianos, contra as imputações de ateísmo, podem abolir o fato de que numa explicação consistente da obra de Hegel a ambiguidade dela deu ensejo ao ataque não ambíguo à filosofia e ao cristianismo por Marx. Quando a especulação finita possui em si mesma o significado da história, a filosofia e o cristianismo são destruídos e a existência na forma histórica cessou. (OH, v.II, p.18-19)

As raízes do gnosticismo são muitas e se aprofundam no tempo, como as do próprio cristianismo. A forma moderna predominante do gnosticismo é a de uma especulação que afirma ter o conhecimento do significado da história. A variante gnóstica atreve-se a reordenar a existência humana com base num programa formulado à luz de "conhecimento científico" que levará a história à perfeição (NCP, p.107-32). A ironia é que essa proclamação do fim da história, enquanto, na verdade, capaz[27] de efetivamente destruir a história

---

[27] *Capaz* deve ser enfatizado. Voegelin talvez subscrevesse o *bon mot* do Ministro Brandeis que "o irresistível é frequentemente o que não é resistido" (Citado por Isaiah Berlin em *Historical Inevitability*) [Inevitabilidade História] (Londres: Oxford University Press, 1954), 78, nota 2). O próprio Voegelin escreve: "A desordem espiritual de nosso tempo, a crise civilizacional de que todos falam prontamente, não tem de nenhum modo de ser um fado inevitável... Ao contrário, cada um possui os meios de superá-lo em sua própria vida... Ninguém é obrigado a tomar parte na crise espiritual de uma sociedade; ao contrário, cada um é obrigado a evitar essa tolice e viver sua vida em ordem", em *Ciência, Política e Gnosticismo*, 22-23.

como uma forma de existência se ganha aceitação social, tem o efeito de lançar a existência humana de volta a três milênios a uma versão deformada da forma compacta de existência pré-histórica imanentizada primeiramente rompida pelo salto de Moisés no ser. Uma recaída vacilante na existência primitiva é o fruto espiritual de ideologias modernas, a despeito de falarem em ciência e progresso. "Ideologia", escreve Voegelin, "é a existência em rebelião contra Deus e o homem... a violação do Primeiro e do Décimo Mandamento, se quisermos usar a linguagem da ordem israelita... o *nosos*, a doença do espírito, se quisermos usar a linguagem de Ésquilo e de Platão (OH, v.I, p.xiv).

No nível ontológico, isso é precisamente *desordem*. Ordem e desordem são condições preeminentemente da *alma*. É a ordem ou desordem da alma que engendra e reflete, na dialética da existência, a ordem e a desordem da sociedade.[28] É a ordem ou desordem da alma que reflete a harmonia do homem com a verdade do ser no ritmo do processo histórico ou sua defecção. Foi Platão, no ato de resistir à desordem social de seu tempo, quem descobriu que a "substância da sociedade é a psique" e que "a sociedade pode destruir a alma de um homem porque a desordem da sociedade é uma doença na psique de seus membros" (OH, v.III, p.69). A "doença" ou *nosos* da alma é designada por Platão como a "ignorância da alma" da verdade do ser. O remédio prescrito é "retificar a relação entre o homem e Deus" através da conversão, ou, na linguagem de Platão, através da *periagoge* – "um giro de toda a alma, da ignorância à verdade de Deus, da opinião [*doxa*] acerca das coisas oscilantes para o conhecimento [*episteme*] do ser" (OH, v.III, p.68).[29]

Um outro aspecto do problema é o que Voegelin chama de "fé metastática". Esse fenômeno primeiro aparece em Isaías.

---

[28] Esse é o princípio central da teoria política de Voegelin. Ver OH, v.II, p.227; ver também a discussão do problema de teodiceia em v.II, p.255.

[29] Cf. OH, v.III, p.264 ss. Ver também "a obra prima de Platão em sua tentativa de penetrar a natureza da corrupção social", em v.III, p.78 ss.

Metastasis é uma distensão da fé para acomodar-se à expectativa de uma mudança na constituição do ser imanente. É esse elemento em ideologias contemporâneas que as leva a programar a perfeição do homem e da sociedade. O progressismo americano, não menos do que o comunismo soviético, compartilha desse otimismo precipitado – pela boa razão de que, a despeito do antagonismo explícito no nível da política de poder, eles são espiritualmente "irmãos sob a mesma pele". "A fé metastática é uma das grandes fontes de desordem, senão a principal, no mundo contemporâneo; e é uma matéria de vida e de morte para todos nós compreendermos o fenômeno e encontrarmos remédios contra ele antes que ele nos destrua" (OH, v.I, p.xiii). Voegelin posteriormente esclareceu sua terminologia com estas palavras:

> O termo *apocalipse metastático* [ou *fé*] exigirá uma pequena explanação. Tive de desenvolver o termo por ocasião dos profetas israelitas. Na profecia de Isaías chegamos a uma singularidade de que Isaías aconselhou o rei de Judá a não acreditar nas fortificações de Jerusalém, nem na força de seus exércitos, mas em sua fé em Javé. Se o rei tivesse a verdadeira fé, Deus faria o resto, produzindo uma epidemia ou o pânico entre os inimigos, e o perigo para a cidade se dissolveria. O rei tinha bom senso suficiente para não seguir o conselho do profeta, mas, ao contrário, confiar nas fortificações e no aparato militar. Ainda assim, havia uma presunção do profeta de que por um ato de fé, a estrutura da realidade poderia efetivamente ser mudada. Ao estudar esse problema e tentar compreendê-lo, minha primeira ideia, é claro, foi a de que o profeta se dedicava à mágica. Ou, ao menos, acreditava em mágica. Isso não seria surpreendente, porque na história de Israel, sempre foi função dos profetas guiar a mão do rei em lançar uma flecha no inimigo como uma operação mágica que levaria à vitória. O que aconteceu no caso de Isaías teria sido o que na psicologia moderna, de Nietzsche ou Freud, seria chamado de uma sublimação da mágica

física mais primitiva. Ainda assim, senti-me mal com isso, e refleti acerca da matéria especialmente com Gerhard von Rad, em Heidelberg, que ficou horrorizado com a ideia de que um profeta espiritual grandioso como Isaías pudesse ser um mágico. Fiquei tão impressionado com a atitude dele, que fiz uma concessão. Não usei o termo mágica para a prática aconselhada por Isaías, mas cunhei um novo termo, caracterizando a crença mágica sublimada peculiar numa transfiguração da realidade por um ato de fé. E a esse tipo de fé chamei *fé metastática*, ou seja, a crença na *metastasis* da realidade por meio de um ato de fé. Não estou tão certo hoje (em 1973) se faria tal concessão, porque esse tipo de fé é, na verdade, mágica, embora seja preciso distinguir essa variedade sublimada das operações mágicas mais primitivas. Se alguém traçar realmente uma linha estrita da diferença entre a fé metastática e a fé mágica, tenho medo de que o fator que elas têm em comum, ou seja, a tentativa de produzir um resultado desejado por meios fora das relações de causa e efeito na natureza, pudesse ser enodoado. (MA, p.69-70)

A linha de análise nas seções precedentes e na presente não deve, é claro, ser feita para significar que Voegelin questiona a legitimidade do estudo científico dos cursos civilizacionais como tais. Ao contrário, sua crítica a Spengler e a Toynbee é construtiva à medida que, embora louvando suas vastas pesquisas dos fenômenos, ele culpa pela inconclusão teórica deles a confiança sincera na mera classificação. Um método mais promissor, sugere ele (e o que foi sugerido por Platão e seguido por Giambattista Vico), seria "uma análise teórica das instituições e experiências de ordem, assim como da forma que resulta de sua interpenetração" (OH, v.I, p.62). De central importância é o problema da "substância que suporta as mudanças evolucionárias no curso de um ciclo". Voegelin aponta que "um crescimento e uma decadência têm de ser um crescimento e uma decadência de algo". E afirmar o que esse *algo* é que tem de ser encarado como o primeiro problema teorético daqueles que pretendem encontrar "linhas finitas de significado na corrente da história" (OH, v.III, p.317). Em outro ponto, depois de uma breve crítica, o problema é reformulado cuidadosamente nos seguintes termos:

> O processo histórico de civilização parece, na verdade, ter seu núcleo num processo de decomposição psíquica... O processo de decomposição, se e desde que exista, pressupõe uma ordem inicial da alma. A investigação empírica de uma civilização e suas fases políticas têm de, portanto, esclarecer essa ordem inicial da alma, seu crescimento e ramificação, e então estudar as fases de sua decomposição. O tratamento do problema jazerá na presunção de que uma sociedade política, à medida que seu curso na história seja inteligível, tem para sua substância o crescimento e o declínio de uma ordem da alma. O problema do ciclo político, concluímos, não pode ser resolvido pela generalização de fenômenos institucionais, mas requer para sua solução uma teoria do mito ordenador de uma sociedade. (OH, v.III, p.129)

V

As experiências helênicas de transcendência ocorrem num espaço de séculos. Têm o seu clímax no culto público da tragédia esquiliana (OH, v.II, p.241 ss) e na visão platônica do *Agathon* (OH, v.I, p.496; v.III, p.112 ss). Decisivo no aprofundamento da consciência da história até sua realização em Platão foi a experiência de crise social. Essa crise seguiu o "Grande Despertar" (OH, v.II, p.241) da Atenas de Maratona e Ésquilo. Tem uma expressão justa na *Syngraphe* de Tucídides (OH, v.II, p.349 ss), e alcança seu nadir no assassinato judicial de Sócrates (OH, v.III, p.7 ss). A consciência histórica específica gerada por Platão foi a teoria do ciclo de história (OH, v.II, p.50 ss).³⁰ Ao contrário da forma histórica criada pela revelação israelita, a forma histórica helênica foi criada apenas gradualmente. Atingiu sua mais alta claridade apenas por meio da experiência e da compreensão da desordem que marca o *fim* de uma fase da civilização helênica. O passado da humanidade descoberto pelo salto do filósofo no ser foi o passado da mentira do "mito do povo"; o Antes-e-Depois da experiência dividiu o tempo na mentira do mito politeísta e na verdade da alma bem ordenada do filósofo.

As dificuldades que a análise de Voegelin encontra ao tentar penetrar o movimento da experiência helênica de Homero a Aristóteles, e sua relação com a forma histórica, resultaram do fato de que a filosofia, em contraste com a revelação, cria história apenas obliquamente. A investida central das experiências simbolizadas na filosofia produz a alma reflexiva, autoconsciente na existência pessoal sob Deus. Isso em contraste com a consciência da existência histórica coletiva do Povo Escolhido que é gerada imediatamente pela revelação em Israel. A forma simbólica de filosofia não é a narrativa da história paradigmática como no Antigo Testamento, do Gênesis até o segundo livro dos Reis, mas o diálogo platônico com sua perfeição única do *mito* como o símbolo articulador do salto do filósofo no ser.³¹ O movimento intricado de experiência por intermédio de poetas, filósofos místicos e historiadores, que é traçado minudentemente por Voegelin,³² até a realização específica e direta da existência histórica por meio da tragédia pelos guerreiros atenienses em Maratona e por Ésquilo em seus dramas, e então o aprofundamento posterior dessa experiência por Platão, coloca problemas mais sutis de interpretação do que são encontrados nos contornos evidentes da revelação. Ao definir a diferença essencial entre as formas históricas constituídas pela revelação e pela filosofia, Voegelin usa a seguinte linguagem:

---

[30] Cf. OH, v.III, p.156 ss e p.286 ss.
[31] As variedades do mito são distinguidas, ibidem, p.185.
[32] Nos volumes II e III de *Ordem e história*.

A palavra, a *dabar*, revela integral e imediatamente a ordem espiritual da existência, assim como sua origem no ser divino-transcendente, mas deixa ao profeta o descobrir a imutabilidade e a recalcitrância da estrutura imanente mundana do ser; o amor do filósofo pela sabedoria dissolve devagar a compactação da ordem cósmica até que se tenha tornado a ordem do ser imanente mundano para além do qual é sentido, embora nunca revelado, a medida transcendente invisível. (OH, v.II, p.52)

O processo, o conteúdo da experiência, e a simbolização são muito diversos do que na revelação. O descobrimento da história na Hélade chega a seu auge apenas no período clássico; e, mesmo assim, a forma histórica helênica não atinge sua luminosidade total de revelação, mas permanece ligada pelas limitações simbólicas de um mito da natureza de ciclos cósmicos (OH, v.III, p.156) e pelas dimensões da alma dionisíaca (OH, v.II, p.264; v.III, p.61, 70, 141). Ao contrastar o *Logoi* da filosofia e da revelação, Voegelin observa que quando "o homem está à procura de Deus, como na Hélade, a sabedoria alcançada permanece genericamente humana" (OH, v.I, p.496). Apenas a experiência israelita obteve um rompimento radical e imediato com o mito. A experiência helênica é escalada como "intermediária" entre a de Israel e a da China de Confúcio ou Lao-tsé (OH, v.II, p.262 ss).[33]

O desenvolvimento da forma histórica na Hélade tomou o seguinte curso. O passo decisivo para a criação da história já tinha sido tomado por Homero, que transformou a queda dos Aqueus no passado da sociedade helênica (OH, v.II, p.127).[34] No tempo de Hesíodo (no VIII século tardio a.C.), a sociedade helênica é constituída como existente no *presente*, se não sob Deus, sob os deuses olímpicos de Homero. Então começa uma

---

[33] Os critérios de Voegelin para escalar e classificar os múltiplos e paralelos saltos no ser estão desenvolvidos em OH, v.II, p.7. O trecho citado aqui é das p.206-7.

[34] O "problema central de Homero [foi] o rompimento da civilização micênica" (OH, v.II, p.109).

tensão entre a *polis* e os poetas e filósofos, uma tensão que foi a influência fundamental que moldou a forma simbólica de filosofia. A consciência autoconsciente da alma individual emergiu dela, e, junto com ela, o reconhecimento da ordem da alma como a fonte autorizada da ordem transcendente para o homem e a sociedade. Tanto os poetas quanto os filósofos existiram em oposição à ordem corrupta da *polis*. A persistência dessa tensão é tal que se desenvolveu numa "forma mesmo de civilização helênica" (OH, v.II, p.169). A forma simbólica criada mediante os esforços de indivíduos que descobriram que a ordem da psique humana para além da ordem da *polis* era a própria *filosofia*.

A origem da filosofia na oposição consciente entre a alma bem-ordenada e a desordem na sociedade ao redor é enfatizada por Voegelin. Ele considera isso fundamental para uma compreensão adequada da filosofia grega (OH, v.III, p.62-9).[35] A filosofia como a forma simbólica da civilização helênica é ilusória, se comparada com as formas simbólicas de existência das civilizações do Oriente Próximo, por causa da natureza da experiência simbolizada. A ordem pessoal da alma do filósofo, obtida pelos movimentos orientados para a verdade transcendente no campo da alma, não pode ser institucionalizada, mas tem de depender de uma formação autônoma nos indivíduos. Além disso, "já que essa [mesma] ilusão da forma é a causa do erro de que a filosofia seja uma atividade 'intelectual' ou 'cultural' conduzida no vácuo, sem relação com os problemas da existência humana na sociedade, torna-se ainda mais importante para enfatizar as raízes da filosofia na *polis*" (OH, v.II, p.168).

A filosofia é similar à revelação em que ambas, pelo salto no ser, estão separadas da forma cosmológica e do mito, "ou seja, pelo rompimento com a experiência compacta da ordem cósmico-divina através do descobrimento da fonte transcendente-divina da ordem" (OH, v.II, p.126). A façanha dos místicos filósofos consiste em (1) seu rompimento tanto

---

[35] Ver cap.1.

com o mito quanto com a ordem social gentil corrupta (OH, v.II, p.116, 170);[36] e (2) seu simbolismo que avança do estágio do mito teomórfico para a consciência dos movimentos no campo da própria alma e no descobrimento da "transcendência radical do *realissimum* divino" (OH, v.II, p.239). Essa "irrupção transcendental" epocal, experimentada e expressa pela geração dos místicos filósofos, anuncia um novo problema de autoridade que daí em diante permaneceu uma fonte perene de fricção e conflito: "a ordem coletiva antiga no nível menos diferenciado de consciência está sob julgamento permanente pela nova autoridade, ao passo que a nova ordem do espírito é socialmente uma realização de indivíduos carismáticos" (OH, v.II, p. 240).

A diferenciação helênica de experiências de ordem alcançou o ponto de claridade suficiente para criar a existência na forma histórica no V século de Atenas de Maratona e de Ésquilo. Na Hélade, e em nenhum outro lugar, "a história nasceu da tragédia" (OH, v.II, p.263). Foi a existência concreta de uma sociedade ateniense que possuía a substância espiritual capaz de ação trágica que trouxe a civilização helênica para a história. O salto no ser, conseguido pelos guerreiros de Maratona e por Ésquilo em seus dramas, toma a forma de uma descida dionisíaca nas profundezas da alma para alcançar uma decisão para a Justiça (Dike) divina (OH, v.II, p.251). A experiência em si é a consciência do movimento reflexivo da alma que desce para seu próprio abismo, para lá chegar a uma decisão justa que, então, se torna a base de uma ação madura existencialmente responsável. Quando o significado da ação trágica penetrou a sociedade suficientemente para tornar possível Maratona e o culto público da tragédia esquiliana, ela iluminou a ordem da sociedade. A ordem social era vista como o triunfo do homem; era experimentada como uma encarnação precária da *Dike*, como ordem arrebatada pela ação trágica das forças demoníacas de desordem. Entendia-se que sua preservação era dependente da presença socialmente efetiva da ação

---

[36] Para o "velho mito" e o "novo mito", ver OH, v.III, p.188 ss.

trágica. Na diferenciação da consciência humana, um "curso de assuntos humanos se torna um curso de história quando a ordem da alma se torna a força ordenadora da sociedade", porque *apenas* "então pode a ascensão e a queda de uma política ser experimentada em termos de uma psique em crescimento ou sem desintegração" (OH, v.II, p.263). Os helenos, através dos atenienses, tratam da existência em liberdade sob Deus (conseguida imediatamente pelos israelitas através da revelação) através dos esforços trágicos do povo "para descer na profundidade divina da *Dike*" (OH, v.II, p.263).[37]

Para além disso, pouco se diz que elucide diretamente a relação entre as experiências helênicas de ordem e a forma histórica. A luta pela harmonia, que começa com os poetas antigos afirmando sua autoridade espiritual contra a *polis* e o mito numa configuração contrapontística, começando com Hesíodo, atinge brevemente seu clímax no milagre da Atenas do V século. Por um momento esplêndido, a verdade da alma se torna a fonte dominante da ordem pública, e as fontes contendoras de autoridade – espiritual e temporal, transcendental e existencial – se misturam. A tensão da filosofia se dissolve em ação trágica. Mas, depois disso, a dissociação começa de novo. A tensão entre ordem e desordem cresce numa intensidade mortal no processo e no assassinato judicial de Sócrates pelos atenienses, e no processo e julgamento dos atenienses por Sócrates.[38] A brecha se abre sem esperança.[39] Depois de Platão, a tensão que se tornou filosofia foi quebrada.

A corrupção e a desintegração da sociedade helênica não é, entretanto, uma má fortuna não mitigada. O rompimento

---

[37] Para a crítica da teoria de Aristóteles da tragédia e sua rejeição, ver OH, v.II, p.246.

[38] Citado em Platão, *Apologia*. Cf. OH, v.III, p.7. Para o desenvolvimento paralelo na história de Israel e sua análise, ver a discussão de Jeremias em OH, v.I, p.436-8.

[39] Voegelin discute *The Consciousness of Epoch* [A Consciência de Época], incluindo o reconhecimento de Aristóteles de que a Atenas de seus dias estava para além de reforma, em OH, III, 284-92. O último ato no drama helênico da filosofia é "A retirada da filosofia" de Pirro de Élis (OH, III, 368-72).

da sociedade, embora prenunciando o fim político, é o estímulo que provoca a resposta poderosa de Platão: seu aperfeiçoamento da filosofia como "*a* forma simbólica em que uma alma dionisíaca expressa sua ascensão a Deus" (OH, v.III, p.70). A perspectiva ontológica do problema deve ser lembrada. Assim como poderia ser dito de Heráclito que em "uma sociedade corrupta pode haver apenas um homem em cuja alma queima o fogo cósmico, o qual vive no amor ao nomos divino" (OH, v.III, p.239), assim o *Górgias* (513C, 521D) proclama a transferência de autoridade "do povo de Atenas e seus líderes para o homem Platão" (OH, v.III, p.39). A verdade do ser não cessa de ser a verdade da existência simplesmente porque uma sociedade corrupta e seus líderes escolhem desprezá-la ou mesmo porque eles resolutamente negam sua própria existência. A verdade da existência é parte do próprio ser. Como o princípio é formulado por Voegelin no contexto israelita: "Nenhuma quantidade de defecções empíricas pode tocar a constituição do ser quando ele se desenrola à luz da revelação. O homem pode fechar os olhos de sua alma para essa luz; e pode dedicar-se à futilidade da rebelião; mas ele não pode abolir a ordem pela qual seu comportamento será julgado" (OH, v.I, p.464-5).[40] E essa é substancialmente a resposta de Platão ao espetáculo anômalo de sua Atenas contemporânea que, como Israel do Servo Sofredor, tinha caído da verdade da existência, vivendo uma força vivente na alma de apenas um homem.[41]

Por mais profundas que sejam as experiências dos filósofos helênicos, mesmo o desenvolvimento total da filosofia platônica e aristotélica deixa a história sem nenhum sentido que

---

[40] O trecho inteiro nesse ponto merece consideração cuidadosa. Conclui com a afirmação; "O homem existe *dentro* da ordem do ser; e não há nenhuma história *fora* da forma histórica sob a revelação... Há épocas em que a ordem querida divinamente não é realizada humanamente em nenhum lugar, senão na fé dos sofredores solitários".

[41] Uma das mais sublimes seções de *Ordem e história* é a biografia espiritual do Servo Sofredor do Segundo Isaías, v.I, p.488-515. Para o "mito do Julgamento dos Mortos no *Górgias*" e a *logique du coeur* de Platão, ver OH, v.III, p.30, 39-45. Ver também OH, v.I, p.429.

possa ter comparação com a obtida pela revelação israelita. "O salto do filósofo no ser libertou a *physis* paradigmática do homem e da sociedade, mas não livrou, como o salto mosaico e profético no ser, a ordem da história do mito do cosmos" (OH, v.III, p.336). A história não pode ser entendida como a revelação do modo de Deus através do tempo com o homem sem a própria revelação, assunto resumido no capítulo 6.

VI

É filosofia como forma de existência o que é evocado em *Ordem e História*. Em sua introdução ao primeiro volume, Voegelin fala da filosofia como "o amor do ser por meio do amor do Ser divino como a fonte de sua ordem" (OH, v.I, p.xiv). Como fica claro do estudo da filosofia grega, a filosofia tem sua origem na resistência da alma à sua destruição pela sociedade. Como um "ato de resistência iluminado pela compreensão conceptual", tem duas funções: *primeira*, é um ato de salvação espiritual para o filósofo e para outros ao redor dele, porque a evocação do filósofo da ordem verdadeira e sua reconstituição dela em sua própria alma cria "o centro substantivo de uma nova comunidade que, por sua existência, alivia a pressão da sociedade corrupta ao redor. Sob este aspecto, Platão é o fundador da comunidade dos filósofos que vive através dos tempos"; *segunda*, a filosofia é um ato de julgamento, pois na luta árdua da alma para resistir às forças do mal que procuram a sua destruição, pares de conceitos são desenvolvidos que lançam luz tanto no bem quanto no mal, e esses pares iluminadores de conceitos se tornam os critérios de ordem e desordem social. "Sob esse segundo aspecto, Platão é o fundador da ciência política" (OH, v.III, p.68-9).

O filósofo é o homem que literalmente ama a sabedoria porque ela dá substância a sua liberdade e permite que a alma dele viaje pela estrada até a salvação pela sabedoria em vez de através de um hábito cego ao dogma. Ele é o representante da humanidade e, portanto, exige, com direito, autoridade espiritual: "O filósofo é *homem* na ansiedade de sua queda do ser; e filosofia é a ascensão para a salvação para *qualquer homem*" (OH, v.III, p.70, grifo nosso). Platão, como o fundador da filosofia, distingue entre filósofos e filodoxos, entre ciência e opinião; portanto, não se deve supor que o próprio Platão era apenas um filósofo entre outros, ou que o que ele tem para dizer é apenas opinião (OH, v.III, p.69-75). Ao contrário, para de novo empregar a própria linguagem vigorosa de Voegelin:

> A filosofia de Platão, portanto, não é *uma* filosofia, mas *a* forma simbólica em que uma alma dionisíaca expressa sua ascensão a Deus. Se a evocação de Platão de um paradigma de ordem correta é interpretada como uma opinião de um filósofo acerca da política, o resultado será um tolice irremediável, não valendo a pena de uma palavra de debate. (OH, v.III, p.70).[42]

Os volumes iniciais de *Ordem e História* restabelecem convincentemente a ontologia no fundamento seguro de experiência, e, portanto, expandem radicalmente o escopo das ciências filosóficas. Além disso, reafirmam enfaticamente a autoridade da alma do filósofo como a fonte de ordem no meio da desordem existencial. As implicações dessas afirmações serão discutidas nos próximos capítulos, assim como o serão o desenvolvimento e a modificação das questões-chave identificadas na obra de Voegelin em seu horizonte de 1957 como acabamos de analisá-las.

---

[42] Para a visão desafiadora de que "a história da filosofia é, na maior parte, a história de seu descarrilamento", ver OH, v.III, p.271-79. A asserção é discutida até nas p.155-63.

6. MITO, FILOSOFIA E CONSCIÊNCIA: 1966

Na primeira sentença de *A nova ciência da política* (1952), Voegelin tinha afirmado que "A existência do homem na sociedade política é existência histórica; e uma teoria da política, se penetra até os princípios, tem de, ao mesmo tempo, ser uma teoria da história" (NCP, p.1). Essa teoria da história seria expandida em *Ordem e história*; e quando o primeiro volume da obra apareceu em 1956, a primeira sentença do Prefácio anunciava o procedimento que seria seguido para o presente desde a antiga Mesopotâmia e Egito, e nestas palavras agora familiares: "A ordem da história emerge da história da ordem". Algumas linhas depois, o empreendimento é esclarecido:

> Ao passo que não há nenhum padrão simples de progresso ou de ciclos que giram, através da história, seu processo é inteligível como uma luta pela ordem verdadeira. Esta estrutura inteligente, entretanto, é... uma realidade que deve ser discernida retrospectivamente num fluxo de acontecimentos que se estende, pelo presente do observador, indefinidamente para o futuro. Os filósofos da história falaram dessa realidade como providência... [e ao fazerem isso] referiram-se a uma realidade para além dos planos dos seres humanos concretos – uma realidade cuja origem e fim são

desconhecidos e que, por essa razão, não pode ser trazida para o controle de uma ação finita. (OH, v.I, p.ix)

Por essa reafirmação, a teoria da política que tinha sido expandida até a teoria da história em 1952 foi depois metamorfoseada na filosofia da ordem para ser atingida através da recordação e análise da trilha de experiências e seus símbolos manifestados no campo da história. A seguinte reformulação maior veio uma década depois.

A primeira sentença de *Anamnese* (1966) afirmava desse modo a tese central da filosofia política de Voegelin: "Os problemas de ordem humana na sociedade e na história se originam na ordem da consciência. Portanto, a filosofia da consciência é a peça central de uma filosofia da política" (A, p.7). Com essa formulação de 1966, a filosofia da política foi, então, aumentada pelas experiências e símbolos por meio dos quais o processo de consciência se articula no tempo.

I

Essa sucessão de formulações na primeira sentença não é conflitiva, ou contraditória, mas complementar. Voegelin afirma que os materiais publicados na primeira parte de *Anamnese* (e escritos em 1943) expressam a teoria da consciência "pressuposta" assim por *A nova ciência da política* como por *Ordem e história* e já de importância para ele no final dos anos de 1920, quando a teoria de William James da consciência foi explorada em *On the Form of the American Mind*. Essa teoria é exemplificada em *Anamnese*, mais particularmente em "O que é realidade política?".

"A filosofia de ordem é o processo através do qual encontramos a ordem de nossa existência como seres humanos na ordem da consciência" (A, p.110). Platão expressou sua própria filosofia de consciência em termos do simbolismo da Recordação. Já que Voegelin constrói sua teoria no fundamento fornecido por Platão, o significado desse simbolismo é crucial. Platão parece ter cunhado a palavra *anamnesis* de *mnemosyne* (memória ou recordação; miticamente, a Mãe das Musas); seu significado é lembrar-de-novo, recordação ou reminiscência (Cf. Filebo 34 A-C; 60 A-E). A Fonte da Memória é conhecida das tábuas órficas, amuletos enterrados com o morto e fontes indispensáveis de conhecimento da escatologia órfica. A inscrição da *Tábua Petélia* diz o seguinte:

> Encontrarás à esquerda da Casa de Hades uma nascente de fonte,
> E a seu lado estará um cipreste branco.
> Não te aproximes muito dessa fonte.
> Mas encontrarás outra perto do Lago da Memória (*Mnemosynes*)
> Água fresca jorrando, e há guardiães diante dele.
> Dize: "Sou um filho da Terra e do Céu Estrelado,
> E, olha, estou sedento e pereço. Dá-me rápido
> A água fresca jorrando do Lago da Memória."
> E elas mesmas darão a ti a beber da Fonte sagrada,
> E depois disso entre outros heróis terás o senhorio...[1]

A origem divina do homem é afirmada; é alimentada, e seu destino celestial salvo, pela água abençoada da Recordação. A fonte sem nome e proibida da tábua é ligada à pessoa de Lete (Esquecimento) em Hesíodo (*Teogonia*, 227); e Lete aparece pela primeira vez como uma água, um rio, ao final *República* de Platão (621), onde ela é também chamada *Ameles* (Esquecido). Não menos do que para Platão do que para os órficos e Hesíodo, Lete é desde o princípio totalmente má, identificada com a inconsciência da morte e com a morte vivente que é o esquecimento daquilo que deve ser recordado – a amnésia da alma e da sociedade da qual fala Voegelin no começo de *Ordem e História*. É a ignorância na alma (*agnoia*) que nulifica a sabedoria na *República*, e combina com o vício para obscurecer a verdade, ligando, assim, a alma à terra, no grande mito de Fedro (248D).

---

[1] Citado de Jane Harrison, *Prolegomena to the Study of Greek Religion* [Prolegômenos ao Estudo da Religião Grega](reedição, Nova Iorque, Meridian Books, Inc., 1955), 573-83; 659-60.

A verdade em grego (*aletheia*) significa um descobrimento, um desvelamento ou desesquecimento; Platão a designa etimologicamente como "uma aglomeração de *Theia ale* (divina errante), implicando o movimento divino da existência" (Crátilo, 421 B; cf. 411-A-413C). A experiência de *dejà vu* ou *anamnesis* é oferecida como prova não apenas da imortalidade da alma e da metempsicose por Platão, mas também como o sinal da humanidade essencial em si mesma e como o equivalente da razão intuitiva ou noética (*Nous*): esse algo divino misterioso no homem, a mais alta faculdade racional ou capacidade de intelecto pelo qual as Ideias transcendentais e o Primeiro Princípio indemonstrável de conhecimento científico são, através da participação, apanhados e conhecidos.[2] Escreve Platão:

> A alma que nunca viu a verdade não passará para a forma humana. Pois um homem tem de ter inteligência dos universais, e ser capaz de proceder de muitos particulares do sentido para uma concepção da razão; – esta é a recordação daquelas coisas que nossa alma viram enquanto seguiam Deus – quando, a despeito do que agora chamamos ser, ela levantou a cabeça para o verdadeiro ser. E, portanto, só a mente do filósofo tem asas; e isto é justo, pois ele está sempre, de acordo com a medida de suas habilidades, apoiando-se na recordação daquelas coisas em que Deus reside, e na contemplação de que Ele é O que é. E o que emprega corretamente essas memórias está sendo iniciado nos mistérios perfeitos e sozinho se torna verdadeiramente perfeito. Mas, quando ele se esquece dos interesses

---

[2] Platão, *Fedão*, 73-76; *O Banquete*, 208; *Meno*, 81-87; *República*, 617; *Timeu*, 42, 91; cf. Aristóteles, *Ética a Nicômaco*, 1140b31-1141 a 9; 1177 a 12-1178 a 8; *Analíticos Posteriores*, 100b5-14. Cf. Martin Heidegger, *Was ist Metaphysik?* [Que é Metafísica?](Frankfurt: V. Kloestermann, 1951), 10 e seguintes, traduzido como *The Way Back Into the Ground of Metaphysics* [O Caminho de volta ao Fundamento da Metafísica], em Walter Kaufmann, ed. *Existentialism from Dostoevsky to Sartre* [Existencialismo de Dostoiévski a Sartre](Nova Iorque: New American Library, 1975), cf. páginas 210 e seguintes para observações sobre *aletheia*.

terrenos e está embevecido com o divino, o vulgacho o considera louco, e o repreende; não vê que ele está inspirado.³

Esta mesma identificação – ou ao menos aliança íntima – de *anamnesis* com *nous* pode ser vista no dilema proposto a Sócrates no *Meno* que, pela inquirição, alguém "ou... não aprenderá nada ou o que já sabe" (para aceitar a formulação de Aristóteles) que é resolvida através do famoso experimento com o moço escravo que mostra que "toda a inquirição e todo aprendizado não é senão recordação", entendendo aprendizado como conhecimento (*episteme*) da verdade em termos de princípios ou essências que não mudam.⁴

II

Porque o processo de consciência informa e anuvia o campo da história, o melhor ponto de acesso para a compreensão crítica da filosofia política de Voegelin continua a ser o simbolismo histórico. O tratamento permite a discussão de *Anamnese* tanto no contexto de escritos anteriores quanto nos posteriores. A continuidade impressionante de seu pensamento por um período de cinco décadas convida a esse tratamento, pois a atenção de Voegelin a esses problemas não cessou com a publicação desse livro. Os dois complexos de experiência e simbolismos – os da história e os da consciência – são mantidos juntos pela única "constante" que Voegelin encontra em qualquer dos campos. Esta ligação e constante é o próprio homem; mais especificamente, é o homem "em busca de sua humanidade e da ordem da história". Temos de

---

³ Platão, *Fedro*, 249C-E.
⁴ Aristóteles, *Analíticos Posteriores*, 71 a 29; *Meno*, 80E, 81E; cf. Eutidemo, 293E e seguintes. Cf. a discussão de *Wissende Fragen und fragende Wissen* [Pergunta sapiente e Conhecimento perguntante], em *Anamnese*, 150-52, e p. 159 e seguinte. Referências a *Anamnese* são à edição alemã, a não ser que se diga o contrário.

novo de recordar a primeira sentença da Introdução a *Ordem e História*: "Deus e homem, mundo e sociedade formam uma comunidade primordial de ser".[5] Nesse ponto de partida da filosofia de Voegelin, a realidade é simbolizada como a comunidade de ser articulada numa relação a quatro.

O campo do ser não é, entretanto, simplesmente postulado. Ao contrário, surge na consciência da formação de símbolos como uma expressão de experiência, em seu alcance mais abrangente. A base desta experiência abrangente e fundamental está implícita no termo *comunidade*. O ser não é uma mera abstração, mas o Fundamento divino concretamente apreendido; nem o ser é uma coisa. Nem abstração nem coisa, o termo *comunidade de ser* expressa o conteúdo da experiência íntima do homem de participação consciente num todo maior do que ele, tanto semelhante como dessemelhante a ele. Este todo abrangente encontra seu ponto de descanso no Fundamento divino, que engloba tudo o que há. O todo experienciado é simbolizado como "ser" (*ousia*) na linguagem filosófica. O cerne da experiência forma como o sentido da interpenetração mútua igualdade, e unidade de tudo o que cai dentro da campo de ação da consciência.

Essa unidade essencial, ou consubstancialidade, não é, entretanto, a homogeneidade perfeita. É articulada por tensões dentro do campo de consciência que são identificadas como polaridades distintas. Esses polos tensionais são designados pelos símbolos que definem as fronteiras estruturais da realidade experimentada. Portanto, a consubstancialidade do ser experimentada se diferencia como uma comunidade em que o homem participa como polaridade e membro. É precisamente a tensão desta parceria que o homem – e isso significa a consciência concreta de cada homem – experimenta e sabe como a essência de seu ser. Nas palavras de Voegelin, "A parceria do

---

[5] A exploração da questão das "constantes" ("estrutura inteligível") na história e consciência está explícita na primeira página do Prefácio de *Order and History*; é desenvolvida profundamente em Voegelin, "Equivalences of Experiences", p.215-34.

homem no ser é a essência de sua existência". Ou, alternativamente, "A 'natureza específica do homem' é sua 'consciência da tensão existencial com o Fundamento'" (OH, v.I, p.2; A, p.340). A segunda formulação pode ser tomada como o equivalente da primeira apenas se se dá ênfase total à *participação*. *Parceria* é sinônimo de participação; e a consciência do homem se forma precisamente como esta mesma participação. Portanto, a essência homem é esta dimensão interna luminosa (ou consciência) que se forma como participação no Fundamento divino do ser. A participação, pois, é uma concepção básica para a uma compreensão das teorias de Voegelin acerca da consciência, experiência, simbolismo e realidade, e, portanto, de toda a sua filosofia.[6]

Tem de ser enfatizado que a experiência agora em discussão é a experiência "interna", que se forma como participação – não a experiência externa de percepção sensória das coisas. A crítica kantiana levantou dúvidas persuasivas quanto à própria possibilidade de experiência perceptual totalmente objetiva das "coisas em si"; sugeria que a experiência das coisas depende de uma operação interpretativa complexa da mente humana em que o que é aparentemente observado objetivamente se deve muito ao sujeito observante. Este processo é descrito em linguagem kantiana como a injeção da coisidade na percepção pela "função sintética de intuição pura e as unidades sintéticas da compreensão pura".[7] Mesmo tal objetivação como é um desenvolvimento tardio na diferenciação da consciência humana e é meramente um modo posterior de simbolismo – de mérito distintivo ao trazer à mão o modo da realidade material das coisas existindo no tempo e no espaço. No clima corrente de obsessão positivista e comportamental nas disciplinas humanas, seria talvez salutar relembrar a observação de Goethe

---

[6] Para mais discussão de participação, ver Voegelin, *Immortality: Experience and Symbol* (Imortalidade: Experiência e Símbolo) (1967), 235-79.

[7] Ernst Cassirer, *The Philosophy of Symbolic Forms* [A Filosofia de Formas Simbólicas], trad. Ralph Manheim, (3 volumes; New Haven: Yale University Press), 1953-1957, v.III, p.60.

de que "todo fato é, em si mesmo, teoria".[8] E é, em qualquer evento, evidente que o material e o quantificável não exaurem o todo da realidade experimentada. Nenhuma narrativa que leve apenas esses fatores em consideração pode formar uma base suficiente para a compreensão do homem em sua humanidade ou para a compreensão da ciência da política.

Começando, então, com a experiência de participação, e pela compreensão de que a participação é a própria forma de consciência, pode-se dizer que o que quer que o homem conheça, ele conhece das muitas experiências obtidas de sua perspectiva inevitável como *participante* na comunidade do ser. A identidade ou unidade do ser é justaposta à identidade da natureza do homem, de acordo com o princípio da chave interpretativa de Voegelin. A extensão de experiências, além disso, está sempre presente na inteireza de suas dimensões. Finalmente, a estrutura dessa extensão, à medida que obtém sua articulação na consciência, varia do compacto para o diferenciado (OH, v.I, p.60). A diferenciação de experiência e simbolismo é a manifestação do intelectual e do espiritual – do especificamente humano – na história da humanidade. Na verdade, é a própria ação que constitui sociedades e cria a própria história.

Da matriz de experiência o homem obtém compreensão parcial da ordem do ser e das obrigações da existência. Mas a qualidade paradoxal da perspectiva de participação tem de ser enfatizada.

> Ele é um ator, representando um papel no drama do ser e, pelo fato bruto de sua existência, se obrigou a representá-la sem conhecer o que seja... Assim a peça como o papel são desconhecidos. Mas, ainda pior, o ator não sabe com certeza quem é ele próprio... A parceria do homem no ser é a essência de sua existência, e esta essência depende do todo, do qual a existência é uma parte. O conhecimento do todo, entretanto, é precluído

---

[8] Ibidem, v.III, p.25.

pela identidade do conhecedor com o participante, e a ignorância do todo preclui o conhecimento essencial da parte. Esta situação de ignorância relativa ao cerne decisivo da existência é mais do que desconcertante: é profundamente perturbadora, pois da profundeza desta ignorância última brota a ansiedade da existência. (OH, v.I, p.1-2)

A ansiedade da existência, o mistério do ser e o horror de uma queda da existência no nada da não-existência motivam a criação de "símbolos pretendendo tornar inteligíveis as relações e tensões entre os termos distinguíveis no campo" (OH, v.I, p.3). A ignorância essencial do homem de si mesmo e do ser, embora um atributo permanente da existência, a que se deu expressão paradigmática na ironia da ignorância socrática, não é uma ignorância completa. Não está no espírito de uma pesquisa desinteressada pela verdade científica que o homem procure apresentar a existência inteligível; ao contrário, é pela ansiedade de uma queda do ser que ele busca a substância do conteúdo experiencial da consciência para a própria existência de apresentar com significado.

A "experiência primária" se centra na apreensão do *cosmos* como divino e gera a primeira grande fórmula simbólica, o *mito*. Num belo trecho, Voegelin descreve isso desta maneira:

> O *cosmos* da experiência primária não é nem o mundo externo dos objetos encontrados pelo homem quando se tornou sujeito de cognição, nem o mundo criado por um Deus transcendente do mundo. Ao contrário, é o todo, *to pan*, de uma terra embaixo e de um céu acima – de corpos celestes e de seus movimentos; de mudanças sazonais; de ritmos de fertilidade nas plantas e nos animais; da vida humana, do nascimento e da morte; e acima de tudo, como Tales já sabia, é um *cosmos* cheio de deuses... Na teologia menfítica, a ordem imperial é estabelecida por um drama dos deuses que, em virtude da consubstancialidade de todo o ser, é executada no plano humano como o drama da conquista do Egito

e sua unificação. Na Lista de reis sumérios, o reinado é criado no céu e então baixado até a terra; e dois mil anos depois, no apocalipse judaico, há ainda uma Jerusalém no céu, que será baixada à terra quando chegar o tempo do reinado de Deus. Javé fala no Sinai, de dentro de uma nuvem ardente; os olímpicos homéricos residem na terra, numa montanha que alcança as nuvens, e eles brigam e entram em acordo acerca dos destinos dos povos na Ásia e na Europa. Os deuses hesiódicos Urano e Gea são indistinguivelmente eles mesmos céu e terra; entram numa união e geram os deuses, e a geração dos deuses, a seu turno, gera as raças humanas. Esta junção e disjunção é a experiência primária que tem de ser chamada cósmica no sentido pleno. (OH, v.IV, p.68-9)

Onde quer que apareçam mitologias cósmicas – e elas aparecem em todos os impérios antigos, do Egito à China – refletem a experiência caracterizada na passagem acima. A criação do mito é o trabalho de homens motivados pela ansiedade da existência. O mito é uma expressão dessa ansiedade e sua conquista por uma busca compacta pelo Fundamento se articulou num imaginário concreto. Nem para Voegelin, nem para Ernst Cassirer é o mito apenas pensamento irracional; ao contrário, é pensamento compacto ou indiferenciado, pré-filosófico e pré-científico, que compreende dentro de si os equivalentes compactos de pensamentos mais diferenciados, incluindo o equivalente mítico da Noesis – do pensamento racional, etiológico.[9]

O processo de simbolização no nível do mito cósmico mostra certas características de interesse no contexto presente. Cinco delas podem ser enumeradas.[10]

---

[9] Ibidem, v.I, p.88 ss, 111-14, 285-316; v.II, p.xiv ss, 4 ss, 16 ss, 35 ss, 43 ss, 60-1, 69-70, 71 ss, 171 ss, 194 ss, 252 ss, 258, nota; v.III, p.xi-xii, xiii, 13, 22 ss, 48 ss, 62-3, 68, 73, 83, 99-100, 102, 107. Em Voegelin, ver especialmente "Historiogênese", em *Anamnesis*, p.79 ss, e a versão expandida em *Order and History*, v.IV, cap.1.

[10] A seguinte enumeração é tirada de *Ordem e História*, I, 3-11

1. A experiência de participação é predominante, i.e., a experiência de identidade ou consubstancialidade do todo do ser do qual o próprio homem é parte.
2. É refletida uma preocupação com a duração e passagem dos parceiros na comunidade do ser, sua durabilidade e transiência, e isso olha para a construção de imagens que retratam uma hierarquia apreendida de existência – do homem para a sociedade para o *cosmos* e os deuses eternos em si mesmos.
3. A participação é aumentada em *harmonia* com a ordem do ser, com a duração e permanência como isto é distinguido através da experiência de uma hierarquia de existências não igualmente duradouras. A alma, portanto, permanece "aberta" (no sentido de Bergson) ao Fundamento divino, e essa abertura é a substância da racionalidade humana (A, p.289).[11]
4. Faz-se a tentativa de tornar inteligível quanto possível a ordem essencialmente inconhecível do ser, através da criação de símbolos que interpretam o desconhecido por analogia com o real ou supostamente conhecido. É sob este aspecto do processo de simbolização que a vida do homem e da sociedade são representadas como refletindo a ordem visível do cosmos, como um microcosmo ou um *cosmion*. A existência humana é integrada por meio do ritual e do mito nos ritmos perceptíveis da ordem cósmica. A diferenciação da experiência primária, talvez incitada por alguma crise social, desenvolve a tendência de penetrar mais no campo da experiência, invertendo, assim, os simbolismos quando a ordem de realidade (incluindo a sociedade e o mundo) é experimentada como consciência essencialmente e simbolizada por Platão no padrão da alma bem-ordenada harmonizada com o Deus

---

[11] Cf. Henri Bergson, *Two Sources of Morality and Religion* [Duas Fontes de Moralidade e Religião], trad. por R. A. Audra e Cloudesley Brereton (Nova Iorque: Henry Holt, 1935), esp. 168, 228 e seguintes, 240 e seguintes, 252, 265, 280-306. Ver também Voegelin, A Nova Ciência da Política, 79.

invisível para além do *cosmos* visível – ou seja, como um macroântropos, como um HOMEM.[12]

5. O caráter analógico de símbolos é entendido cedo no processo de simbolização, talvez desde o começo. Por um lado, o símbolo e o referente tendem a misturar-se e assumir uma identidade; entretanto, por outro lado, a mesma abundância e aparente contraditoriedade das representações simbólicas da ordem divina reflete uma tolerância de simbolismo enraizado no conhecimento de que a realidade supera as representações, que são inevitavelmente parciais e inadequadas. A simbolização nada mais é do que um jogo sério. Essa tolerância inicial reflete a iluminação de que a ordem do ser pode apenas ser representada imperfeitamente – mas numa multiplicidade de maneiras valiosas mutuamente complementares e valiosas. "Todo o símbolo concreto é verdadeiro à medida que visa à verdade, mas nenhum é completamente verdadeiro à medida que a verdade acerca do ser está essencialmente para além do alcance humano" (OH, v.I, p.7). Entretanto, os limites da tolerância podem ser e são alcançados sempre que a própria simbolização se torna uma fonte de erro acerca da ordem do ser. Então a questão da impropriedade dos simbolismos é levantada (como em Xenófanes e Platão), o que provoca, com nova intensidade, a ansiedade e horror da queda do ser através de uma harmonização imperfeita adotada por uma falsa teologia perpetuada mediante símbolos gastos. Por fim, a diferenciação da experiência fundamental pelo "salto no ser", que revela o Deus invisível da transcendência historicamente, leva consigo uma revulsão contra qualquer simbolização. O Sagrado dos Sagrados permanece vazio; nenhuma imagem é feita em honra a este Deus, e o que a *Aghaton* é Platão não consegue dizer.[13]

---

[12] Platão, *República*, 368D-E; ver Voegelin, *Order and History*, v.III, p.69-70.
[13] Platão, *República*, 517B. Ver Voegelin, *Order and History*, v.III, p.112 ss, e *Anamnesis*, p.338 ss.

O mistério do parceiro divino transcendente no ser, que se revela como EU SOU O QUE SOU e encontra seu nome mais apropriado no tetragrama impronunciável YHWH,[14] emerge pela diferenciação da experiência primária no modo pneumático. Israel cria o simbolismo do Povo Escolhido, no presente, sob Deus, e se articula na forma histórica da existência. A forma do mito é decisivamente quebrada e sua autoridade se dissolve. Portanto, a história se torna a nova forma de existência para a humanidade universal e é primeiramente constituída pela experiência do Deus transcendente do mundo. O ato representativo tomado por Moisés para Israel é tomado por Israel como o Povo Escolhido de Deus para toda a humanidade (OH, v.I, p.115).[15]

Menos radicalmente, mas não menos certamente, a experiência primária também se diferencia no modo noético no horizonte da antiga Grécia. Essa é a façanha do clímax místico-filosófico em Sócrates, Platão e Aristóteles. Aqui a forma simbólica de existência não é a história paradigmática (como a recontada no Antigo Testamento desde o Gênesis até o Livro II dos Reis), mas filosofia, que encontra uma ótima expressão simbólica no diálogo platônico. Ao contrastar o *Logoi* da filosofia e da revelação, Voegelin nota que quando "o homem está à procura de Deus, como na Hélade, a sabedoria obtida continua genericamente humana" (OH, v.I, p.496). A diferenciação da experiência primária em Israel ocorre como uma paixão, "como uma resposta à revelação do ser divino, a um ato de graça, a uma seleção para parceria enfática com Deus" – não como o resultado da ação humana, mas como um encontro com uma iniciativa divina à qual responde o homem com o que é simbolizado como *conversão* no sentido religioso (OH, v.I, p.10). Em Israel, Deus está à procura do homem, na Hélade o homem está à procura de Deus.

---

[14] Êxodo 3:14; Tomás de Aquino, *Summa Theologica*, I, 13, 11; Voegelin, *Order and History*, v.I, p.402-14, e *Anamnesis*, p.338.

[15] Ver capítulo 5.

No entanto, o contraste entre os modos pneumático e noético de diferenciação está longe de ser absoluto, como está claro tanto da filosofia helênica como do Novo Testamento. A iluminação dos filósofos místicos é conseguida não apenas por meio do modo noético da inquirição filosófica (*zetema*), que ascende o caminho árduo (*methodos*) através dos reinos do ser até o ponto onde o Fundamento divino é sentido num para além transcendental (a *epekeina* de Platão). Mas essa busca reflexiva, racional, autoconsciente do Fundamento também é acompanhada por e entretecida do modo pneumático em sua variedade dionisíaca. O elemento pneumático é mostrado no erotismo da alma socrática quando ela se esforça em direção à divina *Sophon* como a plenitude de seu desejo sem limites. Então, também, a simbolização filosófica do impacto existencial da Visão do Bem é *conversão* – a *periagoge* platônica ou a virada de toda a alma: longe do mundo e da sociedade como as forças de analogia que mal guiam e a mentira, em direção da verdadeira fonte de ordem e do único conhecimento que pode exigir ser científico.

O que à primeira vista parece um contraste intricado, mas claro nos modos de diferenciação experiencial entre Israel e a Hélade, mostra ainda a complexidade maior a um exame mais próximo, como Voegelin argumenta em *Anamnese*.[16] Tanto os componentes pneumáticos como os noéticos da experiência primária se diferenciam no horizonte helênico e encontram simbolização decisiva na forma da própria filosofia. Nem é simplesmente, deve-se enfatizar, um remanescente mítico ou um vestígio da velha compactação – embora esse elemento esteja também presente como um terceiro fator, já que as iluminações ganhas por meio do mito na ordem do ser são de validade permanente. Em certos aspectos, não há nenhum alcance para além do mito.

---

[16] Platão, *República*, 518D-E; Voegelin, *Order and History*, v.III, p.68 e *Anamnesis*, p.311, 328. Voegelin recentemente levou muito além este argumento, como veremos. Acerca da análise excepcional da estrutura noética do movimento na alma, que tem o clímax na morte e na ressurreição de Cristo, e sua continuidade essencial com a filosofia clássica, ver Voegelin, "The Gospel and Culture" [O Evangelho e a Cultura], p.59-101.

As experiências diferenciadas noética e pneumática podem estar juntas no horizonte helênico, por exemplo, no *Fedon* (69C), onde o próprio escopo da filosofia é identificado como equivalente da participação mítica no divino. Então Sócrates expressou a matéria assim: "Pois 'muitos', como dizem nos mistérios, 'são os que carregam tirsos, mas poucos os místicos' – significando, como interpreto as palavras, 'os verdadeiros filósofos'. No número dos quais, durante toda a minha vida, tenho procurado, de acordo com minha habilidade, encontrar um lugar". Visto da perspectiva da ciência noética diferenciada da filosofia clássica, o significado dessa afirmação é que a claridade ótima do Logos da consciência é tal que o controle do filósofo do Logos dos reinados do ser é equivalente ao obtido pela iniciação nos mistérios de Baco. O termo grego traduzido como *místicos* na tradução de Jowett é *Bakchos*, que é igualmente o Deus e o homem relacionado com Deus (A, p.292). Ao surgir da compactação mítica, em si mesma um composto indiferenciado dos modos pneumático, noético e outros modos experienciais, a filosofia clássica diferenciou sua forma específica de participação na continuidade ininterrupta com a forma mítica filosófica. Os elementos míticos na filosofia permanecem suficientemente intactos de tal modo que Voegelin afirma corajosamente em sua conclusão: "Nosso conhecimento de ordem permanece primariamente mítico, mesmo depois que a experiência noética diferenciou o reinado da consciência e a exegese noética fez seu Logos explicitamente claro" (A, p.290).

É precisamente esta interpenetração do modo noético com a experiência mítica de um lado, e com a experiência pneumática do outro, que compele à consideração do descarrilamento da filosofia. Antes de seguir essa linha, entretanto, as consequências gerais da diferenciação de experiência através do salto no ser têm de ser esclarecidas.

Uma consequência decisiva do salto no ser, ou ocorra no modo pneumático ou no noético – através da revelação ou através da filosofia – é a radical desdivinação do mundo.[17]

---

[17] Cf. Voegelin, *The New Science of Politics*, p.106 ss; ver também seu "World

O novo lugar do divino é um "para além" da existência, uma realidade experimentada como transcendendo a realidade visível. A estrutura do próprio ser, portanto, muda por meio da dissociação e agora recebe os índices linguísticos espacial-metafóricos, *imanente* e *transcendente* (OH, v.I, p.10-11; A, p.141, 275, 316-17, 322-23). A nova tarefa é relacionar a existência do homem, num mundo agora livre de deuses, com o Fundamento divino do ser "localizado" no para além da transcendência. É ao menos em parte para atender essa demanda que a filosofia grega desenvolveu o símbolo *participação*, na *metaxy* de Platão, na *metalepsis* de Aristóteles (A, p.290 ss, p.307 ss).[18]

Por meio da experiência do Ser transcendente simbolizada na revelação e na filosofia, os homens se libertam da velha ordem imperial, na forma cosmológica. A fonte divina do ser está num para além transcendente, e nenhuma divindade terrena medeia sua eficácia. O Povo Escolhido de Israel é livre. Ele está coletivamente no presente sob Deus, e essa proximidade se transporta para o cristianismo onde é a pessoa humana individual que está na liberdade em proximidade com Deus. A própria forma da filosofia se desenvolve no dar-se conta da autonomia da alma individual. Surge através da oposição de pensadores solitários com a desordem da ordem pública corrupta, expressa nas convenções da *polis*, e com a vulgaridade dogmática dos sofistas, para quem "o homem é a medida" (OH, v.II, p.169, 273-4; A, p.117-33). A filosofia, portanto, afirma a centralidade constitutiva da liberdade tanto em relação a si mesma como em relação ao homem. A liberdade é compreendida como uma condição essencial para a realização da natureza específica ou essência do homem por meio da vida contemplativa. Platão achou que isso era uma boa coisa da democracia. Pois Platão, é claro, sabia que em sua nova liberdade o homem pode rebelar-se e rejeitar a verdade do ser. Pode formar concepções de ordem construídas por motivações doentias de au-

---

Empire and the Unity of Mankind, "Império Mundial e a Unidade do Humanidade", 1962, p.176 ss; "What is Nature, [O que é natureza?] em *Anamnesis*, [Anamnese], p.134-52.

[18] Acerca da *metaxy* platônica, ver Voegelin, *Anamnesis,* p.266 ss, 317.

toamor, irrealidade de sonhos, ou a *libido dominandi*, e, então, efetivamente desprezar totalmente o Fundamento divino do ser – como no caso dos modernos sistemas ideológicos e dos impérios que eles ordenam dogmaticamente.[19]

III

A discussão neste ponto se abre num campo de questões formidáveis que são exploradas em ricos detalhes em *Anamnese*.[20] O que é a experiência noética e a ciência – *Noesis* como Voegelin a chama – que forma simbolicamente como filosofia verdadeira? Como é o conhecimento noético da realidade relacionado com os modos não noéticos de experiência e simbolização e o todo do conhecimento humano da realidade? O que é o descarrilamento sofrido pela filosofia e como pode ser remediado? Vamos tratar brevemente de cada uma dessas questões.

Os termos *noesis, experiência noética, interpretação noética* e assemelhados derivam do vocabulário técnico da filosofia clássica, especificamente do termo *Nous* que significa respectivamente razão, inteligência e mente. Aristóteles contrasta a inteligência (*nous*) com o raciocínio prudente ou discursivo (*dianoia* ou *logos*) na *Ética a Nicômaco*. Pode ser entendida, em seu aspecto mais alto, como a propriedade intuitiva da racionalidade (no sentido de Bergson) pelo qual princípios fundamentais de ciência são apanhados sem passos intermediários de raciocínio, seja dedutivo, seja indutivo. À medida que Voegelin especificamente define a ciência política como a interpretação noética da realidade política, o significado concreto da expressão pode ser sugerido ao se dizer que *Noesis* é uma interpretação da realidade política substancialmente como a dada por Platão e Aristóteles.[21]

---

[19] Platão, *República*, 557B, 562B-566; Voegelin, *Anamnesis*, p.223-53.

[20] Ver especialmente o ensaio conclusivo de Voegelin, "What is Political Reality" [O que é realidade política?], *Anamnesis*, p.283-354.

[21] Aristóteles, *Ética a Nicômaco*, VI, 6, 1140b31 – 1141a8; *Analíticos Posteriores*,

Esta informação preliminar não é sem importância, já que imediatamente preclui a compreensão da ciência política como uma ciência sistematizante de fenômenos, a qual modela a si mesma metodologicamente nas ciências naturais e matemáticas do mundo exterior.[22] A interpretação noética da realidade política, ao contrário, surge da tensão na existência que se forma entre o crescimento histórico e a autocompreensão de uma sociedade (como encontrado em suas leis, costumes, instituições, literatura, formulações de sua liderança política) e a experiência reflexiva, autoconsciente do homem acerca da ordem existencial (A, p.285). A tensão na realidade política, portanto, não é um objeto externo de experiência. Ao contrário, é uma experiência interna ou percepção na consciência concreta de pessoas individuais específicas que se encontram em desacordo com a sociedade, com relação a questões fundamentais de existência. Essa tensão existencial surge do conflito palpável entre a verdade convencional e a verdade noética. A ansiedade resultante de viver em ordem – a busca reflexiva da ordem verdadeira da existência do homem dentro do mundo, da sociedade, da história e da realidade divina. Essa busca – o *zetema* de Sócrates na *República*, por exemplo – é conduzida na dimensão vertical de existência, para as profundezas e alturas da consciência. Procura descobrir, através de um peneiramento dos conteúdos de experiência, a fonte ou configuração da realidade última e sua ordem. A essa pergunta introspectiva

---

II, 19, 100b5-14; Voegelin, *Anamnesis*, p.284, 286-7. Cf. Stanley Rosen, *Nihilism: A Philosophical Essay* [Niilismo, um Ensaio Filosófico], New Haven, London: Yale University Press, 1969, p.7 ss, 151-8; 187-90. Ver também a discussão em meu "Beyond Behavioralism: The Philosophical Science of Politics" [Para além do Comportamentalismo: A Ciência Filosófica da Política], in George J. Graham Jr., George W. Carey (ed.), *The Post Behavioral Era: Perspectives on Political Science* [A Era pós-comportamentalista: Perspectivas na Ciência Política], New York: David McKay, 1972, p.285-305.

[22] Cf. Voegelin, *Anamnesis*, p.283 ss, 318; *The New Science of Politics* [A Nova Ciência da Política], p.3 ss; *Science, Politics and Gnosticism*, 1968, p.15-22; "Reason: The Classic Experience", [*Razão: A Experiência Clássica*] (1974. Ver também Leszek Kolakowski, *The Alienation of Reason: A History of Positivist Thought* [A Alienação da Razão: uma História de Pensamento Positivista], trad. N. Guterman, Garden City, N.Y: Doubleday, Anchor Books, 1969.

Voegelin chama a "busca do Fundamento" – a *aition, arche* – ou causa última (A, p.288, 287-315 passim, 148 ss).

A busca meditativa do Fundamento divino leva à percepção clara essencial de uma tensão existencial posterior, e entre o homem e o próprio Fundamento divino. Isso pode ser visto superficialmente como a vida da razão quando ela procura justificar a oposição do homem às incursões na psique de desordens prevalentes na sociedade pelo apelo a tais princípios de ordem como ideias abstratas ou absolutos filosóficos. Tal caracterização intelectualizada do processo, entretanto, embora parcialmente válida, é insuficiente e, a longo prazo, uma fonte maior de erro acerca da inquirição filosófica e da natureza da própria filosofia. Pois é a dimensão *experiencial*, em vez do meramente ideacional da atividade que é decisivo. A filosofia nasce do parto da ansiedade de existência. Encontra o caminho para a verdade, através de uma busca do Fundamento divino cuja direção ontológica é conhecida através da experiência de um homem de participação na comunidade do ser (A, p.289). Distintamente do esforço filosófico é a identificação e a evocação da razão – *logos, nous, ratio* – como a natureza específica do homem. É a razão, assim entendida, que

1. ilumina a consciência;
2. dirige, controla e guia a busca do homem pela verdade e
3. possui uma afinidade intrínseca com (e amizade decisiva com) o fundamento divino.

Entre os resultados do ato noético, portanto, podem-se notar especialmente os seguintes:

1. diferenciação no modo experiencial de participação da razão (*Nous*) à medida que é apercebida como o cerne inteligível do Ser divino, a fonte de toda a ordem e verdade e o Fundamento último do próprio ser;
2. a diferenciação da razão humana no modo simbólico de inquirição cognitiva autorreflexiva (*zetesis*) chamada filosofia, que ilumina com inteligência a procura amorosa do Fundamento divino;

3. o desenvolvimento de instrumentos conceptuais que são tanto o resultado como o meio da exegese noética, que simbolicamente "fixa" o conteúdo da inquirição em seus aspectos experimentais e conceptuais na consciência, e que, quando tomados todos juntos, compreendem uma estrutura de conhecimento criticamente autenticado, com uma exigência convincente para uma verdade científica objetiva, tornando-se então "ciência política" e "filosofia" considerada como campos subjetivos.

Nous é, de acordo com Voegelin, assim o fator direcional da consciência como a estrutura substancial ou ordem de consciência. A racionalidade na existência, portanto, pode ser identificada com o que Bergson chamou a "abertura" da alma e a irracionalidade com o fechamento da alma contra (ou erradamente acerca) do Fundamento.

O relato seguinte de *Noesis* é esclarecido quando colocado no contexto da *Metafísica* de Aristóteles, como analisada por Voegelin. A primeira sentença da *Metafísica* se torna inteligível em um novo sentido: "Todos os homens por natureza desejam conhecer [o Fundamento]" (980a).[23] Aristóteles desenvolveu a exegese noética desse desejo percebido pelo Fundamento, assim como a verdadeira atratividade do Fundamento, através do símbolo da participação (*metalepsis*) em uma das outras entidades com o nome de *Nous* (1072b20 ss). Por *Nous* ele designava tanto a capacidade humana de procura inteligente do Fundamento como o Fundamento do próprio ser – o que é experimentado como o Motor que dá direção à inquirição. Para Aristóteles, a primeira coisa a diferenciar os conceitos dos símbolos míticos, *sinonímia* da expressão significa ser do mesmo gênero, ou igualdade através da geração (*genesis*). Escreveu: "Temos depois de observar que toda coisa (*ousiai*) é gerada daquilo que tem o mesmo nome (*ek synonymou*)" (1070a4 ss). "Essa coisa que comunica com outra coisa do

---

[23] Cf. Voegelin, *Anamnesis,* p. 323; o equilíbrio deste parágrafo é uma paráfrase próxima da p.290.

mesmo nome (*to synonymon*) está em relação a elas no mais alto grau da coisa daquele gênero (*malista auto*)" (993b2 ss). A sinonímia de entidades noéticas implica, portanto, a origem da razão humana na *Nous* divina. Em termos do simbolismo mítico da sinoníma-por-meio-do-gênero, Aristóteles entendeu a tensão da consciência como a participação recíproca (*metalepsis*) de duas entidades de *Nous* uma na outra. "Da parte da *nous* humana, as perguntas que conhecem e o conhecimento que pergunta (*wissende Fragen und fragende Wissen*), ou seja, o ato noético (*noesis*) é participação cognitiva no Fundamento do ser; a participação noética, entretanto, é possível porque é precedida da participação do divino na *nous* humana" (A, p.290, 150-2).

O descobrimento de Voegelin da retenção, na ontologia de Aristóteles, da experiência mítica da participação substantiva do homem no divino – e do divino no humano – é de grande importância. Permite ver mais claramente a relação da experiência filosófica e a simbolização com a matriz da qual elas se diferenciaram: exibe a dependência da filosofia da experiência mais compacta da divindade no cosmos em aspectos decisivos. A participação de Aristóteles (*metalepsisi*) não é nem meramente uma metáfora, nem meramente um meio de designar atributos paralelos no homem e no divino. Ao contrário, é a expansão noética da iluminação mítica de que a participação do homem no divino é *constitutiva* do ser do homem em sua essência específica, *i.e.*, na dimensão racional. A antropologia filosófica desenvolvida na *Ética* pode então ser lida a uma nova luz. A famosa análise de Aristóteles de que a parte mais alta do homem é sua razão ativa – e que a alegria mais perfeita do homem é a vida contemplativa porque a atividade noética chamada "sabedoria filosófica" é a virtude mais alta da mais alta parte do homem e, portanto, a mais apropriada para ele – tem seu clímax na descrição de tal vida como mais do que meramente humana: "Pois não é à medida que ele é homem que viverá como tal, mas à medida que algo divino está presente nele". Então, paradoxalmente, Aristóteles identifica especificamente a própria natureza do homem com a razão: *Nous* é cada homem em si, a vida noética *é* a vida do eu verdadeiro do homem, e, portanto, também a mais feliz. O paradoxo se dissolve apenas se o peso apropriado for dado à participação aristotélica em sua dimensão experiencial total. O homem não é o que parece. O cerne e fator constitutivo da essência humana é sua participação "imortalizadora" (*athanatizein*) através da razão na *Nous* divina ou Fundamento do ser. Separado disso, o homem é insuficiente em sua própria humanidade.[24]

A experiência da consubstancialidade da comunidade do ser não é nem destruída, nem negada através da diferenciação filosófica. Ao contrário, é intensificada, obtendo claridade analítica. No entanto, este processo impõe uma abstração que, embora um avanço, contribui ironicamente para a subsequente perda da percepção das experiências engendradas articuladas nos conceitos noéticos. Desta situação, diz Voegelin que o descarrilamento da filosofia ocorreu depois de Aristóteles. Todo o novo vocabulário filosófico foi permeado ao tempo desta diferenciação (especialmente por Sócrates, Platão e Aristóteles) pela experiência que ele explica. Mas esta imediatidade logo foi perdida.

O processo de exegese noética e as experiências verificadoras das quais depende a verdade surgiram do mito e das experiências primeiras do cosmos divino. A exegese noética ofereceu um corretivo diferencial do conhecimento mais compacto anterior, mas não suplantou, nem pode suplantar aquele conhecimento. O conceito-chave, natureza humana, por exemplo, não foi desenvolvido através da lógica indutiva, mas como o termo para a "realidade não existente" do homem – i.e., nem uma coisa, nem uma divindade, mas um "Entremeio" (metaxy) da consciência – que ama o Fundamento

---

[24] Cf. ibidem, p.340, para a essência específica e sintética (ou compósita) do homem. Ver Aristóteles, *Ética a Nicômaco*, 1177b26 – 1178 a3. Para a análise da passagem citada da *Ética a Nicômaco*, ver Voegelin, "Immortality: Experience and Symbol" [Imortalidade: Experiência e Símbolo], p.272-3, onde ele classifica *athanatizein*, *phronesis*, e *philia* como "virtudes existenciais" – uma terceira categoria que suplementa as virtudes éticas e dianoéticas (*intelectuais*) nomeadas pelo próprio Aristóteles. Cf. Voegelin, "Reason: The Classic Experience", p.251-60. [Razão: A Experiência Clássica], *251-60*.

divino do ser. O termo surgiu da experiência concreta de um homem filosofante procurando designar a essência da humanidade.[25] O que é verdade da experiência filosófica da natureza humana, similarmente, é também verdade da experiência de uma presença do homem sob Deus, que o profeta israelita pneumaticamente percebe concretamente ser sua essência ou humanidade específica.

A proposição de que todos os homens *qua* homens possuem igualmente tal natureza e são, então, essencialmente o mesmo – independentemente de se experimentarem vividamente sua humanidade específica à luz inteira da consciência diferenciada – não é um produto da experiência específica deste ou daquele profeta, ou teórico. Ao contrário, a iluminação surge da experiência primária do cosmos em que cada ser participa na medida devida, os homens como homens, Deus como Deus; reside nesta experiência fundamental como uma suposição inicial. As iluminações de um filósofo podem, portanto, ser apresentadas como conhecimento ou ciência universalmente válidos, como verdade representativa que é secundária para a ordem das vidas pessoais, sociedade e história. Os filósofos helênicos desenvolveram símbolos específicos para expressar a experiência primordial da comunidade do ser e a comunidade política única de uma humanidade que faz parte do ser. Heráclito falava do *Logos* como o comum (*xynon*) no homem, como aquilo em que todos os homens *qua* homens participam e que se torna a fonte existencial de ordem à medida que os homens conscientemente concordam nele (*homologia*). Para Aristóteles o comum é a *Nous*, o elemento divino compartilhado pelo homem e por Deus; e seu símbolo para a ordenação da sociedade através da participação de todos os homens no amor (*philia*) da *Nous* é a *homonoia* – um termo que encontrou seu caminho no vocabulário de São Paulo como a de-

---

[25] Voegelin, *Anamnesis*, p.40, 266 ss, 291, 300, 304 ss; "Immortality: Experience and Symbol" [Imortalidade; Experiência e Símbolo], p.251, 261, 274; e "Gospel and Culture", [Evangelho e Cultura], p.63 ss, 71-5.

signação da comunidade cristã ligada na mesma maneira de pensar (A, p.291; OH, v.II, p.179 ss, 231, 237).[26]

O fenômeno confrontado em *Noesis*, então, é a diferenciação do componente especificamente racional da experiência ética e sua identificação como noética por meio da linguagem conceptual da filosofia. O *Bakchos* das religiões de mistério, que é igualmente o deus e o homem relacionado com deus, se torna para Platão o *Sophon* divino e a vida filosófica que toma parte nele; e se torna para Aristóteles a *Nous*, que é tanto divina quanto a essência do homem, pois a própria humanidade do homem é medida pelo grau de sua participação na Razão divina. Em Voegelin, o simbolismo mítico é levado para além do pano de fundo quando, em vez de falar de *Bakchos* ou *Nous*, ele fala de "tensão com o Fundamento". Entretanto, o processo de levar a uma claridade ótima através da dissociação os vários reinos do ser não deve ser aquele em que o sentido de sua identidade é ou negado ou perdido; pois esta consubstancialidade, primeiro apreendida na experiência primária da consciência compacta, permanece uma iluminação de validade permanente, a matriz da compreensão que o homem tem da ordem inteligível circundante (A, p.291-2).

IV

O descarrilamento (*parekbasis*) da filosofia na esteira de Aristóteles ocorreu primeiramente porque a *experiência* da qual a filosofia é a forma simbólica não foi ela mesma feita

---

[26] Ver G. S. Kirk, J. E. Raven, *The Pre-Socratic Philosophers: A Critical History with a Selection of Texts* [Os filósofos pré-socráticos: uma história crítica com uma seleção de textos] (Cambridge University Press, 1960), p,187 ss. Aristóteles, *Ética a Nicômaco*, VIII, 1155 a 22, IX, 1167 a 22, 1177 a 12-18; 1177b26-1178a1; cf. *Política,* II, 1262b7, 1263b38. Ver também Rom. 15:5; Fil. 2:2, 20; cf. 1 Cor. 1:10, Fil 1:27. *Homonoia* aparentemente não aparece no Novo Testamento Grego. A palavra traduzida como "Likeminded" em Rom. 15:5, Fil, 2:2; 2:20 é *isopsuchos* e ocorre apenas nesses três passos (versão do Rei James).

central (A, p.313 ss). A obscuridade das experiências engendradoras quando abordada através de símbolos empregados por Aristóteles foi sugerida pela discussão posterior de participação. Por que a experiência não foi feita mais claramente central pode ser explicado pelo fato de que o filosofar de Aristóteles está em tal proximidade com o mito que ele talvez falhou em antecipar a possibilidade da abstração dos símbolos filosóficos de contexto experiencial deles. Tal afastamento, entretanto, ocorreu historicamente, sustenta Voegelin, causando uma má-compreensão fundamental da filosofia que persiste até hoje.[27]

No afastamento dos símbolos de suas experiências evocativas, a linguagem que o filósofo usou para explicar sua relação com o Fundamento transcendente foi considerada como asserções proposicionais acerca do mundo externo, ou simplesmente *topoi* – especulação sem referência a nenhum critério experiencial a não ser a consistência interna exigida de uma construção lógica. Em qualquer caso, o resultado falacioso é um *ignoratio elenchi* pelo qual o argumento "filosófico" se torna irrelevante – separando *dianoia* de *noesis* e identificando a razão com aquela, e a irracionalidade com esta. O monumento cultural a essa deformação é o "Iluminismo", que poderia ser facilmente ser chamado "Idade da Irracionalidade". O resultado é o truncamento da razão e uma paródia grotesca da filosofia, resultando no abandono explícito completo da *noesis* em favor da ciência natural moderna como um meio mais eficaz de apreender a realidade externa e (ao mesmo tempo) a asserção dogmática da "verdade" do ponto de vista de sistemas contendentes que variam do esquerdismo hegeliano ao neotomismo.[28] as disciplinas humanas foram deixadas oscilar entre essas polaridades. E a ciência política contemporânea é "teorizada" de "posições" que variam do positivismo dogmático à metafísica

---

[27] Ver *Anamnesis*, p.325 ss, para um esboço histórico do descarrilamento.
[28] Ibidem, p.302-3. Cf. Rosen, *Nihilism*, cap.5. Acerca do tratamento de Voegelin ao "dogmatismo", ver John A. Gueguen, "Voegelin's From Enlightenment to Revolution: A Review Article" [Do Iluminismo à Revolução, de Voegelin: Um artigo de recensão], *Thomist*, v.XLII, p.123-34, 1978.

dogmática por "teóricos" que mostram fúria imensa do *odium theologicum* implícito em seus dogmatismos mutuamente excludentes. A confusão resultante foi bem captada pela resposta grosseira que Voegelin deu quando perguntada sua opinião do estudo enciclopédico de Arnold Brecht acerca da teoria política do século XX: "Não houve nenhuma" (A, p.313).[29]

O ponto de vista de Voegelin é que a *episteme politikes* foi perdida muito antes de Comte e Marx terem feito seu êxodo ostentatório da filosofia, como o próprio Comte quase entendeu. O pântano de relativismo e dogmatismo contendente – constituindo uma verdadeira *"Dogmatomaquia"* (A, p.328 ss) como era – em que a ciência política caiu arruinou a disciplina e destruiu a própria ciência política. Se o prejuízo na América pode não ter sido maior, isso se deu por dois fatores recíprocos: a sanidade geral teorética da tradição política anglo-americana, e o bom senso comum de cientistas políticos que desprezam "teoria" e se contentam em fazer inteligíveis processos políticos e as operações institucionais do governo (A, p.351 ss, 354; NCP, p.187 ss). Na rejeição de bom senso da ideologia e sua destruição concomitante da realidade Voegelin vê um resíduo genuíno de *Noesis*, um signo de saúde espiritual e intelectual e de resistência existencial à desordem contemporânea que pode tornar-se o ponto de reagrupamento para a reconstituição de uma ciência filosófica da política saudável. O senso comum, como foi notado antes e continua a ser repetido aqui, tem seu representante filosófico no século XVIII com a escola escocesa desse nome. Foi definido por Thomas Reid como aquele "certo grau" de racionalidade

> que é necessário para sermos sujeitos da lei e do governo, capazes de regermos nossos próprios negócios, e responsáveis pela nossa conduta para com os outros. Isso é chamado senso comum, porque é comum a todos

---

[29] O volume em questão é Brecht, *Political Theory: The Foundations of Twentieth Century Political Thought* [Teoria Política: Os Fundamentos do Pensamento Político do Século XX], Princeton, N.J.: Princeton University Press, 1959.

os homens com os quais podemos fazer negócios, ou chamar para responder pela ação deles.[30]

"O senso comum é um tipo compacto de racionalidade", acrescenta Voegelin. "O *homo politicus* não precisa ser um filósofo, mas ele tem de ter bom senso" (A, p.352-3).

A restauração da ciência política e da filosofia não pode ser efetuada simplesmente pela correta compreensão de Aristóteles; mas isso é, na verdade, um primeiro passo necessário. Aristóteles conhecia claramente a realização e a natureza da filosofia; já que essa claridade geralmente não é hoje apreciada, deve ser brevemente refletida. A filosofia, por meio da experiência noética distintiva e dos poderes inferenciais e noéticos da inteligência, diferenciou a experiência cósmica primária. No lugar de um cosmos cheio de deuses, emergiu um mundo desdivinizado e, correlativo a ele, uma divindade concentrada no Fundamento do ser transcendente do mundo. Os reinados do ser sob a dispensação pós-noética poderiam ser designados pelos índices espacial-metafóricos do imanente e transcendente que correspondem, respectivamente, ao mundo das coisas no espaço e no tempo. O resíduo de mito em Aristóteles, especialmente na cosmologia, não foi uma desvantagem decisiva para a prosperidade da filosofia depois de seu tempo. O obstáculo real reside, ao contrário, na condição incompleta em que ele deixou o vocabulário filosófico. Ele não ofereceu instrumentos conceptuais adequados para lidar com precisão necessária com o conteúdo altamente diverso da experiência noética e tornar clara a nova estrutura teorética do ser.

Foi, por exemplo, claramente a intenção de Aristóteles que a expressão *ser* (*ousia*) devesse designar geralmente toda a variedade da realidade. Para preencher essa intenção e evitar más compreensões subsequentes, seria então necessário criar um vocabulário que especificasse os vários modos de ser com

---

[30] Thomas Reid, *Essays on the Intellectual Powers of Man* [Ensaios sobre os poderes intelectuais do homem](1978), Ensaio VI, cap.2 (reedição; Cambridge, Mass: MIT University Press, 1969, p.559), citado em Voegelin, *Anamnesis*.

claridade inconfundível. Isso Aristóteles não conseguiu fazer. Portanto, Voegelin, quando entra na tarefa de estabelecer uma ciência noética do homem satisfatoriamente à luz do conhecimento presente, apanha a ontologia aristotélica e a epistemologia exatamente nesse ponto; e procede em *Anamnese* e em obras mais recentes a desenvolver uma teoria em escala completa dos modos do ser. Os principais modos de realidade são:

1. o Modo da coisa, da existência no espaço e no tempo;
2. o Modo do Ser divino, para além do espaço e do tempo; e
3. o Modo do "Entremeio", a realidade não objetiva da consciência, suas tensões e dimensões – *i.e.*, a própria realidade noética (A, p.300).

Já que *o que quer que* o homem conheça da realidade ele conhece em sua consciência, o cerne da empresa é a criação da filosofia da consciência.

A interpretação noética da realidade não é, naturalmente, a única expelida pelos homens em sua ansiedade de existência, nem é ela a dominante socialmente. Na verdade, tudo o que os homens dizem acerca do significado último da existência é finalmente atribuível ou a esta ansiedade fundamental ou à experiência de alienação. A resposta característica a essas experiências é procurar o Fundamento. Os simbolismos do mito do cosmos divino que precede a diferenciação da *Nous* pelos filósofos mostram um componente racional de procura pela causa última; e a presença manifestada desse processo permite uma classificação de muitos mitos antigos sob as categorias de teogonia, cosmogonia, antropogenia e historiogênese, por exemplo (A, p.299, 322 passim; OH, v.IV, p.59-113). A classificação depende da identificação dentro dos mitos de correntes quase etiológicas conectivas que obtêm a realidade experimentada dos participantes separados da comunidade de ser de um Fundamento último, ou causa. A preocupação racional dos homens nas civilizações cosmológicas de compreender a fonte e a estrutura do ser e de sua ordem é, portanto, evidenciada. Além disso, vários tipos de experiências pneumáticas como representadas nas religiões do grande mundo competem com a *noesis* como simbolizações autorizadas da verdade existencial.

A filosofia não é, em suma, senão uma das fontes do conhecimento que o homem tem da realidade (A, p.333-40). Não pode sequer exigir que seja o modo de experiência mais profundo. O profeta e o místico falam com uma autoridade que excede o alcance do filósofo na dimensão experiencial, assim como no impacto sobre a ordem das sociedades concretas, à medida que a questão é uma "religião" nascente ou renascente. A filosofia não é a forma de existência de nenhuma sociedade na história até hoje, nota Voegelin mais de uma vez. A busca do místico pelo Fundamento divino o leva à presença divina e ao Tremendum inefável da contemplação apofática e da teologia mística. Sua busca consegue encontrar-se com a realidade numa profundeza que parece transcender a própria razão; e não é sujeito nem mesmo de comunicação analógica, seja no discurso racional, seja na representação mito-poética, mas encontra expressão apenas por meio do *rationale* irracional do paradoxo e no silêncio último do contemplativo que mantém o mistério inefável e inescrutável do Ser.

Isso não é para dizer nem que o misticismo deve ser depreciado, nem que a filosofia seja um modo de saber subordinado. O misticismo – juntamente com a revelação e o mito – é uma grande fonte de conhecimento do homem acerca do Ser divino, e a filosofia não tem nenhum motivo para queixar-se: "A *noesis* clássica e o misticismo são os dois reinos pré-dogmáticos do conhecimento (*Wissensrealitaeten*) em que o *Logos* da consciência foi diferenciado otimamente" (A, p.333, 346, 48).[31] Mas a escatologia mística de Platão, é instrutivo notar, está concentrada no mito que então serve como um simbolismo mais diferenciado. A verdade do mito claramente é afirmada por Platão. Mas é uma verdade pneumática

---

[31] Cf. a discussão de fé em meu *Political Apocalypse: A Study of Dostoevsky's Grand Inquisitor* [Apocalipse Político: Um Estudo do Grande Inquisidor de Dostoiévski], (Baton Rouge: Louisiana State University Press, 1971, cap.2.)

que desafia uma conceptualização adequada. Suplementa a verdade da filosofia, apoia sua orientação da existência do homem em direção ao Fundamento divino, e inspira mesmo o filósofo em seu trabalho. No entanto, não pode formar a base da análise noética e das asserções empíricas.

Como o mito cósmico, o misticismo é um modo grande e único de conhecimento humano. A filosofia, escreveu Voegelin em 1943, através do ato noético alcançado na meditação, penetra até o ponto onde a consciência experimenta a proximidade do Fundamento divino e então formula a hipótese ontológica do Ser transcendente, mas não pode sair para além do finito e arrancar o estritamente transcendentes e infinito na consciência como um dado de experiência imanente.

V

A filosofia da consciência é tanto o cerne quanto a parte mais difícil, tecnicamente, da teoria política de Voegelin. Além disso, enquanto as formulações de 1943 são pressupostas na obra subsequente, não são afirmações finais; e mesmo as diferenciações posteriores expressas nos ensaios de 1965, "O que é realidade política?", foram modificadas em aspectos importantes por publicações mais recentes. Os desenvolvimentos subsequentes serão considerados no próximo capítulo.

Nas próximas páginas deste capítulo, como um gato ao redor de um prato de leite quente, trabalharemos ao redor da própria teoria da consciência. A discussão tentou esclarecer as questões que, além daquela central, têm a maior proeminência na obra posterior de Voegelin – questões que abrangem os fundamentos de seu pensamento e se ramificam por meio de tudo o que ele escrevera até então. Isso está de acordo com o próprio procedimento de Voegelin, já que foi apenas em 1966 que ele publicou a teoria fundamental da consciência que testara e refinara nas décadas precedentes.

No memorial que precede a carta de 1953 a seu caro amigo Alfred Schutz, Voegelin delineou as dimensões mais genéricas de sua própria obra como ela apareceria nos trinta anos seguintes. Como vimos, a metodologia neokantiana e o *instrumentarium* defeituoso oferecido pela filosofia moderna como desenvolvida por René Descartes até Max Weber e Edmund Husserl tinham de ser postos de lado em conjunto. Um novo começo foi feito da fundação (*Grundlage*), mas não a última palavra, deixado por Platão e Aristóteles de uma filosofia de ordem social. Depois desse rompimento decisivo com as principais correntes do pensamento moderno, então, a restauração de uma teoria saudável da política seguiu duas linhas principais. A primeira foi a interpretação da rede de ação imanente do mundo racionalmente com propósito e planejada, especialmente com base no trabalho teórico feito por Schutz, a quem Voegelin descreve como sendo, desde a morte dele em 1959, "o participante silencioso de meu pensamento". A segunda foi a investigação das experiências e da questão central do relacionamento geral entre experiência e simbolização. Já que o acento de realidade recai na experiência, Voegelin determinou, como vimos, que sua *História das ideias políticas* tivesse de ser alijada como obsoleta, para ser suplantada pela filosofia da consciência e das formas simbólicas. Essa empresa foi articulada em explorações das experiências de ordem, a expressão simbólica delas, as instituições consolidantes que concretamente criam a ordem na história, e a ordem da própria consciência (A, p.17-20).[32] O programa esboçado corresponde ao que Voegelin tem feito desde os anos de 1940. Talvez o leite agora tenha esfriado o bastante para

---

[32] A velha *"História das ideias políticas"* é um texto datilografado de cerca de quatro mil páginas que tive o privilégio de primeiro ler em Munique, em 1965. Acerca de suas qualidades, ver as observações de William C. Harvard, "The Changing Pattern of Voegelin's Conception of History and Consciousness" [O Padrão mutante da concepção de Voegelin da História e da consciência], *Southern Review*, n.s. v.VII, p.62, 1971, expandida e reeditada em Stephen A. Mcknight (ed.), *Eric Voegelin's Search for Order in History* [A Busca de Eric Voegelin pela Ordem na História], Baton Rouge, London: Louisiana State University Press, 1978, p.1-25.

tentarmos um assalto frontal da própria teoria da consciência, devendo ser o procedimento primeiramente sinótico, apenas com um olhar na direção da teoria que se desenrola.

Voegelin descreve sua atenção para com a filosofia da consciência dos anos de 1920 em diante, nesta passagem de "Memória Autobiográfica":

> Um desenvolvimento importante em meu entendimento dos problemas que me preocuparam ao longo dos anos 1940, e até para a escrita de *Ordem e História*, foi marcado por minha correspondência com Alfred Schutz acerca do problema da consciência. As cartas não foram publicadas nessa época, mas apenas em 1966 como a primeira parte de meu livro *Anamnese*. A correspondência com Schutz foi precipitada pela leitura do livro de Edmund Husserl *Krisis der Europaeischen Wissenschaften* [Crise das ciências europeias] (1936). O estudo de Husserl me interessou muito por causa de sua magnífica varredura da história desde Descartes até sua própria obra. O estudo também me irritou consideravelmente por causa da arrogância algo cândida de um filósofo que acreditava que seu método de fenomenologia tinha, enfim, aberto o que ele chamava o horizonte apodítico da filosofia, e que dali para a frente quem quer que quisesse ser um filósofo de solidez tinha de ser um seguidor de Husserl. Essa arrogância me fez lembrar um pouco fortemente várias outras filosofias finais, como as de Hegel e Marx, e também a convicção dos nacional-socialistas de que a verdade deles seria a verdade última. Fiquei especialmente enojado pela presunção da linguagem de Husserl ao falar de si mesmo como do funcionário do espírito, porque tal linguagem me fez lembrar as experiências recentes com funcionários de outro tipo. Em continuação de minha análise anterior da consciência em *On the Form of the American Mind* prossegui agora numa crítica aprofundada da concepção de consciência de Husserl, sendo

o ponto decisivo que seu modelo de consciência eram os requintes de sentido de análise que ele trouxe para apresentar como atributo desse modelo de percepção; pareceu-me ridículo fingir que não há nada com a consciência, mas a consciência de objetos num mundo externo. A esse tempo, em 1942, eu já sabia o bastante acerca da filosofia clássica, patrística e escolástica para estar a par de que os filósofos que fundaram a filosofia como uma análise da consciência estavam analisando alguns fenômenos da consciência além da percepção de objetos do mundo externo. Fui, portanto, para a questão do que realmente eram as experiências que formam a consciência de um homem e fiz isso por uma *anamnese*, uma recordação de experiências decisivas de minha infância. Na verdade escrevi vinte breves bosquejos, cada um dando uma experiência antiga, de tal modo que eles adicionassem algo como uma autobiografia intelectual até a idade de dez anos.

Os fenômenos descritos eram verdadeiramente fenômenos de consciência, porque eles descreviam minha consciência de várias áreas de realidade como criança. E essas experiências tinham muito pouco que ver com objetos da percepção sensível. Por exemplo, uma das experiências que se me fixaram firmemente, o bastante para ser recordada quarenta anos depois, foi o Monge de Heisterbach. Heisterbach era a ruína de algum mosteiro medieval nas vizinhanças de Koenigswinter, para onde frequentemente íamos em excursão aos domingos. O monge de Heisterbach era o monge que se perdeu, para retornar apenas mil anos depois e descobrir que esses mil anos tinham passado para ele como um dia. Tais concentrações de tempos e diminuições, embora obviamente não fossem problemas de percepção de sentido, constituem partes muito relevantes ao menos de minha consciência, mesmo se eles não o fossem para Husserl. Dessa maneira, passei por tais experiências como as ansiedades e fascinações surgidas por estar a bordo do mundo conhecido, com Andersen em seus contos de fada, e olhando para o norte num horizonte de mistérios de infinito. Ou experiências de movimentados festivais com suas festas noturnas. Esses tipos de experiência constituem a consciência; e essa é a consciência real que um homem tem, a não ser que alguém queira insistir que minha infância foi inteiramente diversa da de qualquer outra criança na história da humanidade. As experiências de participação em várias áreas de realidade constituem o horizonte de existência no mundo. A ênfase está nas experiências de realidade no plural, estando abertas para todas elas e mantendo-as em equilíbrio. Isso é o que entendo como atitude de filósofo; e essa é a atitude que encontro na existência aberta de todos os grandes filósofos que àquele tempo tinha chamado minha atenção. Restaurar essa abertura para a realidade pareceu ser a principal tarefa da filosofia.

A análise das experiências exigia um vocabulário técnico. Por sorte não tive de desenvolvê-lo a partir do zero, mas, ao contrário, aprendê-lo gradualmente de outros filósofos que tinham ido pelo mesmo processo e já tinham encontrado os termos pelos quais podiam significar os passos analíticos na exploração de suas experiências. No centro da consciência encontrei a experiência de participação, significando, com isso, a realidade do ser em contato com a realidade fora de mim mesmo. Essa percepção da participação como o problema central foi fortalecida pela análise do mito conduzida por membros do Instituto Oriental de Chicago, sob a categoria de substancialidade, desenvolvida pelos Sr. e Sra. Henri Frankfort e provavelmente tomado de Lucien Lévy-Bruhl. Se o homem não fosse consubstancial à realidade que ele experimenta, ele não poderia experimentá-la. Entre os filósofos encontrei uma confirmação importante no empirismo radical de William James. O estudo de James da questão

– "Existe consciência?" (1904) – impressionou-me naquela época, e ainda me impressiona, como um dos mais importantes documentos filosóficos do século XX. Desenvolvendo seu conceito de experiência pura, William James põe o dedo na realidade da consciência de participação, visto que o que ele chama experiência pura é algo que pode ser posto no contexto *ou* do fluxo de consciência do sujeito, *ou* dos objetos no mundo externo. Essa iluminação fundamental de William James identifica aquilo que jaz entre o sujeito e objeto de participação como a experiência. Mais tarde descobri que o mesmo tipo de análise tinha sido conduzida numa escala muito mais vasta por Platão, daí resultando seu conceito de *metaxy*, o Entremeio. A experiência não está nem no sujeito, nem no mundo dos objetos, mas no Entremeio, e isso significa Entre os polos do homem e da realidade que ele experimenta.

O caráter Entremeio da experiência se torna de particular importância em compreender a resposta aos movimentos de presença divina, pois a experiência de tais movimentos não é localizada precisamente no fluxo da consciência do homem, no sentido imanentista, mas no Entremeio do divino e humano. A experiência é a realidade tanto da presença divina quanto da humana, e somente depois que aconteceu é que pode ser alocada ou para a consciência do homem, ou para o contexto de divindade sob o nome de revelação. Um bom número de problemas que assola a história da filosofia afora se torna claro, como hipóstases dos polos de uma experiência pura no sentido de William James, ou das experiências *metaxy* de Platão. Por hipóstases quero dizer a suposição falaciosa de que os polos da experiência participatória são entidades autocontidas que formam um contato misterioso por ocasião de uma experiência. Um mistério está ali, certamente, mas mesmo um mistério pode ser claramente expresso ao se enfatizar a realidade participatória da experiência como o sítio da consciência e compreender os polos da experiência como seus polos e não como entidades autocontidas. O problema da realidade experimentada se torna, então, o problema de um fluxo de realidade participatória, em que a realidade se torna ela própria luminosa no caso da consciência humana. O termo *consciência*, portanto, já não pode significar para mim uma consciência humana que é consciente de uma realidade fora da consciência humana, mas tinha de significar a realidade Entremeio da pura experiência participatória que, então, pode ser analiticamente caracterizada por meio de tais termos como os polos da tensão experiencial e a realidade da tensão experiencial na *metaxy*. O termo luminosidade de consciência, que emprego cada vez mais, tenta enfatizar esse caráter do Entremeio da experiência contra a linguagem imanentista de uma consciência humana que, como sujeito, é oposta a um objeto de experiência.

Essa compreensão do caráter do Entremeio da consciência, assim como de sua luminosidade – que é a luminosidade não de uma consciência subjetiva, mas a realidade de que de ambos os lados entra na experiência – deu origem a uma melhor compreensão do problema dos símbolos: os símbolos são fenômenos de linguagem engendrados pelo processo de experiência participatória. Os símbolos de linguagem que expressam uma experiência não são invenções de uma consciência humana imanentista; ao contrário, são engendrados no processo da própria participação. A linguagem, portanto, participa no caráter *metaxy* da consciência. Um símbolo não é nem uma convenção humana, significando uma realidade fora da consciência, nem, como em certas construções teológicas, uma palavra de Deus convenientemente transmitida na linguagem que o recipiente pode compreender. É engendrado pelo encontro do divino com o humano e participa, portanto, tanto da realidade divina quanto da realidade humana. Isso me parece, para o momento, ao menos, a melhor formulação do problema que atormenta vários filósofos simbolistas, o problema de que os símbolos não significam apenas uma realidade divina para além da consciência, mas são, de alguma modo, a realidade divina em sua própria presença. Mas temo não ter desenvolvido ainda os pormenores dessa filosofia participatória de simbolismo. (MA, p.70-5)[33]

Desde o começo deste estudo enfatizei o significado da experiência americana e o senso comum para uma compreensão apropriada de Eric Voegelin. É impossível ler a última obra de William James, seus *Essays in Radical Empiricism* [*Ensaios de empirismo radical*] e seu *A Pluralistic Universe* [*Um universo pluralístico*] sem se lembrar constantemente da própria atitude de Voegelin para com a filosofia como refletida em seu trabalho mais recente. A dívida de Voegelin é reconhecida na passagem há pouco citada, assim como alhures. Uma olhada em *On the Form of the American Mind*, além disso, mostra que o que Voegelin apanhou da obra de James já tinha sido abrangente em 1928, e já fora colocado no contexto de uma consideração minuciosa de todo o desenvolvimento da filosofia inglesa e americana desde Locke a Dewey, assim como esse desenvolvimento tem na compreensão da experiência, consciência, teoria do conhecimento e ontologia. Dito de maneira simples, há muito em Voegelin que é jamesiano: a prova aparece em seu primeiro livro e é ainda aparente cinquenta anos depois em *A Era Ecumênica* e trabalhos subsequentes.

Como sempre, é claro, é James modificado e adaptado em modos não dissimilares àqueles refletidos no desenvolvimento do próprio pensamento de James sob a impressão de pensadores como Gustav Theodor Fechner e Henri Bergson.

---

[33] A análise dos escritos de William James é temática no primeiro capítulo de Voegelin, *Ueber dir Form des amerikanischen Gesiste*, esp. 41-52. Cf. James. *Essays in Radical Empiricism* [Ensaios de Empirismo Radical] [e] A Pluralistic Universe [Um Universo Pluralístico] (2 vols. Em I, rpr. Ed; Gloucester, Mass: Peter Smith, 1967), I, 1-37. Para uma discussão relevante de Husserl, ver I.M. Bochenski, *Contemporary European Philosophy* [Filosofia Europeia Contemporânea], trad. De Donald Nichill e karl Ascgenbrenner (Berkeley & Los Angeles: University of California Press, 1969), 131-40.

Esse processo de adaptação e expansão reflete a substância do método crítico de Voegelin. Matérias apenas indicadas em James são desenvolvidas em Voegelin, e é um James reconciliado com Platão e Aristóteles que é encontrado nas páginas de Voegelin, como mostra a passagem que diz respeito à consciência. Mas o desdém por sistemas na filosofia e pelo dogmatismo, o descrédito do que James chama a "fineza" do "intelectualismo vicioso", e a preferência correlativa pela "grossura" de toda a experiência como fundamento indispensável para a filosofia são traços comuns a James e a Voegelin.[34] A investida central do esforço de James era o de romper "a realidade de conceitos" de maneira que chegasse à "experiência concreta".[35] Com referência a Bergson, ele escreveu aprovando: "A única maneira de apreender a grossura da realidade é ou experimentá-la diretamente, sendo uma parte da própria realidade, ou evocá-la na imaginação adivinhando *simpaticamente* a vida interna de outrem". Por sua falha em confiar na experiência concreta por causa de uma fascinação com esquemas conceptuais e construções intelectuais, "a filosofia tem ido num caminho falso desde os dias de Sócrates e Platão". Enquanto preocupado em primeiro lugar em explicar "a experiência pura" como aquela que ainda não foi nomeada da percepção imediata, que apenas se torna um que quando "tomada" uma segunda vez, James claramente estende seu empirismo radical não apenas às conexões que formam as relações dentro da experiência fenomênica, mas também à "experiência religiosa comum".[36]

Tal experiência "religiosa" é "fragmentária" e "descontínua" com nossa experiência de natureza, nota ele. Isso leva-o a arguir que as experiências religiosas evidenciam uma continuidade "com um eu mais amplo do qual experiências economizadoras florescem". Portanto, há alguma "verificação empírica

---

[34] James, *Essays in Radical Empiricism* [Ensaios de Empirismo Radical] [and] *A Pluralistic Universe* [e] [Um Universo Pluralístico], II, 60, 212, 309.

[35] Ibidem, p. 261, 257.

[36] Ibidem, v.II, p.250-1, 291; v.I, p.23, 44, 52; v.II, p.38-40, 299. Cf. Voegelin, *Ueber die Form des amerikanischen Geistes*, p.43, 48.

direta" da realidade divina, e James expressa surpresa de que "filósofos do absoluto" tenham prestado tão pouca atenção ao fato, "mesmo quando parecia óbvio que a experiência pessoal de algum tipo deve ter tornado tão forte a confiança deles em sua própria visão... Preferiram o método mais fino ao mais grosso sendo a abstração dialética tão mais digna e acadêmica do que os fatos confusos e prejudiciais da biografia pessoal". James então continua com a famosa afirmação: "Podemos estar no universo como cães e gatos estão em nossas bibliotecas, vendo os livros e ouvindo as conversas, mas não tendo a menor ideia acerca de nada".[37]

De acordo com James, a consciência como uma entidade não existe. O que existe como coisa do mundo ou realidade é experiência pura, da qual o conhecente e o conhecido são partes. Então, não há nenhuma realidade material com a qual a realidade da mente (ou consciência) possa ser contrastada. Há apenas a realidade homogênea da experiência, o *aquilo* imediatamente apreendido no fluxo da existência como tomado primeiramente na experiência comum. É apenas por uma segunda "tomada" que "a experiência pura" é experimentada ainda mais como objeto e sujeito, como conhecido e conhecedor, e identificada através de outras categorias de conceptualização em um processo de escolha e divisão. A *materia prima* ou experiência pura, entretanto, não sabe nada desse *que*. Mas se a consciência é não existente como entidade, não é para dizer que a palavra não representa algo; e esse algo é uma *função*. Pensamentos existem, e a função que eles servem na experiência é *conhecer*. A consciência é o nome para essa função, pois a experiência de "que as coisas não apenas são, mas são referidas, são conhecidas".[38] Mas mesmo esse significado atenuado de consciência é rejeitado por James. Pois se a *consciência* é entendida como "um tipo de relação externa, e não denota uma coisa especial ou uma maneira de ser", então a

---

[37] James, *Essays in Radical Empiricism* e *A Pluralistic Universe*, v.II, p.308-9. Cf. Voegelin, *Ueber die Form des amerikanischen Geistes*, p.50-1.
[38] James, *Essays in Radical Empiricismo* e *A Pluralistic Universe*, v.I, p,3-4, 138, 145, 160, 185; v.II, p. 280.

qualidade de ser consciente de experiência pode ser mais bem "*explicada por suas relações – sendo essas relações em si [mais] experiência de um com outro*".³⁹

O que significa isso? Significa que a coisa primeira de "pura experiência", cuja realidade é imediatamente apreendida, é *conhecida* por meio das relações que ela imediatamente tem com "porções" diferentes da experiência pura. Essas relações são meramente dimensões de uma experiência pura unificada: "um de seus 'termos' se torna o sujeito ou portador do conhecimento, o conhecente, o outro se torna o objeto conhecido". Em outras palavras, é *na* experiência em si que a realidade e suas inter-relações são conhecidas no instante de sua presença, no nível da experiência pura; e essa análise se aplica à coisa conhecida assim como ao sujeito que conhece: a relação do conhecimento e da consciência são, então, partes daquele *aquilo* da experiência pura, e ao menos o último é um termo supérfluo. Além disso, a análise se aplica a experiências não perceptuais não menos que a perceptuais.

> O campo iminente do presente é a todo tempo o que chamo experiência "pura". É apenas virtual ou potencialmente um objeto ou um sujeito até agora. Por enquanto, é a atualidade clara, inqualificada, ou existência, um simples *aquilo*... A dúvida disso em retrospectiva a um estado da mente e a uma realidade pretendendida, portanto, é apenas um dos atos.⁴⁰

> Em seu estado puro, ou quando isolada, não há nenhuma autodivisão [experiência pura] na consciência e "de que" é a consciência. Sua subjetividade e objetividade são atributos funcionais apenas, realizados apenas quando a experiência é "tomada", *i.e.*, falada, duas vezes, considerada juntamente com dois contextos diferentes [de pensamentos e coisas] respectivamente, por uma nova experiência retrospectiva, da qual toda aquela

---

³⁹ Ibidem, v.I, p.25, ênfase como no original.
⁴⁰ Ibidem, p.4, 16-18; 23-4.

complicação passada [associada com a circunstância e a biografia] forma agora o conteúdo fresco.[41]

Característico do empirismo radical é a insistência de James (contra todo o argumento de Hume e de seus sucessores) de que aspectos de relações da realidade experimentada são todos eles tão autênticos com as coisas experimentadas. Então ele insiste que,

> Para ser radical, o empirismo não pode nem reconhecer em sua elaboração nenhum elemento que não seja diretamente experimentando, nem excluir delas nenhum elemento que é diretamente experimentado. Para tal filosofia, as relações, e qualquer tipo de relação experimentada têm de ser contadas como 'real' assim como tudo o mais no sistema.[42]

Isso significa, em contraste com o empirismo comum, que as relações conjuntivas e disjuntivas são integrantes da experiência pura.

> Preposições, cópulas, e conjunções, "é", "não é", "então", "antes", "em", "em cima", "além de" "entre", "próximo a", "como", "ao contrário", "como", "mas", florescem do fluxo de experiência pura, o fluxo de concretos ou o fluxo dos sentidos, como naturalmente os nomes e adjetivos fazem, e eles se misturam de novo, tão fluidamente como quando os aplicamos a uma nova porção do fluxo.[43]

Ou, de novo:

> Todo examinador de vida sensível *in concreto* tem de ver que as relações de toda sorte, de tempo, espaço, diferença, semelhança, mudança, nota, causa, e assim por diante, são membros tão integrantes do fluxo como relações disjuntivas são... Com, próximo, depois de,

---

[41] Ibidem, p.23.
[42] Ibidem, p.42.
[43] Ibidem, p.95.

como, de, em direção a, contra, por causa, pois, através, meu – essas palavras designam tipos de relação conjuntiva arranjadas numa ordem mais ou menos ascendente de intimidade e de inclusão.⁴⁴

Para James, então, pensamentos no concreto são tanto reais quanto feitos do mesmo material que as coisas – experiência pura. Sua insistência na intimidade multifacetada do relacionamento normal simpático dos homens com o universo levou Voegelin em 1928 a cunhar o termo *eu aberto*, para simbolizar a pessoa que foge do isolamento e da solidão de sua existência meramente privada como um indivíduo atomizado, para abraçar a comunhão misteriosa da realidade aberta na experiência pura. Esse *com* e outridade interpenetrante arguída na análise de James da experiência, então, aponta em direção à convergência de sua meditação e a de Platão no relato posterior de Voegelin. Platão, Bergson e James, todos pretendem a mesma realidade. Os simbolismos de intimidade, responsabilidade, esforço, o com, a outridade misturam-se nos simbolismos de Voegelin: participação, harmonia com o que dura e o que passa na hierarquia da existência; consubstancialidade do ser aberta na experiência primordial do cosmos divino; e o mistério da articulação do homem no Entremeio de simbolismos engendrados de uma percepção autorreflexiva da participação consciente quando é levado a procurar o Fundamento do ser na busca amorosa da verdade chamada filosofia.⁴⁵

À objeção final de que a intuição mostra que a consciência existe através da experiência palpável do fluxo de pensamento dentro de nós, em contraste absoluto com objetos externos a nós, James replica que ele também tem de seguir a intuição. Esse fluxo de consciência de pensamento não é mais do que

---

⁴⁴ Ibidem, v.II. p.279-80; v.I, p.45. Cf. Voegelin, *Ueber die Form des amerikanischen Geistes*, p.47.

⁴⁵ James, *Essays in Radical Empiricism* e *A Pluralistic Universe*, v.I, p.42, 44, 49, 181, 196, 202; v.II, p.20-5, 33-5, 40, 44, 64, 271, 277-90, 325, 329. Cf. Voegelin, *Ueber die Form des amerikanischen Geistes* [Da Forma de Mente americana], p.49, 51-2.

"um nome descuidado para o que, quando escrutado, se revela consistir principalmente no fluxo de minha respiração". É a fisiologia da respiração, está ele persuadido, que é "a essência sobre a qual os filósofos construíram a entidade conhecida deles como consciência".⁴⁶ Como disse James em seguida, "As almas se gastaram a si mesmas e a suas boas-vindas, essa é a verdade nua". *Alma, psique* e *consciência* são termos equivalentes em filosofia. E James acrescenta esta reflexão posterior:

> Mas se a crença na alma vem à vida depois de muitos discursos funerários que o criticismo huminiano e kantiano pregaram sobre ela, estou certo que ela existirá apenas quando alguém tiver encontrado no termo um significado pragmático que até agora ele evitou a observação. Quando esse campeão falar, como ele falará algum dia, será tempo de considerar as almas mais seriamente.⁴⁷

Esse "campeão" apareceu em Voegelin, pois enquanto ele aceita virtualmente toda a análise de James (incluindo a não existência da alma-consciência), esta última vem à luz, em sua teoria da consciência, que se assenta na análise de experiência que mostra a alma-consciência como uma dimensão de *realidade* não existente. Podemos agora voltar diretamente para a teoria da consciência, de Voegelin.

VI

A teoria da consciência apresentada em *Anamnese* não é uma narrativa proposicional de uma estrutura previamente "dada" que pode validamente ser afirmada de uma vez por todas. A consciência, como disse James, não é objeto

---

⁴⁶ James, *Essays in Radical Empiricism* e *A Pluralistic Universe*, v.I, p.36-7. Cf Voegelin, *Ueber die Form des americanischen Geistes* [Da Forma de Mente americana], p.46.

⁴⁷ James, *Essays in Radical Empiricism* e *A Pluralistic Universe*, v.II, p.210-11.

de percepção externa, não é *per se* nem objeto, nem sujeito de nenhuma experiência de nenhuma classe que seja. A consciência pode apenas ser a consciência concreta de uma pessoa individual; suas funções e realidade são verificáveis estritamente em relação à experiência e somente por meio da percepção introspectiva de vários tipos. A teoria de Voegelin, portanto, é a articulação do conteúdo de certos traços de uma análise meditativa, permeada pelas experiências simbolizadas e que pode ser verificada pela comparação crítica com narrativas feitas por outros filósofos.

Deve-se notar que a *unidade* substancial da experiência humana não é em si mesma experienciável. Que o "conhecimento" conseguido e expresso como uma teoria tenha aplicabilidade universal a todo homem não é mais empiricamente garantível ou demonstrável do que é (por exemplo) a asserção de que todo o ser chamado homem possui uma natureza humana comum e é, portanto, nesse sentido igual a qualquer outro homem. Essa exigência de validade é um ato de confiança ou fé (*pistis*), que coloca um ponto no abismo que separa as asserções feitas na base empírica da experiência interna ou percepções de *um* homem e que carregam a exigência de verdade universal. Nem a dificuldade se liga apenas à experiência interna – pois toda experiência é, num sentido, interna. A armadilha cética e a positivista de solipsismo é evitável nas ciências físicas, por exemplo, apenas pela postulação dos propósitos metodológicos da uniformidade da natureza. E se se procura olhar por trás desse postulado para confiança renovada em matéria do tipo presente, então o fundamento de afirmações universais é

> crença na premissa de que uma verdade que diz respeito à realidade do homem encontrada por um homem concretamente se aplica, na verdade, a todos os homens. A crença nessa premissa, entretanto, não é engendrada por uma experiência adicional... mas pela experiência primordial de realidade como oferecida com a constância e duração de estrutura que simboli-

zamos como o Cosmos. A confiança no Cosmos e sua profundidade é a fonte das premissas... que aceitamos como o contexto de significado para nosso engajamento concreto na busca da verdade.[48]

Finalmente, se a narrativa teorética encontra expressão na linguagem mítica dessas entidades (como Deus, homem, alma, Cosmos) ou se na linguagem filosófica mais abstrata de tensões (como o campo da consciência, polaridades, imanência, transcendência, realidade divina, o Fundamento), nenhuma objetificação ou reificação é imposta. Ao contrário, os termos são meramente indicativos das dimensões experimentadas da realidade não existente da própria consciência. O vocabulário espácio-temporal da realidade imanente de coisas é empregado no sentido figurativo forçado pelo fato de que os homens não têm outra linguagem em que discursivamente possam expressar-se a si mesmos. Isso é o bastante quanto a considerações epistemológicas.

A transição da análise jamesiana para a platônica é feita por Voegelin da maneira como se segue: "A consciência, então, não é um dado que possa ser descrito de fora, mas uma experiência de participação no Fundamento do ser cujo Logos pode ser trazido à claridade apenas pelo processo de iluminação cada vez mais profunda em seu próprio Logos obtido através da meditação". A consciência é um processo de aprofundamento cada vez maior na introspecção alcançada pela meditação. É o centro que irradia a ordem concreta da existência humana na sociedade e na história.

> Uma filosofia da política é empírica – no sentido pregnante de uma investigação de experiência que penetra no reino inteiro da existência humana ordenada. Requer... exame recíproco rigoroso dos fenômenos concretos de

---

[48] Ver Voegelin, *Anamnesis*, p.7, 52, 55-8, 286, 353. Citação de "Equivalences of Experience" [Equivalências de experiência], p.234. Sobre a crítica positivista de proposições universais, ver Kolakowski, *Alienation of Reason* [Alienação da Razão], p.5, 176. Sobre a uniformidade da natureza, ver A. E. Taylor, *Elements of Metaphysics*, reimpr. New York: Barnes & Nobel, University Paperback, s. d., p.222-33.

ordem e análise da consciência, por meio da qual apenas a ordem humana na sociedade e na história radia... o estudo empírico dos fenômenos social e histórico de ordem interpenetra com o estudo empírico da consciência e suas experiências de participação. (A, p.8-9, 275-6)

A interpenetração das experiências simbolizadas no campo da história e as simbolizadas na experiência interna de participação como expressiva do campo de consciência têm sido a base de nossa apresentação da narrativa de Voegelin: participação *é* a própria consciência. Os principais simbolismos filosóficos podem ser brevemente recapitulados. A consciência é um processo de participação no Entremeio da realidade de coisas e o Fundamento divino do ser. O processo de consciência se forma em volta da tensão de percepção do Fundamento do ser, que os filósofos helênicos articularam como a busca racional do Fundamento; e o próprio Fundamento move (*kinesis*) a consciência mediante a atração atualizadora de buscá-lo como a substância comum da Razão. O aceno do polo divino de realidade também foi simbolizado como o empurrão (*helkein*) do Fundamento divino. O nome encontrado por Platão e Aristóteles para essa dimensão da consciência que participa mais intimamente no Ser divino transcendente é a Razão; e as narrativas exegéticas da participação amorosa dos homens no Fundamento abrange a filosofia.

A tensão de participação pode ainda ser descrita metaforicamente pelos índices direcionais de polos imanentes e transcendente do ser. Vê-se que a variedade de experiência é coextensiva com a variedade de realidade conhecida e que é articulada em correlação com os vários modos de realidade: coisidade – experimentada por meio da participação; realidade não existente da própria consciência – experimentada como a participação autorreflexiva no Entre; a realidade divina do Fundamento – experimentada noeticamente como a *Nous* atualizadora, pneumaticamente como o Deus atraente, que avança, Criador Salvador que desenha. Deve-se notar, entretanto, que o desenho do Fundamento é uma propriedade da experiência noética como descrita na *República* e nas *Leis*, assim como na experiência pneumática representada no Evangelho de João, onde uma linguagem idêntica é empregada. Portanto, as experiências podem propriamente ser assimiladas umas às outras em certos aspectos essenciais. Se a fé, por isso, se transformou em razão, Voegelin não diz aqui. Mas ele torna muito claro que a distinção simples é obliterada nas instâncias citadas (A, p.126, 266 ss, 289).[49]

Ainda alguns pormenores da análise da consciência podem agora ser esboçados. Voegelin retomou a exploração de sua consciência nos anos de 1940, como vimos, através das experiências anamnéticas para o propósito de descobrir experiências que motivam uma busca filosófica. Essa classe de experiências é inteiramente identificada e analisada no ensaio há pouco citado; e a julgar pelos materiais publicados, ele dificilmente poderia ter encontrado a resposta antes de meados de 1960. A tendência de seu pensamento nessa dimensão maior é sugerida, por exemplo, pelo ensaio de 1943, em que ele citava uma meditação do século XIV, "The Cloud of Unknowing" ["A nuvem do desconhecimento"]: "É necessário para ti enterrar-te numa nuvem de esquecimento de todas as criaturas que Deus já fez, que possas dirigir teu intento para o Próprio Deus". Comenta, então, ele: "O propósito da meditação é a aniquilação do conteúdo do mundo *per gradus*, do mundo corpóreo por meio do espiritual, de tal modo que alcance o ponto de transcendência em que a alma, para falar com Agostinho, pode transformar-se em *intentio* a Deus". Ele identificava a questão da transcendência como o problema decisivo da filosofia e o filosofar acerca do tempo e da existência (dirigido no primeiro capítulo de *On the Form of the American Mind*), como o equivalente moderno da meditação mística cristã. Ao aproximar-se da consciência através das experiências de escutar, ver e mesmo cheirar, ele chegou a visão similar à de James, de que a consciência em si mesma não "flui" – exceto como uma experiência periférica ou de borda,

---

[49] Cf. Voegelin, "The Gospel and Culture", passim.

constituída na própria consciência, não como constituinte da consciência. A percepção sensória, entretanto, não poderia providenciar um ponto de partida adequado para uma teoria da consciência; ao contrário, o modo diferente de percepção ou de experiência íntima também tinha de ser examinada. A fenomenologia especulativa de Husserl, por exemplo, poderia ser como um substituto para a meditação porque ela, também, procurava a "confiança existencial" da transcendência:

> Ambos os processos têm a função de transcender a consciência, uma para o corpo individuado, a outra para o Fundamento do mundo [;] ambos os processos levam a um "ponto de transitoriedade" ("*Fluechtigkeitspunkt*") no sentido de que o transcendente não pode em si mesmo tornar-se um dado da consciência, mas que os processos levam apenas para a borda e tornam possível uma experiência espontânea de borda que pode durar empiricamente apenas alguns segundos. (A, p.14, 33, 36, 37, 41, 42).[50]

O ponto de partida experiencial específico para a teoria da consciência como apresentada em 1943 é o fenômeno de atenção e a mudança de atenção (A, p.43).[51] Quando tratada assim, a consciência mostra quatro traços proeminentes:

1. Possui um centro de energia que pode ser dirigida de várias maneiras e em vários graus de intensidade para dimensões diferentes da realidade.
2. Exibe a si mesma como um processo.
3. O processo de consciência é, inteiramente, luminoso internamente.
4. As dimensões luminosas do processo chamado consciência variam do passado para o futuro, não como espaços vazios, mas como a estrutura de um processo finito ligado pelo nascimento e morte.

---

[50] Cf. William Johnston (ed.), *The Cloud of Unknowing and the Book of Privy Counseling* [A nuvem do Desconhecimento e o Livro de conselhos particulares], Garden City, N.Y.: Doubleday & Co., 1973, p.48.

[51] Cf. James, *Essays in Radical Empiricism* e *A Pluralistic Universe*, v.II, p.269-73.

A finitude experimentada do processo de consciência inevitavelmente oferece o modelo de todo o processo do aparato conceptual com o qual a mente opera, incluindo suas reflexões acerca dos processos que transcendem a consciência do infinito e do divino. E isso leva a áreas de problemas tão difíceis de proeminência na história do pensamento como nas antinomias lógicas e cosmológicas kantianas de quantidade (infinito e eternidade), a simbolização mítica do Ser transcendente por meio das representações finitas (a "função fundamental" do mito), a teologia processual da *tetraktys* pitagórica para a *Potenzenlehre* de Schelling, e a imagem ontológica descrita em *Great Chain of Being* [*Grande corrente de ser*] de A. O. Lovejoy (A, p.11, 43-53).

O que pode ser observado como faltante nessa narrativa anterior da consciência são os traços descobertos ao longo de décadas de atenção aos textos clássicos e proeminentes nas seções anteriores deste capítulo. As iluminações-chave são o descobrimento da consciência como o Entremeio do ser imanente e transcendente, de tal modo que participa experiencialmente em ambos; e o descobrimento de que a experiência que motiva o filosofar é o movimento da alma através do puxão da realidade divina quando é atualizada na resposta do homem filosófico (o *spoudaios* de Aristóteles, e o *daimonios aner* de Platão) pelo desejo de conhecer que forma como amor da Sabedoria.

O "presente" no processo luminoso da consciência que se estende do passado para o futuro é, no ensaio de 1943, o resultado interpretativo complexo das imagens de momento radicalmente imanentes que abrangem o material de experiência. Por meio da revisão mais recente da narrativa de experiência e de consciência como a realidade não existente do Entremeio que é o sítio de experiência, o presente é expandido para compreender não apenas os momentos do passado e do futuro, mas também o "presente que flui" do Eterno. A experiência filosófica do eterno encontrado na tensão entre os polos de tempo e eternidade é afirmada assim: "Permanecemos no 'Entremeio", num fluir temporal de experiência em que, entretanto, a Eternidade está presente, numa fluência que certamente não pode ser dissolvida no passado, presente e futuro do tempo do mundo porque em cada ponto do fluir ela carrega a tensão do ser Eterno transtemporal". Essa percepção do presente Eterno no tempo ultrapassa claramente em profundidade a *intentio* da "The Cloud of Unknowing" citada por Voegelin antes, embora as continuidades da análise sejam aparentes.

O problema de transcendência central a toda a filosofia é do mesmo modo transformado: "no centro do filosofar está a experiência da tensão com o Ser do qual radia a verdade da ordem nos [vários] complexos de realidade por meio de índices [de ser: Ser, imanente transcendente, mundo]". Onde há a luz da experiência do Ser, há também um mundo independente de coisas, e há Deus. Pois sem uma compreensão da realidade transcendente do mundo não há, na verdade, nenhum mundo imanente de natureza e de coisas; e lá onde Deus e o mundo se encontram através da experiência do Ser e estão ligados, aí está o reinado do homem – "aquele que com a experiência de si mesmo, como o que experimenta a ordem, entra na Verdade que conhece de sua própria ordem [*der mit der Erfahrung seiner selbst als des Ordnung Erfahrenden in die wissende Wahrheit seiner eigenen Ordnung eintritt*]. Tal variedade compreensiva de problemas parece-me ser o coração historicamente constituído de todo o filosofar" (A, p.286, 319, 55, 273-6).

Os modos de consciência são conhecimento, esquecimento e recordação, a *anamnese* de Platão. O que é recordado, entretanto, é o que foi esquecido; e a tarefa problemática de recordar o esquecido tem de ser demonstrada para não permanecer esquecida. Por meio da recordação do esquecido aquilo que deve ser recordado é trazido para o presente do conhecimento; e a tensão para o conhecimento mostra que o esquecimento é a situação do não conhecer, da ignorância (*agnoia*) da alma no sentido de Platão. O conhecimento e o não conhecimento são situação de ordem existencial e de desordem. O que é esquecido pode, entretanto, ser recordado porque é um conhecimento no modo de esquecimento cuja presença no esquecimento provoca descontentamento existencial num homem, e esse descontentamento pressiona em direção ao conhecimento consciente. Do modo de esquecimento a recordação recupera o que deve ser conhecido no presente no modo de conhecimento. A recordação é, portanto, a atividade da consciência por meio do esquecimento; e isso significa que o conhecimento latente do inconsciente é provocado pela recordação e mandado de volta numa maneira observável na presença específica na consciência onde é articulado. A articulação é fixada pela linguagem através da emergência na consciência de receptáculos linguísticos que mantêm o conteúdo de conhecimento previamente esquecido e inarticulado. Por fim, se a recordação procede em razão das fontes de experiências pessoais, ou se em razão da meditação das experiências historiograficamente evidenciadas de homens de gerações distantes, o que é recordado que preeminentemente deve ser conhecido (e não permanecer esquecido) é a fonte da humanidade do homem e a ordem da sociedade e a história *na harmonia participatória com a realidade divina do Fundamento* (A, p.11).

VII

A ciência filosófica ou noética, segundo Voegelin, é tanto um meio de salvação pelo qual a razão dirige o homem para a fonte do ser como um meio de avaliar criticamente a verdade de simbolismo que compete com ela como expressões autorizadas da compreensão do homem da realidade (A, p.325; OH, v.III, p.68-9). Em seu aspecto crítico, a ciência serve para identificar visões erradas, perniciosas e destrutivas da realidade, e para desacreditá-las e corrigi-las mediante uma avaliação racional. Assim, ela assiste no preservar da ordem da existência humana e na harmonia do homem com a verdade do ser em face das exigências da vida no mundo. Que a verdade nem sempre persuade é um fato que se deve considerar um mistério da existência. A filosofia opera no campo fértil da existência histórica, fixada perenemente pelos ídolos de Bacon e pelos sistemas ideológicos que divertem os homens do *ennui*, ansiedade, e alienação em prisões de sua própria feitura – prisões que muito frequentemente se formam não apenas nas mentes e almas das pessoas individuais, mas guiadas pela *libido* de poder, penetram sociedades inteiras e ameaçam engolfar a própria humanidade vivente num inferno totalitário desta ou daquela aparência.[52]

A busca da filosofia é a busca do Fundamento num modo diferenciado. Nessa busca, o conhecimento da revelação e o misticismo são aliados contra o inimigo comum, o dogmatismo (A, p.327-33). E o mito, em sua concretude, tem a mão pronta para apanhar, como os contos dos quais pode surgir a reorientação dos homens na existência e sua harmonização com a verdade do Ser divino. É bom lembrar, o *Fundamento* da filosofia do século XX é a *aition* de Hesíodo.

A análise seguinte pode, então, ser sumariada do seguinte modo.

1. Tudo que o homem sabe da realidade, ele o sabe por meio da experiência. As experiências de realidade ocorrem numa larga variedade e encontram expressão numa variedade correspondente de simbolização. A experiência e a simbolização "acontecem" juntas na consciência dos homens individuais. A consciência funciona então como para apanhar a realidade e torná-la inteligível. A inteligibilidade é alcançada pela articulação de símbolos cujo significado pode apenas ser entendido em seu contexto experiencial próprio e engendrador. É importante criticamente que os símbolos não sejam divorciados das experiências que os engendraram e que, a seu turno, eles devem evocar.

---

[52] Acerca do *status* não científico ou descarrilado de "sistemas" e de filosofia sistemática, ver Voegelin, *Science Politics and Gnosticism*, p.40 ss; "On Hegel: A Study in Sorcery", [*De Hegel: um Estudo de feitiçaria*], p.342 ss. Para o *divertissement* de Pascal, ver *Pensées*, n.139 ss, 166, 168. Cf. Gerhardt Niemeyer, *Between Nothingness and Paradise* [Entre o Nada e o Paraíso], (Baton Rouge: Lousiana State University Press), 1971, esp. cap.4.

2. O mito, a filosofia, a revelação e o misticismo são formas simbólicas de existência humana que expressam otimamente tipos distintamente diferentes, embora relacionados, de experiências e comunicam o conhecimento ordenado da realidade. A *verdade* delas todas reside no nível das experiências que articulam, não no nível dos próprios símbolos. O mito é expressivo da experiência primária e primordial da unidade de tudo o que existe. Centra-se na representação da divindade do cosmos, com a comunidade interpenetrante de homens, deuses, mundo e sociedade constituídos por meio da participação.
3. A participação mítica é compacta, no sentido de que abrange compreensivamente, ao menos, de maneira latente, toda a variedade da realidade experimentada pelos homens. A compactação da participação mítica é estilhaçada pela diferenciação ou dissociação de modos de experiências mantidos juntos no começo dela. Essa dissociação de modos de experiência, em duas instâncias, toma a forma de experiência noética produtiva de filosofia na antiga Hélade, na cristandade, e alhures. A experiência de participação é, em seu modo compacto, assim como em seu modo diferenciado, acompanhada por ansiedade de uma queda da existência no nada da não existência que abrange a realidade do homem e tudo isso. O mito, a filosofia, a revelação e o misticismo, todos atenuam essa ansiedade ao fazer parcialmente inteligível o mistério da estrutura e a ordem do ser e ao harmonizar a existência humana com seus modos próprios. Repetindo: "Nosso conhecimento de ordem permanece primariamente mítico, mesmo depois de a experiência noética ter diferenciado o reino da consciência e a exegese noética ter feito explícito seu Logos" (A, p.290).
4. A filosofia é a forma simbólica *par excellence* do modo noético de participação. É distinguida pelo descobrimento do filósofo da razão autorreflexiva como a essência específica do homem e a substância da *psyche* (ou consciência), que conhece tanto a si mesmo e sua

afinidade com a realidade divina última que é sua causa, realização, quanto o Fundamento de todo ser. A inquirição dos filósofos é a busca amorosa pela razão da Razão divina em que ela participa e com a qual ela procura mais perfeitamente harmonizar-se na relação recíproca do cognoscente e do conhecido, do amante e do amado. O cerne do esforço filosófico, então, – e da própria natureza humana – está aberto ao Fundamento como a tensão vertical da existência feita inteligível através dos símbolos da exegese racional chamada noese.

5. A deformação ou descarrilamento da ciência filosófica ocorre sempre que os símbolos encontrados pela razão para expressar a experiência de participação no modo noético são cortados de seu contexto experiencial engendrador e tratados como tópicos especulativos – ou como referindo-se a reinos subordinados do ser, ou como surgindo de modos de experiências outros, que não a participação noética. Tais deformações, de acordo com Voegelin, foram uma característica predominante da história da filosofia e permanecem assim hoje.

6. A restauração da ciência filosófica do homem acarreta: a) o redescobrimento da técnica de meditação noética mediante um estudo dos escritos desses filósofos que foram seus mestres e b) a elaboração de uma filosofia de consciência e uma ontologia da atividade noética ou teorética revitalizadas como informadas pelas fontes filosóficas disponíveis no horizonte contemporâneo. Que essas tarefas estão bem avançadas, a riqueza de *Anamnese* sozinha o atesta.

7. A nova ontologia que emerge da análise de Voegelin como apresentada em *Anamnese* é fundada na realidade de experiência no Entremeio da consciência participatória. A realidade não é "um sistema racional fechado", nem o idealismo, nem o materialismo oferecem descrições satisfatórias dela.[53] Voegelin tende a evitar os

---

[53] Voegelin, *Ueber die Form des amerikanischen Geistes* [Da Forma de Mente americana], p.20; *Anamnesis*, p.57.

termos *metafísica* e *ontologia*, assim como *ser* e *vir a ser*, por causa das conotações que esses termos carregam. Prefere simplesmente falar de *realidade* quando simboliza a variedade compreensiva desse É. A teoria do conhecimento e a ciência de realidade tendem a fundir-se em sua explicação, pois o que *é* é estritamente o que é experimentado pela realidade chamada "homem", na participação no Entremeio chamado "consciência", dentro da qual a percepção tensional de realidades encontrou e expressou em linguagem é engendrada.

A explicação de Voegelin é radicalmente empírica no sentido de William James, e mistura a linguagem de "cada forma" de James (em preferência a "toda a forma" dos absolutistas) com a análise meditativa de Platão para apresentar uma explicação pluralista da realidade.[54] O campo plural de realidade é articulado tensionalmente mediante seus índices simbólicos (que são eles mesmos parte da realidade de experiência) na coisidade, a consciência autorreflexiva como articuladamente seu centro racional, e o fundamento divino. Esses e outros termos expressam as polaridades *tensionais* que acontecem concretamente na consciência participatória de pessoas concretas. A análise de experiências engendradoras mostra que a realidade é um processo na forma do processo de consciência, que se diferencia de uma compactação para uma iluminação mais articulada em sua própria estrutura luminosa. "A realidade não é, portanto, constante" (A, p.306).

A concretude empírica da explicação deve ser enfatizada: "A consciência é sempre consciência-de-algo", insiste Voegelin. E não uma hesitação sobre a alma ou uma entidade separada. Além disso, em sua explicação estritamente empírica, não há *nenhuma* outra realidade do que os homens experimentam através de sua tensão existencial com o Fundamento luminoso com a razão (A, p.309-11). A exploração das experiências

---

[54] James, *Essays in Radical Empiricism* e *A Pluralistic Universe*, v.II, p.324.

participatórias do Entremeio pela consciência autorreflexiva cuja estrutura cognitiva é a razão não é uma perspectiva entre outras. Ao contrário, é a única perspectiva disponível aos homens quando eles procuram uma explicação objetiva e cientificamente válida de sua existência e articulam a verdade da realidade da qual eles são uma parte inelutável. A *linguagem* em que a busca da realidade encontra expressão, não menos do que as experiências engendradoras em si mesmas, compõe a textura da realidade participatória quando se apresenta no modo da consciência autorreflexiva chamada *Noesis*. Os índices simbólicos de experiências são em si mesmos as realidades do Entremeio de consciência-participação. "A filosofia da ordem é o processo em que nós, como homens, encontramos a ordem de nossa existência na ordem da consciência" (A, p.11).

8. A obra de restauração da filosofia e da ciência política não deve ser confundida com a proclamação de uma verdade definitiva ou última de uma maneira apocalíptica. Voegelin diz que detectou e retificou um erro de consequência com respeito à natureza do pensamento filosófico, seu significado e verdade. A asserção é recomendada com insistência com precisão e sobriedade eruditas. A despeito da magnitude da asserção, é-se compelido a dizer que não há nela nada do entusiasmo ou do tom milenário que caracterizou Hegel, por exemplo. Voegelin sequer tem a mais vaga pretensão de que sua obra libertará os homens do erro no futuro, que a filosofia ou a história atinjam o clímax em sua obra; nem é otimista na esperança de que sua análise será persuasiva a esta ou à geração subsequente. Na verdade, parece ser pessimista em todos esses aspectos. Ele diz apenas que, tanto quanto pode ver, assim o diagnóstico como a terapia são saudáveis. Ao asseverar isso, permanece um filósofo e um médico e não pretende ser nem profeta, nem curandeiro.

7. *Principia noetica*: a revolução voegeliniana – 1981 e depois

O retrato da obra de Voegelin que emerge da análise precedente se soma a uma revolução na ciência do homem comparável em magnitude (se não em estilo) às revoluções de Copérnico e de Newton na astronomia matemática, cosmologia e física. Que a obra de Voegelin promove um rompimento radical com as escolas contemporâneas de pensamento e movimentos filosóficos, isso se fez claro desde o começo de nossa narrativa. A Revolução Voegeliniana, entretanto, é mais do que uma nova ciência da política. É uma nova ciência abrangente do homem que, quando unida pelos arranjos de iluminações teoréticas dispersas em toda a obra de uma vida, se pode dizer que compõe uma *Philosophiae Hominis Principia Noetica*, um ponto de mudança de direção no entendimento do homem de si mesmo e da verdade da existência.

Como no caso de outras revoluções científicas de primeira magnitude, é impossível para o entendimento humano ser o mesmo depois de Voegelin. A nova ciência noética do homem articulada em seu pensamento produz ainda uma diferenciação da realidade. Pois a realidade assume significado e luminosidade alterando seu processo e estrutura pelo avanço da racionalidade autorreflexiva, obtida concretamente na experiência simbolizada na realidade da existência concreta da pessoa concreta, o homem Eric Voegelin. É certo, nenhuma Verdade para pôr fim à busca pela verdade no processo misterioso da realidade é encontrada ou proclamada, de acordo com a moda daqueles que pronunciaram antes Respostas apodíticas ao enigma da existência e as propuseram num Sistema para pôr fim a todos os sistemas. Ao contrário, o cerne da Revolução Voegeliniana é mostrar (entre outras coisas) o defeito de todas essas Respostas de "parar a história" como impositoras de segundas realidades falaciosas; e, em contraponto a elas, ele empreende a ciência do *homem como participante* no Mistério da história e da realidade. Voegelin alcança isso ao reformular a Pergunta que permeia a busca milenar dos homens pelo conhecimento do todo e ao colocar diante de nós a resposta a essa Pergunta. Numa perspectiva no tempo, obtida hoje como foi na Antiguidade por Platão através da arte da medida (*techne metretike*), não é tanto a resposta, mas o modo de fazer a Pergunta que assume importância milenar. Há respostas muito abundantes na filosofia de Voegelin intimamente razoável, mas nenhuma doutrina, ensinamento último, ou última Palavra pode ser extraído dela. Como observa ele ao formular a Pergunta em seu novo modo diferenciado:

> A história... tem um longo fôlego... O sentimento [de que não há nada de novo sob o sol] tem sua importância como uma salvaguarda contra a fraqueza humana de elevar o próprio presente no propósito da história. Será sempre um exercício salutar refletir que daqui a 2.500 anos [nós] pertenceremos a um passado tão remoto quanto o de Heráclito, de Buda e de Confúcio em relação a nosso presente. A reflexão posterior no que valerá a pena lembrar acerca de nosso presente, e por que, estabelecerá a perspectiva em que ele deve ser posto: nosso presente, como qualquer presente, é uma fase no fluxo da presença divina em que nós, como todos os homens antes de nós, e depois de nós, participamos. O horizonte do Mistério no tempo que se abre com a expansão ecumênica no

espaço [durante a Era Ecumênica] é ainda a Pergunta
que se apresenta ao viver presente; e o que valerá a pena
lembrar acerca do presente será o modo de consciência
em nossa resposta à Pergunta. (OH, v.IV, p.331)[1]

O "modo de consciência" exibido pela obra de Voegelin e simbolizado na Pergunta é *em si mesmo* o novo paradigma operativo da ciência do homem. O acabamento é oferecido em *A era ecumênica* (1974) e depois desenvolvido em artigos menores publicados desde a década de 1970 para reunir as linhas principais do paradigma.

I

Em que consiste a Revolução Voegeliniana? Vista *negativamente*, implica logo uma limpeza geral das maiores estru-

---

[1] Acerca do *techne metretike*, ver *Ordem e História*, III, 92, 129, 158. Que uma revolução está em movimento na obra de Voegelin é modestamente indicado, não apenas na passagem citada, que contém uma comparação velada do presente com a época na história identificada por Karl Jaspers como seu "tempo do eixo", mas também na introdução de 1977 para a edição americana de *Anamnese*, trad., e editada por Gerhardt Niemeyer (Notre Dame & London: University od Notre Dame Press, 1978), cap.1, intitulado "Lembranças de Coisas Passadas" onde Voegelin discute a "revolta" intelectual e espiritual contra a razão e a filosofia incorporada no pensamento moderno convencional. Que a própria realidade muda através de avanços científicos é notado pelo historiador da ciência, Thomas S. Kuhn, embora as implicações teoréticas não sejam desenvolvidas: "Argumentei até agora apenas que os paradigmas da ciência são constitutivos da ciência. Agora quero mostrar um sentido em que eles são constitutivos também da natureza... Examinando as anotações da pesquisa do passado do ponto de vista vantajoso da historiografia contemporânea, a ciência [natural] da história pode ser tentada a exclamar que quando os paradigmas mudam, o próprio mundo muda com eles". Kuhn, *The Structure of Scientific Revolutions* [A estrutura das revoluções Científicas] (2.ª edição, aumentada, Chicago: University of Chicago Press, 1970), 110, 111. Kuhn também observa, deve-se notar, o papel decisivo da intuição noética no engendrar as iluminações luminosas que constituem a ciência como descobrimento, por exemplo: "Os cientistas... frequentemente falam da 'catarata caindo de seus olhos' ou de 'raios luminosos' que 'inundam' um quebra-cabeça anteriormente obscuro, permitindo que seus componentes sejam vistos de uma nova maneira que pela primeira vez permite sua solução. Em outras ocasiões, a iluminação relevante vem no sono. Nenhum sentido comum do termo 'interpretação' se encaixa nesses raios de intuição através dos quais nasce um novo paradigma." Ibid., 122-23.

turas intelectuais do mundo moderno que constituem o clima dominante de opinião que ela tão frequentemente deprecia. Mais especificamente, a limpeza geral afasta tudo do pensamento ideológico por esse ser deformado e doutrinário: *i.e.*, as correntes liderantes da modernidade radical especialmente expressas pelos marxismo, freudismo e positivismo. Todos esses (juntamente com o hegelianismo) geraram a debilitante "dogmatomaquia de 'respostas'" que se formam como "sistemas de ciência" contendores, cada um deles reivindicando para si o monopólio da verdade, porém obscurecendo (mais do que iluminando) uma realidade capaz de sobreviver com uma mostra de validade intelectual apenas por causa da interdição de fazer a Pergunta. O obscurecimento da realidade por meio de sistemas (*scotosis*) e a proibição de fazer a Pergunta como um princípio dos sistemas são, então, as marcas gêmeas do clima reducionista contemporâneo deformante de opinião, que marca nossa era. Em consequência, a vida do espírito e a vida da razão são virtualmente impossíveis – se não completamente destruídas, ao menos perdendo um fórum público próprio. O deserto do espírito assim identificado é, em princípio, o indicado rudemente pelo exilado Soljenítzin a seu auditório de Harvard, em 9 de junho de 1978:

> Há um desastre, entretanto, em marcha há algum tempo. Estou-me referindo à calamidade de uma consciência humanística desespiritualizada e irreligiosa. Para essa consciência, o homem é a pedra de toque no julgamento e avaliação de tudo na terra. Homem imperfeito... Perdemos o conceito de uma Entidade Completa Suprema que costumava restringir nossas paixões e nossa irresponsabilidade... Esta é a crise real.[2]

A perspectiva de Soljenítzin é de interesse porque, vista *positivamente*, também a Revolução Voegeliniana é um ato de resistência concreta contra um clima de opinião que obscurece grandemente a realidade e com insistência assassina

---

[2] Citado de *Dallas Morning News*, 6 de julho de 1978, p.D2.

mutila a humanidade do homem.³ A resposta existencial individual pode ser vista, no caso de Voegelin, como equivalente das respostas de Sócrates-Platão na Antiguidade, e de Camus e Soljenítzin no mundo contemporâneo. A resistência resoluta à mentira é o primeiro ato indispensável na reorientação da existência na abertura para a verdade nas vidas de todo homem espiritualmente sensível, seja um Platão, seja um Paulo, ou uma vítima contemporânea de um clima mortal de opinião, totalitária ou outra que tal. E o movimento de resistência, se vai além de um dizer não no nível da articulação aberta ou a um mero adicionar de mais uma voz à cacofonia da disputa dogmática, pode formar na consciência de um homem que busca a verdade da Pergunta os simbolismos receptivos encontrados no mito, na filosofia, na revelação, na literatura e nas belas artes.

Voegelin descobre que a Pergunta é uma estrutura constante no processo de realidade que se torna luminosa, que *é* ciência como descobrimento. A Pergunta, então, é a questão da verdade da razão das coisas, a busca do Fundamento misterioso de toda a realidade, manifesta no mito compacto da forma cosmológica não menos do que nas repostas mais diferenciadas de filósofos, profetas, místicos e sábios de todos os tempos e lugares. Não há, entretanto, nenhuma Resposta última à Pergunta, porque todas as respostas têm finalmente de confrontar seus limites no "Mistério da Realidade" que as engendra (OH, v.IV, p.230, 326, 329; v.I, p.2). A experiência fundamental de realidade, nas primeiras sociedades cosmológicas, não menos do que nas posteriores, incluindo a nossa, é o mistério de existência provinda do nada. Na verdade, Voegelin descobre que o Mistério é central à primeira experiência do cosmos, modificando assim sua análise anterior. Escreve ele:

> A existência provinda do nada como a experiência primária das primeiras sociedades poderia ser suspeita porque lembra a do existencialismo moderno. O paralelo é bem observado, mas a suspeita de interpretação

---

[3] Voegelin, Reason: The Classic Experience, *Southern Review*, n.s., v.X, p.237-64, 1974 (p.241).

modernista de materiais antigos é sem fundamento. Ao contrário, inversamente, a semelhança é causada por uma consciência da existência sem fundamento agudamente despertando entre pensadores modernos, que rejeitaram a metafísica doutrinal e a teologia sem serem capazes de recapturar a confiança não doutrinal [*pistis*: fé] na ordem cósmico-divina... A experiência de um cosmos existente em equilíbrio precário à beira da emergência do nada e o retorno ao nada têm de ser reconhecidos, portanto, como jazendo no centro da experiência primária do cosmos. (OH, v.IV, p.73, 77)

A tensão fundamental de realidade experimentada é a tensão misteriosa de existência provinda da não existência. A tensão fundamental é simbolizada no próprio cosmos no mito primeiro. O cosmos não é uma coisa entre outras; ao contrário, é o todo abrangente e "pano de fundo da realidade em que todas as coisas existentes existem", *incluindo* a estrutura quaternária de realidade no modo de existência articulado como Deus, homem, mundo e sociedade. Simbolizado como áreas intracósmicas de realidade, sua verdade "surge da experiência de uma abrangência subjacente, intangível, de algo que pode oferecer existência, consubstancialidade, e ordem para todas as áreas de realidade, mesmo se ela não pertence a uma coisa existente em nenhuma dessas áreas". *Não* como uma coisa existente entre outras, mas como o "pano de fundo de realidade em que todas as coisas existentes existem", então o *cosmos* "tem realidade no *modo de não existência*" (OH, v.IV, p.72-3, grifo nosso).[4] Há, então, dois modos de realidade: "A realidade no modo de existência é experimentada como imersa na realidade no modo de não existência, e, inversamente, a não existência chega à existência. O processo tem o caráter de uma realidade de Entremeio, governada pela tensão da vida e da morte" (OH, v,IV, p.174).

Aqui temos a exegese de Voegelin dos pronunciamentos mais antigos conservados pelos filósofos "sobre o processo

---

[4] Cf. Voegelin, *Order and History*, v.IV, I, p.1; e Voegelin, "Equivalences of Experience", p.227.

de realidade e de sua estrutura", os de Anaximandro (*fl.* 560 a.C.), e Heráclito (*fls.* 500 a.C.). Nas palavras de Anaximandro; "A origem (*arche*) das coisas é o *Apeiron* [Profundidade; Ilimitação]... É necessário para as coisas perecer nisso do que elas nasceram, pois elas pagam umas às outras a penalidade pela sua injustiça (*adikia*) de acordo com a ordem do Tempo". A realidade experimentada e assim simbolizada em Anaximandro é um processo cósmico em que as coisas emergem da realidade não existente de Profundidade (*Apeiron*), apenas para desaparecerem novamente nessa mesma realidade não existente da Profundidade (*Apeiron*). As coisas não devem sua existência a si mesmas; elas existem por um tempo e escorregam de volta à não existência da qual sua existência proveio. "Portanto, existir significa participar em dois modos de realidade: (1) No Apeiron como *arche* sem tempo de coisas e (2) na sucessão ordenada de coisas como a manifestação do Apeiron no tempo." Na linguagem tersa dos mistérios, Heráclito subsequentemente expressou a participação de coisas na realidade deste modo:

> Mortais imortais
> imortais mortais
> vivem a morte dos outros,
> morrem a vida dos outros.[5]

O desenrolar da nova ciência do homem por Voegelin gira em torno da exploração meditativa dessas iluminações que estão no topo da prática da ciência noética e de sua articulação da Pergunta em símbolos surgindo como "análise experiencial". A diferenciação filosófica da verdade da existência tem sua ascensão de tais experiências como as compactamente simbolizadas por Anaximandro e Heráclito ao ponto de que a própria linguagem delas se torna a linguagem articulante da própria ciência filosófica "que permaneceu uma constante até hoje" (OH, v,IV, p.175).

---

[5] Anaximandro A 9 e B 1, e Heráclito B 62, como citados por Voegelin, *Order and History*, v.IV, p.174.

A ciência noética consiste na exploração de experiência da perspectiva de participação como sua base empírica; põe de lado o método matematizante das ciências naturais e da ciência social convencional (ou positivista), assim como a linguagem estranha de sujeito-objeto, a dicotomia dogmática fato-valor, e a contração de "experiência" cientificamente relevante para o mundo da percepção sensível como a realidade (se não a única) controladora que peneira questões científicas de pseudoquestões (*Scheinprobleme*) (OH, v,IV, p.316-17).[6] Não fazer isso seria abandonar a realidade como *experimentada*, destruindo assim a própria possibilidade de uma ciência do homem fundamentada. A ciência noética de Voegelin reside em bloco na realidade experimentada não como uma posição abstrata ou princípio, mas como uma necessidade ditada pelos próprios tempos. A realidade da discussão é a realidade abrangente da ciência, delimitada pela iluminação que apenas a realidade é a única conhecida experiencialmente ou imaginativamente extrapolada da experiência direta. Os simbolismos de *noese*, enfatiza ele repetidamente, não são algo fundado no ar flutuante. Ao contrário, estão ligados a (engendrados por) eventos específicos reportados por homens específicos em quem as experiências ocorrem. Temos conhecimento dessas experiências apenas porque tais homens nos dizem nos simbolismos explicativos dados em resposta receptiva à Pergunta como integral à busca como ela é vivida. Por essa razão a obra de Voegelin é carregada de materiais historiográficos por meio dos quais sua "análise experiencial" (que contrasta com a análise fenotípica) procede no ziguezague de trás para diante de reiteração e reconsideração reflexiva de textos e problemas. Apenas por meio da exploração atenta e amorosa dos materiais apresentados através de suas próprias experiências e as de outros homens pode uma *ciência* do homem e da realidade ser perseguida por um caminho, assim tortuoso como cheio de alegrias, de autointerpretação da realidade.

---

[6] Ver também meu *Philosophical Science Beyond Behavioralism* [Ciência Filosófica para além do Comportamentalismo], in George J. Graham Jr., George W. Carey (ed.), *The Post-Behavioral Era: Perspectives on Political Science*, New York: David Mckay Co., Inc, 1972, p.285-305.

Então, por exemplo, escreve ele: "Não há nenhuma realidade de ordem na história exceto a realidade experimentada e simbolizada pela consciência noética dos participantes – não haveria nenhuma Era Ecumênica identificada por seus problemas de ordem, a não ser que eles tivessem sido identificados por meio de símbolos por alguém que os tivesse experimentado" (OH, v.IV, p.145). No contexto do *Banquete* de Platão e na análise da "simbolização da tensão erótica na existência do homem como uma realidade de Entremeio", Voegelin enfatiza os pontos essenciais:

> A verdade de existência na tensão erótica [como] transmitida pela profetiza Diotima a Sócrates... [no diálogo] não é uma informação acerca da realidade, mas o acontecimento em que o processo de realidade se torna luminoso a si mesmo. Não é uma informação recebida, mas uma iluminação surgindo do diálogo da alma quando ela investiga "dialeticamente" seu próprio suspense "entre o conhecimento e a ignorância". Quando surge a iluminação, ela tem o caráter da "verdade", porque é a exegese da tensão erótica experimentada; mas surge apenas quando a tensão é experimentada de tal maneira que brota em sua própria exegese dialógica. Não há nenhuma tensão erótica residindo em algum lugar para ser investigada por alguém que tropeça nela. A dicotomia sujeito-objeto, que é modelada pela relação cognitiva entre o homem e as coisas no mundo externo, não se aplica ao acontecimento de uma "experiência articulando a si mesma"... [Ao contrário, no contexto do diálogo, é] o "acontecimento" em que a tensão erótica na alma de um homem luta para conseguir a luminosidade articulada de sua própria realidade. Portanto, o diálogo da alma não é fechado como um acontecimento em uma pessoa que, depois que isso acontece, informa o resto da humanidade de seus resultados como uma nova doutrina. Embora o diálogo ocorra na alma de um homem, não é "a ideia de um homem acerca da realidade", mas um acontecimento na Metaxy onde o homem

tem uma "conversa" com o fundamento divino do processo que é comum a todos os homens. Por causa da presença divina no diálogo do *daimonios aner* [homem espiritual], o acontecimento tem uma dimensão social e histórica. A alma socrática arrasta em seu diálogo os companheiros e, para além dos companheiros imediatos, todos os que estão ansiosos em ter esses diálogos relacionados a eles. O *Banquete* se apresenta como a reportagem de um repórter em intervalos de anos; e a reportagem continua até hoje. (OH, v.IV, p.186)

A verdade da realidade produzida em respostas à Pergunta numa variedade de modos acerca dos milênios desde a Antiguidade distante até o presente anuncia a "igualdade do ser e do pensar. Do *logos* do discurso como o *logos* do ser". Mas essa diferenciação complementar e simultânea da verdade das estruturas e processos da realidade e da consciência ocorre não a todos os homens em todos os tempos, mas no processo da busca do Fundamento a homens particulares em tempos e lugares particulares. Que isso seja assim é em si mesmo parte do Mistério da Realidade. As dimensões cognitiva e ôntica do processo meditativo surgem juntamente nas ocasiões concretas e em contextos históricos específicos como teofanias. Então, "temos conhecimento imediato do processo [de busca] e da realidade que ele revela] apenas em sua presença. Um homem a quem nomeamos concretamente – um Heráclito, um Platão, um Plotino, ou um Santo Agostinho – experimenta o processo em seu modo de presença." O "processo como uma presença movente", entendido sempre que é experimentado como a busca do ser-verdade que produz conhecimento de realidade, faz sentido apenas sob esta suposição:

> de que a verdade trazida da profundeza de sua psique pelo homem, embora não seja a verdade última da realidade, é representativa da verdade na profundeza divina do Cosmos. Por trás de cada símbolo equivalente no campo histórico está o homem que o engendrou no curso de sua busca como representante de uma verdade

que é mais do que equivalente. A busca que [*pode apresentar*] não mais do que uma verdade equivalente reside em última análise na fé de que, ao participar dela, o homem participa representativamente no drama divino da verdade que se torna luminosa.[7]

Em suma: "O Entremeio divino-humano da experiência historicamente diferenciadora é encontrado na consciência de seres humanos concretos em corpos concretos na terra concreta no universo concreto" – e em nenhum outro lugar (OH, v.IV, p.333).[8]

II

A Pergunta da verdade-realidade da história é apenas uma dimensão da Pergunta da verdade-realidade do Todo do qual a história é parte. Com força polêmica e doutrinal, Leibniz formulou a Pergunta em 1714 nestas palavras: "(1) Por que há algo, por que não há nada? E (2) Por que as coisas têm de ser como são e não de outro modo?". As perguntas como formuladas, a despeito de sua afirmação doutrinal por um metafísico-físico engajado na metafísica proposicional (uma deformação da filosofia, segundo Voegelin), não obstante, são formuladas pela experiência da realidade como uma tensão entre a existência e a não existência. E Leibniz respondeu: "Esta razão última das coisas é chamada *Deus*" (OH, v.IV, p.73-4, grifo nosso).[9]

---

[7] Voegelin, "Equivalences of Experience", p.224, 233-4.

[8] Cf. Voegelin, "The Concrete Consciousnesse, in *Anamnesis*", ed. trad. De Gerhardt Niemeyer, cap.II.

[9] Citação de Leibniz. Mas cf. G. W. von Leibniz, *The Principles of Nature and of Grace, Based on Reason* [Os Princípios da Natureza e da Graça, baseados na Razão], 7-8, in Philip Wiener (ed.), *Leibniz: Selections* (Leibniz: Seleções), New York: Charles Scribner's Sons, 1951, p.522-33, em 527-28. As perguntas de Leibniz foram prosseguidas por Max Scheler, cuja terminologia de *tensões* e de *participação* como categorias centrais na filosofia foram tomadas e grandemente desenvolvidas por Voegelin. Ver Scheler, "The Nature of Philosophy and the Moral Preconditions of Philosophical Knowledge" [A Natrueza da Filosofia e

A Pergunta como uma "estrutura inerente à experiência de realidade" (OH, v.IV, p.317) toma uma variedade de formas e pode ser explícita (como em Leibniz) ou implícita (como em Anaximandro e Heráclito) quando apenas foram dadas respostas. Em seus vários modos, ela estrutura o processo de busca pelo Fundamento do ser; e sua própria pergunta implica uma Resposta, assim como respostas dadas implicam a Pergunta, mesmo se as respostas receptivas dos homens, em razão dos vários horizontes experienciais do mito, da filosofia, da revelação, e dos estilos meditativos da Índia e da China oferecem em sua equivalência não mais do que a verdade representativa. É pela diferenciação da Pergunta que a verdade compacta se dissolve para diferenciar como o avanço da verdade na história. A história é, então, entendida como a dimensão de realidade no Entremeio em que a luminosidade do significado do Todo cresce e em que o processo do Todo é experimentado como movente numa direção de "realidade eminente". Em breve, o processo de diferenciação e suas ramificações nos preocuparão em mais pormenor.

Para o momento, entretanto, outros aspectos da Pergunta podem ser sumariados. Em primeiro lugar, como vimos, a Pergunta simboliza a experiência do Mistério da Realidade como existência provinda da não existência. Produz o entendimento da realidade do Entremeio da existência das coisas no cosmos *como* a realidade do Entremeio no equilíbrio precário, participando da não existência porque sob a sentença de nascer para perecer "de acordo com a ordem do Tempo" (Anaximandro). Em segundo lugar, entretanto, a Pergunta como um movimento reflexivo no processo de consciência num homem tem direção para a realidade eminente, *e.g.*, no sentido do mortal cuja busca é a imortalidade (Heráclito/Aristóteles). Em terceiro lugar, o processo filosófico de imortalidade, no Entremeio, formando através da tensão erótica como o "desejo" de conhecer

---

aas Pré-condições morais do Conhecimento filosófico], in *On the Eternal in Man* [Do Eterno no Homem], trad. Bernard Noble, New York: Harper & Bros, 1960,. Pt 4, p.90, 98-104; ver também Scheler, *Man's Place in Nature*, trad. introd. Hans Meyerhoff, New York: Noonday Press, 1961, p.70, 88-95.

o Fundamento e mais perfeitamente participar em sua Razão através da harmonização, é experimentado como uma paixão e como uma empresa divino-humana cooperativa estruturada decisivamente pela atração atualizante da *Nous* divina (Platão/Aristóteles). O processo diferenciado da Pergunta é o processo da *ratio* de dar direção, das perguntas conhecentes cheias de iluminações e das respostas que perguntam,[10] por meio das quais a meditação autorreflexiva de uma busca ou "homem espiritual" se move porque ele se sente puxado (portanto, dirigido) para o Fundamento divino transcendente variamente experimentado-simbolizado como o Para além da existência que é o Bem (*República*) ou o Belo (*Banquete*) ou o Terceiro Deus *Nous* que puxa a corda dourada da razão na consciência humana (*Leis*). Finalmente, o processo de consciência de um homem quando ele procura é experimentado-simbolizado como uma estrutura de fé na busca da compreensão, como a *fides quaerens intellectum* da linguagem de Anselmo pressuposta pela "resposta" de Leibniz, por exemplo. Mesmo na Antiguidade distante, entretanto, a Pergunta é completa. No mito do cosmos, que é o pano de fundo imediato dos pronunciamentos de Anaximandro, o *Apeiron* da não existência não é meramente uma dimensão negativa do Todo, mas a realidade que é a origem criativa ou Começo das coisas que existem, incluindo a vida e a ordem das "coisas" chamadas homens. Portanto, a crença (*pistis*) na verdade-realidade da Profundidade, simbolizada como o cosmos cuja ordem de base e abóbada interpenetra difusamente as coisas na existência, é a fonte misteriosa da razão das coisas não mais do que sua realidade. A fé na razão do Todo é então o fundamento de toda a inquirição. Os primeiros princípios ou suposições de toda a ciência se apoia na fé, a dimensão da *Nous* que abrange a *pistis*. Repetindo a formulação de Voegelin:

> Compartilhamos com Aristóteles a crença na premissa de que uma verdade concernente à realidade do homem encontrada por um homem concretamente aplica-se a

---

[10] Cf. Voegelin, *Anamnesis*, p.50-4, 151, 289-90. Ver também a discussão em Voegelin, "Reason: The Classic Experience", p.241-6.

todos os homens. A fé nessa premissa, entretanto, é... engendrada pela... experiência primordial da realidade como oferecida com a constância e permanência da estrutura que simbolizamos como o Cosmos. A confiança no Cosmos e em sua profundidade é a fonte das premissas – seja ela a generalidade da natureza humana, ou, em nosso caso, a realidade do processo como uma presença movente – que aceitamos como o contexto de significado para nosso engajamento concreto na busca da verdade. A procura da verdade faz sentido apenas sob a suposição de que a verdade trazida da profundeza da psique pelo homem, embora não seja a verdade última da realidade, é representativa da verdade na profundeza divina do Cosmos.[11]

Terá ficado claro agora que o cerne da ciência noética do homem de Voegelin não é um conjunto de axiomas, princípios, hipóteses ou leis suscetíveis de afirmação como um sistema de ciência ou mesmo como um Entremeio de sucessivos paradigmas de ciência no sentido do emprego que Thomas Kuhn faz do termo em sua narrativa histórica das mudanças das interpretações "normais" para as "revolucionárias" do mundo através das ciências naturais e de seus esquemas

---

[11] Voegelin, "Equivalences of Experience" [Equivalências de experiência], p.234. Para a *fides quaerens intellectum* neste contexto, ver Voegelin, *The Beginning and the Beyond: a Meditation on Truth*, Milwaukee, Wisc.: Marquette University Press (no prelo). Ver também Voegelin, "Wisdom and the Magic of the Extreme: A Meditation", *Southern Review*, n.s., v.XVII, n.2, p.255, 271. Cf. Michael Polanyi, *Science, Faith, and Society* [Ciência, Fé e Sociedade] (Chicago: University of Chicago Press, 1946), p.45 *passim*. Relacionado à questão neste ponto no texto e o julgamento de Thomas Kuhn: "A transferência de lealdade do paradigma científico para o paradigma é uma experiência de conversão que não pode ser forçada... Uma decisão desse tipo pode apenas ser feita na fé" (Kuhn, *Structure of Scientific Revolutions*, p.151, 158). Ver também a discussão de De onde... vem a regularidade e a ordem?, in F. Sherwood Taylor, *A Short History of Science and Scientific Thought* [Uma Pequena História da Ciência e do Pensamento Científico] (New York: W.W. Norton & Co., 1963), p.341. Cf. Maurice Merleau-Ponty, *The Visible and the Invisible*, ed. Claude Lefort, trad. Por Alphonso Lingis, Evanston, Ill: Northwestern University Press, 1968, cap.1. A afirmação de Aristóteles sobre a questão é dada num breve parágrafo que conclui: "Somos deixados com a conclusão de que é a inteligência [*Nous*] que apreende os princípios fundamentais" (Aristóteles, *Ética a Nicômaco*, Livro 6, cap.6, 1141a8, p. 155; cf. *Analíticos Posteriores*, Livro 2, cap.19, 100b5-14).

analíticos.¹² Embora sumariar afirmações proposicionais tenha seu lugar legítimo na ciência noética como um meio de apresentar guias, é um meio de revolução trabalhado pelo esforço de Voegelin nos últimos cinquenta anos que a ciência noética esteja em forte contraste com os modos dominantes de pensamento científico que formam como uma sucessão de paradigmas sistemáticos de maior ou menor utilidade para a interpretação da realidade no padrão do que os filósofos da ciência podem afirmar que é a metodologia das ciências naturais. A ciência natural sinaliza o abandono das ciências do mundo externo como o modelo da ciência do homem. Oferece ciência num novo modo.

Em seu centro reside a Pergunta, não como uma alternativa arbitrária, mas como o simbolismo existencialmente fundado engendrado pelo Mistério da Realidade e empiricamente provado por toda grande exploração do Entremeio de realidade desde os tempos pré-históricos até o presente. Não há nenhuma Resposta final para a Pergunta, do que o Mistério cujo significado se torna mais luminoso mediante o processo da própria pergunta em si. E a luminosidade do Mistério e a profundidade de seu mistério são aumentados pelo processo de perguntar, tanto por meio dos avanços na compreensão obtidos na diferenciação da verdade desde a compactação primordial de experiências dos homens buscando o Entremeio da realidade *quanto* através das deformações e das contrações de realidade engendradas pelos homens que mudam da participação aberta no processo da realidade e da história para o fechamento ao Fundamento divino (ou, alternativamente, ao cosmos em que a realidade é fundada) para as hipóstases de realidade que emergem como segundas realidades em vários modos de restrição. Pois a verdade da consciência-realidade, obtida na vontade alegre de aperceber que engendra as grandes teofanias pneumáticas e noéticas nos homens abertos para o horizonte de realidade, tem sua contraparte no fechamento contrapontual ao horizonte aberto da experiência

---

[12] "Por que não" é explicado por Voegelin em "What is Political Reality?", in *Anamnesis*, p.283-5; o trecho da edição de Niemeyer está nas p.143-6. Ver Kuhn, *Structure of Scientific Revolutions*, cap.2, 5, 10, passim.

e as deformações resultantes, reducionismos, doutrinações, e perversões da verdade diferenciada encontrada a cada passo do caminho. E estes últimos – interpretados como êxodos concupiscentes do Todo na prisão de uma parte, ou como a egofania do eu contrato em contraste com a teofania de consciência-realidade diferenciadoras –, por sua abundância e presença intensa distorcendo a realidade e dominando a vida pragmática e espiritual dos homens na existência, compõem uma parte não insignificante do Mistério da própria existência pessoal, social e histórica. Eles apresentam o problema dos filósofos, não menos do que do homem comum, que luta para encontrar sua humanidade e a ordem da existência entre a confusão das forças desordenadoras. Eles periódica e repetidamente investem às cegas para compor a miséria da existência, através dos sistemas de "ciência" armada como ideologias para a manipulação do homem por megalomaníacos levados a criar as prisões de existência por meio do fechamento radical fortificado pela orgulho ilimitado, a *libido dominandi* da filosofia clássica e cristã. O problema é resistir e sobreviver. E fazer isso requer a análise da verdade e da ordem da realidade que surge apenas depois de o homem discernir a mentira de um horizonte restrito e potencialmente assassino dos praticantes intelectuais e políticos da revolta egofânica.[13]

III

O que é paradigmático na nova ciência, então, são duas coisas. Primeiramente, é a exemplificação da vida contemplativa na pessoa e na pergunta de Eric Voegelin no "ato de participação aberta no processo assim da história como do Todo" (OH, v.IV, p.335), de tal maneira que o que a ciência noética

---

[13] Cf. Voegelin, *Order and History*, v.IV, p.330-5; *Anamnesis*, trad. ed. Niemeyer, cap.1. Sobre a "vontade alegre de aperceber" como emblemática do desejo de conhecer e de abertura para a realidade, ver *Order and History*, v.IV, p.237; "Reason: The Classic Experience" [*Razão: a experiência Clássica*], p.257; *Anamnesis*, trad., ed. Niemeyer, p.11.

é pode ser mais bem respondido ao se apontar a instância concreta de uma vida e obra. O paradigma da nova ciência é, portanto, dado da mesma maneira que nos horizontes diferenciadores da Antiguidade o que é filosofia podia ser indicado ao se apontar para o Sócrates paradigmático, definindo de tal modo a filosofia existencialmente *in actu* como uma *imitatio Socratis*, uma definição que setenta gerações de homens hoje viram que é de valor. Este livro deve ser lido como uma glosa daquele paradigma. Em segundo lugar, o paradigma é discernível em perguntas feitas e respostas dadas na abertura para a realidade quando essa forma concretamente a riqueza da informação erudita e a análise em obras publicadas. Isso compõe o *corpus* científico de conhecimento da realidade humana nas modalidades de resposta à Pergunta oferecida ao público pela obra crítica de Voegelin e as miríades de fontes de onde tirou suas interpretações.

Pode ser mais bem circunscrito o paradigma da ciência noética assim apontado para uma maneira dupla? Podem os "princípios" da inquirição e os "achados" do estudo ser dados como afirmações sumárias de alguma maneira útil? Acho que a resposta a esses perguntas é sim, contanto que sejam tomadas precauções elementares para evitar más compreensões da tentativa. Há princípios básicos na obras de Voegelin. E há resultados que levam a compreensão humana de si mesma e da realidade bem para além do que era sem o esforço monumental de entender de Voegelin. O próprio Voegelin apresenta formulações-chave dos "princípios". Ao considerar o seguinte sumário da ciência noética na linguagem do descobrimento-resultados, devem-se observar estas precauções:

1. Embora a linguagem de princípios, descobrimento e resultados seja empregada, o emprego deve ser colocado no *contexto* da empresa para a qual as afirmações sumariantes são desenhadas.
2. Mais especificamente, a linguagem (e sua afinidade com a ciência proposicional no sentido positivista, com a metafísica proposicional no sentido escolástico, e com

as ciências matemáticas da natureza) *não* delineia um sistema de ciência ou uma coleção de axiomas dos quais ou uma metodologia doutrinal ou um corpo definitivo de verdade doutrinal possa ser deduzido como um sistema de ciência ou como expressão de um corpo de conhecimento nos padrões, por assim dizer, dos *Principia Mathematica* (1903) de Bertrand Russell e de Alfred North Whitehead.

3. Portanto, as "precauções" nesta lista confrontam imediatamente um princípio de ciência noética em si mesma, uma negativamente expressa e com implicações que devem ser consideradas subsequentemente. É que a ciência noética do homem não pode ser assimilada aos modelos da matemática e da física convencionalmente tomados como modelos de ciência *per se*. Neste ponto tudo o que precisa ser enfatizado é negativo: os fenômenos da existência humana "não podem ser tratados de acordo com o modelo de ciência natural de ciência e objeto" (A, p.286; ed. Niemeyer, p.145).

4. As afirmações sumariantes não são doutrinas que revelam de maneira concisa o ensinamento ou as conclusões de um cientista que filosofa. Ao contrário, são guias. São destinadas a introduzir um corpo altamente complexo de pensamento àqueles que desejam tornar-se mais a par dele, depois de uma primeira aproximação, mediante o estudo das fontes originais. Constituem uma construção de ponte – não um substituto para a própria *noese*, mas, ao contrário, um meio de orientação que tenta identificar estruturas salientes no pensamento de Voegelin.

5. Finalmente, nenhuma pretensão de completude pode ser imputada ao sumário. Uma narração completa do processo de descobrimento requereria uma lógica em grande escala da *Noesis* que abrangeria um livro separado tão grande ou maior do que este volume. (Voegelin por décadas acalentou a ideia de escrever tal lógica, mas até agora tem havido apenas um arranjo de dicas publicadas.) Esta compilação de "resultados" é frag-

mentária, também, porque a obra está ainda em andamento, mais importante, porque um inventário cru de "resultados" subverteria a empresa do filósofo como ele próprio a apresenta.

Os "resultados" nos fazem voltar à compreensão perversa da ciência das coisas humanas como um corpo de conhecimento acerca da realidade objetiva *qua* ciência acerca do modelo defectivo de sujeitos de cognição e de objetos numa realidade fenomenológica; ou, alternativamente, acerca do modelo de filosofia como uma narrativa proposicional ou doutrinal de *topoi* especulativos que se referem à realidade fenomenológica da percepção do sentido – a origem do descarrilamento da ciência noética na Antiguidade. Mas é o próprio cerne da revolução trabalhada pela ciência noética para compreender que o conhecimento da realidade é inseparável do processo de experiência-simbolização no Entremeio atingido na perspectiva inelutável de uma participação do homem na mesma realidade que, em ocasiões de acontecimentos específicos na consciência dos homens individuais, se torna luminosa com seu significado. Falar de "resultados", sem atenção estrita a essas considerações decisivas, seria cometer precisamente a falácia básica contra a qual Voegelin energicamente se acautela: "Submeter a este açougue uma experiência de participação no campo primordial, da verdade emergente, e de sua articulação meditativa por meio de símbolos seria destruir a realidade da experiência como experimentada".[14]

Tomadas juntas, essas cautelas formam, em afirmação preliminar, alguns dos princípios para compreender a ciência noética nas dimensões dos resultados de descobrimento. Particularmente, o quinto item na lista sugerirá que o exercício é dúbio, até o ponto de voar diante de uma investida maior da própria ciência noética e abri-la para uma má compreensão mais frequentemente encontrada nas reações críticas à obra

---

[14] Voegelin, "Equivalences of Experience" [Equivalentes de Experiência], p.232; cf. "Reason: The Classic Experience" [Razão: a Experiência Clássica]; ver também *Order and History*, v.III, p.277-9.

de Voegelin. Na melhor das hipóteses, nosso sumário será um tipo de ato de corda bamba conduzido em perigo iminente de queda. Mas vale a pena o risco se se conseguir fazer acessível a experiência noética aos leitores para quem o sumário proposicional funciona, mas que rejeitariam o apelo como encarregado na linguagem da própria análise experiencial. Em suma, a empresa parece justificada se ao menos parcialmente obtiver êxito em tornar mais inteligíveis essas iluminações fundamentais na ciência e na realidade sem deformá-las muito no processo.

IV

Os princípios de descobrimento são os da própria inquirição (*zetema*) e serão muito familiares ao leitor das partes subsequentes deste livro. Talvez mais novidade será a afirmação de resultados, já que ele se concentrará na modificação de iluminações anteriores, ao recapitular o resultado do trabalho mais recente feito por Eric Voegelin. Para a compreensão completa, essas conclusões têm de ser lidas no contexto de todo o estudo e no contexto de suas fontes.

Essa enumeração de princípios de ciência noética é, de maneira geral, é claro, uma compilação parcial das oferecidas por Voegelin no explanar o processo de seu pensamento. Inevitavelmente, os princípios não são também meramente lógicos ou metodológicos, já que o ato de filosofar não é suscetível de dissecação em partes discretas.

1. Participação

O princípio de participação é central à ciência noética. Forma a base existencial da autocompreensão do homem à medida que desde tempos antigos os homens estão a par de que participam numa realidade estruturada da qual eles não são senão uma parte, apenas ontologicamente articulada pelos simbolismo do homem, de Deus, do mundo e da sociedade –

a estrutura quaternária primordial do ser refletida nos mitos cosmológicos antigos. A participação forma, portanto, assim como a essência do conhecente e do conhecível e a perspectiva inevitável da inquirição na realidade. Não há nenhum ponto arquimédico fora da realidade-como-participação disponível aos homens. De acordo com isso, suplanta as categorias sujeito-objeto da cognição e da ontologia.

A) Tensão fundamental. A participação dos homens na realidade não é difusa e à toa, mas forma direcionalmente para a realidade última ou eminente. Essa realidade eminente (*realissumum*) é chamada Deus, e por vários outros nomes que simbolicamente designam a experiência da divindade da realidade última, ou Fundamento do ser. A tensão fundamental como afirmada abstratamente é experimentada concretamente numa variedade de modos, como os da tensão erótica do filósofo em direção ao Fundamento que forma assim como o amor da Sabedoria de Platão; o amor heraclitiano e paulino amor, fé e esperança; a busca imortalizante do moral em Heráclito e Aristóteles; a maravilha incansável que agita a consciência que pergunta no desejo de saber em todos os homens e sobe até a vontade alegre de aperceber nos homens espiritualmente sensíveis e maduros de Platão e de Aristóteles; o *amor Dei* e *intentio animi* em Agostinho. A fé na busca da compreensão na experiência mística articulada em Anselmo.

B) Hierarquia. A busca do Fundamento na participação é estruturada por sua iluminação na estrutura hierárquica da realidade e o descobrimento autorreflexivo da razão que pergunta da variedade de participação como posto em camadas nos graus de ascensão de uma realidade maior do físico ao espiritual, racional e divino. A iluminação na ordem de estrutura hierárquica da realidade é, ao mesmo tempo, uma iluminação na ordem-estrutura da psique ou da consciência do homem autorreflexivo cuja natureza compósita é compreendida como o epítome de todos os reinados do ser e cuja natureza específica é a *Nous*. Depois a *Nous* é identificada tanto como o sítio das experiências de participação no Fundamento do ser quanto, também, de algum modo, como o mesmo que o Fundamento divino experimentado em Aristóteles.

C) Pergunta. A Pergunta é "uma estrutura constante na experiência da realidade" (OH, v.IV, p.326). A busca de um Fundamento, no mito cosmológico não menos que na filosofia e na revelação, forma nas direções da harmonização com o verdadeiro Fundamento e da pergunta acerca da verdade da realidade, incluindo o Fundamento de realidade eminente, misteriosamente equilibrada na existência provinda da não existência (Anaximandro e Platão).

D) Direção. Índices direcionais da busca surgem no processo de busca na linguagem dos homens que fazem a Pergunta: *Começo*, quando a busca do Fundamento é extrapolada para um ponto absoluto no passado (Gênesis); *Profundidade*, quando a busca procura o Fundamento das coisas presente na existência (Anaximandro); *Para além*, quando a busca é feita por meio da hierarquia do ser a um ponto acima do cosmos no salto no ser que abre o Ser transcendente no Deus do Além (Moisés, Platão, o autor anônimo do *Apocalipse de Abraão)* (OH, v.IV, p.322-6); *Fim*, quando a busca pelo ponto absoluto do tempo futuro, como uma realização escatológica que se aperfeiçoa e redime o homem e o mundo através da Parousia que marca a culminação do tempo (Paulo). A essas coisas, pode-se adicionar os índices sumariantes, linguísticos espacial-metafóricos do transcendente-imanente como simbolizando o relacionamento tensional da criação, do Para além sem tempo e o reinado da realidade temporal-espacial, do Ser e do devir.

2. Diferenciação

As respostas à Pergunta não estão no mesmo nível. Algumas são superiores às outras na penetração, luminosidade e completude. Essa superioridade é conseguida mediante um processo de diferenciação. O princípio é básico na inquirição chamada *Ordem e História* pelo homem chamado

Eric Voegelin. Quando ele retrospectivamente afirmou em 1974, com referência à formulação dada em 1956:

> "A ordem da história emerge da história da ordem." A história foi concebida como um processo de iluminação cada vez mais diferenciado, na ordem do ser em que o homem participa por sua existência. Tal ordem, como pode ser discernida no processo, incluindo digressões e regressões da diferenciação que aumenta, emergiria, se os tipos principais da existência do homem na sociedade, assim como os simbolismos correspondentes, fossem apresentados em sua sucessão histórica... (Não) havia nada de errado com o princípio do estudo. (OH, v,IV, p.1, 2)[15]

A diferenciação foi explicada na forma de três princípios no primeiro volume de *Ordem e História*, pode-se recordar, nestas palavras: "(1) A natureza do homem é constante. (2) A variedade de experiência humana está sempre presente na inteireza de suas dimensões. (3) A estrutura da série varia da compactação à diferenciação" (OH, v.I, p.60).

O princípio de diferenciação, então, designa o processo de desenvolvimento ou de evolução nas estruturas da consciência-realidade. O mito antigo compreendido como a consciência-realidade experimentada-simbolizada é menos diferenciado (*i.e.*, mais compacto) que a filosofia e a revelação, como formas simbólicas líderes que articulam experiências mais profundas (portanto, compreensão) da realidade eminente, e, com isso, também do Todo. Os irrompimentos para iluminações mais diferenciadas são chamados "saltos no ser" nos primeiros três volumes de *Ordem e História*, mas Voegelin prefere "impulsos espirituais" ou "teofanias" no último volume, embora o termo anterior não seja descartado. Porque nem todas as iluminações na realidade que se diferenciam estão num nível e são desejáveis graus de penetração, luminosidade e completude, as iluminações têm de ser criticamente atingidas e classificadas:

---

[15] Citação interna de *Order and History*, v.I, p.ix.

Uma filosofia da história não pode ser uma recordação amigável de *memorabilia*... [mas] tem de ser um estudo crítico da estrutura autoritária na história da humanidade. Nem podem as comunicações autorizadas de verdade acerca da ordem, quando elas saltam no curso da história, ser aceitas simpaticamente num mesmo nível – pois isso nos submergiria nos males do historicismo, ceticismo e relativismo; nem podem ser rejeitadas pelos mesmos padrões de uma verdade última, seja essa ultimidade atribuída a uma verdade do passado ou a uma nova descoberta por nós – pois esse absolutismo nos envolveria na falácia gnóstica de declarar o fim da história. Um estudo que queira ser crítico tem de levar em conta seriamente o fato de que a verdade acerca da ordem do ser emerge na ordem da história. O Logos da própria história oferece os instrumentos para o teste crítico e a classificação da estrutura autorizada... Os princípios que tentei formular devem oferecer o fundamento crítico para o estudo de *Ordem e História*.
(OH, v.II, p.7)

A) *Conhecimento*. O processo de diferenciação é em si mesmo a fonte *exclusiva* de conhecimento da consciência-realidade – ou seja, do conhecimento obtido através da (e como) ciência noética *qua* ciência. A aceitação desse princípio significa, "negativamente, renunciar toda a pretensão de uma posição de observador fora do processo. Simplesmente significa entrar no processo e participar assim da sua estrutura formal como das tarefas concretas impostas ao pensador por sua situação nele". O que diferencia de tornar-se conhecido como um novo descobrimento é a consciência de uma *estrutura* na realidade que foi apresentada antes que ela fosse experimentada-simbolizada na diferenciação da consciência-realidade e que estará presente depois do acontecimento. Mas, além disso, a diferenciação que traz à tona a estrutura também traz concretamente à tona o *processo* de consciência-realidade em que "todos os homens, passado, presente e futuro participam" no modo diferenciado de uma "nova consciência" com dimensões pessoal, social e histórica (OH, v.IV, p.314-15).[16]

B) Contração. Os contramovimentos na consciência-realidade àqueles da diferenciação obtida pela abertura para o Fundamento podem ser designados pelo princípio de contração pelo fechamento ao Fundamento. A linguagem é suplementada por tais termos descritivos como rebelião, revolta, deformação, redução, fé metastática, mágica, apocalipse, êxodo concupiscente, má-fé, recusa a perceber, alienação, desprezo pela Razão, egofania, descarrilamento, defecção da realidade. O vocabulário enriquecido emerge no curso de análises pormenorizadas que articulam a inquirição em contextos específicos. Tomados em conjunto, circunscrevem criticamente as muitas maneiras em que as iluminações diferenciadas como simbolizadas são pervertidas, dogmatizadas, doutrinalizadas, obscurecidas por meio de sistemas, ou, de outra forma, arrancadas de seus contextos experienciais de tal maneira que obscurecessem a iluminação com telas erradas, restringindo, assim, o horizonte que originalmente se tornou mais luminoso através da diferenciação crescente da consciência-realidade. O gnosticismo é uma instância especial de contração e de doença espiritual [o *nosos* de Platão, a pneumopatologia de Schelling] por causa de sua grande carreira por dois milênios.

3. Experiência-simbolização

A experiência é básica a toda ciência; mas a experiência básica à ciência noética não é primariamente a percepção das coisas exteriores na realidade fenomênica, mas a percepção da estrutura e dos processos de realidade participatória da consciência na tensão existencial do Fundamento. Na ciência noética, a experiência assim entendida engendra os simbolismos que a deixam articular-se. Experiência-simbolismo é, então, uma unidade: sem a experiência não há nenhum simbolismo,

---

[16] Os pormenores da análise no contexto da instância-chave da "época" que marca a Era Ecumênica na história serão levados em consideração daqui a pouco.

sem o simbolismo, nenhuma experiência articulada. Ambos surgem de uma vez na busca participatória do Fundamento, que diferencia a estrutura e o processo de conciência-realidade. O processo de pesquisa ou busca e sua simbolização resultante da experiência no movimento de diferenciação enfatiza a perspectiva cognitiva e ôntica de luminosidade participatória em contraste com a dicotomia sujeito-objeto de ciência com conhecimento de objetos intencionalmente investigados pelo cientista no modelo da ciência natural. Que isso seja a realidade do processo de busca do Fundamento em *todos* os seus modos é muito necessário com base no acesso do vasto material. Que a ciência noética, desde a Antiguidade, *não* tenha sido entendida é a raiz do descarrilamento da filosofia na especulação tópica depois de Aristóteles – descarrilamento que continua até o presente. Desse erro fundamental acerca do caráter da filosofia surgiram (em parte) tais fenômenos de significado histórico mundial como a metafísica proposicional, o repúdio da filosofia no começo da modernidade, e sua posterior "ruína" (Whitehead) por deturpação pelas mãos (entre outros) de idealistas alemães, do "sistema de ciência" de Hegel, do marxismo, do positivismo, e de outros "ismos" do século XIX que desembocaram na dogmatomaquia da contenda de ideologias que subjazem ao terror da existência no século XX.

A) Equivalências. O princípio corolário de equivalência surge do reconhecimento de que a mesma realidade, sua estrutura e processo, é perseguida pelos mais variados simbolismos deixados como trilhas da história nos milênios desde os petroglifos da Idade da Pedra até o Upanishade, o diálogo platônico, a filosofia do século XX de um James, um Bergson, ou um Whitehead. Então, o descobrimento de uma "nova" verdade com a descida experiencial do pensador até a profundeza da psique será temperada pelo reconhecimento de que não é inteiramente nova, mas equivalentemente presente na forma mais compacta da velha verdade, assim como Aristóteles reconheceu a equivalência das iluminações simbolizadas no mito com as simbolizadas na forma mais diferenciada da filosofia. E ele pôde, portanto, equacionar o amador do mito (*philomythos*) com o amador da sabedoria (*philosophos*) como homens em busca da mesma verdade.

Exemplos adicionais podem ser dados de equivalência de experiência e simbolização que clarificarão a questão central da ciência noética, *i.e.*, a experiência de participação e o paradoxo de sua consequência epistemológica, ou seja "a identidade e a não identidade do conhecedor com o conhecido".

> Que o ser e o pensar são o mesmo foi a iluminação de Parmênides. Que o *logos* de seu discurso era o mesmo que o *logos* da realidade expressa pelo discurso, a iluminação de Heráclito. O simbolismo de participação, de *methexis* ou *metalepsis*, é tanto clássico quanto escolástico. *Aletheia*, com seu duplo significado de verdade e realidade, é platônico-aristotélica. A identidade e a não identidade do conhecedor com o conhecido tem seu equivalente na definição requintada de Hegel da realidade absoluta como a identidade da identidade e a não identidade – embora nesse caso nossa concordância tenha de ser qualificada por causa do lapso de Hegel de uma análise de uma estrutura da consciência com a construção de um sistema. O processo de realidade é o equivalente da concepção de Whitehead da experiência. O Entremeio da existência humana, então, é a *metaxy* de Platão. E as virtudes de tensão existencial [em direção ao Fundamento] – amor, esperança e fé – são símbolos constantes dos filósofos pré-socráticos e dos filósofos clássicos, por intermédio de São Paulo e Santo Agostinho, até o presente. Os símbolos de alienação, finalmente, que podem ser encontrados nos poetas helênicos e nos filósofos foram colecionados por Clemente de Alexandria por ocasião de sua luta com a resposta gnóstica à alienação, e novas variedade de simbolismos foram desenvolvidas pelos cristãos e pelos neoplatônicos. Em nossa própria pesquisa hoje, então, estamos na verdade engajados na mesma procura em que nossos predecessores estavam em seus dias.[17]

---

[17] Voegelin, "Equivalences of Experience", p.223.

4. Razão

Que a ciência é uma estrutura racional e a razão um princípio da ciência, incluindo a ciência noética e filosófica do homem, não é notável em si mesmo. Além disso, que a razão é o constituinte do homem e o especificamente humano nele é igualmente um lugar-comum. Ele é regularmente designado como um animal racional ou uma criatura com inteligência ou consciência, expressões definidoras sumariantes que desde a Antiguidade foram aplicadas a ele como um *zoon noetikon* traduzido em latim como o *animal rationale* (com eco na designação biológica cunhada em 1859, *Homo sapiens*) ou, na formulação de Aristóteles, como ser vivo que possui razão (*nous*), o *zoon noun echon*. Mas a Razão da ciência noética e seu significado como algo que constitui o homem em sua humanidade como reencontrada, explorada e diferenciada na nova ciência vai muito além da compreensão não notável e do lugar-comum convencional. A Razão diferenciada está no coração da ciência noética como conhecimento (*episteme*) acerca das coisas humanas obtidas no Entremeio da realidade participatória por meio da análise experiencial autorreflexiva crítica.

O que é isso? É a *Nous* descoberta meditativamente na Antiguidade pelos filósofos místicos, diferenciada no período clássico por Platão e Aristóteles, e agora mais diferenciada no pensamento de Voegelin. Em sua perspectiva mais ampla é, em suas várias dimensões, descoberta concretamente como o Primeiro Princípio comum ao ser, ao homem e à ciência. Já que nosso interesse aqui é enfatizar seu lugar na ciência, a atenção se concentrará primeiramente naquele aspecto do sujeito, em vez de nos outros dois. Ainda assim, a perspectiva de todo o simbolismo sozinha faz a presente sinopse inteiramente inteligível.[18]

A Razão é *o* princípio da ciência, porque é um princípio tanto da realidade quanto da consciência; e, na análise da

---

[18] A maior fonte da discussão é Voegelin, "Reason: The Classic Experience" [Razão: a experiência clássica], in *Anamnesis*, trad. ed. Niemeyer, p.89-115.

experiência clássica, a razão é mostrada como o mais alto princípio comum ao homem e ao Ser divino. A recuperação do significado inteiro de *Nous* (Razão, Mente, Inteligência, Pensamento, como é traduzida em vários contextos) é em si mesma uma grande façanha da obra de Voegelin, algo com que se ocupou até 1981. A Razão, como um princípio da ciência noética, é assim uma estrutura como um processo. É assim formal como substantiva. Determina a forma de inquirição como a estrutura da participação do homem na *metaxy* de existência quando essa inquirição explora a tensão para o Fundamento divino da realidade. Seu conteúdo é harmonização com a verdade da realidade experimentada, que se manifesta a si mesma na ordem pessoal, social e histórica e na resistência à desordem nas várias dimensões da existência humana.

A razão, então, é o princípio de existência no modo da verdade. Seu descobrimento na Antiguidade e sua vitalidade renovada como manifestada na ciência noética, mostra Voegelin, surgem na experiência da resistência à desordem e à mentira. Sem enfatizar esse cerne existencial da Razão, quando ela surge na psique dos homens engajados no combate (*agon*) da existência no horizonte concreto da resistência dos filósofos à mentira dos sofistas, ou a resistência dos filósofos contemporâneos à mentira das ideologias, não se pode apanhar o significado da razão. A razão atinge o *status* de "princípio" abstrato apenas numa segunda ou terceira remoção de sua gênese na experiência de resistência à mentira, ou, alternativamente, na experiência da ignorância incansável acerca da verdade que deveria ser conhecida. A razão, então, não é uma ideia ou uma tradição, ou meramente uma faculdade humana, mas um acontecimento cujo descobrimento constitui um marco na história da humanidade. Através de seu descobrimento numa sequência de atos participatórios cada vez mais diferenciados pelos filósofos que resistem à mentira e exploram a verdade pela consciência de que são ignorantes, a natureza especificamente humana é constituída, cuja realidade se torna transparente para sua verdade como uma estrutura da Razão.

A chave não é a experiência finda simbolizada em *Nous*. Ao contrário, é a origem do descobrimento do qual a diferenciação surge. A origem reside na experiência de um homem da maravilha inquieta quando ela é puxada para a realidade eminente que move o homem à inquietação e ao maravilhamento como o primeiro ato de ascensão meditativa de *Noese* ou filosofia. Nesse nível, a razão é o "algo" no homem que experimenta vergonha no reconhecimento de sua ignorância *ou* que resiste por motivos ainda obscuros à deformação de sua própria existência e à de outros homens pelas forças destrutivas no campo social. O "algo" nessa tensão de ignorância ou resistência tem seu cenário na coisa chamada homem e na parte do homem chamada *psique*, a alma ou consciência. A consciência é o sítio das inquietas experiências de maravilhamento e ignorância; e o *sensorium*, que reflete acerca de seu maravilhamento e ignorância e faz perguntas acerca deles na ascensão analítica de sucessivos maravilhamento, é, então, ainda circunscrito para ser chamado de Razão. O reconhecimento da direção na experiência é especialmente significativo. Pois o processo de busca como um movimento na alma não é inteiramente autoinduzido pelo homem. É experimentado como uma atração para a realidade mais alta que é conhecida de modo prefigurativamente na inquietação do próprio maravilhamento e da consciência da ignorância acerca do que deve ser conhecido. Essas dimensões "conhecentes" das experiências, então, se movem para a claridade na ascensão diferenciadora do filósofo ao apontar a explosão do simbolismo em articulação do nome. Esse algo mais alto é a *Nous* divina ou o Fundamento (*arche, aition*), experimentados como a realidade controladora a que a *nous* responde.

O descobrimento da *Nous*, então, é a revelação do Fundamento divino. Ocorrendo dentro do horizonte da filosofia helênica, simboliza uma experiência agora-entendida-que-é-noética que descobre o Fundamento Divino do Ser numa maneira comparável, em pormenor, com as aberturas dos horizontes israelita e cristão. É um acontecimento teofânico cujo conteúdo é equivalente na experiência clássica às teofanias de

Moisés e de Paulo em suas experiências revelatórias respectivas do EU SOU O QUE SOU e do Ressuscitado na Visão do caminho de Damasco. Como nas últimas instâncias de abertura divina, a ênfase decisiva está no movimento do parceiro divino no ser. É Ele que move o homem no processo de, inquieto, fazer as perguntas que compreendem incipientemente o conhecimento obtido nas respostas a elas. A alegria exuberante da percepção na ascensão dos filósofos para a visão[19] contemplativa da *Nous* divina, então, tem sua explanação na consciência de participação deles, à medida da capacidade dos homens, no processo de imortalização no Entremeio, através da experiência da presença atualizadora do divino do Para Além a quem eles tocam na culminação de suas meditações. É, por exemplo, a exuberância da teofania genuína que se espalha pela linguagem normalmente sóbria de Aristóteles quando, num passo precioso e notável parcialmente citado no capítulo precedente, ele aconselha os homens em sua resistência: a "não seguir os que nos aconselham a ter pensamentos humanos, já que somos [apenas] homens, e pensamentos mortais como devem os mortais; [mas], ao contrário, tentar tornarmo-nos imortais tanto quanto isso seja possível e fazer o melhor para vivermos de acordo com o que é o mais alto em nós". E continua ele sua exortação com grande ênfase nestas palavras:

> Pois embora esta [*nous*] seja pequena em volume, ela supera, de muito, tudo o mais em poder e valor. Pode-se até considerá-la o próprio ser do homem, já que ela é a parte controladora e melhor. Seria, portanto, estranho se um homem escolhesse não viver sua própria vida, mas a vida de outrem... Em outras palavras, uma vida guiada pela inteligência [*nous*] é melhor e mais agradável para o homem, à medida que a inteligência

---

[19] *Opsis* em Platão, *República*, 507-509, com referência ao *Agathon*; *Timeu*, 47, em relação ao cosmos, por exemplo; ver, para maior aprofundamento, Voegelin, *Order and History*, v.IV, p.241-7, começando com a seção acerca de "Noetic and Pneumatic Theophany, [Teofania noética e pneumática]. Ver também, de Voegelin, *The Beginning and the Beyond* [O começo e o para além], ms., p.66-70.

[*nous*] acima de tudo o mais, é o homem. Em consequência, esse tipo de vida é a mais feliz.[20]

Embora todos os pormenores da análise revolucionária de Voegelin acerca da Razão como uma *revelação* no horizonte da filosofia clássica não possam ser tratados aqui, é vital ouvi-lo com atenção acerca da matéria.

> A inquietação clássica, especialmente a aristotélica, é distintivamente alegre porque o perguntar tem direção; a inquietação experimentada como o começo do acontecimento teofânico em que a *nous* se revela como a força ordenadora divina na *psique* do perguntador e do mundo em geral; é um convite a perseguir seu significado na atualização da consciência noética.

*

> Com o descobrimento do homem como o *zoon noun echon* (o ser vivo que tem *nous*), os filósofos clássicos descobriram que o homem é mais do que um *thnetos*, um mortal: é um ser não terminado, movendo-se da imperfeição da morte nesta vida para a perfeição da vida na morte.[21]

Num comentário resumido de uma sentença de Aristóteles, a participação cognitiva do homem no divino é articulada:

> A sentença crítica... é a seguinte: "O pensamento (*nous*) pensa a si mesmo através da participação (*metalepsis*) no objeto com o pensamento (*noeton*); pois ela se torna o objeto de pensamento através do ser tocado (*thigganon*) e pensado (*noon*), de tal modo que o pensamento (*nous*) e... o que é pensado (*noeton*) são o mesmo (*Met.* 1072b20 ss)". Quando lido no contexto

---

[20] Aristóteles, *Ética a Nicômaco*, Livro 10, cap.7, 1177b32-1178a5. Ver os comentários de Voegelin a esse passo de Aristóteles em "Reason: The Classic Experience" [Razão: a Experiência Clássica], in *Anamnesis*, trad. ed. Niemeyer, p.103-4.

[21] Voegelin, "Reason: The Classic Experience" [Razão: a Experiência Clássica], in *Anamnesis* [Anamnese], trad. ed. Niemeyer, p.101, 104.

aristotélico, a sentença articula a dinâmica da igualdade e da diferença do conhecedor e do conhecido no ato de participação noética, [e] a alegria da igualdade momentânea com o divino.²²

E, finalmente, as consequências extensas das explorações de Voegelin das experiências dos homens acerca da realidade divina na rica variedade de suas modalidades e os simbolismos são refletidos neste trecho:

> A verdade única da realidade, como ela emerge da Metaxy, está em perigo de se desassociar em duas verdades de Fé e Razão... [Mas já não podemos agora] ignorar que *os símbolos de "Fé" expressam a busca receptiva do homem assim como o apelo revelatório, e que os símbolos de "Filosofia" expressam o apelo revelatório assim como a pergunta receptiva*. Temos ainda de reconhecer que a tensão medieval entre Fé e Razão provém das origens desses símbolos nas duas culturas étnicas diferentes de Israel e da Hélade, que na consciência dos profetas israelitas e dos filósofos helênicos a experiência diferenciadora do Para Além divino foi respectivamente enfocada no apelo revelatório e na pergunta humana, e que os dois tipos de consciência tiveram de encarar novos problemas quando os acontecimentos políticos da Era Ecumênica os libertaram das amarras nas culturas étnicas e forçou sua confrontação sob as condições multicivilizacionais de um império ecumênico.²³

É claro agora que os maiores "resultados" invadiram essa narrativa de "princípios" na tentativa de formular o fundamento da ciência noética. Isso era inevitável se o princípio de razão em si mesma devesse ser claramente compreendido

---

²² Ibidem, p.108. A elipse na sentença citada da *Metafísica* marca a omissão do *aquele*, o que parece ser um erro de impressão. Para a deturpação do texto por Hegel, ver a discussão de Voegelin em ibidem, p.108-9, o contexto em que Aristóteles está sendo citado.

²³ Voegelin, *The Beginning and the Beyond* [O Começo e o Para Além], ms, p.45-6, grifo nosso.

operacionalmente. Há um lado operacional que surge com base na discussão seguinte da razão no contexto, e é ao menos parcialmente suscetível de uma formulação breve. Por sorte, o próprio Voegelin fez isso para nós.

A ciência que, como conhecimento de realidade, surgiu como a exegese das experiências dos filósofos da realidade tem funções educacionais, diagnósticas e terapêuticas, e se aplica a toda uma variedade de estudos das coisas humanas (a *peri ta anthropina* de Aristóteles): pessoal, social, e histórica. É apresentada esquematicamente abaixo.

	Pessoa	Sociedade	História
Nous divina			
Psique-noética			
Psique das paixões			
Natureza Animal			
Natureza Vegetativa			
Natureza Inorgânica			
Profundeza do Apeiron			

A explanação do diagrama e os corolários do princípio da razão são sucintamente afirmados por Voegelin nos seguintes termos:

> A coluna vertical da esquerda lista os níveis na hierarquia do ser desde a *nous* até o *apeiron*. O homem participa em todos eles, sua natureza é um epítome da hierarquia do ser. A flecha apontando para baixo indica a ordem de formação do topo para a base. A flecha apontando para cima indica a ordem de fundamento da base para o topo.

> A coluna horizontal do topo lista as dimensões da existência humana como uma pessoa na sociedade e na história. A flecha apontando para a direita indica a ordem de fundamento.

Princípio de completude: Uma filosofia *peri ta anthropina* tem de cobrir a grade determinada pelas duas coordenadas. Nenhuma parte da grade deve ser hipostasiada numa entidade autônoma, negligenciando o contexto.

Princípio de Formação e Fundamento: As ordens de formação e de fundamento não devem ser invertidas, ou, de outra maneira, distorcidas, como por sua transformação numa causalidade, trabalhando do topo ou da base. Especificamente, todas as construções de fenômenos de um nível mais elevado como epifenômenos de processos num mais baixo, as assim chamadas falácias redutoras, são excluídas como falsas. Essa regra, entretanto, não atinge a causalidade condicionante que é a própria essência do fundamento. Nem são permitidas inversões da ordem de fundamento na coluna horizontal. Especificamente, todas as "filosofias da história" que hipostasiam a sociedade ou a história como absolutas, eclipsando a existência e seu significado, são excluídas como falsas.

Princípio de metaxy da realidade: A realidade determinada pelas coordenadas é a realidade de Entremeio, inteligível como tal pela consciência da *nous* e do *apeiron* como seus polos limitantes. Todas as "fantasias erísticas" que tentam converter os limites da *metaxy*, seja altura noética, seja profundeza apeirôntica, num fenômeno dentro da *metaxy*, devem ser excluídas como falsas. Essa regra não atinge simbolismos genuinamente escatológicos ou apocalípticos que expressam imaginativamente a experiência de um movimento dentro da realidade em direção a um além da *metaxy*, como as experiências de mortalidade e imortalidade.

O diagrama se mostrou de valor particular para os estudantes porque lhes oferece um corpo mínimo de critério objetivo para o "verdadeiro" e o "falso" em sua luta com a correnteza da literatura de opinião contemporânea. Com a ajuda do diagrama é possível classificar proposições teoreticamente falsas ao se lhes assinalar o lugar na grade. De vez em quando, torna-se um jogo emocionante para os estudantes colocar as ideias que gozam da popularidade do momento em um dos 21 quadrados. Para além de sua função como uma ajuda técnica em dominar os fenômenos contemporâneos de desordem intelectual, o diagrama teve o efeito psicológico importante de superar a sensação de desorientação e perda dos estudantes na correnteza incontrolável de opiniões falsas que os pressiona todos os dias.[24]

---

[24] O parágrafo anterior, a Figura 1 e a explanação citada que se segue são parafraseados e extraídos de Voegelin, Reason: The Classic Experience [Razão: A experiência clássica], de Voegelin, *Southern Review*, n.s., v.X, p.260-4, 1974.

8. A VISÃO DO TODO

William James, o mais eminente filósofo americano antes de Voegelin, nos faz lembrar a sabedoria antiga que, "Onde não há visão, os povos perecem".[1] Ele acreditava que "uma visão do filósofo e a técnica que ele usa na sua prova são duas coisas diferentes", e que "a filosofia é mais uma matéria de visão passional do que de lógica".

> Coloca-te... no centro da visão filosófica de um homem e entenderás de uma vez por todas as coisas diferentes que o fazem escrever ou dizer. Mas mantém-te fora, usa teu método *post-mortem*, tenta construir a filosofia pelas frases soltas, tomando primeiro uma e então outra e procurando encaixá-las, e, é claro, falharás. Engatinharás na coisa como uma formiga míope num edifício, caindo em cada buraco ou fissura microscópica, não encontrando nada senão inconsistências, e nunca suspeitando que existe um centro... O que realmente *existe* não são coisas feitas, mas coisas sendo feitas.

---

[1] William James, *Essays in Radical Empiricism* e *A Pluralistic Universe* [Essaios de Empirismo radical [e] Um Universo pluralístico] (2v., in 1, ed. Gloucester, Mass.: Peter Smith, 1967, v.II, p.165). Cf. Prov. 29:18.

Ao que o último acrescenta, como notamos antes, "que a experiência pessoal de algum modo tem de ter feito tão forte a confiança [dos filósofos] em sua própria visão".[2]

Se perseguirmos o programa de ação jamesiano até os "resultados" voegelinianos, o que pode ser dito acerca da visão do filósofo e de sua experiência "pessoal" engendradora? Há um centro, e se sim, qual é? Como ele se relaciona com sua técnica de provas? Voltemos a essas questões numa conclusão seletiva e ilustrativa de nosso estudo que é calculado para pôr em relevo a que veio a filosofia de Voegelin, o que é e o que não é.

I

Acerca do centro do pensamento de Voegelin, da experiência pessoal que anima cada uma de suas palavras e da visão que radia dela, não pode haver dúvida de maneira alguma: é (em suas próprias palavras) "o amor do ser através do amor do Ser divino como a fonte de sua ordem" (OH, v.I, p.xiv).[3] O poder magnificente e a sensitividade de seu pensamento atestam em cada página de sua obra, e mais especialmente na obra dos últimos 25 anos, esse amor altamente espiritual que o marca como um filósofo digno deste nome e de atenção. O véu da terminologia técnica, palavras gregas, variedade de fontes e documentos estranhos e familiares através dos quais ele procura cuidadosamente sua busca anamnética não devem permitir que se obscureça a extraordinária lucidez de sua linguagem e de sua técnica expositiva. O que é difícil na escrita de Voegelin é a matéria que ele explora, não

---

[2] Ibidem, v.II, p.85, 176, 263, 308, respectivamente; cf. p.328-30.

[3] O tema foi ampliado por Voegelin em 1981 numa exploração profunda do relacionamento da Visão e da *Noese*, com atenção para as diferenciações clássica, cristã e contemporânea. Ali ele escreveu do "deus a cuja presença e apelo na Metaxy eroticamente cognitiva o homem responde, o deus que muda o significado do mortal e do imortal". "Voegelin, Wisdom and the Magic of the Extreme: A Meditation" [Sabedoria e a Mágica do Extremo: uma meditação], *Southern Review*, n.s., v.XVII, p. 235-87, 1981.

as excentricidades estilísticas de um autor. Sua matéria vai da altura e profundidade dos encontros da mente humana com o divino e o perverso em muitos modos de experiência e uma variedade de horizontes temporais e culturais. A clareza magistral, precisão e luminosidade com que Voegelin lida com essa variedade de matéria só é rivalizada em elegância na filosofia do século XX apenas por James, Bergson e Whitehead, e apenas este último se aproximou da variedade de pensamento que se encontra em Voegelin.

E quanto à visão? *Visão* é uma palavra ambígua, mesmo carregada, especialmente nestes dias de visionários exóticos. O óbvio tem de ser enfatizado: a visão de Voegelin, na verdade, não sobe até as alturas contemplativas do místico verdadeiro, mas sua ascensão é fundada no doloroso peneirar dos materiais empíricos das experiências dos homens acerca da realidade na disciplina estrita da ciência. Sua visão é conseguida através de análise experiencial crítica e é, portanto, bem preparada para suportar a crítica erudita e técnica. Sua obra é solidamente construída em seu domínio da fonte primária e secundária de materiais e da mestria de línguas de um filólogo. Desta fundação, uma narração teoricamente competente de um *connoisseur* das coisas humanas no horizonte contemporâneo emerge em sua obra. Portanto, ele, com boa justificação, oferece-nos sua visão como a de um cientista filosofante – e como nada mais. Sustentar o contrário é confundir e mal interpretar a sobriedade de um esforço disciplinado de toda uma vida.

A visão em si, argumentei, articula uma nova ciência, uma revolução na compreensão do homem de si mesmo. Já que novas ciências e revoluções intelectuais dão com um pau na cunhagem desvalorizada da hipérbole moderna, no estilo de Madison Avenue, pessoas pensantes podem ter dúvidas fundadas semelhantes às dos camponeses que ouviram o menino pastor gritar lobo muitas vezes, quando não havia nenhum lobo ali. Nessa história também, entretanto, há realmente um lobo, mas esse não é o cão do inferno, mas o amigo fiel do pastor. Pois a visão de Voegelin apresenta tanto uma nova ciência quanto um novo significado da ciência. Seu conteúdo é esclarecedor, diagnóstico e terapêutico. Ao enfrentarmos a obra de Voegelin, estamos na mesma situação que a indicada por Werner Heisenberg: "Sempre que procedemos do conhecido para o desconhecido, podemos esperar entender, mas podemos ter de aprender, ao mesmo tempo, um novo significado da palavra 'entender'. Sabemos que qualquer entendimento pode ser baseado finalmente na linguagem natural [i.e., não científica] porque é apenas aí que podemos estar certos de tocar a realidade".[4] Um novo significado de "entendimento", juntamente com um novo entendimento, é comunicado na nova ciência das coisas humanas. Esse é o ponto principal da revolução voegeliniana considerada aqui. A ciência noética não apenas abraça a *dianoia* da racionalidade discursiva, mas encontra seu centro na *noese* como base consistente de seu reclamo de conhecimento científico no estudo do homem e da realidade. Faz isso na única postura em que tal reclamo pode ser afirmado legitimamente: *i.e*, na postura da abertura participatória ao Mistério da Realidade onde as respostas recepticas do inquiridor no Entremeio da realidade continuamente apresentam, de novas maneiras, a Pergunta da razão das coisas. Embora o homem não possa, sem uma absurdidade patente, dizer que conhece mais do que pode ser conhecido por uma inteligência finita, mesmo quando ele sabe que toca o infinito e o divino na participação, ainda assim

---

[4] Werner Heisenberg, *Physics & Philosophy: The Revolution in Modern Science* [Física e Filosofia: A revolução na Ciência Moderna] (1958, reed. New York: Harper & Row, Harper Torchbooks, 1962, p.201). Para o significado de "entendimento" como *dianoia* no sentido de Platão, ver Heisenberg, *Philosophic Problems in Nuclear Science*, trad. F. C. Hays, New York: Fawcett Premier Book, 1966, p.35-44. Heisenberg também afirma de maneira pertinente: "Estamos agora mais conscientes de que não há nenhum ponto de vista inicial [ou metodologia] da qual irradiam rotas em todos os campos do perceptível, mas que toda a percepção tem de, por assim dizer, ser suspensa numa profundidade insondável... Mesmo os sistemas mais concisos de conceitos que satisfaçam todas as demandas de precisão lógica e matemática podem apenas ser esforços provisórios de encontrar nosso caminho em campos limitados de realidade" (Heisenberg, *Philosophic Problemas* [Problemas Filosóficos], p.106; cf. p.104-5).

ele pode, através de uma oitiva atenta e um peneirar de conteúdos de experiência, encontrar o que sabe ser mais do que sabido no fechamento para o Fundamento, ou na ignorância, e mais ainda do que é sabido por aqueles homens que fizeram a Pergunta em modos menos diferenciados de consciência. É *apenas* no sentido sugerido por essas reflexões que pode haver realmente uma ciência do homem digna desse nome: nem a ciência noética da Antiguidade (cujas iluminações foram classificadas como *episteme*, e tão superiores à mera opinião), nem a ciência moderna das coisas humanas afirma um reclamo do conhecimento absoluto de qualquer parte ou do Todo. Ao contrário, tal reclamo é inequivocamente rejeitado como um sinal de descarrilamento e da deformação egofânica do homem, da ciência e da realidade, em si mesmos. O encontro divino-humano no Entremeio, embora real e produtivo de uma nova iluminação com o *status* de conhecimento científico, como dissemos, nem apresenta uma verdade para finalizar a busca da verdade, nem abole a tensão fundamental da realidade participatória do Ente em si mesmo, nem faz do homem Deus num apocalipse transmogrifante, terminando a história e a condição humana como imperfeição experimentada de existência no ato de diferenciação. Em suma, a ciência noética *é* filosofia; e *filosofia* permanece hoje como na Hélade como o amor da Sabedoria num modo diferenciado, não a posse da Verdade exaustiva e transmogrifante de um sistema apresentado proposicionalmente.

Ter-se-á tornado evidente que a análise teorética por meio da qual Voegelin apresenta sua visão é compreensiva a ponto de cobrir toda a variedade da realidade desde a Profundeza *apeirôntica* através da hierarquia do ser até o Divino, e da exploração das dimensões pessoal, social e histórica da existência do homem. Além disso, a exploração não procede na base da especulação abstrata, por exemplo, nos tópicos do homem, da história, da consciência, da política e do ser. Ao contrário, procede com base na consideração pormenorizada dos materiais empíricos conhecidos das ciências históricas da Idade da Pedra até o presente e da Europa Ocidental até a China e a América. Finalmente, deve-se notar que as autointerpretações dos que articulam os engendramentos de simbolismos de ordem fazem o papel decisivo (embora não exclusivo) no descobrimento da verdade da realidade à medida que ela é diferenciada historicamente.

Isso chama atenção para a centralidade da *linguagem* para o esforço global de explorar a ordem da história e da realidade: os pontos indispensáveis de ingresso são as experiências simbolizadas. Em símbolos linguísticos precisos que surgem na ocasião, o homem que passa pela experiência diz o que ela é. A linguagem e seu significado emergem juntos na experiência, tornando-se articulados no contexto de um acontecimento específico no Entremeio. Além disso, o encontro divino-humano no Entremeio é tal que os símbolos de linguagem são eles mesmos divino-humanos. Eles são, em outras palavras, não apenas as maquinações intencionais de um ser humano articulado "experimentando a realidade" de algum modo, de algum ponto vantajoso de fora da realidade participatória do Entremeio. A verdade emergente, portanto, não é nem a verdade do homem acerca de Deus, nem a verdade de Deus acerca do homem convenientemente faladas numa língua que o homem entende. Ao contrário, é a verdade divino-humana da resposta de um homem aberto para o Fundamento divino que deixa a verdade emergir na experiência-que-se-torna-articulada. Verdade-experiência-símbolo, então, formam uma unidade de significado dentro do Entremeio, uma iluminação de realidade cuja estrutura e processo em si diferenciam uma nova verdade no curso do próprio acontecimento. Por essas razões, a "prova" linguística do acontecimento e seu significado exige o maior cuidado e atenção da pessoa que procura entendê-la como uma parte de sua própria busca meditativa do Fundamento do ser, alguém preocupado com o rastro de símbolo deixado na história. Tal é a busca conduzida por Voegelin e mostrada em sua obra como o paradigma de um esforço tal no horizonte contemporâneo.

A observação jamesiana de "duas coisas diferentes" na "visão do filósofo" e a "técnica que ele usa para prová-lo" pode ser sustentada no caso de Voegelin. Mas é válida apenas num sentido qualificado. No pensamento de Voegelin, a visão e a análise persuasiva são intimamente entretecidas por causa da teoria de linguagem há pouco apresentada. A divisão é, em princípio, entre o ato de *noese* como ocorre no acontecimento de experiência-simbolização e a *dianoia* reflexiva como a exegese discursiva do entendimento do filósofo do acontecimento e de sua incorporação persuasiva num texto. Mas a exegese discursiva é uma articulação da experiência de um encontro no Entremeio da realidade divino-humana e, como tal, compartilha da mutualidade do acontecimento em sua apresentação exegética. Entende-se, portanto, que a "paixão" da experiência engendradora (visão, aqui no sentido de *opsis, hora* de Platão) característica da tensão erótica meditativa em direção ao Fundamento, infunde *dianoia* não menos do que *noesis*, se se der à dimensão participatória do filosofar seu devido valor. Portanto, a liberdade permitida ao filósofo em apresentar o conteúdo e as implicações da experiência simbolizada é condicionada pela visão e também surge dela em liberação expressiva. Em outras palavras, a liberdade exegética é, em si mesma, o resultado da visão numa continuação da colaboração divino-humana experimentada como um movimento na consciência, um movimento iniciado pelo esforço do Fundamento divino em vez da atividade autônoma do homem que pergunta, racionalmente procurando o objeto de sua busca e, então, comentando sem paixão seu significado na postura sujeito-objeto. Na mutualidade do encontro divino-humano, a experiência *deixa* o homem *encontrar* a linguagem em que simbolizar e analisar a verdade diferenciada. A alegria de participação aperceptiva na teofania na consciência de um homem espiritual, enquanto concentrado exuberantemente no ato noético, igualmente esparge a atividade exegética num arrebol de tarde contínuo da atenção amável à verdade apercebida no encontro divino.

Este progresso do desejo do homem filosofante de alegria em alegria num renovar contínuo de iluminação e celebração é uma característica decisiva da inquirição exibida em *Ordem e História*, e nos diálogos de Platão ou na ascensão mística meditativa tão esplendidamente exemplificada em Gregório de Nissa onde a fé em busca de compreensão é um movimento da alma em que "toda perfeição (*telos*) é o começo (*arche*) de um bem maior":

> Vemos a alma como na ascensão de uma escada, guiada pela Palavra, ascendendo para a santidade. Chamada a aproximar-se da luz, tornou-se bela, tomando, à luz, a forma da pomba. Então, tendo participado do bem tanto quanto pôde, é levada ainda uma vez pela Palavra a participar na beleza sobrenatural, como se estivesse ainda no começo e não tivesse tido nenhuma parte dela. Assim, em proporção ao seu progresso seu desejo cresce pelo que é sempre manifestado mais a ele – e por causa da superabundância de bens que ela nunca cessa de descobrir no transcendente, ela acredita que está apenas no começo de sua ascensão. É por isso que a Palavra diz de novo: Levanta-te, à alma que já está levantada, e: Vem, para a alma que já foi. Aquele, na verdade, que realmente se levanta, tem de levantar-se para sempre, e o que corre para o Senhor nunca deixará de ter um espaço largo. Pois tem-se de sempre levantar-se e nunca deixa de correr para Ele que diz: Levanta-te e vem, e sempre dá a alguém força para levantar-se para o melhor.[5]

A visão de Voegelin, como ela articula uma filosofia da consciência, da política, da história e do ser, encontra seu centro gravitacional em experiências do tipo exemplificado na passagem há pouco citada de Gregório de Nissa. Ali está o "centro" que fomos premidos a procurar num filósofo se quisermos entendê-lo. "Agradecido", como Voegelin nos diz diretamente, por cada rabisco de testemunho da beleza e da

---

[5] Jean Daniélou, "The Dove and the Darkness in Ancient Byzantine Mysticism" [A pomba e a escuridão no antigo misticismo bizantino], in Joseph Campbell (ed.), *Man and Transformation: Paper from Eranos Yearbooks* [Homem e Transformação dos Artigos dos Anuários de Érano], Bollinen Series, 30 (5 vols;, New York: Ramdom House, Pantheon Books, 1964, v.V, p.293-4.

verdade do homem constituída em sua participação no Fundamento, e "por qualquer apelo a expandir o horizonte, de qualquer direção que possa vir", conclui Voegelin que é "claro além da dúvida que o centro de uma filosofia da política [tem] de ser uma teoria da consciência" (A, [ed. Niemeyer], p.3). Essa teoria da consciência poderia apenas vir através do "descobrimento" da consciência na existência concreta de um homem como ele mesmo no curso dos experimentos anamnéticos recontados em *Anamnese* e indicado como o pano de fundo da teoria discutida no capítulo 6:

> Uma análise da consciência... não tem nenhum instrumento senão a consciência concreta da análise. A qualidade desse instrumento, então, e, consequentemente, a qualidade dos resultados, dependerá do que chamei o horizonte de consciência; e a qualidade do horizonte dependerá da vontade do analista de alcançar todas as dimensões da realidade em que sua existência consciente é um acontecimento, dependerá de seu desejo de conhecer. Uma consciência desse tipo não é uma estrutura *a priori*, nem apenas acontece, nem seu horizonte é um dado. É, ao contrário, uma ação incessante de expandir, ordenar, articular e corrigir a si mesma; é um acontecimento de cuja realidade ele participa como parte. É um esforço permanente de abertura receptica ao apelo da realidade, de acautelamento de satisfação prematura, e acima de tudo, de evitar a fantasia autodestrutiva de acreditar que a realidade de que é parte seja um objeto externo a si mesmo que possa ser dominada ao ser apresentada na forma de um sistema. (A [ed. Niemeyer], p.4).

Este descobrimento da consciência no concreto como o "modo especificamente humano de participação na realidade" de uma existência do homem pessoal social e histórica, se fosse "provado" de modo persuasivo, teria de encontrar seu fundamento empírico na história como uma parte da experiência abrangente do homem da verdade atestada pelos milênios.

A dimensão histórica em questão não era um pedaço da "história passada", mas a presença permanente do processo de realidade em que o homem participa com sua existência consciente. A realidade, é verdade, pode mover-se para a posição de um objeto de pensamento querido por um sujeito de conhecimento, mas antes de isso acontecer tem de haver uma realidade em que ocorrem seres humanos com uma consciência. Além disso, em virtude de sua consciência, esses seres humanos estão muito conscientes de serem partes de uma realidade abrangente e expressam sua consciência pelos símbolos de nascimento e de morte, de um todo cósmico estruturado por reinos de ser, de um mundo de objetos externos e de presença de realidade divina no cosmos, de mortalidade e imortalidade, de criação na ordem cósmica e de salvação de sua desordem, de descida na profundeza da *psyche* e de ascensão meditativa em direção ao para além. Dentro desse campo rico de realidade-consciência, finalmente, ocorrem os processos de espanto, pergunta e procura, de ser movido e levado na busca por uma consciência de ignorância, que, a fim de ser sentida como ignorância, requer uma apreensão de algo digno de ser conhecido; de um apelo a que o homem pode amorosamente responder ou não tão amorosamente negar-se; da alegria de encontrar e do desespero de ter perdido a direção; do avanço da verdade das experiências compactas para as diferenciadas e os símbolos; e dos grandes irrompimentos de iluminações através de cisões de tipo profético, filosófico e apostólico cristão. Em suma, a existência consciente do homem é acontecimento dentro da realidade, e a consciência do homem está muito consciente de ser constituída pela realidade da qual é consciente. A intencionalidade [portanto] é uma subestrutura dentro da consciência abrangente de uma realidade que se torna luminosa por sua verdade na consciência do homem. (A [ed. Niemeyer], p.4, 10-11)

Aí, então, está a visão de Voegelin e sua própria exegese dela, e pode-se ver facilmente que a paixão da cisão não é abatida na afirmação abreviada de seu desenrolar discursivo. O "fogo excessivamente brilhante" prometeico encontrado também em Gregório de Nissa queima luminosamente na obra que está diante de nós como o centro animador de *noesis* e *dianoia* igualmente na nova ciência das coisas humanas. Na tela de fundo dessas reflexões do caráter da visão de Voegelin e do *status* da afirmação de conhecimento da ciência noética, os resultados dessa inquirição podem ser mais bem conhecidos ao se focalizar a atenção no simbolismo da *história e do Todo*.

O simbolismo da história e do Todo articula a visão de realidade de Voegelin como apanhada no pináculo de sua meditação sobre a verdade. Neste ápice ele é levado a dizer: "As coisas não acontecem no universo astrofísico; o universo, juntamente com todas as coisas nele encontradas, acontecem em Deus" (OH, v.IV, p.334). A revelação divina da verdade para o homem na história ocorre em dois modos fundamentais de experiência – no modo do Começo, com a sua experiência da criatividade divina no cosmos, e no modo do Para Além, com sua experiência da presença ordenante divina na alma. No pináculo da meditação sobre a verdade, a teofania é o acontecimento controlado na abertura da ordem da história que emerge da história da ordem. Esses dois modos, como expressos por seus índices direcionais nas perspectivas da busca do Fundamento pelo homem, encontram suas expressões milenárias no Gênesis e no Mito da Caverna, de Platão. Esses acontecimentos teofânicos estabelecem a linguagem de verdade nos modos de mito, história e filosofia.

> A linguagem da verdade acerca da realidade tende historicamente a ser reconhecida como a verdade da linguagem na realidade. Uma fase importante nesse processo é representada pela cosmogonia do Gênesis. A história da criação deixa o cosmos, com sua hierarquia de ser do universo inorgânico, por meio da vida vegetal e animal, até o homem ser falado dentro da

existência por Deus. A realidade é uma história falada na linguagem criativa de Deus; e em uma de suas figuras, no homem que é criado à imagem de Deus, a realidade responde ao mistério da palavra criativa com a verdade da história da criação. Ou, inversamente, do ponto de vista humano, a realidade divina tem de ser simbolizada analogicamente como a palavra criativa de Deus porque a experiência engendra para sua expressão a palavra imaginativa do mito cosmogônico. A realidade é um ato de mitopoese divina que se torna luminosa por sua verdade quando evoca da experiência humana o mito receptico.[6]

Voegelin chama o processo "o milagre da realidade irrompendo na linguagem de sua verdade".[7] Como deixa claro essa afirmação, a busca do Fundamento no modo do Começo no exemplo do Gênesis é ao mesmo tempo estruturada pela experiência do Para Além, que abre o eixo vertical da experiência na hierarquia do ser que culmina no simbolismo dos filósofos helênicos do Para Além. Assim, embora índices direcionais distinguíveis possam predominar numa forma simbólica, os eixos vertical e horizontal estão ambos presentes no mito, na história e na filosofia como uma marca de seu equilíbrio e completude no articular a verdade da realidade na linguagem da verdade. Onde quer que esse equilíbrio e completude se perca, surge uma representação parcial ou deformada da realidade.

Apenas a mais simples sugestão da rica sutileza da inquirição que surge no esplendor dessas iluminações é possível aqui. A visão da história é simultaneamente uma visão do todo do qual a história é uma parte. É o processo da diferenciação da verdade do Todo que cria significado *na* história e, portanto, constitui a própria história como o processo em

---

[6] Voegelin, *The Beginning and the Beyond: A Meditation on Truth* [O Começo e o Para Além: uma meditação sobre a Verdade] (Milawaukee, Wisc.: Marquette University Press, para ser lançado), ms, p.1, 17.
[7] Ibidem, p.17, Cf. *Order and History*, v.IV, p.17.

que a realidade e sua ordem são estabelecidas na consciência. A pausa de dezessete anos entre a publicação dos terceiro e quarto volumes de *Ordem e História* encontrou Voegelin procurando a forma que uma filosofia da história tem de tomar se quer ser adequada à complexidade da matéria. O caminho unilinear de sua inquirição como afirmada nos volumes iniciais teve de ser abandonado num curvar-se à prova. A emergência de ordem na história como o movimento de diferenciação da compactação do mito cosmológico por meio do salto no ser em Israel e a Hélade e diferenciações subsequentes em outros horizontes culturais até o misticismo no Ocidente e até o presente não acontecem ordenadamente de maneira alguma em qualquer ponto da linha do tempo. Ao contrário, há a pluralidade de teofanias contemporâneas ao longo de toda a ecumene, do Oriente Próximo até a Índia e a China, e a ligação desses à ascensão na forma imperial de impérios ecumênicos que suplantam os velhos impérios cosmológicos de experiência mais compacta, *i.e.*, a experiência primordial da divindade do cosmos. Histórias paralelas, teofanias equivalentes e impérios emergentes formam constelações de significado como fenômenos decisivos investigados em *A Era Ecumênica* como acontecimentos simbolizados, constituindo numa estrutura triádica a consciência de *época* como a marca da própria Era.

O simbolismo de *época* e o estabelecimento através de análise experiencial de seu significado na *Era Ecumênica* como o descobrimento de uma nova unidade de significado na história tornam-se, assim, o eixos da filosofia da história de Voegelin. O desenvolvimento da consciência de época é sua revisão crítica do simbolismo de Hegel da "época absoluta", com Cristo como a "dobradiça da história" e do simbolismo de Karl Jaspers do "tempo axial" da história humana, que cobria o período de 800-200 a.C. com uma concentração por volta de 500 a.C. quando Confúcio, Buda e Heráclito eram contemporâneos. O processo de diferenciação ocorre, na verdade, mas toma a forma de um feixe (para lembrar uma expressão de Bergson), não um progresso linear.

Assim como em Hegel e Jaspers, então, há a "época absoluta", que determina "a questão central de uma filosofia da história" (OH, v.IV, p.308-9).[8] O problema dos pensadores anteriores é aceito como válido em princípio, mas a solução do problema é nova. A chave de Voegelin para a resolução do problema é a sua rejeição da consciência de época como *exclusivamente* determinada ou pelo "processo espiritual" marcado pela ascensão da filosofia e das religiões do mundo, ou pela Epifania de Cristo e sua compreensão transcendental acompanhante de homem e da estrutura da história que irradia desses irrompimentos espirituais. A narrativa de Hegel é defeituosa porque diz ter conhecimento absoluto com base na "chave para a história do mundo" inicialmente obtida pelos cristãos e agora aperfeiçoada por Hegel, o paracleto mediante a fusão da ciência noética dos filósofos helênicos em seu próprio "sistema de ciência", assim oferecendo a verdade definitiva na forma de uma declaração do significado *da* história. A narrativa de Jaspers é defeituosa porque não apenas falhou em dissolver a fusão, mas ignorou Cristo mediante uma doutrinação estranha da fé cristã que não toma nenhum conhecimento da diferenciação da consciência escatológica em Jesus e Paulo como a diferença específica da experiência de fé em seu horizonte.

A base empírica e a análise experiencial da ciência noética apresentam a alternativa de Voegelin para Hegel e Jaspers. Não apenas o processo espiritual, mas a "tríade" – império ecumênico, irrompimento espiritual, historiografia formam a "unidade no processo de diferenciação e simbolização" do simbolismo compacto equivalente da *oikoumene-okeanos* do mito cosmológico a marcar a época na histórica chamada a Era Ecumênica.

> No presente estado de análise experiencial, concluo, o conceito de época ou tempo axial marcados apenas pelos grandes irrompimentos espirituais não é mais

---

[8] Para a discussão pertinente em Karl Jaspers, ver seu *Vom Ursprung und Ziel der Geschichte* [*Do começo e finalidade da História*], Frankfurt, Hamburgo: Fischer Buecherei, 1955, p.14-31.

sustentável. Na verdade, algo "epocal" ocorreu; não há nenhuma razão para que o adjetivo fosse negado para a desintegração da experiência compacta do cosmos e da diferenciação da verdade da existência. Mas a "época" envolve, além dos irrompimentos espirituais, os impérios ecumênicos do Atlântico e do Pacífico, e engendra a consciência da história como o novo horizonte que cerca com seu mistério divino a existência do homem no habitat que foi aberto pela concupiscência de poder e de conhecimento. (OH, v.IV, 308, 313, 312, 201-10)

Do ponto de vista da análise experiencial, então, a má elaboração do problema de época pode ser vista como enraizada na estrutura da consciência. Por um lado, a "época absoluta" não pode ser marcada nem pelos impérios ecumênicos, nem pelos irrompimentos espirituais apenas, porque não há época sem a consciência histórica de algo epocal. Por outro lado, a história concebida como o horizonte do mistério divino que cerca a ecumene espacialmente aberta não pode subir até a consciência, a não ser que a ecumene se abra na verdade sob o impacto da expansão político-militar concupiscencial. E tal expansão não pode ser vista como mais do que a dinâmica do poder político na ascensão sem sentido e na queda de povos e de suas regras, a não ser que os historiadores conscientemente liguem os acontecimentos à emergência da verdade da existência articulada nos irrompimentos espirituais. "Não há consciência de época a não ser que algo que possa ser experimentado como epocal esteja acontecendo na verdade no processo de realidade." Se a unidade triádica é cortada ou hipostasiada como o sujeito e o objeto do conhecimento, com o historiógrafo sendo o sujeito gravador de uma história objetiva, então "a realidade que se tornou luminosa como um processo de transfiguração evaporará" entre os polos hipostasiados do sujeito-objeto (OH, v.IV, p.313)

O que é diferenciado, então, é o novo horizonte do mistério da história e da realidade na consciência de época. O entendimento convencional dos acontecimentos no campo da história apresenta o mesmo problema para a consciência histórica, assim como para a consciência noética do filósofo.

> Quando a luminosidade da consciência noética é deformada numa "antropologia" de homem intramundano e numa "teologia" de um Deus transmundano, o acontecimento teofânico será destruído, e com ele será destruída a tensão do homem em direção ao fundamento divino de sua existência e a experiência de participação. Da mesma maneira, quando os simbolismos engendrados na Era Ecumênica, incluindo a historiografia, são deformados em acontecimentos numa "história" outra que não a história cuja experiência eles articulam, o processo com sua tensão escatológica será perdido. O impasse de tais descarrilamentos pode ser evitado apenas se se reconhece o próprio processo de diferenciação como a força exclusiva de nosso conhecimento concernente à unidade da experiência que entende a si mesma como historicamente epocal quando ela se diferencia.
> (OH, v.IV, p.313-14)

II

Vem à tona um complexo de questão de importância crítica para a filosofia da história na questão do significado *da* história como contrastado com o significado *na* história. Significado *na* história certamente há, como Voegelin amplamente demonstra no curso de seu estudo da Era Ecumênica contra o pano de fundo de volumes anteriores de *Ordem e História*. Ele descobre essas "linhas dominantes de significado" movendo-se por uma rede de acontecimentos.

1. O avanço fundamental na consciência, da compactação da experiência cosmológica à diferenciação nos modos pneumáticos e noéticos, que surgem em Israel e na Hélade, produtivos de filosofia, revelação e misticismo; e

2. distribuídos por Israel e pela Hélade como uma nova consciência histórica, e desses centros por um largo espalhar de outras culturas étnicas.
3. O irrompimento da conquista imperial produtiva de novos impérios ecumênicos que reorganizaram as velhas culturas étnicas em novas sociedades ecumênicas que formam uma corrente do Mediterrâneo ao Mar da China.
4. As reações das culturas étnicas ao processo de trituração do imperialismo (ou "êxodo concupiscente"), incluindo o movimento protetivo de doutrinação das iluminações diferenciais – com o resultado, entretanto, de que elas ao mesmo tempo foram deformadas e obscurecidas pela dogmatização.
5. A emergência da historiografia do mito historiogenético especulativo nos novos horizontes ecumênico-imperiais por tais pessoas como Heródoto e Tucídides, Políbio e Lívio, os historiadores israelitas anônimos, desde o autor das memórias de Davi até as Crônicas, e o grande historiador chinês Sse-ma Ch'ien.
6. As conquistas imperiais (como as de Dario e Xerxes, Alexandre, o Grande, de Maurya Asoka na Índia, de César e Cipião em Roma, e do Império Chinês de Ch'in Shih-huang-ti) que foram, então, interpretados pelos historiadores, no começo dos irrompimentos espirituais, como sendo eles mesmos portadores de um significado de humanidade para além do significado conhecido no nível tribal e étnico.
7. A emergência da Era Ecumênica em si mesma como uma unidade de desenvolvimento histórico no tempo, desde a ascensão do Império Persa (*ca.* 550 a.C.) à queda do Império Romano no Ocidente (476 d.C.); e
8. A emergência concomitante de uma humanidade ecumênica, "que com todas as suas complicações de significado, alcança como uma constante milenar a moderna civilização ocidental" (OH, v.IV, p.57-8; cf. 114-15, 207, 271, 312 passim).

Entretanto, não menos resolutamente do que em *A nova ciência da política*, publicada 22 anos antes, Voegelin, em *A era ecumênica* rejeita a proclamação de um significado *da* história como um descarrilamento gnóstico, algo amplamente prevalente nas "filosofias da história" ideológicas proliferadas nos séculos XVII e XIX até o presente sob a inspiração do tipo de especulações encontradas séculos antes em Otto de Freising (d. 1158) e Joaquim de Flora (d. 1202) (NCP, cap.4; OH, v.IV, p.266-71). Qualquer resposta de "parar a história" ao mistério da existência humana no Entremeio, que suplante o mistério com uma afirmação de conhecimento da essência e do fim da história, é uma falácia *prima facie* e deformação. Ainda assim, há algo nela e na rejeição geral, entretanto, que requer alguma qualificação. Apenas *o que* há nele vem à baila nas iluminações que surgem nos horizontes da margem filosófica e apocalíptica da revelação judaico-cristã. Essas iluminações concordam em entender a realidade como uma estrutura conhecível no processo de mover realmente para além de sua estrutura em direção à perfeição da realização transcendental fora do tempo. A história de ordem, como a vimos, é a história do movimento da compactação para a consciência de realidade mais diferenciada no Entremeio da mortalidade e da imortalidade descoberta no processo do movimento. E esse movimento não é um movimento em direção ao nada, mas em direção a uma realidade mais eminente. Então, a asserção irresoluta nas primeiras páginas de *Ordem e História* (OH, v.I, p.10-11) de que os saltos no ser efetuam uma "mudança no próprio ser", e não apenas na consciência do homem de sua natureza e ordem, é ampliada em *A Era Ecumênica* como uma tese principal. Os aspectos ontológicos do problema têm de ser considerados juntamente com as implicações para a filosofia da história.

Os acontecimentos teofânicos ou hierofânicos de filosofia e de revelação engendram o conhecimento da existência do homem no Entremeio divino e os símbolos de linguagem em que o conhecimento é articulado. Eles também engendram a consciência do Antes e do Depois dos acontecimentos como geradores do senso da época que vem à baila na tríade do Império Ecumênico, Irrompimento Espiritual e Historiografia. Mas a consciência de época também carrega consigo o seu significado como uma *estrutura* na história uma iluminação no *processo* da história apontando para "uma retaliação, em direção a um Eschaton, fora do tempo". Por essa razão a história é experimentada

> não como uma corrente de seres humanos e suas ações no tempo, mas [como] o processo da participação do homem no fluxo da presença divina que tem direção escatológica... O processo de história, e tal ordem como pode ser discernida nela, não é uma história que deva ser contada desde o começo até seu final feliz ou infeliz; é um mistério em processo de revelação. (OH, v.IV, p.6)

A História, então, é o Mistério de Realidade tornando-se luminoso por meio da Pergunta da razão das coisas e do destino do homem e do Todo, que Voegelin invoca como o substituto válido para o declarado Final da existência nas filosofias deformadas da história. O movimento e o processo como transfigurativo são conhecidos, entretanto, e, com esse pano de fundo de seu mistério impenetrável, elucidados.

A transfiguração prospectiva do homem, da história e do Todo não é, então, uma propriedade única das narrativas descarriladas da realidade, por mais decisivas que sejam essas narrativas. A fonte legítima da iluminação reside na procura do Fundamento no modo da diferenciação dos filósofos do Para além e da *Nous* (e a experiência paralela mosaica do EU SOU na teofania pneumática) como a altura ordenante de realidade, distinguindo-a, assim, da Profundeza mais compacta experimentada como o Fundamento divino no *Apeiron* de Anaximandro, e o descobrimento concomitante do Entremeio da altura noética e da Profundeza apeirôntica como a realidade do homem, formando a tensão fundamental da realidade. Mas a tensão fundamental da realidade, diferenciada da instabilidade inerente da experiência do cosmos como existência provinda da não existência, não era o fim da matéria. Pois

Platão insinuava a iluminação do mistério da realidade para além da *Nous*, e utilizava a mitopoese como um meio protetor de assegurar a *Nous* da iluminação diferenciadora no mistério insondável de seu próprio fundamento (OH, v.IV, p.224-38). No cristianismo, e muito especialmente em Paulo, entretanto, o movimento para o além da presença divina no modelo de escatologia assumiu proporções dominantes. A tendência contra a qual Platão e Aristóteles lutaram com sucesso a fim de manterem o equilíbrio da estrutura e o processo em suas narrativas de ordem é chacoalhada, se não perdida, na exegese de Paulo de sua Visão do Ressuscitado.

O descobrimento platônico/aristotélico do "*postulado de equilíbrio*" é "um dos principais acontecimentos... na história da humanidade" (OH, v.IV, p.228).[9] Por um lado, havia a própria teofania epocal: *i.e.*, o descobrimento da constituição da razão através da revelação, a compreensão de que a vida da razão está enraizada na revelação e que a revelação é a fonte de razão na existência. Aqui é martelado o ponto que o Deus que move os filósofos na busca do Fundamento, que permite a Parmênides "a exclamação 'É!', era o mesmo Deus que se revelou a Moisés como o 'Eu sou o que sou', como o Deus que é o que é na teofania concreta a que o homem responde" (OH, v.IV, p.229). Os avanços na profundeza que podem ser traçados na revelação em Israel e os desenvolvimentos paralelos na filosofia na Hélade na diferenciação do Fundamento divino do ser mostram as complexidades da revelação como ela se abre para o movimento real de iluminação na relação entre Deus e o homem.

O cerne da teofania dos filósofos é a revelação de Deus como a *Nous* comum tanto ao cosmos quanto ao homem. Mas o tipo de instabilidade que é evidente no movimento do processo de diferenciação da experiência compacta da divindade do cosmos que existe provindo da não existência, até a revelação da Razão, e a época consequente do Antes e do Depois, de uma velha verdade que agora se torna falsa pela nova

---

[9] O grifo é nosso.

verdade diferenciada dos filósofos, ainda se liga à busca diferenciadora, mesmo depois que ocorre a teofania noética. Seu movimento de busca em direção a um Para Além para além do Para Além não cessará de mover-se antes de ter sentido o Tremendum verdadeiro, o Para Além último, não presente de toda a presença divina. No caso da teofania noética, a experiência de um Deus que incorpora sua Nous no cosmos, limitado por Ananke [Necessidade ou Fado] não pode apontar, por implicação, para o não encarnado, abismo cósmico do divino para além da ação demiúrgica. (OH, v.IV, p.233)

O êxodo de uma realidade menos diferenciada para uma realidade mais diferenciada no salto no ser mostra a estrutura paradoxal do êxodo espiritual em sua tendência aceleradora a mover-se para além de si mesmo numa transfiguração aniquilante, não apenas da velha verdade na nova, nem mesmo na sobreposição da nova verdade por uma verdade ainda mais nova de maior poder e diferenciação, mas a transfiguração do cosmos e do homem com ele na realidade sem tempo apenas insinuado pelas revelações parciais do mistério divino depositado aos poucos nos homens (OH, v.IV, p.231-3).

Assim, do outro lado, os filósofos recuam do mergulho no abismo acósmico num salto fora da existência como um perigo à ordem noética descoberta faz pouco, que deve ser evitada a qualquer custo. O "postulado de equilíbrio" deles é incorporado (em Platão) no mito que cerca a teofania noética com um "cinto de incertezas" calculado para proteger sua verdade. O Desconhecido divino tem de permanecer o mistério de não conhecê-lo até um tempo tal em que ele possa ser mais conhecido numa teofania posterior. Deus se revela, além disso, quando e onde e a quem Lhe apraz. A verdade da realidade descoberta no encontro divino-humano no Entremeio e simbolizada como *Nous* (juntamente com suas iluminações positivas na ordem da história e na verdade do Todo) não poderia constituir um novo significado *se* "o movimento da psique para o Para Além absoluto pudesse ser lançado em toda encarnação divina no mundo a maldição do mal demoníaco" –

como foi feito posteriormente nas imaginações gnósticas que impõem a aniquilação do próprio mundo assim como a estrutura em realidade diferenciada nos acontecimentos teofânicos (OH, v.IV, p.234-5).

O postulado de equilíbrio dos filósofos clássicos surge, então, de seu descobrimento do paradoxo central da realidade: a realidade é um "processo reconhecidamente estruturado que está reconhecidamente movendo-se para além de sua estrutura". Enquanto a estrutura é suficientemente estática para durar mais do que os filósofos e suportar pelos milênios até o presente, ela é, não obstante, "dinamicamente viva com acontecimentos teofânicos que apontam para uma transfiguração última da realidade". A tarefa do filósofo, ao executar a exigência de equilíbrio, é "preservar o equilíbrio entre a permanência experimentada [de realidade] e os acontecimentos teofânicos de tal maneira que o paradoxo se torne inteligível como a própria estrutura da própria existência". Isso é a definição do postulado (OH, v.IV, p.227-8).

Esta tarefa pode ser posta de lado, por exemplo, ao se enfatizar que as teofanias diferenciadoras que constituem sentido na história são êxodos *dentro* da realidade e não êxodos *para fora* dela; que o Deus do Começo cujo ato criativo estabelece o cosmos e mantém sua ordem seja o mesmo que o Deus do Para Além cuja presença move a busca do filósofo pelo Fundamento no processo de clímax diferenciador no descobrimento da *Nous* divina; que a consciência diferenciada – cuja realidade de razão é tanto humana como divina no modo de participação (mas *não* identificação) – surge *na* realidade do cosmos e sua ordem duradoura desde o Começo, não o cosmos e sua ordem *vindos da* consciência. Além disso, a consciência que experimenta o Fundamento divino num movimento diferenciador em direção à realidade eminente é em si mesma fundada na existência concreta que é abraçada pelo próprio cosmos duradouro, em cuja profundeza o homem certamente perecerá assim como nasceu dele. Tal é o quinhão dos homens cuja existência está na imperfeição do Entremeio. Ainda assim, o entendimento da realidade não é deixado na desesperança árida da compactação anaximandriana. Pois o equilíbrio da consciência em seus graus de diferenciação teofânica contemporânea exige, também, que os homens mantenham a consciência de "participação no movimento transfigurador, sem (sucumbir à expectativa egofânica deformante de) obter sua consumação neste mundo" (OH, v.IV, p.271).

O postulado de equilíbrio servirá, então, como uma profilaxia contra os descarrilamentos típicos que tentam resolver o paradoxo da realidade ao ligar um índice de realidade superior a uma dimensão sobre a outra. Por exemplo, nos movimentos apocalípticos e gnósticos, a dimensão de transfiguração da realidade é a "verdade" que ultrapassa a "mentira" da existência no cosmos duradouro, que pode ser subestimado como efêmero ou como a obra de um deus criador mau do Começo; *ou* as psicologias projecionistas feuerbachianas e marxistas acham que a "verdade" da estrutura duradoura é a explanação da "mentira" da realidade transfigurada projetada que é, em consequência, uma ilusão que deve ser destruída por meio da crítica e da ação revolucionária; *ou*, até agora outra possibilidade, as duas experiências podem ser interpretadas como um cancelamento mútuo de toda a realidade, e o paradoxo da realidade então se degenera na ausência sem sentido da existência, como acontece no niilismo existencial de Sartre (OH, v.IV, p.228).

III

A teofania de São Paulo preencheu a teofania noética dos filósofos, mas também induziu, por causa de sua "interpretação analiticamente defectiva" da experiência de transfiguração, uma instabilidade no equilíbrio da realidade que permaneceu "uma das grandes constantes na história, espalhando-se no período da Era Ecumênica para a modernidade Ocidental" (OH, v.IV, p.251-6, 266-7). Paulo era, é claro, um santo e profeta de Cristo, não um filósofo. Sua experiência não foi a visão (*opsis, hora*) de Platão, surgindo na culminação da busca do Fundamento começada no campo noético constituído por um período de dois séculos por Anaximandro, Heráclito e Parmênides na abertura da *Nous* como o Terceiro Deus simbolizando a teofania dos filósofos. A Visão de Paulo (*apokalypsis*, Gál. 1:12) do Cristo Ressuscitado na estrada de Damasco, ao contrário, ocorreu no campo pneumático da fé constituída por dois milênios desde Jesus e os Apóstolos até os profetas de Israel a Moisés e, finalmente, a Abraão que existia antes da Lei (Rom. 4:3; Gên. 15:6). É a fé de Abraão, "o pai de nós todos", que, em abertura para a teofania, parte de Haram para uma terra que Deus lhe mostraria (Gên. 12:1-5; Rom. 4:16; Gál. 3:7), o que está exegeticamente incorporado no simbolismo diferenciado do mito de Paulo do Fim (*telos; telion*) da história na perfeição transfigurada da eternidade que será marcada pela Parusia. A Segunda Vinda de Cristo em poder e glória é um processo já começado na Paixão e na Ressurreição e confirmado na visão transfigurante do próprio Paulo (Gál. 1:11-17). Há pouco elemento doutrinal ou dogmático acerca dessa matéria no seu recontar por Paulo. Ao contrário, somos confrontados com uma teofania experimentada e simbolizada, como foi por Platão, no meio do mito, algo apresentado dessa vez não numa dialética filosófica, mas nas epístolas do Apóstolo às Nações.

"A verdade da existência emerge dos eventos teofânicos na história" (OH, v,IV, p.251). No que Voegelin chama de "estrutura dura da verdade" (como contrastada com sua penumbra duvidosa) no mito paulino, a verdade da existência que se tornou visível na experiência do filósofo da imortalização do homem é consistentemente diferenciada pelo desenrolar de seu significado total na visão de Paulo e em sua exegese. Esse "grau superior de diferenciação" consiste, primeiro, na diferenciação da verdade da existência, que leva além da estrutura da criação até o amor divino do Criador trans-cósmico cujo processo ordenador experimentado é revelado como a *Agape* ou Amor que move o homem a responder aos eventos teofânicos que constituem o significado da história. A verdade da existência, portanto, se torna a verdade de Deus que, em Sua liberdade divina, já não está limitado pela Ananke. Em segundo lugar, o movimento direcional da realidade como experimentada mais compactamente por profetas e filósofos é totalmente diferenciado pela articulação de seu fim último (*telion*) como imperecer (*aphtharsia*) para além do nascimento aneximandriano e perecer no tempo consumido na Profundeza. As experiências simbolizadas no Começo e no Para Além têm de ser aumentadas pela verdade do Fim. A criatividade divina simbolizada na teofania noética de Aristóteles na *prote arche* é, na teofania pneumática de Paulo, diferenciada numa escatologia que completa o drama da criação, queda, redenção, morte e ressurreição até seu Fim no último retorno da criação até sua glória imperecível. Em terceiro lugar, Paulo diferencia inteiramente a experiência de que o homem é o sítio em que o movimento transformador da realidade se torna conscientemente luminoso em sua ocorrência atual. A vitória de Deus sobre as forças da morte é possível porque Seu protagonista é o homem criatura em quem pode ser encarnada Sua própria divindade no ato transfigurante da filiação de Deus que emerge no Deus-homem (Colos. 2:9; Rom. 8:22-3).

Como diz Voegelin: "Se qualquer acontecimento na Metaxy [já] constituiu significado na história, é a visão de Paulo do Ressuscitado" (OH, v.IV, p.243). A experiência teofânica se estende do centro pneumático para a periferia noética. A experiência paulina é tão decisivamente atingida pela visão do modo de Deus para com o homem que a existência no Entremeio retrocede para uma insignificância comparativa, entretanto, e a *participação* na realidade divina que move o recipiente da teofania se torna a *antecipação* do estado de perfeição – com a consequência de que os símbolos que expressam a existência na Metaxy tomam novas dimensões de significado como resultado da intensa submersão de Paulo no movimento de realidade em direção à realização final como assegurada na visão transfigurante a ele concedida como um dom divino. Escreve Voegelin:

> Quando leio a Primeira Epístola aos Coríntios, tenho sempre o sentimento de uma viagem, com Paulo, do *phthorai* (*perecer*) para o *aphtharsia* (imperecer) num meio homogêneo de realidade, da existência na Metaxy como estação a caminho da imortalidade como fim, com a morte como um incidente menor na estrada. A morte é, na verdade, reduzida ao "piscar de um olho" em que a realidade muda da imperfeição para a perfeição. (OH, v.IV, p.247)

A participação *qua* antecipação, movimento *qua* perfeição, e a verdade da existência *qua* verdade de Deus fazem mais do que diferenciar teofanicamente o significado na história. Anunciam o significado da história. A mudança nos acentos da teofania filosófica é decisiva. O fato de Paulo assegurar a verdade da realidade concedida no dom da visão se centra em sua predição (*kerygma*) da ressurreição, e a conexão da criação e de sua predição é mostrada na Primeira Epístola aos Coríntios 15:12-19: "Se não há ressurreição dos mortos, então Cristo não ressuscitou; se Cristo não ressuscitou, então tua fé é vã" (16-17). "Se Cristo não ressuscitou, nossa pregação é vazia e tua fé é vazia" (15). "Se não temos mais do que fé em Cristo nesta vida, então, de todos os homens, somos os mais deploráveis" (19). A última sentença, Voegelin a vê como a chave para a compreensão da experiência de realidade de Paulo. Não é suficiente a mera esperança nesta vida como existência no Entremeio. Na verdade, é pior do que nada, a não ser que ela se erga para assegurar a transfiguração que deriva da visão, pois a visão é mais do que o acontecimento teofânico no Entremeio: é a verdadeira renovação da transfiguração da própria realidade, começada em Cristo e continuada em Paulo. Não são as iluminações diferenciadas da realidade que causam as dificuldades de Paulo em contar da morte e ressurreição até seu fim. Ao contrário, é a perda da perspectiva do Entremeio da existência que permite o tempo da existência ser misturado acriticamente no Tempo do Conto, *i.e.*, do próprio mito Paulino.

> A diferença poderia tornar-se enevoada para Paulo, porque ele estava obcecado com a expectativa de que os homens viventes em Cristo, incluindo ele, Paulo, não morreriam de maneira alguma, mas, depois da Parusia, seriam transfigurados em sua vida. A transfiguração, com começara no tempo através de Jesus Cristo, seria logo completada no mesmo tempo. (OH, v.IV, p.247-9)[10]

A penumbra dúbia da "interpretação analiticamente defectiva" no mito paulino surge da obsessão há pouco identificada como expressa na predição concreta da iminente Segunda Vinda de Cristo. De fato, entretanto, não ocorreu nenhuma Parusia, nem até agora, a despeito da expectativa férvida de Paulo. E esses fatos são de importância cardeal para toda a história da mente ocidental. Paulo opôs o descobrimento dos filósofos de significado da história por meio da teofania noética, que abriu a estrutura da realidade como estando em processo de mover para além de si mesma no transformar imortalizante, com seu significado de história cujo processo de transformação não é apenas confirmado na Visão do Ressuscitado como ocorrendo realmente, mas cujo Fim escatológico é conhecido e convictamente antecipado como próximo. Paulo "conhece o fim da história na transfiguração que começa com a Ressurreição". As duas concepções obviamente não se contradizem, mas se complementam uma à outra. Podem ser vistas como radicadas no paradoxo da realidade, *i.e.*, na experiência da realidade como uma estrutura em processo de mover-se para além de si mesma na realidade participatória dos homens e de Deus – não para a perdição, mas para um grau mais eminente de realidade mediante um êxodo dentro da realidade.

Entretanto, a concentração dos filósofos na estrutura não abole a verdade do *movimento* para além da estrutura mais do que a concentração de Paulo no êxodo transfigurante abole o cosmos e sua *estrutura*. O postulado de equilíbrio diz:

---

[10] As citações da Primeira Epístola aos Coríntios, 15, estão tal como apresentadas por Voegelin.

> Quando o paradoxo da realidade se torna luminoso a si mesmo na consciência, ele cria o paradoxo de uma história em suspense entre a Ananke [Necessidade; Fado] do cosmos e a liberdade de movimento escatológico... O processo da história é um mistério assim como a realidade que se torna luminosa nele. (OH, v.IV, p.258, 270-1)

A falha na explicação de Paulo de sua própria experiência, então, jaz em sua obsessão com o Fim como próximo, que deu ensejo a

> uma inclinação em abolir a *tensão* entre o *telos* escatológico de realidade e o mistério da transfiguração que na verdade está indo dentro da realidade histórica. O mito Paulino da luta entre as forças cósmicas expressa *validamente* o *telos* do movimento que é experimentado na realidade, mas se torna *inválido* quando é empregado para antecipar o processo concreto de transfiguração dentro da história. (OH, v.IV, p.270)[11]

IV

A falha de o Fim ocorrer como predito, entretanto, abriu o caminho para os milênios desde sua predição de desenvolvimentos de uma ordem bem diferente por ocorrer. Numa corrente contínua de especulações desde a Alta Idade Média, o Fim da história foi proclamado num espectro amplo de humores ideológicos sectaristas, gnósticos, alquímicos e apocalípticos. Nos séculos XVIII e XIX, a turbulência da teofania dá lugar às turbulências da egofania revolucionária, eclipsando com segundas realidades imaginadas a realidade iluminada na teofania. O símbolo *egofania* significa o "pathos de pensadores que existem num estado de alienação e de obsessão libidinosa" (OH, v.IV, p.260).[12] A participação do homem no

---

[11] O grifo é nosso.
[12] Ver a seção intitulada "A Revolta Egofânica".

Entremeio da mortalidade e imortalidade é brutalmente comprimida na *identificação* do divino com o humano na consciência do especulador humano que efetua, com isso, a Parusia em si mesma como o novo Cristo.

Doutrinas transfigurativas de pensadores egofânicos não podem ser exploradas aqui para além da notícia de três, que se destacam no campo dos simbolismos deformados. Primeiro, as irrupções egofânicas não seguem a linha da iluminação compacta para a iluminação diferenciada na estrutura e no processo de história. Ao contrário, elas fazem seu próprio caminho e enfiam brutalmente suas exigências impetuosas mediante uma deformação dos simbolismos da teofania, com o resultado que a escotose, em vez de iluminação, produz um fenômeno que encontra seu apogeu em Hegel e Marx e em seus epígonos do século XX. Em segundo lugar, a revolta moderna é inteligível em todas as suas variantes como traçáveis visivelmente ao tema da transfiguração diferenciada no mito escatológico de Paulo como interpretado defectivamente no apocalipse do fim iminente da história em perfeição. Essa iluminação é de valor considerável, já que permite a classificação do espectro de "filosofias da história" como variantes do mito paulino no modo de deformação, como demonstra Voegelin em sua análise pormenorizada, especialmente do trabalho especulativo de Hegel em que a participação é transmogrifada em *identificação* na reconciliação revolucionária que destrói a Metaxe. Ele sumaria o ponto nestas palavras:

> Os símbolos desenvolvidos pelos pensadores egofânicos na autointerpretação de seu trabalho, como *"Wissenschaftslehre"*, "sistema de ciência", "filosofia da história", "filosofia positiva", ou *"wissenschaftalicher Sozialismus"* [Socialismo científico] não podem ser tomados em seu valor nominal; eles não são engendrados por esforços analíticos de boa fé nos campos noético e pneumático, mas, ao contrário, têm de ser reconhecidos como símbolos míticos num modo de degradação [Mircea Eliade]. A "história" dos pensadores egofânicos

não se desenrola na Metaxe, *i.e.*, na corrente da presença divina, mas no tempo paulino do Conto que tem um começo e um fim. (OH, v.IV, p.269)

Em terceiro lugar, o gnosticismo como um fio na modernidade radical é uma deformação da realidade constituída nos campos da teofania noética e pneumática, cujas origens distantes datam de antes do próprio cristianismo e residem na experiência de alienação do mundo. A gênese desse comportamento jaz na desorientação da existência experimentada na desconstrução pragmática assistente na expansão do império e na diferenciação da consciência na Era Ecumênica. Esses acontecimentos traumáticos são responsáveis pelo "espiritualismo sincretista" da gnose, ao contrair a ordem divina à existência pessoal do homem individual alienado. As gnoses antiga e moderna, em princípio, não são diferentes. Numa longa linha de continuidade, abrangendo desde Valentinus até Hegel e os sistemas modernos, o gnosticismo em suas variantes libertina e ascética na Antiguidade e nos sistemas impostos à realidade na modernidade manifesta a *libido dominandi* ao dividir a realidade do Começo divino e sua segurança da ordem cósmica da realidade do Para Além, cuja verdade, então, é transmutada num conhecimento (*gnosis*) da destruição do mundo como o preço inevitável que deve ser pago pela redenção do homem.

Entretanto, a "magnitude de insensitividade requerida na construção de um sistema gnóstico" exige maior explanação para além da mera alienação. O gnóstico tem de possuir uma consciência tão vívida do movimento em direção ao Para Além que a iluminação obsessiva desse o cega para "a estrutura contextual da realidade". Ele tem de desprezar o fato de que o cosmos não emerge de sua consciência, mas sua consciência, do cosmos. Ao desprezar esse fato, ele inverte a relação do Para além da consciência (em sua imediatidade) com o Começo (que é experimentável apenas pela mediação do processo histórico) e, portanto mostra sua inconsciência em destruir o mistério da realidade pela sua inversão especulativa. Sua invenção imaginativa do drama do divino cai na prisão do mundo e do homem, que é superada pelo seu fim redentor no ato de gnose especulativa, é um ato libidinoso de autossalvação. A "força e luminosidade da consciência escatológica necessária para tornar inteligível a deformação gnóstica" – Voegelin é "inclinado" a pensar – é explicável apenas se se reconhece "na epifania de Cristo o grande catalisador que fez da consciência escatológica uma força histórica, tanto na formação como na deformação da humanidade" (OH, v.IV, p.20).[13]

Pela perversão Gnóstica da experiência da realidade como descoberta na teofania e pela rejeição do equilíbrio na asserção da divisão que vem através da realidade, a existência no mundo é representada como um absurdo, uma "prisão cósmica" que tem de ser quebrada mediante uma *extravaganza escatológica* de transfiguração que ultrapassa o mundo, como nos sistemas hegeliano, marxista e comteano e suas proclamações do Deus-homem, Novo Homem, a Era Final do mundo em perfeição. A falácia específica de todo o gnosticismo e a obsessão com o Para Além, da transcendência na Antiguidade, do Futuro escatológico na modernidade. É, portanto, um êxodo concupiscente *da* realidade que "rejeita a vida do espírito e da razão sob as condições do cosmos em que a realidade se torna luminosa em consciência pneumática e noética". Como Voegelin formulou a questão em 1981:

> Ao tempo em que a palavra falou por si mesma na inteireza de sua claridade, em Cristo, os pensadores gnósticos responderiam à pergunta com o mito de uma queda no reino da divindade e atribuiriam a criação do mundo... a um Demônio. Esta solução do problema platônico através de uma visão satânica se tornou uma força

---

[13] Acerca da teoria voegeliniana do gnosticismo e outros temas, ver Peter J. Opitz, Gregor Sebba (ed.), *The Philosophy of Order: Essays on History, Consciousness, and Politics* [A filosofia da Ordem: Ensaios de História, consciência e Política] (Homenagem aos 80 anos de Eric Voegelin), (Stuttgart: Klett-Cotta Verlag, 1981; Eugene Webb, *Eric Voegelin: Philosopher of History*, Seattle, London: University of Washington Press, 1981); também Ellis Sandoz (ed.), *Eric Voegelin's Thought: A Critical Appraisal* [O Pensamento de Eric Voegelin: Uma apreciação crítica] (Durham, N.C: Duke University Press, por lançar).

na história do mundo... No cerne da visão jaz a recusa de participar no processo de realidade sob as condições de sua estrutura misteriosa.[14]

O antídoto para esse "vício" e contração acessória e deformação da realidade é o postulado do equilíbrio. A pneumopatologia do "processo de contração é um distúrbio da consciência por meio da perda do equilíbrio entre o Começo e o Para Além", que supera a experiência de uma "realidade pragmática falta de significado" com a "gnose de transmutação" ricamente interligada com a fé metastática, expectativas apocalípticas, e mágica alquímica denominados "ciência" e "razão" nas formas dominantes no período moderno (OH, v.IV, p.17-28, 234-8, 266-71).

A transfiguração é uma constante na experiência humana desde a filosofia helênica e o profetismo do Velho Testamento, por meio de Cristo e dos Apóstolos, a Paulo e sua visão, ao gnosticismo antigo, até a ressurgência na Alta Idade Média, nas especulações deformada dos pensadores iluministas desde Voltaire a Condorcet, e os especuladores gnóstico-ideológicos modernos cujos sistemas dominam o clima corrente de opinião em sua deformidade. Não pode haver dúvida acerca da constância. Voegelin mostrou a validade, assim como as fontes e o caráter da invalidade, neste espectro de pensamento acerca dos milenários como o cerne de sua própria filosofia da história, a primeira obra moderna não ideológica desse tipo. Ele restaurou o postulado de equilíbrio no seu lugar central na ciência noética como o que forma uma filosofia de coisas humanas em suas dimensões pessoal, social e histórica. Sua exploração do Entremeio da história como o sítio onde a consciência autorreflexiva diferencia a Pergunta nas experiências dos homens e nas simbolizações da verdade e da ordem da realidade apresenta um novo entendimento da filosofia e das ciências mesmas, assim como do homem, da política, da história e do Todo, como tentei

---

[14] Voegelin, "Wisdom and the Magic of the Extreme", [Sabedoria e a Mágica do Extremo], p.256.

mostrar. Algumas das implicações para a teoria do Todo podem agora ser levadas à conclusão.

V

A ontologia, não menos do que a filosofia da história, toma nova forma como um resultado da atenção cuidadosa de Voegelin com a linguagem da verdade como a verdade da linguagem na realidade do Entremeio. A revisão do problema de época absoluta foi forçada pelo pesar cuidadoso da evidência empírica. Toda a extensão de atividades humanas na esfera do esforço político no modo de poder e de êxodo concupiscente, os esforços interpretativos dos historiadores em fazer sentido de acontecimentos pragmáticos assim como de paradigmáticos, assim como as próprias irrupções espirituais nas teofanias dos campos noético e pneumático têm todos de ser considerados em uma análise da verdade do Todo. Em outras palavras, o empirismo radical da ontologia de Voegelin exige que todo o espectro de realidade experienciada, não apenas o processo espiritual, seja considerada na ciência noética do ser. E isso pode ser feito com sucesso, é claro, apenas por alguém cujo domínio das fontes seja suficiente para colocar a vasta prova pertinente e a ordem de instrumentos teoréticos desenvolvidos pelos séculos em sua interpretação à sua disposição. A confluência necessária é conseguida de modo único no corpo de obra diante de nós, e o resultado é a revolução no pensamento que discernimos e procuramos delinear.

A Pergunta da verdade e da ordem do Todo é feita e respondida com responsabilidade nos atos participatórios de diferenciação.

Não há nenhuma realidade conhecível além da experimentada e simbolizada nos encontros divino-humano que estruturam o Entremeio do próprio processo de diferenciação; portanto, não há nenhuma realidade para ser descrita e analisada objetivamente por um conhecedor externo à realidade conhecida. Há apenas a realidade de consciência nos modos de presença, esquecimento e memória (ou recordação). Os simbolismos ontológicos, então, são eles mesmos constituídos no encontro divino-humano como a linguagem da verdade. A verdade da linguagem constitui tanto a verdade da realidade quanto a verdade da consciência no processo de diferenciação na realidade autorreflexiva dos homens em que o Todo se torna luminoso por sua verdade. A realidade humana, portanto, é aquela dimensão na realidade em que o Todo se torna autoconsciente de sua verdade. Essa realidade humana de participação é o Entremeio estruturado tensionalmente da consciência e da história. É constituído nos modos de Começo e Para Além, os índices direcionais da busca do fundamento simbolizado especialmente no mito historiogenético e, preeminentemente, nas teofanias que ocorrem na resposta humana às iniciativas divinas e, então, a história e seu significado. O processo de diferenciação, entretanto, é apenas isto: o descobrimento de novas estruturas de realidade é uma diferenciação de estruturas já compactamente presentes e "novas" apenas no sentido de ascender à clareza de consciência no processo de símbolo-experiência-verdade emergente e, então, tornar-se realidade numa luminosidade mais significativa.

O debate do filósofo acerca da realidade no sentido compreensivo do Todo move-se no campo noético da consciência como primeiramente constituída por Anaximandro em seu *dictum* anteriormente citado: "A origem (*arche*) das coisas é o *Apeiron* (Profundeza *ou* Infinito)... É necessário para as coisas perecerem naquele de que elas nasceram, pois elas pagam umas às outras a penalidade por sua injustiça de acordo com o ordem do tempo". A realidade então experienciada-simbolizada compreende a Profundeza divina; as coisas existentes; a relação entre a Profundeza e as coisas; e a relação entre as coisas. Ainda não articulada no *dictum* está a própria consciência noética, a área de realidade em que os simbolismos emergem em sua luminosidade (OH, v.IV, p.215).

A realidade é, então, simbolizada não como um campo estático de extensão homogênea, mas como estruturada etiológica e direcionalmente.

Há, primeiro de tudo, a articulação de realidade nos dois modos de ser, do Apeiron e da Coisidade, que são conhecidos do homem à medida que ele experimenta a si mesmo como existindo não completamente em nenhum dos dois modos, mas na realidade metaléptica da Metaxe. Além disso, os dois modos são experimentados não como duas variedades indiferentemente diferentes do gênero "ser", mas como relacionados etiológica e tensionalmente, sendo um a *arche*, a origem e o fundamento das coisas, o outro tendo o caráter de uma coisidade limitada que se originou no Apeiron e a ele retorna. Portanto, há uma diferença de grau entre dois modos de ser, sendo o Aperion "mais real" do que as coisas. Essa tensão de existência em direção à realidade num sentido eminente se torna consciente nos movimentos de atração e busca analisados por Platão e Aristóteles. E finalmente, a consciência da tensão não é um objeto dado a um sujeito de cognição, mas o próprio processo em que a realidade se torna luminosa a si mesma. O Apeiron e as coisas não são duas realidades diferentes numa relação estática uma com a outra; são experimentadas como modos de ser, ou como polos de uma tensão com a única realidade abrangente. A realidade nesse sentido abrangente é experimentada como engajada num movimento de transcender a si mesma, na direção da realidade eminente. A realidade está correndo; e a correnteza tem algumas estruturas direcionais como se manifesta no desenrolar do campo noético da consciência do *dictum* de Anaximandro até a filosofia da história de Platão e Aristóteles.

O resultado da análise pode ser formulado em duas proposições: (1) A realidade no sentido abrangente está reconhecidamente engajada no movimento na direção da realidade eminente. Notar: a realidade como um todo, *não* os dois modos de ser separadamente. (2) A conquista e o êxodo [nos campos de poder formados pelo imperialismo ecumênico expansivo *e* nos Irrompimentos Espirituais considerados como êxodos] simbolizam empresas de participação na corrente direcional da realidade. Notar: empresas de participação, *não* ações humanas autônomas que poderiam levar à conquista de, ou ao êxodo da realidade. As duas proposições, juntamente com seus salvo-condutos, contra deformação falaciosa, circunscrevem assim o sentido das empresas participatórias como os limites a seu sentido de princípio (OH, v.IV, p.216).

A dimensão central da realidade, então, é a realidade participatória da consciência autorreflexiva em que emerge a verdade no processo de diferenciação através das respostas pessoais de homens à revelação. Não há nenhuma verdade humana além da resposta do homem à teofania, e não há nenhuma Verdade divina além da verdade da linguagem engendrada na resposta do homem na linguagem da verdade.

> A emergência de significado na história tem de ser levada seriamente: a verdade do processo não precisaria emergir, se já não estivesse lá; e quando emerge, não é uma possessão para além do processo, mas uma luz que lança o processo no papel da escuridão da qual ela emerge. O que se torna manifesto não é uma verdade sobre a qual alguém pode assentar-se para sempre, mas a tensão da luz e da escuridão no processo de realidade.

Relembrando a parábola de Platão, o homem pode ascender da Caverna para a luz, mas a ascensão não abole nem o mistério no processo (de virar-se e ascender), nem a escuridão da caverna da existência, o habitat humano simbolizado no Entremeio da *conditio humana* (OH, v.IV, p.218).

A propriedade central da realidade é o processo de movimento em direção à realidade eminente na emergência da verdade-realidade nas respostas do homem à teofania na colaboração divino-humana ou parceria no ser. O Ser é essencialmente o processo de transfiguração. O processo não está sob controle humano, nem é realidade emergente. A revelação é tão misteriosa como o fato da resposta ou da falha em responder na indiferença ou na resistência à razão. O paradoxo se liga à realidade como uma estrutura conhecível conhecida como uma estrutura de movimento para além de si mesma. E o Paradoxo da Realidade é refletido na Pergunta como ela se diferencia na história quando a história é concebida como o desenrolar do significado da existência no Entremeio ao longo do tempo. Pois a verdade luminosa está cercada de todos os lados pelo Mistério da Realidade que surge acima do mistério da história. O descobrimento da verdade da estrutura epocal na história ainda deixa uma Pergunta de Leibniz não respondida, em suas formas diferenciadas:

1. Por que deveria haver épocas de iluminações que avançam? Por que a estrutura da realidade não é sempre conhecida em forma diferenciada?
2. Por que as iluminações têm de ser descobertas por indivíduos tão raros como profetas, filósofos e santos: Por que não pode qualquer homem ser recipiente de iluminações?
3. Por que quando se obtêm as iluminações, normalmente elas não são aceitas? Por que a verdade epocal tem de passar pelo tormento histórico de articulação imperfeita, evasão, ceticismo, descrença, rejeição, deformação, e de renascenças, renovações, redescobrimentos, rearticulações, e outras diferenciações?
...As perguntas não devem ser respondidas; ao contrário, elas simbolizam o mistério na estrutura da história por sua irrespondibilidade. (OH, v.IV, p.316)

A propriedade central da realidade como transfiguração é, entretanto, analisável experiencialmente em termos da tensão da estrutura e do processo. Não mais na ciência noética do que na ciência natural é a realidade um "dado" para além de dúvida. Ao contrário, as estruturas na realidade como experimentadas levantam as perguntas em busca de respostas. As estruturas incluem a existência do cosmos; a hierarquia e diversificação do ser; a experiência de perguntar como o constituinte da humanidade; o salto na verdade existencial por meio das iluminações noéticas e pneumáticas da consciência; o processo de história em que ocorrem as diferenciações da consciência perguntante e o salto na verdade; e o movimento escatológico no processo para além de sua estrutura (OH, v.IV, p.326). Embora não seja exaustivo o catálogo de estruturas experimentadas, sugere o ponto cardeal da Perguntas. A precariedade da existência provindo da não existência, do haver algo em vez de não haver nada, e das coisas (incluindo estruturas experimentadas) sendo do jeito que são e não de outro apresentam perguntas que revelam que a precariedade e os mistérios da incerteza se ligam não apenas ao cosmos relativamente seguro e estável, e à ordem natural, como também ao campo social como a parte do cosmos que desenrola seu significado na história. O processo de história, então, pode ser visto como representante do processo de realidade no sentido preeminente, e "os acontecimentos da história, em vez da natureza, se tornam cruciais como critérios de ordem e desordem no cosmos" (OH, v.IV, p.328).

A estrutura de realidade que se diferencia na história é a consciência da estrutura. E a estrutura central que surge para a consciência é o movimento de realidade para além de sua estrutura. A obtenção dessa iluminação não é apenas uma informação qualquer, mas é, em si mesma, um "acontecimento escatológico" que ilumina o processo da humanidade do homem e mostra que ela é transfigurativa, como acontecimento que também mostra o processo de diferenciação como um movimento em direção à realização escatológica como o horizonte de mistério divino da existência histórica. A obtenção dessa iluminação epocal, entretanto, é, ao mesmo tempo, um descobrimento do processo de realidade em que todos os homens – do passado, do presente e do futuro – participam em virtude de sua humanidade comum. O "novo centro de consciência" tem uma dimensão social e histórica no sentido de ser a consciência não de um homem ou de alguns homens seletos, mas de muitos seres humanos numa larga expansão geográfica e temporal e numa larga variedade de métodos e graus de diferenciação. O movimento da verdade do cosmos para a verdade da existência como ela ocorre concretamente na Era Ecumênica traz à luz a estratificação e diversificação da consciência empiricamente observável em respostas às teofanias. Mas também traz à luz o cerne comum das respostas que constitui o que é universal acerca da humanidade universal e de sua história (OH, v.IV, p.314-15).[15]

A análise da realidade em termos de estrutura e processo, finalmente, relaciona a teoria aos problemas de hierarquia e tempo como processo de *fundação* e *formação* previamente vislumbrados na discussão da razão. Como mostrado na Figura 1, a hierarquia do ser deve ser analisada em termos de relação de camadas umas com as outras na ordem da fundação de baixo para cima e na ordem de formação de cima para baixo. Não há nenhum "tempo" em que a "história" acontece, mas há a hierarquia estratificada do ser em que o processo de consciência é encontrado. O fluxo da presença divina no Entremeio é encontrado na existência biológica e física do homem na terra e no universo. A fundação última de realidade é o universo físico e sua dimensão de tempo é a medida fundante última dos estratos mais altos que participam uns nos outros na ordem do cosmos e em sua causalidade fundante e condicionante, os estratos mais baixos alcançando o próprio estrato de consciência como a condição de sua existência e realidade.

Entretanto, a realidade última do Todo não é o universo físico, mas a realidade divina que é experimentada na consciência como o constituinte que forma a humanidade e o próprio Todo.

---

[15] Para a noção de que a realidade não é um "dado" na ciência natural, ver Kuhn, *The Structure of Scientific Revolution* [A Estrutura da Revolução Científica], p.126-30.

> Na consciência do homem, o movimento fundacional dentro da realidade da profundeza física se torna luminosa para a constituição criativa de toda a realidade do alto do fundamento divino. Quanto aos métodos de duração, temos de afirmar, portanto: na ordem de fundação da profundidade, a dimensão de tempo do universo compreende as dimensões de tempo dos outros estratos na hierarquia do ser; na ordem de criação desde o alto, o modo divino de duração que simbolizamos como eternidade compreende as dimensões de tempo dos outros estratos de realidade, incluindo o universo.
> (OH, v.IV, p.334-5)

A "natureza" do homem como um epítome do ser, então, não é a entidade fixa que a doutrina metafísica queria que fosse. O homem como o epítome do Todo pertence à estrutura e processo do Todo na dinâmica de fundação desde o Começo e formação até o Para Além. Portanto, os estratos de realidade no homem e o Todo não são simplesmente empilhados no topo de cada um numa classificação estática de graus mais altos e mais baixos de realidade. Ao contrário, a hierarquia do ser emerge como o "movimento de realidade provindo da profundeza apeirôntica até o homem, por meio de tantos níveis de hierarquia quantos podem ser discernidos empiricamente, e tantos os contramovimentos da organização criativa da altura divina para baixo, com o Entremeio da consciência humana como o sítio onde o movimento do Todo se torna luminoso por sua direção escatológica" (OH, v.IV, p.335).[16] Depois de a história se diferenciar como uma dimensão da existência humana, a Pergunta se diferencia em dirigir-se ao processo histórico como o Todo, o que se torna luminoso com o movimento direcional que é inseparável do Mistério de "uma realidade que produz o universo e a terra, a vida vegetal e animal na terra, e, por fim, o homem e sua consciência" (OH, v.I, p.335).[17]

---

[16] A "linguagem filosófica de 'naturezas' se tornou inadequada (OH, v.IV, p.263; cf. 253, 258, 267).

[17] Sobre os problemas insinuados no texto quanto à evolução da matéria e a

Na visão voegeliana do Todo, então, a realidade é um mito falado por Deus e contado pelo homem. O processo de transfiguração na realidade é real, assegura-nos ele. Escrevendo aos oitenta anos, ele enfatiza (em harmonia com o Platão das *Leis*) a íntima conexão entre o estudo de uma vida do pensador, cujo trabalho constante constantemente guiado é uma catarse existencial, e a subtaneidade da iluminação visionária, guiando-o.

> Sob a presença formativa do Para Além, as ilusões e as opiniões têm de ser abandonadas, conhecimento suposto tem de ser modificado por mais experiência, linhas de trabalho têm de ser abandonadas e esquecidas quando se fazem novos descobrimentos, até que o próprio Para Além brilhe como a luz que guia o processo meditativo.[18]

As visões helênica e judaico-cristã são complementares em revelar a ordem fundamental da realidade, mas a verdade da ordem da realidade não é toda a verdade da realidade. Essa verdade do Todo tem de ser expressa pelo simbolismo meditativo complexo da "revelação-luta-salvação" visionária.[19] A complementaridade não é identidade, entretanto, e a *Nous* de Platão não é um sinônimo do *pneuma tou theou*, do espírito de Deus, que é o Cristo do Novo testamento – o *theotes* do Para Além divino. A Visão do Novo Testamento simboliza um estrato mais profundo do apelo-resposta do encontro divino-humano que tinha sido diferenciado nas visões noéticas, ou seja, o significado completo da presença divina salvadora na

---

compreensão contemporânea da história do universo e seu mistério de direção escatológica, ver J. T. Fraser, *Of Time, Passion, and Knowledge: Reflections on the Strategy of Existence* [Do Tempo, Paixão e Conhecimento: Reflexões sobre a Estratégia de Existência], New York: George Braziller, 1975; e Jacques Merleau-Ponty, *Cosmologie du XXe siècle; étude épistémologique et historique des théories de la cosmologie contemporaine* [Cosmologia do século XX; estudo epistemológico e histórico das teorias da cosmologia contemporânea], Paris: Gallimard, 1965. Este foi o tema da conferência de Voegelin (não publicada) na Conferência sobre Gnosticismo e Modernidade em 29 de abril de 1978, na Universidade Vanderbilt.

[18] Voegelin, "Wisdom and the Magic of the Extreme" [Sabedoria e a Mágica do Extremo], p.277.

[19] Ibidem, p.280.

existência do Entremeio. A ênfase, então, cai na "revelação visionária" e na "salvação" no complexo meditativo e não na "luta"[20] dos filósofos. A descontinuidade da Visão de Platão, que revelou a mentira anoética da caverna, está incorporada no conto salvador que "revela a revelação como um acontecimento de transfiguração; realidade é realmente um movimento em direção ao *eschaton* da imortalidade". Em São Paulo, a descontinuidade induzida pela revelação esmagadora da presença pleromática em Cristo tende a tornar-se mais do que um acontecimento epocal na história que de fato ele é. Ao contrário, ele tenta os visionários pneumáticos na deformação de esperar a transfiguração da realidade no equilíbrio de consciência. Soa claramente o tema do rompimento assinalado no "*alle bisherige Geschichte*" do Manifesto de Marx dois mil anos depois e de outras segundas realidade dos séculos moderno no método de existência deformada.[21]

O equilíbrio de consciência exige que a "luta" seja travada no centro da busca meditativa como a cota do homem na história. A Visão do Todo compreende a verdade da desordem não menos do que a ordem na existência humana. Portanto, o filósofo "é obrigado a reconhecer o *mache athanatos* (luta imortal) como o movimento em direção ao *eschaton* experimentado de imortalidade e, ainda assim, não cair na fantasia do sonhador de uma transfiguração escatológica acompanhada pleromaticamente por seus próprios sonhos e ações."[22] Aqui é a Visão de Voegelin e o Conto Salvador. A palavra final, então, será esta:

> [A] tensão escatológica da humanidade do homem, em sua dimensão de pessoa, sociedade e história é mais do

---

[20] Ibidem, p.283.

[21] Ibidem, p.284-5. A referência de Voegelin a *alle bisherige Geschichte* abrevia a linha de abertura da primeira seção do *Manifesto comunista* de Marx: "*Die Geschichte aller bisherigan Gesellschaft ist die Geschichte von Klassenkaempfen*" ["A história de toda a sociedade até hoje existente é a história das lutas de classe"]. Ver Siegfried Landshut (ed.), Karl Marx, *Die Fruehschriften*, Stuttgart: Alfred Kroener Verlag, 1935, p.524. A expressão *mache athanatos* é tomada de empréstimo de Platão, *Leis,* 906 A.

[22] Voegelin, "Wisdom and the Magic of the Extreme", p.287.

que uma matéria de iluminação teorética para o filósofo. É uma questão prática... Um novo quadro da história está-se desenvolvendo. A penetração conceptual dos materiais é a tarefa do filósofo hoje. Os resultados dessa análise têm de ser comunicados ao público geral, e, se acontece de ele ser um professor numa universidade, aos estudantes. Essas tarefas de manter-se a par dos problemas, de analisar os materiais e de comunicar os resultados são as ações concretas por meio das quais o filósofo participa no movimento escatológico da história e se conforma à prática Platônico-Aristotélica de morrer. (MA, p.127)

Epílogo

As principais publicações de Voegelin nos anos posteriores a 1981 que não me estavam disponíveis ao menos em manuscrito enquanto escrevia os capítulo anteriores deste livro são o volume final de *Ordem e História*, intitulado *In Search of Order* [*Em busca da ordem*], e a meditação de leito de morte, ditada a Paul Caringella, "Quod Deus Dicitur?" ["O que se diz que é Deus?"]. Ambas foram deixadas inacabadas e ambas foram publicadas postumamente.[1] Embora não seja necessário falar muito do caráter patentemente fragmentário dessas obras, evidente para qualquer leitor, traduzir o silêncio de omissões levou a vários debates interpretativos na literatura secundária acerca das visões mudadas do "último" Voegelin em matérias cruciais. Será bastante uma breve notícia das questões levantadas.

Em particular, houve questões levantadas acerca do triunfo desse lado "científico" sobre o "espiritual" nos escritos finais –

---

[1] *Order and History*, v.V, *In Search of Order*, ed. com uma introdução de Ellis Sandoz, epílogo por Jürgen Gebhardt, CW 18 (1987; Columbia: Imprensa da Universidade de Missouri, 1999); "Quod Deus Dicitur?" em CW 12, ed. com introdução por Ellis Sandoz (1991; disponível em Columbia: Imprensa da Universidade de Missouri, 1999, p.376-94). (Abreviado aqui como CW, citações integrais dos muitos volumes até aqui publicados de *The Collected Works of Eric Voegelin* [*As obras reunidas de Eric Voegelin*] são dadas na nota bibliográfica *abaixo*; *também*, os vários volumes de *Ordem e história* são citados como OH).

uma falsa dicotomia, em minha opinião. Há uma sugestão de emergência de duas escolas de interpretação opondo uma assim chamada interpretação alemã contra uma alegada interpretação americana do pensamento do mestre. Deixando de lado tal irrompimento de nacionalismo, é inegável a emergência de uma divergência interpretativa de algum modo. Mas sua profundeza e justificação, quando medidas pelos próprios textos de Voegelin, são questões mais opacas e provavelmente devem permanecer assim, em grande parte devido às predisposições dos intérpretes e não apenas, ou mesmo, primariamente, pelas complexidades na obra que está sendo interpretada.[2] Trocando em miúdos: Foi Eric Voegelin um cientista até a medula dos ossos? Sim. Foi ele um filósofo místico em toda a sua obra desde os anos 1920 até o fim de sua vida? Sim – por autoproclamação expressa desde os anos 1960. Pode alguém ser ao mesmo tempo um filósofo místico e um cientista político no sentido filosófico estabelecido na Antiguidade clássica por Platão e Aristóteles? Sim – e essa é a posição de Voegelin como a leio, como penso que ele próprio pretendeu, e como tentei mostrar nas páginas deste livro e alhures. Não vejo uma mudança de tom no Voegelin final acerca dessas questões básicas. Os silêncios em seus últimos escritos acerca da matéria específica do cristianismo não podem ser tomados como prova de mudança de tom. Dizer o contrário envolve algo próximo de ler o destino em borra de café. A matéria cristianismo

---

[2] A substância do debate entre estudantes conscientes da obra de Voegelin pode ser mais bem aferida pela troca publicada: Jürgen Gebhardt, "The Vocation of the Scholar" [A Vocação do Erudito] e resposta de Frederick G. Lawrence, "The Problem of Eric Voegelin, Mystic Philosopher and Scientist" [O Problema de Eric Voegelin, Filósofo Místico e Cientista], publicados em *International and Interdisciplinary Perspectives on Eric Voegelin,* ed. Stephen A. McKnight e Geoffrey L. Price, Columbia: Imprensa da Universidade de Missouri, 1997, p.10-58. Lawrence se louva em parte no artigo não publicado de Paul Caringella "Voegelin's Order and History" [A Ordem e História de Voegelin], citado *in extenso* por Lawrence (op. cit., ibid, p.36-42), ver mais completamente Paul Caringella, "Eric Voegelin: Philosopher of Divine Presence", [Eric Voegelin: Filósofo de Presença Divina], in *Eric Voegelin's Significance for the Modern Mind* [O Significado de Eric Veogelin para a Mente Moderna], ed. Ellis Sandoz, Baton Rouge: Louisiana State University Press, 1991, p.174-205. Não quero sugerir que este seja o único debate acerca da obra de Voegelin, é claro, mas é notável sua agudeza.

está à frente em *In Search of Order,* como ele indica claramente, e o tempo acabou antes de ele chegar a esse tema. Devemos então culpar Voegelin por sua morte prematura? Ele fez tudo o que pôde. Além disso, a experiência da Realidade divina transcendente é óbvia e profundamente a matéria de "Quod Deus Dicitur?", evidentemente o último de todos os seus escritos tardios. Há um tom diferente em seu último livro a que devemos atentar, certamente. Em "Quod Deus Dicitur?", entretanto, o tom é familiar, e ouve-se um filósofo místico falando até quando ele não pode falar mais – e citando no processo de um documento que contém (tanto quanto eu saiba) uma das afirmações mais diretas da devoção permanente ao cristianismo já reduzidas a escrito,³ assim como da parte final de *In Search of Order* [Em Busca de Ordem].

Considero a caracterização de "dois Voegelins" como um engano, na melhor das hipóteses: há um único Voegelin, que merece ser entendido em seus próprios termos. Mas há verdadeiras questões aqui. Elas evidentemente se centram, em

---

³ Dos últimos dias de Voegelin, escreve Paul Caringella, que esteve em seu leito de morte:
"Eric Veogelin começou a ditar 'Quod Deus Dicitur' em 2 de janeiro de 1985, um dia antes de seu octogésimo quarto aniversário. Ele reviu as últimas páginas em 16 de janeiro; outras revisões foram feitas em 17 de janeiro e na tarde de 18 de janeiro, seu último dia inteiro antes de morrer, no sábado, dia 19, por volta das 8 horas da manhã.
Quando o ditado chegou à oração de Anselmo, Voegelin inseriu provisoriamente páginas pertinentes de um antigo manuscrito, com pequenas mudanças. Adaptou igualmente o começo da seção 5 do parágrafo de sua 'Resposta ao Professor Altizer' (...1975...). Sua discussão da *Teogonia* de Hesíodo e o *Timeu* de Platão nas últimas páginas e na conclusão planejada é baseada no tratamento analítico completo nas últimas trinta e poucas páginas do quinto e último volume, não terminado, de sua *Ordem e História*".
Citado de CW 12, 377n. A resposta a Thomas J. J. Altizer mencionada (o "documento" a que me referi no texto) foi reeditada em ibidem, p.299-303. Devem-se considerar nessa conexão os "outros" escritos tardios, é claro: "Wisdom an the Magic of the Extrem ["A sabedoria e a mágica do extremo"], in op. cit., p.315-75, especialmente o parágrafo que começa "Mas quem é esta pessoa do Cristo realmente" (369); também sua prelação incompleta sobre Aquino na Universidade Marquette, "The Beginning and the Beyond: A Meditation on Truth" ["O Começo e o Para Além: uma meditação sobre a Verdade"], CW 28, p.173-232, parte da qual está incorporada em "Quod Deus Dicitur?" (ou seja, CW 12, p.193-203). *Ver também* Ellis Sandoz, "In Memoriam Eric Veogelin", *Southern Review,* v.21, p.372-5, 1985.

parte, no mal-estar de um Voegelin "religioso" percebido e, em parte, na questão de um Voegelin academicamente "usável" num período de cientificismo desenfreado. Esse clima evidente de opinião parece aridamente dominante para o futuro previsível, e é claramente dominante a expensas da vida da alma – como sempre foi. Então, pode ser discutivelmente verdade que o poder e estatura da realização de Eric Voegelin não possa nunca receber nenhuma atenção na "média" da vida intelectual de nosso e do próximo século se for retratado como fundamentalmente fundado em experiências espirituais e é, então, de alguma forma "religioso" e deve der descartado como tal. Há muito mais nesse argumento, tenho de concordar, e ele apresenta algo como um dilema. Falar como falo, seguindo as fontes de uma "ciência filosófica" enraizada na obra de um filósofo místico que afirma a importância cardeal da participação humana no Fundamento divino do ser, da realidade da vida e do espírito como a base de ciência noética, pode parecer convidar a uma catástrofe estratégica para a causa de Eric Voegelin. Isso não é por que a companhia que ele parece ter (*i.e.*, obscurantistas, birutas, fanáticos, e outros entusiastas desiludidos como os religiosos regularmente são caricaturados por Hollywood, a mídia pública, e intelectuais zombeteiros, por exemplo) quando seu trabalho de uma vida é assim caracterizado ou rotulado. Ele próprio teve algumas apreensões sobre isso, temeroso de ser identificado como mais um guru californiano. É ao menos possível que o estilo austero de apresentação de *In Search of Order* fosse particularmente dirigido como uma profilaxia contra tal confusão absurda. Talvez haja uma percepção e um problema de embalagem, em suma. Proteger o cerne da obra de um erudito e filósofo sólido absolutamente analítico certamente assume importância nessa consideração.

Bem, que devemos fazer acerca disso, pergunta-se alguém? Deixemo-lo tornar-se um fenomenologista ou um hermeneuta, ou, talvez, um filósofo quase-católico de tal modo que a academia letrada em sua devoção a esses setores respeitáveis será ao menos capaz de dar um suspiro coletivo de alívio e ligá-lo a seus próprios empenhos respeitáveis? Os débitos de Voegelin e as similaridades sugeridas com Husserl, Heidegger, Gadamer e Scheler poderiam ser enfatizados.[4] O tecido conectivo está verdadeiramente aí, os contextos e afinidades legitimamente citados, e a companhia filosófica bem distinguida. Muito bem daí pode provir, certamente. Mas podem as diferenças decisivas em Voegelin sobreviver a tais processos de comparação e assimilação, imagino eu? Um tal movimento serve para apoiar o interesse estável e sustentado de Voegelin no começo e no fim, em divisar o trabalho fundamental para uma ciência política mais adequada, algo que, portanto, pode ser apresentado de maneira mais palatável a acadêmicos seculares contemporâneos e seus alunos. Há algo para ser dito em favor desse tratamento, considerado como um estratagema. Melhor metade de um pão do que nenhum pão, para falar como esses advogados e pensar politicamente. O Voegelin real é um escândalo, poderíamos sussurrar para nós mesmos no escuro da noite. Precisamos de respeitabilidade e de procurar causar um impacto, ser bem sucedidos – não apenas desaparecer no abismo de trabalhos esquecidos e oportunidades perdidas, ratos ao mar. A própria prudência dita tal curso, diz o canto da sereia. Além disso, eruditos conscienciosos com as melhores das intenções discordarão acerca do significado do material complicado que estão estudando e fazem isso de boa fé. As discordâncias honestas são simplesmente inevitáveis.

Nessas circunstâncias, posso apenas dizer que, por tentador que seja, o cálculo prudente – se isso se torna uma consideração condutora – é inadmissível por distorcer, em

---

[4] Valiosos escritos acerca do agostinianismo de Voegelin e da relação com Max Scheler são, de William Petropulos, *The Person as Imago Dei: Augustine an Max Scheler in Eric Voegelin's Herrschaftslehre* [A Pessoa como Imagem de Deus: Agostinho e Max Scheler na Teoria de Estado de Eric Voegelin] e *The Political Religions* [As Religiões Políticas], in *The Politics of the Soul: Eric Voegelin on Religious Experience*, ed. Glenn Hughes, Lanham: Rownman & Littlefield Publishers, Inc., 1999, p.87-114; também de William Petropulos, "Eric Voegelin and German Sociology" [Eric Voegelin e a Sociologia Alemã], in *Manchester Sociology Occsional Papers n.50*, ed. Peter Halfpenney, Departamento de Sociologia da Universidade de Manchester, fev. 1998.

princípio, o material, se e quando é levado a negligenciar o conteúdo geral da obra de Voegelin. Procurar o contexto da ciência de Voegelin, relacioná-la com suas origens na história da *Geisteswissenschaft* alemã, e vê-la desenvolver aquele método erudito como uma dimensão da filosofia e ciência contemporâneas pode ser inteiramente legítimo, contanto que a narrativa não se torne reducionista no processo.[5] Descobrir caminhos em que a obra de Voegelin se integre no espectro largo de movimentos de teoria contemporânea é valioso e importante – se não se ideologiza seu pensamento no processo (digamos) resgatando-o do campo conservador-reacionário ao assimilá-lo com uma posição liberal de esquerda mais compatível com os próprios compromissos políticos do intérprete. Tem de ser enfatizado (como fiz alhures em mais de uma ocasião) que Eric Voegelin foi, na verdade, acima de tudo, um filósofo e um cientista, não um mercenário de partido nem um ideólogo politicamente correto de nenhum tipo. Ninguém pode, por qualquer método que seja, torná-lo impune, postumamente.[6] Minúcias quanto ao complexo debate acerca do escopo da meditação e do significado de *ciência* na obra tardia de Voegelin devem ser deixadas para outras ocasiões.[7] Entretanto, é importante relembrarmos dos

---

[5] A ambiguidade fecunda da palavra alemã *Geist* (traduzida na língua inglesa mais fácil de ver ou como *mente* ou como *espírito*) é uma pedra de tropeço que está na base de muito debate; e certamente faz uma diferença significativa compreendê-la, dependendo de que significado é imputado ao termo nos vários contextos. Tal matéria é buscada com vigor e seriedade especialmente por Jürgen Gebhardt (cf. Gebhardt, Epilogue, in Voegelin, *In Search of Order*, CW 18, p.125-34, esp. ad. fin: Gebhardt, sua parte da Introdução dos Editores, em Voegelin, *On the Form of the American Mind* [Da Forma de Mente Americana] [*Geist*], CW 1, p.ix-xxv; Gebhardt, Introdução do Editor, in Voegelin, *History of Politics Idea*, História das Idéias Políticas, ORCW 20, p.1-18, esp. P.14-18., onde são apresentados paralelos interessante com a teoria quântica.

[6] Ver "Eric Voegelin a Conservative?" [Eric Voegelin um conservador?] e "Voegelin's Philosophy of History and Human Affairs" [A Filosofia da História de Veogelin e as Coisas Humanas], in Ellis Sandoz, *The Politics of Truth and Other Untimely Essays: The Crisis of Civic Consciousness* [A Política da Verdade e outros Ensaios Tardios: *A Crise da Consciência Cívica*] (Columbia: University of Missouri Press, 1999), p.139-44, esp. p.163-9.

[7] O leitor é convidado a rever aqui o capítulo 7, "Principia Noetica: A Revolução Voegeliniana...". O método de inquirição meditativa de Voegelin é esclarecido em alguns lugares, sendo, dos mais importantes, os seguintes: seu emprego

rudimentos da ciência noética de Voegelin como ele próprio enunciou a matéria. Tal afirmação concisa é dada em *Science, Politics and Gnosticism*, parágrafo 1, onde se discutem a *episteme politike* e a confiança nas *Analytica Posteriora* de Aristóteles, com uma advertência e elaboração – como segue:

> Quando falamos de análise científica, queremos enfatizar o contraste com a análise formal. Uma análise por meio da lógica formal não pode levar senão a uma demonstração de que uma opinião sofre de uma contradição inerente, ou que diferentes opiniões contradizem umas às outras, ou que conclusões foram tiradas indevidamente. Uma análise científica, além disso, torna possível julgar a verdade das premissas implicadas por uma opinião. Posso fazer isso, entretanto, apenas supondo que a verdade acerca da ordem do ser – a que, é claro, as opiniões também se referem – é afirmável objetivamente. E a análise platônico-aristotélica opera de fato na suposição de que há uma ordem de ser acessível a uma ciência para além da opinião. Seu fim é conhecimento da ordem do ser, dos níveis da hierarquia do ser e suas inter-relações, da estrutura essencial dos reinos do ser, e especialmente da natureza humana e de seu lugar na totalidade do ser. A análise, portanto, é científica e leva a uma ciência de ordem através do fato de que, e, à medida que, é ontologicamente orientada... [O] acontecimento decisivo no estabelecimento da *politike episteme* foi a conclusão especificamente filosófica [*i.e.*] noética de que os níveis de ser discerníveis dentro do mundo são suplantados por uma fonte transcendente de ser e de sua ordem. E essa iluminação estava, ela mesma, radicada nos movimentos reais da alma espiritual humana em direção ao Ser experimentado como transcendente. Nas experiências de amor para a origem transcendente do mundo, na *philia* em direção

---

do "procedimento aristotélico" explicado em *The New Science of Politics* [*A Nova Ciência da Política*], p.3, 52, e 80, à luz da crítica do positivismo dada na introdução daquele livro: Platão e Aristóteles, CW 3, esp. cap.3, p.6-9.

ao *sophon* (o sábio) no *eros* em direção ao *agathon* (o bem) e o *kalon* (o belo), o homem se torna filósofo. Dessas experiências surgiu a imagem da ordem do ser. Na abertura da alma – que é a metáfora que Bergson emprega para decrescer o acontecimento – a ordem do ser se torna visível mesmo para seu Fundamento e origem no Para Além, a *epekeina* platônica, em que a alma participa quando sofre e obtém sua abertura.

Apenas quando a ordem do ser como um todo, até sua origem no Ser transcendente, vem à tona, pode a análise ser empreendida com alguma esperança de sucesso; pois apenas então podem as opiniões correntes acerca da ordem correta ser examinadas quanto à sua concordância com a ordem do ser. Quando os fortes e exitosos são altamente considerados, podem, então, ser contrastados com os que possuem a virtude da *phronesis*, que vivem *sub specie mortis* e agem com o Julgamento Final em mente.[8]

Para aqueles prontos a objetar que isso foi formulado em 1958 e as coisas mudaram desde então (e, é claro, algumas coisas mudaram, mas não os fundamentos da ciência noética de Voegelin), há uma resposta pertinente de Voegelin à

---

[8] A seção inteira deve ser consultada. Citado de Voegelin, *Science, Politics and Gnosticism: Two Essays* [Ciência, Política e Gnosticismo: Dois Ensaios], nova introdução por Ellis Sandoz, Gateway Editions (1968, reimpr. Washington, D.C.: Regnery Publishing, Inc., 1997, p.11-12); cf. *Modernity Without Restraint* [Modernidade sem Restrição], CW 5, p.258-9. Ver também: "Anxiety and Reason" [Ansiedade e Razão], in Voegelin, *What is History?* [O que é História?], CW 28, p.52-110, especialmente o começo com a pergunta "What is Reason" ["O que é Razão?"] (p.88 ss) e a lista dos dez primeiros significados seguidos por uma análise. Uma discussão completa de alguns pontos pertinentes é apresentada em Barry Cooper, *Eric Voegelin and the Foundations of Modern Political Science*, Columbia: University of Missouri Press, 1999. Algumas de minhas discussões aqui se sobrepõem às dadas em "Voegelin's Philosophy of History and Human Affairs" [A Filosofia de Voegelin da História e das Coisas Humanas"], in Sandoz, *The Politics of Truth*, p.144-170; também Sandoz. "Our Western Predicament – A Voegelinian Perspective on Modernity" [Nosso Predicamento Ocidental – Uma Perspectiva Voegelinina da Modernidade], in *Politik und Politeia; Formen und Probleme politischer Ordnung, Festgabe für Jürgen Gebhardt zum 65 Gebuststag*, ed. Wolfgang Leidhold, Würzburg: Koenigshausen & Neumann Verlag, 1999, p.521-33.

pergunta sobre uma mudança da versão de 1966 da teoria da consciência e da elaboração empreendida em seu último livro, uma resposta que ele deu em março de 1983.

Entrevistador: ...poderias comentar acerca de alguns desenvolvimento de tua noção de intencionalidade de Anamnese até o primeiro capítulo de [*In Search of Order*]?

Voegelin: Bem, não sei se é um desenvolvimento. É apenas uma descrição mais acurada dos complexos; do problema do próprio complexo; do conceito de tensão (é mais bem desenvolvido); todas essas tensões e sistemas complexos.

Entrevistador: Mas não negarias nada que dissestes em *Anamnese*?

Voegelin: Não. Raramente tenho algo para negar, porque sempre me fixo perto dos materiais empíricos e não generalizo para além deles... Apenas hesitaria em ir além da formulação das tensões e dos complexos, porque não vejo nenhumas experiências reais de nada para além dessa formulação.[9]

II

Nossas breves reflexões acerca dos dois escritos principais começam com "Quod Deus Dicitur?", e, então se volta para *In Search of Order*. Voegelin, na verdade, move-se para além de formulações anteriores mesmo quando reitera algumas delas ao explorar as tensões em direção ao *Realissimum* divino em sua meditação final. No processo ele dá dicas acerca do horizonte cristão experiencial – uma matéria sempre presente em sua mente. Digo isso com conhecimento de causa, dado o título da meditação, e com base em que não apenas temos aqui suas

---

[9] *The Beginning and the Beyond* [O Começo e o Para Além], artigos das Conferências de Gadamer e Voegelin; número suplementar de *Lonergan Workshop*, v.4, ed. Fred Lawrence, Chicago, Calif.: Scholars Press, 1984, p.126-7.

últimas palavras ditadas durante os dezesseis últimos dias de sua vida, como também por causa do que contou Lissy Voegelin de suas conversas a esse respeito, com Voegelin dizendo-lhe: "Finalmente entendo o cristianismo!". E ela respondendo: "Sim, Eric, mas vais levá-lo contigo!!".[10] E assim fez ele. Temos apenas um fragmento, muito dele tirado de escritos anteriores. Isso confirma os pontos de vista anteriores? Penso que sim, e assim esse fragmento demonstra a continuidade do pensamento de Voegelin. Qual é o teor da meditação?

"Uma alma árida é mais sábia e melhor", escreveu Heráclito e Voegelin concordou.[11] Por ocasião de sua discussão sobre Heráclito, concluiu com o seguinte:

> A irrupção transcendental que faz da geração dos filósofos místicos uma época na história da humanidade atingiu profundamente o problema da ordem social até o presente porque a ordem coletiva antiga num nível menos diferenciado de consciência está sob permanente julgamento (*krisis*) pela nova autoridade, ao passo que a nova ordem do espírito é especialmente uma façanha aristocrática de indivíduos carismáticos, das "almas áridas" que podem dizer: "Eu vim trazer fogo à terra... Vós cuidais que eu vim trazer paz à terra? Não, vos digo eu, mas separação". (Lucas, 12:49, 51)[12]

O espírito de seu "Quod Deus Dicitur?" está no mesmo espírito de austeridade afetiva e invocação da autoridade das almas áridas para a iluminação delas. Ele quer saber "o que se diz que Deus É?" – o que é chamado "ele", como a Divindade abrangente do Para Além dos deuses de mito e doutrina é simbolizado na linguagem de *In Search of Order*.

---

[10] Comunicação oral ao autor feita por Lissy Voegelin depois da morte de Voegelin.

[11] Heráclito, Fragmento B 118, citado da *Antologia* de John Stobaeus em Jonathan Barnes, *Early Greek Philosophy* (Filosofia Grega Inicial), Harmondsworth: Penguin Books, 1987, p.109; citado por Voegelin em *The World of the Polis* (O Mundo da Polis), OH, v.2, p.238.

[12] Ibidem, p.240.

Ele explora essa pergunta durante seus dias e horas finais em conversas fundamentadas, como era seu método anamnético, com grandes meditações filosóficas da história. Começando com a formulação no título como dado por Tomás de Aquino (*Summa theologiae* 1.2.3), ele se move analiticamente em sucessão para Anselmo de Cantuária e Hegel, para Platão, para o salmo 13 (na Vulgata, 14 na Bíblia do Rei James), aprova Jeremias e Isaías, volta para a resistência de Platão aos sofistas e especialmente ao *Górgias* e à distinção entre *apodeixis* e *epideixis* para compreender corretamente as assim chamadas "provas" da existência de Deus, aos significados de *teologia* na *República* e *Leis*, à responsabilidade ambivalente de Aristófanes, à recordação do "Uno" na diferenciação de Parmênides do Para Além dos muitos deuses de Hesíodo, ao significado da diferenciação no "Deus" único de Platão, no *Timeu*, ao final com os pensamentos relembrados de *In Search of Order*: "Para Hesíodo, Zeus não é um deus a não ser que haja uma realidade divina Para Além dos deuses. Nessas simbolizações hesiodianas reconhecemos as primeiras intimações do Para Além abrangente (*periechon*) que em última análise se torna a *epekeina* de Platão".[13]

O material pretendido para uma reflexão mais profunda, mas incapaz de ser diretamente tratado, anotado por Caringella, consistia no seguinte: O divino Todo abrangente de Anaximandro e do comentário de Aristóteles a ele; a prece de Plotino (Enéadas, 5.1.6); a prece do *Timeu* (48D-53C); a "prece mental" de Goethe; as experiências-simbolizações cristãs equivalentes em Col. 2:9: "Porque nele [em Cristo] habita toda a plenitude [*pleroma*] da Divindade corporalmente"; e no *tetragrammaton* de Aquino (*Summa theologiae*, 1.13.11.1).[14]

O caminho meditativo de Voegelin é uma exploração da consciência de Deus experimentada não como uma *coisa*

---

[13] Voegelin, "Quod Deus Dicitur?", CW 12, p.376-92, oração citada da p.392; cf. *In Search of Order* [*Em Busca de Ordem*], CW 18, p.87-9.

[14] Voegelin, "Quod Deus Dicitur?", CW 12, p.392-94.

objetificada, mas, ao contrário, como "o parceiro numa busca que indaga e que se move dentro de uma realidade formada por linguagem participatória".[15] Além disso, "a busca noética da estrutura de uma realidade que inclui a divindade é, em si mesma, um acontecimento dentro da realidade que estamos questionando... no mesmo ponto... coloca-se-nos o problema de uma indagação de algo experimentado como real antes que a inquirição da estrutura de sua realidade tenha começado".[16] Esse é um acontecimento primário: nossa razão em busca de nossa fé é ao mesmo tempo nossa fé em busca de nossa razão. A busca é um acontecimento e um processo histórico visto sob o pano de fundo de dois contextos civilizacionais maiores; (1) a emergência de "Deus" do pano de fundo politeístico da Hélade e (2) a emergência de "Deus" da "tensão entre a teologia doutrinal e mística nas sociedades cristãs desde a Antiguidade".[17] Essas experiências-simbolizações produzem uma ordem de linguagem dominando o discurso acerca da matéria, mas "estabilizada" num nível comparativamente compacto de tópicos intencionalísticos, saindo da filosofia e da religião por meio da teologia natural e da teologia sobrenatural, sem nunca "penetrar na estrutura paradoxal de pensamento que é peculiar à relação participatória entre o processo de pensamento e a realidade em que ele procede".[18] O *paradoxo* (uma questão proeminente na análise de *In Search of Order*) está principalmente na relação entre (a) o encontro divino-humano experimentado na busca e (b) os símbolos reflexivos surgindo em contextos culturais e linguísticos particulares que devem ser utilizados em dar a ele expressão noética. Na instância de Tomás, a fé escritural de EU SOU O QUE SOU (Êxodo 3:14: *ego sum qui sum*, na Vulgata) é pressuposta na questão concernente ao que é chamado Deus, no cerne do qual está a tensão experienciada-simbolizada entre o Ser necessário e o ser contingente. "Não

---

[15] Ibidem, p.376,
[16] Ibidem, p.377.
[17] Ibidem.
[18] Ibidem, p.378.

há outra divindade senão a necessidade em tensão com a contingência experimentada na pergunta noética".[19] O xis do paradoxo está nos *meios* intencionais, paroquiais e finitos da simbolização inevitavelmente empregados pelos filósofos (e outros meditativos) para articular o *acontecimento experiencial* de seu encontro participatório com o Para Além divino trans-finito. O surgimento do impasse doutrinal que obscurece compactamente o problema do paradoxo compõe partes significativas da história da filosofia ocidental (tanto diferenciando como deformando) – algumas vezes, por exemplo, em termos das assim chamadas provas da existência de Deus de Platão até Aquino, por intermédio de Descartes e Leibniz até a rejeição de Kant de tais esforços como insustentáveis. Mas o que, de fato, está realmente acontecendo nesses lugares, diz Voegelin, não são provas silogísticas, mas análises noéticas do paradoxo da realidade há pouco circunscritas. Assim discernido por Hegel como sendo não provas, mas análises descritivas do processo do Espírito (*Geist*) em si, escreveu ele: "A ascensão do pensamento para além do sensual, o pensamento transcendendo o finito no infinito, o salto que é feito pelo surgimento das séries do sensorial para o supersensorial, tudo isso é pensamento em si, a transição é *apenas pensamento em si*".[20] Por mais esclarecedor que isso seja, o erro subsequente de Hegel é o de deformar sua iluminação na estrutura paradoxal ao construí-la como a solução definitiva do problema da divindade no processo do pensamento e por então incorporá-lo em seu sistema conceptual terminado – obscurecendo assim por meio da "hipostatização" de que "o próprio movimento noético, o encontro divino humano, é ainda um processo ativo na tensão para os símbolos de fé".[21] A filosofia, Voegelin insiste, é sempre o amor buscador da sabedoria divina do homem espiritual receptica ao apelo da Realidade-Ela; a filosofia não pode, portanto, nunca tornar-se a

---

[19] Ibidem, p.379.

[20] Ibidem, p.381, citada de Hegel, *Encyklopaedie*, 1830, parágrafo 50, itálico no original como traduzido e citado por Voegelin.

[21] Voegelin, "Quod Deus Dicitur?", p.381.

ciência real perfeita ou o conhecimento (*wirkliches Wissen*) imaginado pelo sistematizador libidinoso e seus epígonos.[22]

A despeito, entretanto, da deformação, Voegelin acha Hegel próximo da expressão ótima do problema como experimentado por Anselmo de Cantuária; mas ultrapassa as fronteiras estabelecidas por Anselmo no *Proslogion XV*: "'Ó, Deus, és não apenas aquele de quem não se pode conceber nada maior, mas és também maior do que tudo o que pode ser concebido'. Esse é o limite da análise conceptual noética desconsiderada por Hegel". Continua, então, Voegelin, com esta passagem vigorosa:

> A busca noética de Anselmo... assume a forma de uma prece para a compreensão dos símbolos de fé pelo intelecto. Por trás da busca, e por trás da *fides* que a busca deve entender, agora se torna visível a verdadeira fonte do esforço anselmiano no desejo vivente da alma de mover-se em direção à luz divina. A realidade divina deixa a luz de sua perfeição cair na alma; a iluminação da alma faz surgir a consciência da existência humana como um estado de imperfeição; e essa consciência provoca o movimento humano em resposta a esse apelo divino. A iluminação, como Santo Agostinho chama essa experiência, tem para Anselmo, na verdade, o caráter de um apelo, e mesmo de um conselho e promessa. Pois, a fim de expressar a experiência de iluminação ele cita João 16:24: "Pedi, e recebereis, para que vosso gozo seja completo". As palavras joaninas de Cristo, e o Espírito que aconselha em seu nome, palavras que devem ser entendidas em seu contexto, expressam o movimento divino a que Anselmo responde com o alegre contramovimento de sua busca (XXVI). Portanto, a última parte do *Proslogion* louva coerentemente a luz divina na linguagem analógica de perfeição. A prece de Anselmo é uma *meditatio de ratione fidei* como ele formula a natureza

---

[22] Cf. Voegelin, "On Hegel: A Study in Sorcery", [De Hegel: Um Estudo de Feitiçaria] in CW 12, p.213-55, à p.223.

da busca no primeiro título do *Monologion*. A busca que
reza responde ao apelo da razão na *fides*; o *Proslogion* é
a *fides* em ação, em busca de sua própria razão. Santo
Anselmo, temos então de concluir, entende claramente
a estrutura cognitiva como interna à *metaxe*, o Entre da
alma no sentido platônico.[23]

---

[23] Voegelin, "Quod Deus Dicitur?", p.383-4: um erro de impressão no original cita João, 6:24, aqui corrigido. Cf. nossa nota 3. A confiança de Voegelin em Santo Agostinho tem de ser enfatizada, ver nossa nota 4, em conexão com minha apreciação do argumento de *In Search of Order*. Então, como ele indicou numa carta a Leo Strauss: "Quanto à relação da ciência (e especialmente da metafísica) e a revelação, Agostinho parece-me, em princípio, ter mostrado o caminho. O conhecimento revelado é, na construção do conhecimento humano, aquele conhecimento dos pressupostos de percepção (*sapientia*, relacionada intimamente com a *nous* aristotélica como distinta da *episteme*). A esses pressupostos pertence a experiência do homem de si mesmo como *esse, nosse, velle* [*ser, conhecer, querer*], a experiência primeira inseparável: Eu sou como ser conhecente e volente; conheço a mim mesmo como sendo e querendo; Quero a mim mesmo como ser e como homem conhecente. (Para Agostinho na esfera mundana, o símbolo da trindade: o Pai – Ser; o Filho – a ordem reconhecível; o Espírito – o processo de ser na história). A esses pressupostos importantes pertence ainda o ser de Deus para além do tempo (nas dimensões há pouco caracterizadas de criação, ordem e dinâmica) e o conhecimento humano deste ser por meio da "revelação". Dentro desse conhecimento pressuposto pela *sapientia* surte a episteme *filosófica*. Tenho de confessar que esses pressupostos me parecem muito aceitáveis."
Carta de Eric Voegelin a Leo Strauss, 22 de abril de 1951, in *Faith and Political Philosophy: The Correspondence Between Leo Strauss and Eric Voegelin*, 1934-1964, traduzida e editada com uma introdução de Peter Emberley e Barry Cooper, University Park: Pennsylvania State University Press, 1993, p.82-3. Voegelin aqui está relembrando a antropologia trinitária dada nas *Confissões* de Santo Agostinho 13.11.12, onde o tema de *Da Trindade* é anunciado: cf. Agostinho, *Confessions*, trad. com uma introdução, e notas de Henry Chadwick, Oxford: Oxford University Press, 1991, p.279-80. A fonte do emprego de Voegelin do *Ela* para simbolizar a Realidade divina abrangente é dada vagamente como a expressão comum "Ela chove" (*In Search of Order*, CW 18, p.30) e atribuída alhures a Nietzsche e a Karl Kraus, mas pertence evidentemente também ao misticismo levemente neoplatônico de Santo Agostinho e de contemplativos influenciados pela obra dele e (deles), incluindo Anselmo. Então, escreve Agostinho: "Instigado por esses escritos [*i.e.* Plotino Enéadas 5.1.1 etc.] a retornar a mim mesmo, entrei no íntimo do meu coração sob teu guiamento, e o consegui, porque tu te fizeste meu auxílio (Sl 29,11). Entrei e, com os olhos da alma, acima destes meus olhos e acima de minha própria inteligência, vi uma luz imutável. Não era essa luz vulgar e evidente a todos com os olhos da carne, ou uma luz mais forte do mesmo gênero. Era como se brilhasse muito mais clara e tudo abrangesse com sua grandeza. Não era uma luz como esta, mas totalmente diferente das luzes desta terra. Também não estava acima de minha mente como o óleo sobre a água nem como o céu sobre a terra, mas acima de mim porque ela me fez, e eu abaixo porque fui

Com essa citação podemos concluir nosso esboço da análise de Voegelin, pois o equilíbrio alcançado por Anselmo não é ultrapassado nenhures (como implica a terna recordação que Voegelin tem dela), e as implicações importantes podem ser mais bem estudadas pelo leitor no original. A posição de Voegelin no final de seus dias é de um homem vivendo em abertura responsável para o apelo divino. Ele descobre que o que está em jogo não é Deus, mas a verdade da existência humana com o papel persuasivo do filósofo não mudado desde a Antiguidade, o parceiro persistente para a realidade experienciada na propagação da verdade existencial: isso é a vocação verdadeira do erudito. Se há uma "resposta" dada à pergunta da meditação inacabada, essa pode ser entrevista numa afirmação da Unidade compreensiva da divindade Para Além da pluralidade de deuses e coisas. Ao final da longa batalha de Voegelin para compreender, a Realidade experienciada-

---

feito por ela. Quem conhece a verdade conhece esta luz, e quem a conhece, conhece a eternidade. O amor a conhece. Ó eterna verdade, verdadeira caridade e querida eternidade! És o meu deus, por ti suspiro 'dia e noite' (Sl 1, 2). Desde que te conheci, tu me elevaste para me fazer ver que havia algo para ser visto, mas que eu era incapaz de ver. Atingiste minha vista enferma com a tua irradiação fulgurante, e eu tremi de amor e de temor" (Agostinho, *Confissões* 7.10.16, edição Paulus, p.190, trad. Maria Luíza Jardim Amarante); cf. *Confissões*,. 10.24.52: "Esta luz em si é uma, e todos os que a veem e a amam são um" (p.209, ed. Chadwich). Em Julian of Norwich encontra-se a seguinte meditação acerca do EU SOU mas plenamente revelado na Trindade: "*Eu sou isso. Ou seja, Eu sou isso, o Poder e a Bondade da Paternidade; Eu sou isso, a Sabedoria da Maternidade; eu sou isso, a Luz e a raça que é toda Amor abençoado; eu sou isso, a Trindade, Eu sou isso, a Unidade; sou a Bondade soberana de todas as coisas. Sou o que te faz amar: sou o que te faz durar: eu sou isso, a realização sem fim de todos os verdadeiros desejos*".
Citado de Julian de Norwich, *Revelations of Divine Love*, cap.59 (itálicos e pontuação sic!), como apresentado em Evelyn Underhill, *Mysticism: A Study in the Nature and Development of Man's Spiritual Consciousness*, 12.ed., Meridian Books, 1910; republicado em New York: Noonday Press, 1955, p.113; cf. a discussão do *Ela* como a Escuridão divina da alma, quando imersa na "Nuvem do Desconhecimento" em ascensão para o "desconhecido do intelecto" que transcende "a visão e o conhecimento". "Esse reconhecimento de nossa ignorância intelectual, essa rendição humilde, é a entrada na 'Nuvem do Desconhecimento'..." (ibidem, p.348-9). Esse limite também marca a fronteira última da *noesis*, como atesta Voegelin em muitos lugares, esp. *Anamnese*, Parte 3, parágrafo 4, "Tensões no Conhecimento da Realidade [*Wissensrealität*]", Munich: Piper, 1966, p.323-40; trad. e ed. Gerhart Niemeyer (1978), Columbia: University of Missouri Press, 1990, p.183-99, que discute os limites filosóficos e conclui com atenção a Tomás de Aquino e o Pseudo-Dionísio.

simbolizada é uma unidade tensional misteriosamente ordenada (e desordenada), movendo-se em direção à perfeição de seu Para Além – não um sistema.[24]

III

É correto, penso eu, tratarmos de *In Search of Order* da perspectiva obtida através da discussão precedente de "Quod Deus Dicitur?". Enquanto a análise ali é dirigida à estrutura paradoxal da articulação linguística tal como levada a efeito por um filósofo, *i.e.*, responsavelmente pelo próprio Voegelin, a substância do estudo é a já esboçada. Portanto, apenas as dicas mais simples do livro precisam ser tentadas aqui.[25] Isso porque a densa complexidade da análise não permite um resumo convincente. Mas também porque o próprio Voegelin é enfático em que nenhum ensinamento discursivo pode ser originado da classe de experiências decisivas como as há pouco traçadas em Anselmo. Isso é ainda um paradoxo para se considerar, é claro. Enquanto escrevia acerca da "*fides* de Platão no Cosmos" no *Timeu* que "se torna transparente para o drama do Para Além representado, mediante o processo tensional do Cosmos, do Começo demiúrgico ao Fim salvacional", as críticas de Voegelin se aplicam mais geralmente, *viz*:

> Nenhum "Princípio", "absolutos" nem "doutrinas" podem ser extraídos desse complexo tensional; a busca da verdade, como um acontecimento de participação no processo, não pode senão explorar as estruturas no mistério divino da realidade complexa e, através da análise das respostas experimentadas, aos empurrões

---

[24] Voegelin, "Quod Deus Dicitur?", p.291-2; *In Search of Order* [*Em Busca de Ordem*], p.109; Voegelin, *A era ecumênica*, OH, v.4, p.233-5.

[25] O leitor pode também querer consultar a introdução original e as mais recentes que preparei para as republicações do livro em 1987 e 1999, como parte dos *Collected Work* [*Obras Reunidas*], vol. 18 (CW 18).

tensionais, chega a certa clareza acerca de sua própria função no drama de que participa.[26]

Isso não é uma nova iluminação da parte de Voegelin, como resumiu um comentador a perspectiva anterior dele na matéria de experiência participatória: "a análise de atos noéticos e das pessoas como o centro de atos noéticos mostrou que o espírito é incapaz de reificação. Atos espirituais e intelectuais podem ser entendidos apenas por pessoas dedicadas aos mesmos atos." Com referência aos escritos de Othmar Spann e de Max Scheler, mas também do jovem Voegelin,

> o "primado do espírito" na comunidade humana é fundado na comunidade primeira do homem e Deus. Na meditação como forma fundamental de filosofar obtêm-se as condições da compreensão noética. Porque o Fundamento divino do ser resiste à reificação, como também os atos noéticos da pessoa. O movimento meditativo da consciência humana, a *via negationis* que quebra toda a reificação que interrompe a comunicação entre espírito e espírito (Gezweung) é, portanto, o ato quintessencial da pessoa humana. Na mais alta forma de comunidade, a *unio mystica*, o homem descobre seu verdadeiro ser *in deo* e, por meio disso, sua irmandade

---

[26] *Em Busca de Ordem*, 123. William James observou pertinentemente há quase um século: "Esta incomunicabilidade da [experiência mística] é a pedra fundamental de todo o misticismo. A verdade mística existe para o indivíduo que tem a [experiência], mas para ninguém mais. Nisso... assemelha-se ao conhecimento dado a nós em sensações mais do que o dado por pensamento conceptual. O pensamento, com sua distância e abstração, foi contrastado o bastante na história da filosofia desfavoravelmente com a sensação. É um lugar comum de metafísica que o conhecimento de Deus não pode ser discursivo, mas tem de ser intuitivo... vimos... que os místicos podem negar enfaticamente que o sentido tenha alguma parte no mais alto tipo de conhecimento que suas [experiências] produzem."
James, *The Varieties of Religious Experience: A Study of Human Nature* [As Variedades de Experiênicas Religiosas: Um Estudo da Natureza Humana], sendo as Preleções Gifford sobre Religião Natural apresentadas em Edimburgo em 1901-1902 (Nova Iorque: Modern Library, sem data), 396. Usei "[experiências]" no texto de James em lugar de seu (s) transporte(s), já que Voegelin nunca disse ter tido nenhum destes. Visão e toda a série de experiência meditativa é analisada por Voegelin em *Wisdom and the Magic of the Extreme* [Sabedoria e a Mágica do Extremo]. Ver minha discussão anterior aqui, pp. 218-25

com a humanidade. A experiência também dá às pessoas os critérios para julgar a mentira da especulação que reduz a humanidade a mera existência mundana.[27]

De que trata, então, *In Search of Order*? Há uma linha que guia através do labirinto, dando significado à empresa num um ponto que ela seja, perante nós, uma meditação não terminada? Talvez a regra de leitura seja dada na afirmação reiterada de Voegelin de que o inefável se torna efável na experiência divino-humana. Em outras palavras: o mistério do Ser divino transcendente não é diretamente experienciável, mas apenas seus efeitos (para usar a "velha" linguagem da tradição e dos primeiros escritos dele) como explorados na busca participatória da verdade. O livro é acerca da busca de Voegelin pela verdade, e os termos dessa busca como a forma de filosofar ditada por seu exame da estrutura de sua própria consciência reflexiva. Podemos falar principalmente de sua "teoria da consciência", é claro. Mas a disciplina de *In Search of Order* e seu ensinamento para todos os que entram na busca pela verdade da Realidade divina é evitar qualquer construção intencionalista e toda abstração a fim de apoiar-se na terminologia concreta de análise radicalmente empírica. Então, a velha objetificação dos pares dicotômicos imanentes e transcendentes e mesmo a experiência e a simbolização, tudo desaparece das páginas deste livro. Isso não é porque Voegelin esteja seguro de volta ao rebanho da ciência naturalista no método da teoria quântica ou da hermenêutica, mas porque o rigor de análise no Entremeio como participatório – *i.e.*, economica e sucintamente – é articulado experiencialmente de modo mais direto pela *epekeina* (Para Além) de Platão do que quanto à linguagem hipostatizada mais simples de entidade e coisas se permite expressar a tensão em direção ao Fundamento divino cuja exploração é propriamente noese. O vocabulário disciplinado procura obviar intencionalidade em favor da perspectiva participatória da busca noética, e, assim, fazer menores no pensamento e

---

[27] Petropulos, "Eric Voegelin and German Sociology" [Eric Voegelin e a Sociologia Alemã], 5, p.21.

no discurso os lapsos deformativos de doutrinação, dogma e hipostatização do processo estrutural da tensão experiencial. Essas considerações não devem, é claro, ser construídas para obscurecer a insistência de Voegelin na Parusia paradoxal da realidade do Ele também nas experiências da coisa-realidade, como insinuado (por exemplo, dentro do horizonte bíblico) em Efésios 4:6: "Um Deus, e Pai de todos, que é sobre todos, e governa todas as coisas, e reside em nós". Como sumaria um comentador: "A consciência como *metaxe* ou 'Entremeio', então, sempre participa intencionalisticamente na 'coisa-realidade' e luminosamente na realidade do 'Ele' ao mesmo tempo".[28]

Então "Deus", longe de ser abolido – para aventurar ilustrações não dadas pelo próprio Voegelin, para ajudar a esclarecer um ponto cardeal – é percebido como a presença divina encontrada em toda hora despertante. A própria razão (*Nous*) não é "natural", mas toma parte do encontro divino-humano e na colaboração para entender, por essa análise. A *Parusia* é então expandida para incluir a presença experimentada da realidade do Ele divina celebrada por meditadores tão variados quanto William Blake e o salmista, que experimentam a criação como transparente para o criador por trás dela, e para Para Além profundo divino não revelado (inefável), insinuado por meio dele – em harmonia com o princípio de *analogia entis*. Embora não seja música, *In Search of Order* é o Coro da Aleluia de Haendel no discurso casto da filosofia clássica, a efusão noética de uma alma árida. Pode não ser poesia, mas, no entanto, está cheia de brilho de um mente pronta

> Para ver o mundo num grão de areia,
> E um céu numa flor silvestre,
> Manter o infinito na palma de tua mão,
> E a eternidade numa hora.[29]

---

[28] Robert McMahon, "Eric Voegelin's Paradoxes of Consciousness and Participation" (Os Paradoxos de Consciência e Participação de Eric Voegelin), *Review of Politics*, v.61, p.117-39, 1999. Cf. Thomas W. Heilke, *Eric Voegelin: In Quest of Reality* (Eric Voegelin: Em Busca de Realidade) (Lanham: Rowman & Littlefields Pubs., Inc., 1999", esp. cap.1.

[29] William Blake, de *Auguries of Innocence* [Augúrios de Inocência] in *The*

Respira a visão do salmista que

> Os céus publicam a glória de Deus, e o firmamento anuncia as obras das suas mãos. Um dia diz uma palavra a outro dia, e uma noite mostra sabedoria a outra noite. *Não há* linguagem, nem fala, *por quem* não sejam entendidas as suas vozes. O seu som se estendeu por toda a terra, e as suas palavras até às extremidades do mundo. No sol pôs o seu tabernáculo; e ele, como esposo que sai do seu tálamo, deu saltos como um homem forte para correr o caminho.[30]

Já em sua dissertação de doutorado de 1922 acerca de *Wechselwirkung und Gezweiung* [*Reciprocidade e comunidade*], seguindo Max Scheler e Othmar Spann, e em sua *Herrschaftslehrer* [*Teoria do Estado*], Voegelin acha que a pessoa humana é potencialmente *Imago Dei*, "a intersecção da eternidade divina e da temporalidade humana"; e como escreveu mais tarde, considerava a experiência do fundamento Divino do ser como o problema central da todo o filosofar – qualquer que seja a terminologia que de tempos em tempos é mais feliz em explorar e articular a experiência.[31] Uma década depois de *Herrschaftslehre*, escreveu T. S. Eliot:

Pocket Book of Verse [O Livro de Bolso de Verso], ed. com uma introdução de M.E. Spencer (Nova Iorque: Washington Square Press).

[30] Salmo 19[18]: 1-5. (Versão do Rei James no original inglês).

[31] Para a dissertação doutoral, *Wechselwirkung und Gezweiung* (1922), e o "primado do espírito [como] o cerne do argumento de Voegelin ali, ver a análise de Petropulos, "Eric Voegelin and German Sociology" [Eric Voegelin a a Sociologia Alemã], 5. A citação de Voegelin, "Herrschaftslehre" (*ca*. 1930-1932) é dada como se segue no original, no Manuscrito, cap.1, p.7, Eric Voegelin Papers, Hoover Institution Archives, Stanford University, Caixa 53.5: "Die Person, sagten wir, sei der Schnittpunkt von göttlicher Ewigkeit und menschlicher Zeitlichkeit; in ihr offenbart sich die Endlichkeit also das Wesen der Welt. Person ist die Erfahrung der Grenze, und der ein Diesseitig-Endliches sich gegen ein Jenseitig-Unendliches absetz" ["A pessoa, dizemos nós, é a intersecção da Eternidade divina com a temporalidade humana; nela, portanto, se manifesta a Finalidade do Ser do mundo. A pessoa é a experiência da fronteira, na qual um finito d'aquém contrasta com um Infinito d'além (ibidem). Em 1953 escreveu: "Filosofar parece-me ser em essência a interpretação de experiências de transcendência; essas experiências existiram, como fato histórico, independentemente do cristianismo, e não há nenhuma dúvida que hoje também é igualmente possível filosofar sem o cristianismo".

> Mas apreender
> O ponto de intersecção da eternidade
> Com o tempo é uma ocupação do santo–
>
> ...
>
> Para a maioria de nós, há apenas o momento
> Não percebido, o momento dentro e fora do tempo,
> O acesso de distração, perdido num raio de sol,
> O tomilho selvagem, não visto, ou o inverno luzindo
> Na queda d'água, ou a música ouvida tão profundamente
> Que já não é ouvida de maneira alguma, mas é a música
> Enquanto dura a música. Essas são apenas dicas e adivinhas,
> Dicas seguidas de adivinhas: e o resto
> É oração, observância, disciplina, pensamento e ação.
> A dica meio adivinhada, o dom meio entendido, é a Encarnação.
> Aqui a união impossível...[32]

Há uma linha que seguir, e é notável a continuidade. Já em seu primeiro livro (publicado em 1928) Voegelin dedica um capítulo impressionante à espiritualidade de Jonathan Edwards, e escreve: "Na primeira metade do século XVIII, na pessoa de Jonathan Edwards, a separação do dogma do misticismo começa na [América]". Em *The History of the Race Idea* [*História da ideia de raça*] (1933), Voegelin abriu sua crítica

---

"Essencialmente minha preocupação com o cristianismo não tem, de maneira alguma, fundamento religioso", citações de "Eric Voegelin a Alfred Schütz", 1º de janeiro de 1953, in Peter J. Optiz, Gregor Sebba, ed., *The Philosophy of Order: Essays on History*, "Consciousness and Politics: For Eric Voegelin on His 80th Birthday", January 3, 1981, Sttutgart: Klett-Cotta, 1981, p.450, 449, respectivamente. Para expressão posterior (1965) da pessoa humana como *imago Dei*, cf. Voegelin, "The German University and the Order of German Society: A Reconsideration of the Nazi Era" (A Universidade Alemã e a Ordem da Sociedade Alemã: uma Reconsideração da Era Nazista), CW 12, p.1-35, a p.17: No contexto de uma discussão de Thomas Mann, por exemplo, escreve Voegelin que"o sofrimento... é a essência do homem, pois embora seja o destino do homem ser *imago Dei*, a possibilidade está também presente de não viver o prometido e desertar disso e fechar-se em si mesmo".

[32] T.S. Eliot, da V parte de *The Dry Salvages* [Os selvagens áridos], em Quatro Quartetos, citados de Eliot, *The Complete Poems and Plays* [Os poemas completos e Peças], 1909-1950 (Nova Iorque: Harcourt, Brace & World, Inc. 1952), 136. Copyright 1971 de Esme Valerie Eliot. Agradeço a Todd Breyfogle por essa citação.

da antropologia biológica reducionista do nazismo ao justapor a compreensão cristã da existência humana cujo lugar ela presumivelmente tomara, afinal, apresentada da Imitação de Cristo de Tomás de Kempis: "Cada dia deve ser vivido como se fosse o último, e a alma deve sempre estar ansiosa pelo mundo para além dos sentidos. A calma perfeita da alma pode ser encontrada apenas na contemplação eterna de Deus – ...mas isso não é possível enquanto estou neste estado mortal".[33] *As religiões políticas* (1938) concluíram um delineamento ácido da religiosidade nazista ao invocar a *German Theology* [*Teologia alemã*], um clássico meditador místico do século XIV conhecido simplesmente como o Frankfurtiano: "A religiosidade do mundo interior experimentada pela coletividade – seja a humanidade, o povo, a classe, a raça, ou o Estado – como o *Realissimum* é o abandono de Deus... De acordo com a *Teologia alemã* a crença de que o homem seja a fonte do bem... é a renúncia anticristã".[34] As questões epistemológicas foram refletidas em *A nova ciência da política* (1952), onde Voegelin restringiu a fé existencial à arena da consciência (glosando Hebreus, 11:1) e a revelação ao *fato* da presença de Deus na consciência reflexiva:

> A experiência de mutualidade na relação com Deus, de *amicitia* no sentido tomista, da graça que impõe uma forma sobrenatural na natureza do homem, é a diferença específica da verdade cristã. A revelação dessa graça na história, pela encarnação do Logos em Cristo, preencheu inteligentemente o movimento adventício do espírito nos filósofos místicos [da Antiguidade]. A autoridade crítica sobre a verdade mais antiga da sociedade de que a alma tinha ganhado pela abertura e sua orientação em direção à medida invisível [em Platão]

---

[33] Voegelin, *On the Form of the American Mind* [Geist], p.131 (América aparece entre colchetes porque o editor da cópia conseguiu entender *Estados Unidos* somente depois de passar pelos revisores da tradução!) Tomás de Kempis, como citado em Voegelin. *The History of the Race Idea from Ray to Carus*, CW 3, p.4-5, sua discussão juntamente como volume de 1933, Voegelin, *Race and State*, CW 2, p.19-36, 102-3 passim.

[34] Voegelin, *Modernity Without Restraint*, CW 5, p.71.

foi agora confirmada pela revelação da própria medida. Nesse sentido, então, pode-se dizer que o fato da revelação é seu conteúdo.[35]

Quatro anos mais tarde, em *Israel e a Revelação* (1956) Voegelin formulou a matéria em questão nestas palavras: "A filosofia não pode tocar mais do que o ser da substância cuja ordem flui pelo mundo".[36] A escassez aparente do resultado contemplativo é enfatizada por Voegelin em inúmeras ocasiões, parcialmente um crescimento paradoxal do que ele tomava como as mais importantes iluminações de Jean Bodin no meado do século XVI nas guerras civis e religiosas na França, uma iluminação formada na carta de Bodin de 1563 a seu amigo Jean Bautru: "Escrevera a ti em cartas anteriores com esta finalidade: não permitas que opiniões conflitantes acerca de religião te dispersem. Apenas lembra-te disto: a religião verdadeira não é mais do que a direção sincera de uma mente limpa em direção a Deus".[37] Perto do fim da vida Voegelin enfatizou a enorme importância desse sentimento e de suas prudentes consequências para nosso mundo pluralista: "Entender o problema do misticismo como o entendimento simples doutrinal de *phronesis* seria desejável como uma tarefa para os

---

[35] Ibidem, p.150-1. Sobre a *fé*, ver ibidem, p.187 n.24. Para a análise subjacente dessas matérias suplementares à discussão em *A nova ciência da política*, cf. minha seção "The General Introduction to the Series" ["A Introdução Geral à Série"], Voegelin, *History of Politics Ideas*, CW 19, p.30-7, e a citação ali constante.

[36] Voegelin, *Israel and Revelation*, OH v.1, p..411. Cf. a discussão em Sandoz, *The Politics of Truth* [As Políticas da Verdade], p.156-69 e notas.

[37] Traduzida em inglês em Paulo Lawrence Rose, ed., *Jean Bodin: Selected Writings on Philosophy, Religion and Politics* [Jean Bodin: Escritos Selecionados de Filosofia, Religião e Política], Geneva: Droz, 1980, p.81. Esse tema e a *tolerância religiosa* consequente à iluminação mística é a matéria de Bidin, *Colloquium Heptaplomeres de Rerum Sublimium Arcanis Abditis,* tradução com introdução, anotações e leituras críticas por Marion Leatheres, Daniels Kintz, Princeton: Princeton University Press, 1975. A matéria é tema de David Walsh, *The Third Millennium: Reflections on Faith and Reason*, Washington, D.C.: Georgetown University Press, 1999. Para o grande estudo que Voegelin fez de Jean Bodin, ver Voegelin *History of Politics Ideas*, CW 23, p.180-251, com a *Carta a Jean Bautru* discutida às fls. 188-90: "Esta definição da verdadeira religião permanece uma constante na obra de Bodin" (ibidem, 188 n.10). O mesmo poderia ser dito dela também na obra de Voegelin.

educadores de hoje: ler a *Lettre a Jean Bautru* de Bodin... como um texto fundamental em todas as universidades do futuro, o que todo o estudante deveria aprender".[38]

IV

In Search of Order pode, portanto, ser visto como a análise de despedida de um conjunto de problemas inter-relacionados com que Voegelin lutou por mais de sessenta anos. Ele fez isso de uma perspectiva notavelmente consistente e resoluta da participação do homem no Ser divino como o *sine qua non* de sua humanidade não deformada. Se há algo surpreendente acerca do livro, isso reside, como tentei sugerir, primeiramente na mudança sutil de vocabulário de uma objetivação, na tensão da prosa, na ênfase sobre a profundeza impessoal misteriosa da *Realidade-Ela* para além do *Deus* doutrinal de invocação imediata – tudo no interesse de refinar o método participatório de discurso para expressar mais eficazmente o processo meditativo do filósofo como o acontecimento verdadeiramente cooperativo divino-humano na realidade Entre que Voegelin experimentou como ser. Voegelin adapta rigorosamente o empiricismo de Platão e James para expressar o processo de meditação noética em busca da verdade – a *fides quaerens intellectum* anselmiana que emerge como o fundamento do verdadeiro filosofar. Além disso, como mostra

---

[38] *The Beginning and the Beyond*, ed. Lawrence, p.106; na mesma página Voegelin observa: "Aprendi esses problemas de misticismo na adolescência, não por causa da educação religiosa na escola (frequentava uma Escola Protestante aos domingos), mas porque hindus passaram a dar conferências. Mas pode-se obter isso de algum lugar". Alhures disse ele a esse respeito: "Posso ver muito distintamente que adquiri a prática da meditação pela leitura do *Upanishades*, pela leitura do *Banquete* de Platão, pela leitura das *Confissões* de Santo Agostinho. Esses os clássicos da meditação a que se tem de retornar, não a Madame Guyon" (*Conversations with Eric Voegelin* [Conversas com Eric Voegelin], ed. com introdução de Eric O' Connor, Thomas More Papers 76, Montreal: Thomas More Institute, 1980, p.107. *Autobiographical Reflections*, ed. Sandoz, cap.25: "Consciousness, Divine Presence, and the Mystic Philosopher" [Ciência, Presença Divina e O Filósofo Místico], p.112-14.

convincentemente Petropulos, isso não é um princípio novo: a *meditação* como essência do filosofar é característico da obra publicada de Voegelin dos 21 anos em diante. O principal entre os propósitos de Voegelin em fazer esses ajustes estilísticos é o desejo de salvaguardar as iluminações por meio da precisão analítica contra os ataques das pragas de toda a época, os dogmatistas, os sofistas e os *nabala*: "O tolo [*nabal*] disse em seu coração, Não há nenhum Deus" – *i.e.*, os obtusos espiritualmente entre nós de abundância ilimitada. O tipo é analisado em minúcia em "Quod Deus Dicitur?". Aí Voegelin conclui que é primariamente para tais personalidades pneumopatológicas que as "provas" da existência de Deus são planejadas; e ele faz a distinção entre as provas apodíticas e epidêiticas, distinção perdida nos tolos.[39]

Finalmente, o impulso de minhas sugestões do que trata Voegelin em seu último livro, algo em constante continuidade com a obra anterior nasce em muitos lugares, mas tão poderosamente em dois passos, que dão a perspectiva do filósofo em busca da verdade e de seu *status ôntico*:

> Na análise de Santo Tomás... aparece o Deus pessoal que tem o nome próprio de "Deus", mas por trás do Deus que fala sua Palavra e ouve a palavra daquele que

---

[39] Cf. Petropulos, "Eric Voegelin and German Sociology" [Eric Voegelin e a Sociologia Alemã], também Petropulos, "The Person as *Imago Dei*: Augustine and Max Scheler in Eric Voegelin", in *The Politics of the Soul* [A Política da Alma], ed. Hughes. Citação do salmo 14: 1 (Versão do Rei James), Voegelin, "Quod Deus Dicitur?", p.384-90. Em harmonia com o argumento de Voegelin, do *status* de provas (razões) no contexto do *Itinerarium mentis in Deum* de São Boaventura faz-se uma discussão valiosa em Boaventura, *The Journey of the Mind to God* [O Itinerário da Mente até Deus], traduzido por Philotheus Boehner, ed. com introdução e notas de Stephen F. Brown, Indianapolis: Hackett Pub. Co., 1993, p.67-68 n.151: "As razões tomadas do mundo exterior, embora não negadas por São Boaventura, não são de primeira importância; são estímulos induzindo-nos a pensar e a tornarmo-nos conscientes da proximidade de nosso conhecimento de Deus. O ser percebido em qualquer ser criado não pode ser percebido em seu sentido último sem o conhecimento do Ser que é Deus. Nem pode nenhuma verdade final e evidente ser conhecida com certeza sem a luz divina brilhar através do dos objetos e ideias. Essa luz está sempre lá; temos apenas de prestar atenção total a ela. Quando chegamos à consciência total do conteúdo de nossa primeira ideia, é-nos impossível pensar que Deus não existe".

reza, avulta o sem nome, o impessoal, o Deus tetragramático [YHWH ou JHVH]. O Deus que é experimentado como presente concretamente permanece o Deus para além de sua presença. A linguagem dos deuses, então, é cheia do problema de simbolizar a experiência de uma realidade divina não experienciável... [Se] a consciência da experiência e a simbolização permanecem vivas... a sucessão de deuses se torna uma série de acontecimentos que devem ser lembrados como a história da Parusia do Para Além vivente, divino. Não o Para Além, mas sua Parusia na consciência localizada no corpo do homem que questiona, a experiência da realidade divina não experienciável, tem história: a história da verdade emergindo da busca pela verdade. Sob esse aspecto, o esforço sério da busca da verdade adquire o caráter de uma divina comédia.[40]

Numa passagem posterior, escreve ele:

[A] questão da verdade é, em última análise, penúltima. Na busca, a realidade é experimentada como o movimento misterioso de uma Realidade-Ela por meio da realidade da coisa em direção a um Para Além das coisas. Nem as coisas nem as não-coisas envolvidas nesse processo são objetos externos a ele; elas são estruturas no processo, discernidas pela busca da verdade. Além disso, como as coisas e não-coisas não são externas à busca, a busca em si é discernida como um acontecimento "colocado" no movimento misterioso. Pois o questionado tem de contar a história de sua luta pela ordem imaculada, de sua posição na ordem maculada da existência das coisas; e ele pode

---

[40] Voegelin, *In Search of Order* [Em Busca de Ordem], p.83-4. Cf. A discussão de William James da "inefabilidade" e "qualidade noética" como duas marcas principais de experiência mística em James, *Varieties of Religious Experience* [Variedades de experiência Religiosa], p.371; Evelyn Underhill expandiu criticamente a análise de James em *Mysticism*, 81, p.380. Para um estudo comparativo abrangente, ver R. C. Zaehner, *Mysticism Sacred and Profane* [Misticismo Sacro e Profano] (1957), London: Oxford University Press, 1961.

contá-la, portanto, apenas na linguagem maculada que fala de não-coisas [Deus, a alma, a consciência etc.] no modo das coisas. Essa linguagem maculada inclui a linguagem dos "deuses". Portanto, a história da pergunta não põe um Fim ao mistério, mas pode apenas aprofundar a iluminação em sua penultimidade paradoxal... Quando a experiência paradoxal da realidade não experienciável se torna consciente na distância reflexiva, a linguagem do questionado se revela ela própria o acontecimento paradoxal do inefável tornando-se efável. Essa tensão de efável-inefável é o paradoxo na estrutura da linguagem meditativa que não pode ser dissolvida por uma metalinguagem especulativa do tipo pelo qual Hegel queria dissolver a "identidade da identidade e não-identidade" paradoxal. Na distância reflexiva, o questionador, ao contrário, experimenta sua linguagem como o silêncio divino irrompendo criativamente na palavra imaginativa que iluminará a busca como o movimento do questionador de retornar ao silêncio inefável. A busca, então, não tem nenhum "objeto" externo, mas é a própria realidade tornando-se luminosa pelo seu movimento do inefável, por meio do Cosmos, para o inefável.[41]

Deixando de lado o intencioalismo de sua formulação trinta anos antes, considerada como "a análise da consciência existencial", escreve Voegelin, "[a] presente análise confirma então a afirmação pela qual este estudo acerca de *Ordem e história* se abriu: 'A ordem da história emerge da história da ordem'".[42]

Em mais de uma ocasião em seus escritos, afirma Voegelin a autoridade do filósofo como dizedor da verdade durante a crise de uma época de mendacidade e de rebelião. Ele reprova os filósofos políticos de Oxford por terem abdicado do dever e invoca de Marco Aurélio a imagem do "filósofo –

---

[41] Voegelin, *In Search of Order* [Em Busca de Ordem], p.119-20.
[42] Ibidem, p.47.

o sacerdote e servidor dos deuses".⁴³ Ele lembra a seus ouvintes em Munique as palavras solenes do atalaia de Ezequiel (33:7): "Ora tu, filho do homem, tu és aquele a quem eu constituí por atalaia à casa de Israel. Tu pois, ouvindo as palavras da minha boca, lhas anunciarás a eles da minha parte".⁴⁴ Gebhardt recorre corretamente a esse elemento da obra de Voegelin, ao notar que para esse, quando a igreja abandonou seu dever de liderança espiritual, "é o filósofo-erudito que é chamado para aceitar o ofício de *magisterium* e defendê-lo contra os usurpadores intelectuais". O tema ecoa humildemente em *In Search of Order* quando Voegelin escreve de Parmênides e da filosofia:

> O Ser que ele diferenciou é a estrutura da Realidade-Ela na consciência... O pensador se tornou o porta-voz da Realidade-Ela com tal autossegurança que o equilíbrio da consciência é perturbado. Que ele seja também o porta-voz de uma consciência localizada corporalmente, de um ser humano chamado Parmênides, se torna problemático... A emoção que levou o "homem que sabe" da simbolização assertiva para simbolização autoassertiva provocou a resistência contrabalanceadora do "filósofo", de Sócrates-Platão, que sabe por que ele não sabe.⁴⁵

---

⁴³ Voegelin, "The Oxford Political Philosophers" [Os Filósofos Políticos de Oxford], *The Philosophical Quarterly*, v.3, p.97-114, abril de 1953; cf. *The Communings with Himself of Marcus Aurelius Emperor of Rome, Together with His Speeches and Sayings* [As meditações de Marco Autélio, Imperador de Roma, juntamente com Seus Discursos e Ditos], edição com texto revisto e traduzido por C. R. Haines, London: William Heinemann, 1924, 3.4.3. (p.51).

⁴⁴ Citado em Voegelin, "The German University" [A Universidade Alemã], CW 12, p.35.

⁴⁵ Gebhardt, "The Vocation of the Scholar", p.18; Voegelin. *In Search of Order*, p.103-4.

Nota bibliográfica

O desenvolvimento bibliogáfico principal desde a publicação deste livro é a publicação de *The Collected Works of Eric Voegelin* [*As obras reunidas de Eric Voegelin*], projetada como uma edição de 34 volumes. Começada na editora da Universidade do Estado de Louisiana, em 1990, a série e outras publicações de Voegelin desta editora estão agora disponíveis exclusivamente na Editora Universidade do Missouri, depois de para lá ter sido transferida em 1998. As referências a esses livros no Prefácio e no Epílogo desta edição empregam a abreviação "CW". Os volumes disponíveis na editora são os seguintes, omitindo-se o lugar e o editor, que, em todos os casos, é Columbia: University of Missouri Press.

V.1, *On the Form of the American Mind* [Da Forma da Mente Americana], trad. Ruth Hein, ed. Jürgen Gebhardt e Barry Cooper (1995).

V.2, *Race and State*, e v.3 de *History of the Race Idea*, trad. Ruth Hein e editados com uma introdução de Klaus Vondung (1997).

V.4, *The Authoritarian State*, trad. Ruth Hein, comentário histórico de Erika Weinzierl, editado com uma introdução de Gilbert Weiss.

V.5, *Modernity Without Restraint: The Political Religions, The New Science of Politics,* e *Science, Politics and Gnosticism* [Modernidade sem Restrição: As Religiões Políticas; A Nova Ciência da Política e Ciência, Política e Gnosticismo], editado com introdução de Manfred Henningsen.

V.6, *Anamnesis* [Anamnese], trad. Gerhart Niemeyer, como revisada por M. J. Hanak, edição com uma introdução de David Walsh (2001).

V.10, *Published Essays*, 1940-1952, com introdução de Ellis Sandoz (2000).

V.11, *Published Essays*, 1953-1965, com introdução de Ellis Sandoz (2000).

V.12, *Published Essays*, 1966-1985, com introdução de Ellis Sandoz (1990); *Order and History* (Ordem e História) (5v.).

V.14, *Israel and Revelation* [Israel e a Revelação], vol. I, editado com uma introdução de Maurice Hogan (em preparação)

V.15, *World of the Polis* [O Mundo da Polis], v.II, com introdução de Athanasios Moulakis (2000).

V.16, *Plato and Aristotle,* v.III, com introdução de Dante Germino (1999).

V.17, *The Ecumenic Age* [A Era ecumênica], v.IV, com uma introdução de Michael Franz Germino.

V.18, *In Search of Order* [Em Busca de Ordem], v. V, com uma introdução de Ellis Sandoz (1999); *History of Political Ideas* [História das Ideias Políticas] (8v. volumes), Editor da série Ellis Sandoz.

V.19, *Hellenism, Rome, and Early Christianity* [Helenismo, Roma e o Cristianismo primitivo], v.I, editado com introdução de Athanasios Moulakis, e introdução geral à série de Thomas A. Hollweck e Ellis Sandoz (1997).

V.20, *The Middle Ages to Aquinas* [A Idade Média até Aquino], v.II, editado com introdução de Peter von Sivers (1997).

V.21, *The Later Middle Ages* [A Alta Idade Média], v.III, editado com introdução de David Walsh (1998).

V.22, *Renaissance and Reformation*, [Renascença e Reforma] v.IV, editado com introdução de David L. Morse e William M. Thompson (1998).

V.23, *Religion and the Rise of Modernity* [Religião e a Ascensão da Modernidade], v.V, editado com uma introdução de James L. Wiser (1998).

V.24, *Revolution and the New Science* [Revolução e a Nova Ciência], v.VI, editado com introdução de Barry Cooper (1998).

V.25, *The New Order and Last Orientation* [A Nova Ordem e a última Orientação], v.VII, editado por Jürgen Gebhardt e Thomas A. Hollweck, introdução de Jürgen Gebhardt (1999).

V.26, *Crisis and the Apocalypse of Man [Crise e o Apocalipse do Homem]*, v.VIII, editado com introdução de David Walsh (1999).

V.27, *The Nature of Law and Related Legal Writings* [A Natureza do Direito e outros Escritos Jurídicos relacionados], editado com introdução de Robert A. Pascal, James L. Babin e John W. Corrington (1991).

V.28, *What is History? And Other Late Unpublished Writings* [O que é História? E outros Escritos posteriores não publicados], editado com introdução de Thomas A. Hollweck e Paul Caringella (1990).

V.31, *Hitler and the Germans* [Hitler e os Alemães], trad. com introdução de Detlev Clemens e Bredan Purcelll (1999).

N.B.: Para atualização da edição, consultar websites da editora e do Instituto Eric Voegelin, disponíveis em :

http://www.system.missouri.edu/upress/voegelin.voegelin.htm e
http://www.artsci.lsu.edu/voegelin/

A literatura acerca de Eric Voegelin está mais abrangentemente compilada em *Eric Voegelin: A Classified Bibliography*, ed. Geoffrey L. Price, *Bulletin of the John Rylands University Library of Manchester* 76, n.2, p.1-180, 1994. suplementado e atualizado em Stephen A. McKnight e Geoffrey L. Price, ed., *International and Interdisciplinary Perspectives on Eric Voegelin*, p.189-214; também *Eric Voegelin; International Biography* 1921-2000, ed. Geoffrey L. Price, com auxílio da Eberhard Freiherr von Lochner, Munich: Wihelm Fink Verlag, 2000. ISBN: 3-7705-3527-8.

Anualmente, o Voegelin_Zentrum Ludwig-Maximilians-Universität München, publica "Occasional Papers" com tudo o que foi publicado até então de e sobre Voegelin.

Até o fechamento desta edição (2010), consultar "Occasional Papers" XVI, Voegeliniana Veröffentlichungen von und zu Eric Voegelin – 2000-2009, hrsg. von Eberhard von Lochner und Peter J. Opitz, 2009, ISSN 1430-6786, ou o site *Eric-Voegelin-Archiv am Geschwister-Scholl-Institut für politische Wissenschaft der Ludwig-Maximilian-Universität München*: http://www.lrz-muenchen.de/~voegelin-archiv/

Obras de Eric Voegelin, 1922-1981

Livros

1928. *Ueber die Form des amerikanischen Geiste*. Tübingen: J. C. B. Mohr (Paul Siebeck).

1933. *Rasse und Staat*, Tübingen: J. C. B. Mohr (Paul Siebeck). *Die Rasseidee in der Geistesgeschichte von Ray bis Carus*. Berlin: Junker & Duennhaupt.

1936. *Der Autoritaere Staat*. Vienna: Springer.

1938. *Die politischen Religionen*. Vienna: Bermann-Fischer (reed. em 1939, com um novo prefácio, Stockholm: Bermann-Fischer).

1952. *The New Science of Politics*: An Introduction, Chicago: University of Chicago Press.

1956. *Israel and Revelation*, Baton Rouge: Louisiana State University Press, v.I de *Order and History*.

1957. *The World of the Polis*, Baton Rouge: Louisiana State University Press, v.II de *Order and History*.

Plato and Aristotle, Baton Rouge: Louisiana State University Press, v.III de *Order and History*.

1959. *Die Neue Wissenschaft der Politik/Eine Einfuehrung*, Munich: Pustet (trad. *The New Science of Politics*).

Wissenschaft, Politik, und Gnosis, Munich: Koesel.

1966. *Anamnesis*: Zur Theorie der Geschichte und Politik, Munich: R. Piper & Co, Verlag.

1968. *Science, Politics, and Gnosticism*, Chicago: Henry Regnery (trad. *Wissenschaft, Politik, und Gnosis*, por William J. Fitzpatrick, com um prefácio à edição americana).

La Nuova Scienza Politica. Turin: Borla (tradução de *The New Science of Politics*, com introdução de A. Del Noce.)

1970. *Il Mito del Mondo Nuovo*, Milan: Rusconi (trad. *Wissenschaft, Politik, und Gnosis*, por Arrigo Munari, com introdução de Mario Marcolla).

1972. *Anamnesis: Teoria della Storia e della Politica*, Milan: Guiffré (trad. *Anamnesis*).

1974. *The Ecumenic Age*, Baton Rouge: Louisiana State University Press, v.IV de *Order and History*.

1975. *From Enlightenment to Revolution*, ed. John H. Hallowell, Durham, N.C.: Duke University Press.

1978. *Anamnesis*, Notre Dame, Ind. and London: University of Notre Dame Press (trad. e ed. Gerhart Niemeyer, com um novo cap.1, "Remembrance of Things Past", para a edição americana).

1980. *Conversations with Eric Voegelin*, ed. Eric O' Connor, S. J. Montreal; Thomas More Institute (transcrição de quatro preleções e discussões ocorridas em Montreal em 1965, 1967, 1970 e 1976).

Artigos e ensaios

1922. "Die gesellschaftliche Bestimmtheit soziologischer Erkenntnis". *Zeitschrift fuer Volkswirtschaft und Sozialpolitik*, New series, v.II, n.4-6, p.331-48.

1924. "Reine Rechtslehre und Staatlehre", *Zeitschrift fuer Oeffentliches Recht*, v.IV, n.1/2, p.80-131.

1925. "Die Zeit in der Wirtschaft", *Archiv fuer Sozialwissenschaft und Sozialpolitik*, v.LIII, n.I, p.186-211.

"Ueber Max Weber", *Deutsche Vierteljahrsschrift fuer Literaturwissenschaft und Geistesgeschichte*, v.III, p.177-93.

1926. "Die Verfassungsmaessigkeit des 18, Amendments zur United States Constitution", *Zeitschrift fuer Oeffentliches Rechts*, v.V, n.3, p.445-64.

"Wirtschafts-und Klassengegensatz in America", *Unterrischtsbriefe des Instituts fuer angewandte Soziologie*, v.V, n.6, p.6-11.

1927. "Zur Lehre von der Staatsform", *Zeitschrift fuer Oeffentliches Recht*, v.VI, n.4, p.572-608.

"Kelsen's Pure Theory of Law", *Political Science Quarterly*, v.XLII, n.2, p.268-76.

"La Follette und die Wisconsin-Idee", *Zeitschrift fuer Politik*, v.XVII, n.4, p.309-21.

1928. "Konjunkturforschung und Stabilisation des Kapitalismus", *Mitteilungen des Verbandes oesterreichischer Banken und Bankiers*, v.IX, n.9/10, p.252-9.

"Der Sinn der Erklaerund der Menschen-und Buergerrechte von 1789", *Zeitschrift fuer Oeffentliches Recht*, v.VIII, n.1, p.82-120.

"Zwei Grundbegriffe der Humeschen Gesellschaftslehre", *Archiv fuer angewande Soziologie*, v.I, n.2, p.11-16.

"Die ergaenzende Bill zum Federal Reserve Act und Die Dollarstabilisation", *Mitteilungen des Verbandes oesterreichischer Banken und Bankiers*, v.X, n.11/12, p.252-9.

"Die ergaenzende Bill zum Federal Reserve Act", *Nationalwirtschaft*, v.II, n.2, p.225-9.

1929. "Die Souveraenitaeststheorie Dickinsons und die Reine Rechtslehre", *Zeitschrift fuer Oeffentliches Recht*, v.VIII, n.3, p.413-34.

"Die Transaktion", *Archiv fuer angewandte Soziologie*, v.I, n.4/5, p.14-21.

1930. "Die amerikanische Theorie vom Eigentum", *Archiv fuer angewandte Soziologie*, v.II, n.4, p.165-72.

"Die amerikanische Theorie vom ordentlichen Rechtsverfahren und von der Freiheit", *Archiv fuer angewandte Soziologie*, v.III, n.1, p.40-57.

"Die osterreichische Verfassungsform von 1929", *Zeitschrift fuer Politik*, v.XIX, n.9, p.585-615.

"Max Weber", *Koelner Vierteljahreshefte fuer Soziologie*, v.IX, n.1/2, p.1-16.

"Die Einheit des Rechts und das soziale Sinngebilde Staat", *Internationale Zeitschrift fuer Theorie des Rechts*, n.1/2, p.58-9.

1931. "Die Verfassungslehre von Carl Schmitt/Versuch einer konstruktiven Analyse ihrer staatstheoretischen Prinzipien", *Zeitschrift fuer Oeffentliches Recht*, v.XI, n.1, p.80-109.

"Das Sollen im System Kants", in Alfred Verdrosz ed., *Gesellschaft, Staat und Recht*, Vienna: Springer, p.136-73.

1932. "Nachwort", in Ernst Dimnet ed., *Die Kunst des Denkens*, Freiburg: Herder, p.279-96.

1935. "Le régime admininstratif. Avantages et incovenients", *Mémorires de l' Academie Internationale de Droit comparé*, v.II, n.3, p.126-49.

"Rasse und Staat", in Otto Klemm ed., *Psychologie des Gemeinschaftsleben*, Jena: Fischer, p.91-104.

1936. "Volksbildung, Wissenschaft und Politik", *Monatsschrift fuer Kultur und Politik*, v.I, n.7, p.594-603.

1937. "Das Timurbild der Humanisten/Eine Studie zur politischen Mythenbildung", *Zeitschrift fuer Oeffentliches Recht*, v.XVII, n.5, p.545-82.

"Change in the Ideas on Government and Constitution in Austria since 1918", *Austrian Memorandum* n.3, Paris: International Studies Conference on Peaceful Change.

1940 "Extended Strategy: A New Technique of Dynamic Relation", *Journal of Politics*, v.II, n.2, p.189-200.

1941. "Some Problems of German Hegemony", *Journal of Politics*, v.III, n.2, p.154-68.

"The Mongol Orders of Submission to European Powers, 1245-1255", *Byzantion*, v.XV, p.378-413.

1942. "The Theory of Legal Science: A Review", *Lousiana Law Review*, v.IV, p.554-72.

1944. "Nietzsche, the Crisis and the War", *Journal of Politics*, v.VI, n.2, p.177-212.

"Siger de Brabant", *Philosophy and Phenomenological Research*, v.IV, n.4, p.507-26.

"Political theory and the Pattern of General History", *American Political Science Review*, v.XXXVIII, n.4, p.746-54.

1946. "Bakunin's Confession", *Journal of Politics*, v.VII, n.1, p.24-43.

1947. "Zu Sanders 'Allgemeiner Staatslehre'", *Oesterreichische Zeitschrift fuer Oeffentliches Recht*, New Series, v.I, n.1/2, p.106-35.

"Plato's Egyptian Myth", *Journal of Politics*, v.IX, n.3, p.307-24.

1948. "The Origins of Scientism", *Social Research*, v.XV, n.4, p.462-94 (trad. como "Wissenschaft als Aberglaube/Die Urspruenge des Scientifismus", *Wort und Wahrheit*, v.VI, n.5, p.341-60).

"Political Theory", in Ernest S. Griffith ed., *Research in Political Science*, Chapel Hill: University of North Caroline Presse, p.190-201.

1949. "The Philosophy of Existence: Plato's *Gorgias*", *Review of Politics*, v.XI, n.4, p.477-98.

1950. "The Formation of the Marxian Revolutionary Idea", *Review of Politics*, v.XII, p.3, p.275-302. (Traduzido como "La formación de la idea revolucionaria marxista", *Hechos e Ideas*, v.XII, p.227-50, 1951. Reeditado em M. A. Fitzsiomns, T. Macvoy, Frank O'Malley, ed., *The Image of Man*, Notre Dame, Ind.: University of Notre Dame Press, 1959, p.265-81).

1951. "Machiavelli's Prince: Background and Formation", *Review of Politics*, v.XII, n.2, p. 142-68.

"More's Utopia", *Oesterreichische Zeitschrift fuer Oeffentliches Recht*. New Series, v.III, n.4, p.451-68.

1952. "Gnostische Politik", *Merkur*, v.IV, p.301-17.

"Goethe's Utopia", in Carl Hammer, ed., *Goethe After Two Centuries*, Baton Rouge: Lousiana State University Press, p.55-62.

1953 "The Origins of Totalitarianism", *Review of Politics*, v.XV, n.1, p.68-85. Com uma resposta de Hannah Arendt.

"The World of Homer", *Review of Politics*, v.XV, n.4, p.491-523.

"The Oxford Political Philosophers". *Philosophical Quarterly*, v.III, n.II, p.97-114 (Traduzido como "Philosophia der Politik in Oxford", *Philosophische Rundschau*, v.I, n.1, p.23-48).

1958. "Der Prophet Elias", *Hochland*, v.I, n.4, p.325-39.

1959. "Diskussionsbereitschaft", in Albert Hunold ed., *Erziehung zur Freiheit*. Erlenbach-Zurich, Stuttgart: Rentsch, p.355-72. (Traduzido como "On Readiness to Rational Discussion", in Albert Hunold ed., *Freedom and Serfdom*, Dordrecht-Holland: D. Reidel Publishing Co., 1961, p.269-84).

"Demokratie im neuen Europa." *Gesellschaft-Staat-Erziehung*. IV, 7, pp. 293-300.

1960. "El concepto de la 'buena sociedad'", *Cuadernos del Congresso por la Libertad de la Cultura*. Suplemento 40, p.25-8.

"Religionsersatz/Die gnostischen Massenbewegunen unserer Zeit", *Wort und Wahrheit*, v.XV, n.1, p.5-18. (Traduzido como "Ersatz Religion: The Gnostic Movements of Our Time", in Eric Voegelin, *Science, Politics, and Gnosticism*, Regnery, 1968, p.81-114).

"La Société industrielle à la recherche de la raison", in Raymond Aron, George Kennan, *et al.*, ed., *Colloques de Rheinfelden*, Paris: Calmann-Levy, 1960, p.44-64. (Traduzido como "Die industrielle Gesellschaft auf der Suche nach der Vernunft", Das Seminar von Rheinfelden, *Die Gesellschaft und die drei Welten*, Zurich: EVZ-Verlag, 1961, p.46-64. Também traduzido como "Industrial Society in Search of Reason", in R. Aron, ed. *World Technology and Human Destiny*, Ann Arbor: University of Michigan Press, 1963, p.31-46).

"Verantwortung und Freiheit in Wirtschaft und Demokratie", *Die Aussprache*, v.X, n.6, p.207-13.

"Der Liberalismus und seine Geschichte", in Karl Forster ed., *Christentum und Liberalismus*: Studien und Bericht der Katholischen Akademie in Bayern, Munich: Zink, p.13-42 (Traduzido como "Liberalism and its History", *Review of Politics*, v.XXXVI, n.4, p.503-20).

"Historiogenesis", *Philosophisches Jahrbuch*, v.LXVII, p.419-46. (Também em Max Mueller, Michael Schmaus ed., *Philosophia Viva*: Festschrift fuer Alois Dempf, Freiburg/Munich: Alber, 1960, p.419-46. Reeditado em Eric Veogelin, *Anamnesis*, Munich: Piper, 1966, p.79-116. Traduzido e ampliado em Eric Voegelin, *The Ecumenic Age*, Baton Rouge: Louisiana State University Press, 1974, p.59-114).

1961. "Toynbee's History as a Search for Truth", in Edward T. Gargan ed., *The Intent of Toynbee's History*, Chicago: Loyola University Press, 1961, p.181-98.

"Les Perspectives d'Avenir de la civilisation occidentale", in Raymond Aron ed., *L'Histoire et ses interprétations*: Entretiens autour de Arnold Toynbee, The Hague: Mouton, 1961, p.133-51.

1962. "World Empire and the Unity of Mankind", *International Affairs*, v.XXXVIII, p.17-88.

1963. "Das Rechte von Natur", *Oesterreischische Zeitschrift fuer Oeffentliches Recht*, v.XIII, n.1/2, p.38-51 (Reeditado em

Eric Voegelin, *Anamnesis*, Munich: Piper, 1966, p.117-33. Traduzido como "What is Right by Nature?", in Gerhart Niemeyer ed. e traduzido *Anamnesis*, Notre Dame: University of Notre Dame Press, 1978, p.55-70).

"Hacia Una Nueva Ciencia del Orden Social", *Atlantida: Revista del pensamiento actual*, v.I, n.2, p.121-37.

1964 "Ewiges Sein in der Zeit", in Erich Dinkler ed., *Zeit und Geschichte: Dankesgabe an Rudolph Bultmann Zum 80, Geburtstag*, Tübingen: J. C. B. Mohr, p.591-614 (Reeditado em Eric Voegelin, *Anamnesis*, Munich: Piper, 1966, p.254-80. Traduzido como "Eternal Being in Time", in Gerhardt Niemeyer ed. e trad., *Anamnesis*, Notre Dame: University of Notre Dame Press, 1978, p.116-40).

"Der Mensch in Gesellschaft und Geschichte", *Oesterreichische Zeitschrift fuer Oeffentliches Recht*, v.XIV, n.1/2, p.1-13.

"Demokratie und Industriegesellschaft", in *Die Unternehmerische Verantwortung in unerer Gesellschaftsordnung*, v.IV do Encontro Walter-Raymonf, Cologne, Opladen: Westdeutscher Verlag, n. d., p.96-114.

"Metaphysik und Geschichte", in *Die Philosophie und die Frage nach dem Fortschritt*, Munich: Pustet.

1965. "Was ist Natur?", in H. Hantsch, F. Valsecchi, E. Voegelin ed., *Historica: Festschrift fuer Friedrich Engel-Janosi*, Vienna: Herder, p.1-18 (Reeditado em Eric Voegelin, *Anamnesis*, Munich: Piper, 1966, p.134-52. Traduzido como "What is Nature?",in Gerhart Niemeyer ed. e trad., *Anamnesis*, Notre Dame: University of Notre Dame Press, 1978, p.71-88).

1966. "Die deutsche Universitaet und die Ordnung der deutschen Gesellschaft", in *Die Deutsche Universitaet im Dritten Reich*, Munich: Piper, p.241-82 (Reeditado como "Universitaet und Oeffenlichkeit: Zur Pneumopathologia der Deutschen Gesellschaft", *Wort und Wahrheit*, v.XXI, n.8/9, p.497-518).

"Was ist Politische Realitaet?", *Politische Vierteljahrescrift*, v.VII, n.I, p.1-54 (Reeditado em Eric Voegelin, *Anamnesis*, Munich: Piper, 1966, p.283-354. Traduzido como "What is Political Reality?", in Gerhart Niemeyer ed. e trad., *Anamnesis*, Notre Dame: University of Notre Dame Press, 1978, p.143-213).

1967. "On Debate and Existence", *Intercollegiate Review*, v.III, n.4/5, p.143-52.

"Immortality: Experience and Symbol", *Harvard Theological Review*, v.LX, n.3, p.235-79.

1968. "Configurations in History", in Paul Kuntz ed., *The Concept of Order*, Seattle: University of Washington Press, p.23-42.

"Zur Geschichte des Politischen Denkens", in *Zwischen Revolution und Restauration*: Politischen Denkens in England in 17. Jahrhundert, Munich: Paul List Verlag, p.181.

"Helvétius", com Peter Leuscher, in Arno Baruzzi ed., *Aufklaerung und Materialismus im Frankreich des 18. Jahrhunderts*, Munich: Paul List Verlag, p.63-97.

1969. "History and Gnosis", in Bernhard Anderson ed., *The Old Testament and Christian Faith*, New York: Herder and Herder, p.64-89.

1970. "Equivalences of Experience and Symbolization in History", in *Eternita è Storia. I valori permanenti nel divenire storico*, Florence: Valecchi, p.215-34.

"The Eclipse of Reality", in Maurice Natanson ed., *Phenomenology and Social Reality*, The Hague: Martinus Nijhoff, p.185-94.

1971. "Henry James's 'The Turn of the Screw'", 1. Prefatory note by Robert Heilman, 2. A letter to Robert Heilman. 3. Postscript: "On Paradise and Revolution", *Southern Review*, New Series, v.VII, n.1, p.3-48.

"The Gospel and Culture", in D. Miller, D. G. Hadidian ed., *Jesus and Man's Hope*, Pittsburgh: Pittsburgh Theological Seminary Press, v.II, p.59-101.

"On Hegel: A Study in Sorcery", *Studium Genreale*, n.24, p.335-68 (Reeditado em J. T. Fraser, F. C. Harber, G. H. Mueller ed., *The Study of Time*, Heidelberg, Berlin: Springer Verlag, 1972, p.418-51).

1973. "On Classical Studies", *Modern Age*, v.XVII, p.2-8.

"Philosophy of History: An Interview", *New Orleans Review*, n.2, p.135-39, 1977.

1974. "Reason: The Classic Experience", *Southern Review*, New Series, v.X, n.2, p.237-64 (Reeditado em Gerhart Niemeyer ed. e trad., *Anamnesis*, Notre Dame: University of Notre Dame Press, 1978, p.89-115).

1975. "Response to Professor Altizer's 'A New History and a New but Ancient God?'", *Journal of the American Academy of Religion*, v.XLIII, n.4, p.765-72.

1978. "Remembrance of Things Past", cap.I em Gerhart Niemeyer ed. trad., *Anamnesis*, Notre Dame: University of Notre Dame Press, p.3-13.

1981 "Wisdom and the Magic of the Extreme: A Meditation", *Southern Review*, New Series, v.XVII, n.2, p.235-87 (Reimpresso em *Eranos Jahrbuch*, n.46, Frankfort: Insel Verlag, forthcoming).

"Die Symbolisierung der Ordung", *Politische Studien*, v.XXXII, n.255, p.12-23. jan./feb. 1981. Trad. Peter J. Opitz de "Introduction: The Symbolization of Order", in *Order and History*, 1956, v.1, p.1-11.

Obras de e sobre Eric Voegelin em português

A nova ciência da política. Trad. de José Viegas Filho, com apresentação do Professor José Pedro Galvão de Sousa, Brasília: UnB, 1979, 2.ª edição de 1982.

A Filosofia Civil de Eric Voegelin. Mendo Castro Henriques, Lisboa, Universidade Católica Editora, 1994, 2.ª edição, São Paulo, É Realizações, 2010.

Estudos de ideias políticas: de Erasmo a Nietzsche. Trad. Mendo Castro Henriques, Lisboa. Ática. 1996.

As religiões políticas. Lisboa: Vega, 2002.

Hitler e os alemães. Trad. Elpídio Mário Dantas Fonseca, com prefácio do Professor Mendo Castro Henriques.São Paulo: É Realizações, 2008.

Reflexões autobiográficas. Trad. Maria Inês de Carvalho, com notas de Martim Vasques da Cunha, São Paulo: É Realizações, 2008.

Ordem e história, v.1: Israel e a Revelação. Trad. Cecília Camargo Bartalotti. São Paulo: Loyola, 2009.

Ordem e história, v.2: O mundo da polis. Trad. Luciana Pudenzi. São Paulo: Loyola, 2009.

Ordem e história, v.3: Platão e Aristóteles. Trad. Cecília Camargo Bartalotti São Paulo: Loyola, 2009.

Filosofia Política em Eric Voegelin. Dos megalitos à era espacial. Mendo Castro Henriques, livro acompanhado de 3 DVDs, São Paulo: É Realizações, 2009.

Anamnese. Da teoria da história e da política. Trad. Elpídio Mário Dantas Fonseca, São Paulo: É Realizações, 2009.

ÍNDICE

A

Adler, Alfred, 70
Agostinho, 59, 63, 65, 74, 98, 161, 163, 164, 175, 255, 274, 285, 291, 349, 358, 359, 360, 369; *amor sui* e *amor Dei* em, 161; *intentio animi*, 285
Alabama, Universidade do, 117
Alembert, Jean Le Rond d', 166
Alma: psyche como sensorium de transcendência, 155; sua ordem e desordem a substância da história, 193, 195; e fundamento, 305
Altizer, Thomas J. J., 33, 347
Ammon, Otto, 98
Anamnese: em Platão, 13, 137, 210, 213, 222, 224, 225, 236, 240, 251, 262, 267, 296, 309, 353, 360, 376, 389 etimologia de, 206-7; experimentos anamnéticos de Voegelin, 236-37
Anaximandro, 271, 276, 277, 286, 319, 324, 334, 335, 355; experiência simbólica diferenciada, 318-19
Anderson, Bernhard W., 32
Anschluss nazista, 39
Anselmo de Cantuária, 355, 358
Antigo Testamento: como história paradigmática, 32
Anti-Semitismo, 96-97
Apercepção, 62, 211-12, 222-23, 243-46; boa disposição alegre de aperceber como noético, 303
Apocalipsicismo, 104-5, 107
Aquino, Santo Tomás de, 108
Aristóteles: argumento etiológico de e Marx, 135; sobre *Noesis* em *Metafísica*, 224; postulado de equilíbrio em, 316-18; teofania noética de *prote arche in*, 321
Arte de medida: a *techne metretike* de Platão em Voegelin, 262-63
Auto-interpretação, 51, 60, 143, 146-47, 149, 153, 161, 269, 325
Averróis, 107

B

Balthasar, Hans von, 108
Baur, Ferdinand Christian, 46
Bennington College, 117
Bergson, Henri, 43, 79, 80, 159, 181, 219, 245; ontologia e élan vital, 177
Bertram, Ernst, 78
Bodin, Jean, 79, 80, 81, 368
Boehm-Bawerk, Eugen, 72
Boehme, Jakob, 46
Brecht, Arnold, 35, 234
Brinton, Crane, 34
Brooks, Cleanth, 123
Brunner, Otto, 72

Brunschvicg, Léon, 78
Buber, Martin, 190
Buda, 159, 177, 196, 266, 313

C

Camus, Albert, 269
Cassirer, Ernst, 215, 218; sobre o pensamento mítico, 211,214
China, 120, 134, 138, 177, 202, 218, 276, 305, 313, 317
Christianitas, 164
Ciclos: o "ciclo gigante" da história, 167; na forma cosmológica, 178; de civilizações, 186-87; na política e na história, 195, 196
Ciência: 130-31; como episteme, 301. Ver também Ciência natural; Nova ciência
Ciência Natural: e nacional socialismo, 92-93, 229, 278
Ciência noética; significado de, 261-63; características, 263-71, 272-76; paradigma de, 276-77; cuidados na compreensão, 277-80; princípios de, 280-96 *passim*; resultados de uma sumariada, 278-79, 297-339 *passim*; e época na história, 309-11; postulado de equilíbrio central a, 328-30
Ciência política: e filosofia, 203-4
Cientificismo, 348; Ver também Deformação da realidade; Ideologia
Civilizações, 178; e história, 185-86; e forma civilizacional, 186-87, 190-91; Ocidente, 187-90
Clima de opinião, 169, 179, 268
Cognição: sujeito-objeto e participatória comparada, 305-6. Ver também Ciência noética
Cohen, Hermann, 86
Cohn, Norman, 128
Commons, John R., 51
Comunismo, 96, 162-64, 168, 194. Ver também Gnosticismo; Ideologia
Compactação e diferenciação: princípio da nova ciência, 175-76, 179, 283.

Ver também Diferenciação; Ciência noética
Comte, Auguste,58, 73, 106, 131, 158, 163, 229, 327; e revolta egofânica (q.v.j), 327-28
Confúcio, 159, 177, 202, 266, 313
Conhecimento: na nova ciência, 284-85; e realidade, 329-33
Consciência concreta, 214, 226, 252, 309
Consciência: 334-35 ; ordem da, 206; central à filosofia da política, 206; filosofia da, analisada, 233-60; modos de como conhecimento, esquecimento e lembrança (*anamnese* de Platão), 253-54; na nova ciência, 284, 285
Contração como fechamento para o Fundamento, 285
Constantes: na história e na consciência,209; realidade não constante, 258; e transfiguração, 327
Cosmológica: como simbolismo, 130-31; como forma de existência, 178-79 ; contrastada com a filosofia e com a história como formas 199
Cosmos, 95, 158, 159, 179, 180, 207, 217, 219, 220, 229, 230, 231, 235, 236, 250, 261, 269, 270, 276, 277, 279, 286, 295, 310, 311, 313, 315, 319, 320, 321, 322, 323, 327, 328, 330, 331, 338, 339
Cristandade: e a doutrina nazista de raça, 93-94 ; símbolos de fé de, 161; revolucionária substância de 159
Cristo; A visão paulina de, 42, 227, 310, 316, 321, 338; O Segundo Advento (*Parousia*) de, 282, 320, 323; epifania e consciência escatológica, influência formante e deformante de, 326-27; como o espírito de Deus (*pneuma tou theou*), 337

D

Dahl, Robert A., 35

Dante, 33, 59, 110, 376
Darwin, Charles, 97
Deformação da realidade. Ver também Revolta egofânica
Dempf, Alois, 330, 332
Deniker, Joseph, 101
Descarrilamento (*parekbasis*) da filosofia, 40, 55, 58, 60, 142, 158, 204, 219, 221, 226, 228. 257, 286; pela hipóstase de polos tensionais de experiência, 311-12; postulado de equilíbrio como profilaxia contra, 319
Descartes, René, 239
Desconhecido: símbolo do Para Além divino para além do Para Além (*epekeina*), 222, 352, 355, 363
Desdivinação: e redivinização do mundo, 158, 219 ; uma consequência do salto no ser (q.v.), 219
Desejo de conhecer, 148, 257, 280, 309
Determinismo: na história e na política, rejeitado, 192
Deus, 34, 56, 60, 61, 98, 100, 109, 111, 128, 129, 157, 160, 166, 169, 170, 171, 175, 177, 178, 180, 181, 182, 183, 184, 186, 187, 188, 189, 190, 192, 193, 194, 195, 197, 198, 201, 202, 205, 206, 207, 208, 212, 214, 217, 218, 220, 221, 223, 224, 231, 244, 253, 254, 255, 258, 270, 275, 277, 284, 285, 286, 305, 306, 311, 312, 316, 320, 321, 322, 324, 325, 326, 327, 331, 341, 345, 347, 349, 353, 354, 355, 356, 357, 358, 359, 360, 361, 362, 364, 365, 367, 368, 369, 370, 371, 372
Dewey, John, 49, 50
Diderot, Denis, 166
Diferenciação: de verdade, 157, 275, 308, 310, 320; e compactação, 175-76, 179; modos pneumático e noético de, 217-18; na nova ciência, 283-85; e época na história, 309-10. Ver também Época; História

Dionísio Areopagita, 165
Direção: na nova ciência, 282
Divertissement: em Pascal, 260
Dogmatismo, 44, 111, 233, 234, 246, 260
Dogmatomaquia; e estudo de Bodin, 76
Dollfuss, Engelbert, 104
Dopsch, Alfons, 72
Douglass, R. Bruce, 33, 34
Dürer, Albrecht, 111-12
Duguit, Léon, 78
Dvorak, Max, 72

E

Edman, Irwin, 49, 51
Egofania: 276, 285, 324; definida, 324; como expressa em modos sectários, gnóstico, alquímico, apocalíptico e ideológico, 324
Einstein, Albert, 66
Elliott, William Y., 117
Emerson, Ralph Waldo, 7, 39, 57
Empiricismo; "radical" comparado com o "ordinário," 244; na filosofia da política, 249
Época: simbolismo de na história e consciência, 201 *n*; na Era ecumênica, 308-19
Equilíbrio: e experiências de transcendência, 189 *n*. Ver também Postulado de equilíbrio
Equivalências, 45, 58, 63, 141, 253, 278, 290
Era ecumênica, 263, 269, 285, 294, 310, 313, 319, 326; como autointerpretativa, 268-69; e tríade historiográfica-teofania-império ecumênico, 310, 314; como época decisiva na história, 308-19; significado em, 310-12
Evolução, 175 *n*, 336 *n*
Erígena, Scotus. Ver Scotus Erígena
Erich Hermann Wilhelm, 69
Erígena, Scot, 165
Ésquilo: esquiliana tragédia, 197, 200; e

filosofia, 193, 196-97, 200
Estrutura na história e na realidade, 285, 314
Experiência; perceptual e não perceptual (aperceptiva), 211, 303; compacta e diferenciada, 310; mística, 177, 281, 358, 367; primária e cosmos divino, simbolizada no mito, 213; pura em William James, 238-39, 245; como apercepção, 247; unidade de 247-48
Experiência primeira do cosmos:, 153, com Mistério,

F

Falta de Originalidade, 20, 58, 62, 145, 146
Fascismo, 61, 104, 109, 110
Fé, 33, 66, 81, 98, 163, 164, 165, 166, 167, 168, 186, 193, 197, 198, 199, 206, 237, 252, 255, 270, 275, 277, 278, 285, 289, 291, 308, 314, 324, 326, 329, 332, 349, 356, 357, 358, 367, 368
Fechner, Gustav Theodor, 245
Fichte, Johann Gottlieb, 71
Filosofia da história, 33, 34, 36, 144, 170, 188, 288, 313, 314, 316, 318, 329, 332, 333, 335
Filosofia política, 30, 106, 210, 213
Frankfort, Sr. e Sra. Henri, 242
Freud, Philip, 70
Freud, Sigmund, 73
Friedemann, Heinrich, 82
Friedlaender, Paul, 82
Friedrich Engel-Janosi, 73, 74, 75, 386
Fuerth, Herbert, 73, 74
Fundação e formação, 339
Fundamento: divino, do ser, 29, 33, 41, 52, 58, 60, 90, 109, 119, 134, 139, 162, 184, 208, 210, 227, 246, 252, 263, 270, 274, 277, 288, 297, 298, 299, 309, 316, 320, 334, 335, 340, 365, 366, 369
Furtwaengler, Philipp, 91

G

Galton, Francis, 102
Geistkreis, 73, 74
Gelásio, 163
George, Stefan, 74, 81, 82, 83, 103
Germino, Dante, 33, 376
Gestapo, 39, 108, 113, 114, 115
Giddings, Franklin Henry, 49, 50
Gilson, Étienne, 108
Gnosticismo, 29, 46, 47, 110, 127, 128, 133, 146, 162, 165, 166, 167, 168, 169, 170, 171, 172, 195, 196, 289, 330, 331, 332
Gobineau, Comte Joseph Arthur de, 97
Goethe, Johann Wolfgang von, 59, 81, 215, 355, 384
Gregório de Nissa, 308, 311
Gruenberg, Carl, 70
Gundolf, Friedrich, 81

H

Haberler, Gottfried von, 72, 117
Harris, Robert J., 120
Hartmann, Heinz, 73
Harvard, Universidade de, 34, 36, 37, 39, 40, 49, 51, 117, 118, 121, 138, 141, 239, 268, 387
Havard Jr., William C., 121
Hayek, F. A. von, 72
Hegel, G. W. F.; como gnóstico especulativo, 191; Cristo como "eixo da história" marcando "época absoluta" em, 309-13; e revolta egofânica, 325-28. Ver também Gnosticismo; Ideologia
Heidegger, Martin, 212
Heifetz, Jascha, 31
Heilman, Robert B., 123
Heisenberg, Werner, 304
Henry Salvatori, 141
Hentze, Carl, 135
Heráclito, 65, 159, 206, 231, 266, 271, 274, 276, 285, 291, 313, 324, 354
Hesíodo, 195, 202, 205, 211, 260, 347, 355

Hildebrant, Kurt, 82
História: ciclo gigante, 171; de Teoria Política, 118; filosofia da, 33, 34, 36, 144, 170, 188, 288, 313, 314, 316, 318, 329, 332, 333, 335
História unilinear, 134, 135
Hitler, Adolf, 61, 73, 82, 83, 91, 95, 104, 109, 111, 113, 114, 115, 139, 140, 377, 389
Hobbes, Thomas, 170
Holcombe, Arthur, 40, 117
Homonoia, 50, 147, 231
Hooker, Richard, 175
Humanidade, 176
Hume, David, 41
Husserl, Edmund, 239, 240

I

Idéia nórdica, 100
Ideologia, 20, 29, 58, 85, 87, 91, 92, 104, 127, 136, 138, 234
Igualdade, 94, 130, 214, 228, 274, 297
Iluminismo, 13, 23, 61, 109, 125, 131, 169, 233
Imanentismo, 128
Inquirição, 27, 67, 111, 175, 176, 213, 222, 227, 228, 262, 277, 281, 284, 285, 286, 289, 293, 307, 311, 312, 313, 350, 356
Intellectus unus, 106
Isaías, 81, 197, 198, 199, 206, 355
Israel, 32, 34, 119, 154, 161, 175, 176, 177, 182, 183, 189, 194, 198, 201, 202, 205, 206, 221, 222, 224, 297, 313, 316, 317, 320, 324, 368, 373, 376, 379, 389

J

Jackson, Robert H., 105
James, William, 54, 63, 210, 242, 243, 245, 263, 301, 362, 371
Joaquim de Flora, 110, 162, 164, 318
Judaísmo, 74

K

Kant, Immanuel, 84, 98, 99
Kantorowicz, Ernst, 82
Kaufmann, Felix, 73, 74
Kelsen, Hans, 71, 74, 84, 85; teoria pura do direito, 85
Kierkegaard, 130
Klemm, Gustav, 97
Kraus, Karl, 74, 81, 82, 83, 84, 105, 359
Kries, Ernst, 73
Kuhn, Thomas, 278

L

La Fayette, Condessa de, 78
Lalou, René, 78
Lamarck, Jean Baptiste, 97
Laski, Harold, 168
Laura Spellman Memorial, 49
Leão XIII, 108
Leibniz, G. W. von, 275
Lévy-Bruhl, Lucien, 242
Libido dominandi, 170, 225, 280, 330
Lincoln, Abraham, 156
Locke, John, 125, 245
Logos, 161, 171, 223, 231, 237, 253, 261, 288, 367
Long, Huey P., 38, 39
Louisiana State University, 2, 16, 24, 71, 237, 239, 346, 379, 380, 385
Lubac, Henri de, 108; luminosidade da consciência, 316

M

Mach, Ernst, 72
Machlup, Fritz, 72
Macmahon, John Whittier, 49
Mallarmé, Stéphane, 78
Maquiavel, Nicolau, 79, 80
Maritain, Jacques, 108
Martin, Mildred, 118
Martin, Roscoe, 118
Marx, Karl, 59, 342
Meditação, 28, 141, 165, 238, 250, 253, 255, 256, 259, 262, 277, 302, 311,

312, 345, 347, 350, 353, 354, 360,
362, 363, 369, 370
Memória autobiográfica, 13, 27, 129, 240
Merkl, Adolf, 72, 90
Metafísica, 71, 112, 131, 181, 233, 263,
270, 275, 281, 290, 340, 359, 362
Metodologia neokantiana, 51, 76, 85,
86, 239
Meyer, Eduard, 53, 77
Milenarismo, 98
Mill, John Stuart, 168
Mises, Ludwig von, 72
Mistério: da história, 187
Misticismo, 60, 80, 237, 238, 260, 261,
308, 313, 316, 359, 362, 366, 368, 369
Mito: como verdade, 190; forma
cosmológica, 179; forma simbólica
do, 176
Mochulsky, Konstantin V., 79
Modernidade, 81, 97, 341, 352, 376, 377
Moisés, 177, 182, 183, 190, 191, 197,
221, 286, 295, 320, 324
Monge de Heisterbach, 241
Montano, 165
Morgan, Thomas Hunt, 91
Morgenstern, Oscar, 72
Morstein-Marx, Fritz, 118
Murray, Gilbert, 77
Mussolini, Benito, 91, 104, 106, 111, 114

N

Nacionalismo, 90, 97, 98, 346
Nacional-socialismo, 40, 61, 72, 73, 82,
83, 91, 95, 100, 109, 110, 118, 124,
140, 141
Neokantianismo, 84
Niemeyer, Gerhart, 360, 376, 380, 386,
387, 388
Nietzsche, Friedrich, 78, 82, 124, 125,
129, 162, 167, 169, 171, 198, 359,
383, 389
Noesis, 218, 225, 228, 232, 234, 264, 282
Nous, 212, 225, 227, 228, 229, 230, 231,
232, 236, 254, 277, 278, 285, 292,

293, 294, 295, 319, 320, 321, 322,
324, 341, 364
Nova Ciência, 13, 97, 146, 169, 219, 226,
351, 376, 377
Novo Testamento, 50, 103, 130, 161,
222, 232, 341
Nuvem do desconhecimento, 255

O

Oakeshot, Michael, 35
Ontologia, 208, 229, 236, 245, 262, 263,
285, 333
Ordem e desordem, 160, 205, 207, 338
Otto de Freising, 318

P

Paradigma, 19, 56, 208, 267, 278, 281, 306
Paradigmas de ciência, 278
Paradoxo da realidade, 323
Participação, 43, 73, 147, 156, 179, 180,
181, 185, 191, 192, 212, 214, 215,
216, 219, 223, 224, 227, 228, 229,
230, 231, 232, 233, 242, 243, 244,
250, 253, 254, 261, 262, 263, 264,
271, 272, 275, 279, 280, 283, 284,
285, 291, 293, 295, 296, 297, 304,
307, 309, 316, 319, 322, 323, 325,
326, 328, 329, 334, 336, 348, 361, 369
Pascal, Blaise, 78, 260
Pfeifer, Helfried, 107
Philosophos e *philomythos*, 58, 291
Pio XI, 108
Platão, 21, 33, 55, 56, 57, 58, 59, 62, 65,
71, 82, 93, 95, 98, 119, 144, 150, 151,
152, 153, 157, 159, 160, 161, 162,
175, 187, 195, 197, 199, 200, 201,
205, 206, 207, 208, 210, 211, 212,
213, 219, 220, 221, 222, 224, 225,
230, 232, 237, 239, 243, 246, 250,
254, 257, 258, 263, 266, 269, 273,
274, 277, 285, 286, 289, 291, 292,
295, 304, 307, 308, 311, 320, 321,
324, 335, 336, 341, 342, 346, 347,
351, 355, 357, 361, 363, 368, 369,

373, 389; Visão do Bem (*Agathon*), 177, 178, 200, 295; e luta que não morre (*Mache athanatos*), 342; Visão (*Opsis, hora*), 307; *Periagoge*, 180, 197, 222
Postulado do equilíbrio, 332
Princípio antropológico, 159, 160
Plotino, 65, 274, 355, 359
Pneumopathologia, 386
Política austríaca, 91
Pollock, Sir Frederick, 47
Positivismo, 35, 38, 112, 131, 233, 268, 290, 351
Postulado de equilíbrio, 193, 320, 321, 322, 323, 327, 332
Prática de morrer, 142
Pré-história, 37, 133, 134, 138, 141, 165
Prêmio Benjamin E. Lippincott, 36
Princípio Antropológico, 159, 160
Princípio da realidade na metaxy
Princípio de completude, 299
Princípio de Formação e Fundamento, 299
Princípio de metaxy da realidade, 299
Processo de realidade, 63, 269, 270, 273, 291, 310, 315, 332, 336, 338
Progressismo, 166, 167, 179, 198
Proust, Marcel, 78
Puech, Henri Charles, 47

Q
Questão: da razão das coisas, 269
Questão de raça, 115
Quispel, Gilles, 47

R
Rad, Gerhard von, 199
Realidade social, 147, 149, 150, 158
Rebelião, 62, 194, 195, 197, 206, 289, 372
Reid, Thomas, 48, 234, 235
Renan, Joseph, 101
Representação: teoria da, 146, 153
Retz, Cardinal de, 78
Revolta egofânica, 129, 280
Revolta gnóstica, 60
Revolução radical, 168
Revolução voegeliniana, 15, 16, 21, 142, 265, 266, 267, 268, 350, 400
Ritschl, Albrecht, 86
Robinson, C. A., 34
Rochefoucauld, François duque de, 78
Rosenberg, Alfred, 97, 98, 112
Rougier, Louis, 108
Rousseau, Jean-Jacques, 106
Russell, Bertrand, 282

S
Sabine, George H., 119
Salto no ser: significado do, 130, 176, 177, 178, 179, 180, 181, 182, 185, 186, 189, 190, 193, 194, 203, 204, 220, 223, 286, 313, 321
Santayana, George, 43, 51, 78
Sartre, Jean-Paul, 212
Scheler, Max, 95, 275, 349, 362, 365, 370
Schelling, F. W. J. von, 46, 72, 125, 257, 289
Schleiermacher, F.E.D., 46
Schlick, Moritz, 72
Schneider, Herbert W., 43
Schreier, Fritz, 73
Schumpeter, Joseph A., 72, 117
Schuschnigg, Kurt von, 114
Schutz, Alfred, 73, 74, 239, 240
Schwind, Ernst von, 107
Scotosis, 268
Sebba, Gregor, 37, 54, 71, 146, 331, 366
Secularização, 109, 167
Senso comum, 9, 28, 31, 48, 49, 50, 51, 53, 55, 58, 61, 62, 234, 235, 245
Sertillanges, A. D., 108
Shinn, Roger, 34
Simmel, Georg, 75
Sócrates, 7, 41, 55, 150, 152, 153, 191, 200, 205, 213, 221, 223, 226, 230, 246, 269, 273, 281, 373
Soljenítzin, 268, 269
Somervell, D. C., 37

Spann, Othmar, 71, 75, 85, 362, 365
Spengler, Oswald, 34, 36, 52, 77, 189, 190, 199
Stefan George, Círculo de, 74, 81, 82, 83, 103
Stein, Wilhelm, 82
Stern, Kurt, 91, 109
Strzygowski, Josef, 72
Super-homem: em sistemas ideológicos, 162
Swoboda, Hermann, 73

T

Talmon, J. L.,, 107
Tamerlão, 79
Tempo, 271, 276
Tempo do Conto, 326
Teofania, 280, 295, 307, 311, 319, 320, 321, 323, 324, 325, 326, 327, 328, 329, 330, 331, 336, 337
Teologia, 37, 86, 132, 160, 162, 167, 171, 172, 187, 217, 220, 237, 257, 270, 316, 355, 356
Terceiro Reinado, 165, 167, 171, 173
Thibaudet, Albert, 78
Transcendência, 20, 32, 159, 167, 171, 172, 177, 178, 183, 186, 193, 200, 204, 220, 224, 253, 255, 256, 258, 331, 365
Transfiguração, 167, 170, 199, 315, 319, 321, 322, 323, 326, 327, 328, 329, 331, 332, 337, 341, 342

V

Valéry, Paul, 74, 78
Vauvenargues, Marquesa de, 78
Vico, Giambattista, 199
Virtudes existenciais, 230;
    Athanatizein, 230; *Philia*, 230;
    Phronesis, 230
Voegelin, Elisabeth Ruehl (mãe), 69
Voegelin, Lissy Anken, 118, 354
Voegelin, Otto Stefan, 69

W

Waelder, Robert, 73
Warren, Robert Penn, 123
Weber, Alfred, 77, 87
Weber, Max, 36, 74, 75, 76, 77, 239, 380, 382
Weininger, Otto, 73
Weiser, Friedrich, 72
Wellesz, Egon, 72
Wertbeziehende Methode, 87
Wesley, John, 49
Whitehead, Alfred North, 51, 57, 282
Wilde, Johannes, 73
Wilhelmsen, Frederick D., 44
Windelband, Wilhelm, 76
Wittgenstein, Ludwig, 72

Sobre os autores

Ellis Sandoz, Hermann Moyse, Jr.. Professor Emérito de Ciência Política da Louisiana State University, e antigo Chefe de Departamento, é diretor do Eric Voegelin Institute for American Renaissance Studies.

Michael Henry é professor de filosofia na Divisão de Humanidades da St. John's University, Jamaica, NY.

DADOS INTERNACIONAIS DE CATALOGAÇÃO NA PUBLICAÇÃO (CIP)
(CÂMARA BRASILEIRA DO LIVRO, SP, BRASIL)

Sandoz, Ellis,
   A Revolução Voegeliniana : uma introdução biográfica / com novo prefácio e epílogo de Ellis Sandoz ; nova introdução de Michael Henry ; tradução Elpídio Mário Dantas Fonseca – São Paulo : É Realizações, 2010.
(Coleção Filosofia Atual)

   ISBN 978-85-88062-81-8

   1. Cientistas políticos – Estados Unidos – Biografia 2. Voegelin, Eric, 1901-1985 I. Henry, Michael. II Título.

10-03081   CDD-320.0924

ÍNDICES PARA CATÁLOGO SISTEMÁTICO:
1. Cientistas políticos : Biografia   320.0924

Este livro foi impresso pela gráfica RR Donnelley para É Realizações, em abril de 2010. Os tipos usados são Minion Condensed e Adobe Garamond Regular. O papel do miolo é chamois bulk dunas 90g, e da capa, cordenons stardream lapislazuli 285g.